Kohlhammer

Übungen zum Verwaltungsrecht und zur Bescheidtechnik

Ein Übungsbuch zur Methodik der Fallbearbeitung

von

Dr. Hans Büchner
Professor an der Hochschule
für öffentliche Verwaltung und Finanzen Ludwigsburg

Dr. Gernot Joerger
Professor (em.) an der Hochschule
für öffentliche Verwaltung Kehl

Martin Trockels
Professor an der Hochschule
für öffentliche Verwaltung Kehl

Ute Vondung
Professorin an der Hochschule
für öffentliche Verwaltung und Finanzen Ludwigsburg

5. Auflage

Verlag W. Kohlhammer

Gesamtherstellung:
W. Kohlhammer Druckerei GmbH + Co. KG, Stuttgart
Printed in Germany

ISBN 978-3-17-021478-1

Vorwort

Die 5. Auflage des Werkes setzt das bisherige Konzept fort. Deshalb kann auf das Vorwort zur 4. Auflage verwiesen werden. Die Überarbeitung der 5. Auflage berücksichtigt die Literatur und Rechtsprechung bis Mitte 2010.

Ludwigsburg/Kehl, Juni 2010 — Die Verfasser

Vorwort zur 4. Auflage

Studierenden fällt es erfahrungsgemäß besonders schwer, ihr verwaltungsrechtliches Wissen richtig einzusetzen, um Fälle lösen zu können. Noch hilfloser fühlen sie sich häufig, wenn sie ihre rechtlichen Überlegungen in einen Bescheid umsetzen sollen, der nicht nur die Sach- und Rechtslage zutreffend wiedergibt, sondern zusätzlich den bescheidtechnischen Anforderungen entspricht. Jede Ausbildung, die sich am Berufsfeld des Verwaltungsdienstes orientiert, will aber gerade diese Fähigkeiten vermitteln.

Das Buch soll auch in seiner 4. Auflage den Studierenden helfen, ihre Schwierigkeiten zu überwinden. Es zeigt auf, wie man ein verwaltungsrechtliches Gutachten erstellt und sich an die richtige Lösung einer Fallfrage herantastet.

Es will außerdem anleiten, die verwaltungsrechtlichen Kenntnisse so in Bescheide umzusetzen, dass sie sachlich richtig, rechtmäßig, verständlich, überzeugend, äußerlich ansprechend, rationell erstellt und ablauforganisatorisch praxisgerecht sind.

Die Fälle sollen dazu dienen, das Erlernte zu üben. Anhand der Lösungsvorschläge können die Studierenden überprüfen, ob sie mit ihren eigenen Gutachten und ihren eigenen Bescheiden zufrieden sein können.

Wir danken den Leserinnen und Lesern, die uns kritische Anmerkungen zur 3. Auflage zukommen ließen. Auch künftig sind wir an solchen Anregungen interessiert.

Als neue Autoren sind mit dieser 4. Auflage Frau Professorin Ute Vondung und Herr Professor Martin Trockels hinzugetreten. Sie haben die Fälle neu bearbeitet.

Ludwigsburg/Kehl, Dezember 2005 — Die Verfasser

Auszug aus dem Vorwort zur 3. Auflage

... Es zeigt auf, wie man ... sich ... an die richtige Lösung einer Fallfrage herantastet. Sie lässt sich selten finden, ohne die Lehren des Allgemeinen Verwaltungsrechts heranzuziehen. Deshalb haben wir – neu eingefügt in der 3. Auflage – versucht, die komplexen Zusammenhänge dieses Rechtsgebietes fallbezogen zu systematisieren und in Aufbauschemata darzustellen. Es handelt sich um eine überarbeitete Fassung des 8. Kapitels aus *Blasius/Büchner*, Verwaltungsrechtliche Methodenlehre, 2. Auflage 1984. Wir danken Herrn *Dr. Hans Blasius*, dass er mit der Übernahme einverstanden war. ...

Ludwigsburg/Kehl, Juni 1994 Die Verfasser

Inhaltsverzeichnis

Zweiter Teil: Fälle und Lösungen zur Methode des Gutachtens

Literaturverzeichnis

Anwander/Draf	Bürgerfreundlich verwalten, Ein Leitfaden für Behördenkultur, 1998
Belz/Mußmann	Polizeigesetz für Baden-Württemberg, Kommentar, 6. Aufl., 2001, mit Nachtrag 2005
Blasius/Büchner	Verwaltungsrechtliche Methodenlehre, 2. Aufl., 1984
Bosch/Schmidt	Praktische Einführung in das verwaltungsgerichtliche Verfahren, 8. überarb. Aufl., 2004
Brandt/Schlabach	Polizeirecht, 1987
Büchner/ Schlotterbeck	Baurecht, 3. Aufl., 1999 (zitiert als „Baurecht“)
Büchner/ Schlotterbeck	Verwaltungsprozessrecht, 6. Aufl., 2001
Büter/Schimke	Anleitungen zur Bescheidtechnik, Wie Verwaltungsakte verständlich geschrieben werden, 1991
Dürr	Baurecht Baden-Württemberg, 11. Aufl., 2005
Engelhardt/App	Verwaltungs-Vollstreckungsgesetz, Verwaltungszustellungsgesetz: VwVG, VwZG, Kommentar, 6. neubearb. Aufl., 2004
Erichsen/Ehlers	Allgemeines Verwaltungsrecht, 12. Aufl., 2002
Eyermann/Fröhler	VwGO, Kommentar, 11. Aufl., 2000
Götz	Allgemeines Polizei- und Ordnungsrecht, 13. Aufl., 2001
Hufen	Verwaltungsprozessrecht, 6. neu bearb. Aufl., 2005
Jagusch/Hentschel	Straßenverkehrsrecht, Kommentar, 35. Aufl., 1999
Katz	Staatsrecht, Grundkurs im öffentlichen Recht, 16. neu bearbeitete Aufl., 2005
Knack	Verwaltungsverfahrensgesetz (VwVfG), Kommentar, 8. Aufl., 2004
Kock/Stüwe/ Wolffgang/ Zimmermann	Öffentliches Recht und Europarecht, 3. Aufl., 2004
Kohler-Gehrig	Die Diplom- und Seminararbeit in den Rechtswissenschaften, Technik und Struktur wissenschaftlichen Arbeitens, 2002
Kopp/Ramsauer	Verwaltungsverfahrensgesetz, 8. Aufl., 2003
Landmann/Rohmer	Gewerbeordnung und ergänzende Vorschriften: GewO, Band I: Gewerbeordnung, Loseblattsammlung, Kommentar, 46. Aufl., 2005
Langer/Schulz v. Thun/Tausch	Sich verständlich ausdrücken, 7. überarb. und erw. Aufl., 2002

Literaturverzeichnis

LPK-BSHG	Birk/Brühl/Conradis, Bundessozialhilfegesetz, Lehrkommentar und Praxiskommentar, Mit einer Kurzkommentierung zum Asylbewerberleistungsgesetz, 6. Aufl., 2003
Maurer	Allgemeines Verwaltungsrecht, 15. überarb. u. erg. Aufl., 2004
Metzner	Gaststättengesetz, Kommentar, 6. Aufl., 2002
Michel/Kienzle/Pauly	Das Gaststättengesetz, Kommentar, 14. Aufl., 2003
Pieroth/Schlink	Grundrechte, Staatsrecht II, 20. neu bearbeitete Aufl., 2004
Redeker/v. Oertzen	Verwaltungsgerichtsordnung, 14. überarb. Aufl., 2004
Sadler	Verwaltungsvollstreckungsgesetz, Verwaltungszustellungsgesetz, Kommentar anhand der Rechtsprechung, 5. Aufl., 2002
Schneider	Deutsch für Profis, 1982
Schweickhardt/Vondung (Hrsg.)	Allgemeines Verwaltungsrecht, 9. Aufl., 2010
Schwerdtfeger	Öffentliches Recht in der Fallbearbeitung. Grundfallsystematik, Methodik, Fehlerquellen, 12. Aufl., 2004 (Schriftenreihe der Juristischen Schulung, Heft 5)
Stein/Frank	Staatsrecht, 19. Aufl., 2004
Stelkens/Bonk/Sachs	Verwaltungsverfahrensgesetz mit Erläuterungen, 8. Aufl., 2003
Stelkens/Bonk/Sachs	Verwaltungsverfahrensgesetz, Kommentar, 6. Aufl., 2001
Volkert	Die Verwaltungsentscheidung, 4. Aufl., 1989
Welte	Zuwanderungs- und Freizügigkeitsrecht, Teil 1, Loseblattsammlung
Wettling	Rechtliche Gestaltung in der öffentlichen Verwaltung, 1990

Abkürzungsverzeichnis

Gesetze sind nach ihrer jeweiligen Fundstelle in der VSV (Vorschriftensammlung für die Verwaltung in Baden-Württemberg), im Dürig (Gesetze des Landes Baden-Württemberg), Sartorius I (Verfassungs- und Verwaltungsgesetze der Bundesrepublik, Band I) und Schönfelder (Deutsche Gesetze) zitiert. Falls ein Gesetz in einer der Sammlungen nicht enthalten ist, ist die Fundstelle im Gesetzblatt angegeben.

a. A.	anderer Ansicht
a. a. O.	am angegebenen Ort
Abk.	Abkürzung
Abs.	Absatz
ADV	Automatische Datenverarbeitung
a. E.	am Ende
AGVwGO	Gesetz zur Ausführung der Verwaltungsgerichtsordnung [VSV 3401-1, Dürig 20]
Altern.	Alternative
Anm.	Anmerkung
AO	Abgabenordnung [VSV 6101]
arg.	Argument aus
Art.	Artikel
AufenthG	Gesetz über den Aufenthalt, die Erwerbstätigkeit und die Integration von Ausländern im Bundesgebiet (Aufenthaltsgesetz – AufenthG) [Satorius 565]
Aufl.	Auflage
Az.	Aktenzeichen
Bad.-Württ.	Baden-Württemberg
BAföG	Bundesgesetz über individuelle Förderung der Ausbildung (Bundesausbildungsförderungsgesetz – BAföG) [Sartorius 420]
BAnz.	Bundesanzeiger
BAT	Bundes-Angestelltentarifvertrag [VSV 8021]
BauGB	Baugesetzbuch [VSV 2130, Sartorius 300]
BauNVO	Verordnung über die Nutzung der Grundstücke (Baunutzungsverordnung – BauNVO) [VSV 2130-2, Sartorius 311]

Abkürzungsverzeichnis

Bay.	Bayern; bayerisch
BayVBl.	Bayerische Verwaltungsblätter, Zeitschrift für öffentliches Recht und öffentliche Verwaltung
BBesG	Bundesbesoldungsgesetz [VSV 2032, Sartorius 230]
BBG	Bundesbeamtengesetz [Sartorius 160]
Bd.	Band
ber.	berichtigt
BGB	Bürgerliches Gesetzbuch [VSV 4000, Schönfelder 20]
BGBl.	Bundesgesetzblatt
BGH	Bundesgerichtshof
BImSchG	Gesetz zum Schutz vor schädlichen Umwelteinwirkungen durch Luftverunreinigungen, Geräusche, Erschütterungen und ähnliche Vorgänge (Bundes-Immissionsschutzgesetz – BImSchG) [VSV 2129, Sartorius 296]
BNatSchG	Gesetz über Naturschutz und Landschaftspflege – (Bundesnaturschutzgesetz – BNatSchG) [VSV 7911, Sartorius 880]
BodSchG	Gesetz zum Schutz des Bodens (Bodenschutzgesetz – BodSchG) [VSV 2129-14, Dürig 124]
BRRG	Rahmengesetz zur Vereinheitlichung des Beamtenrechts (Beamtenrechtsrahmengesetz – BRRG) [VSV 2030, Sartorius 150]
BRS	Baurechtssammlung (Thiel/Gelzer)
BSHG	Bundessozialhilfegesetz (BSHG) [VSV 2170, Sartorius 410]
Bsp.	Beispiel
BT	Bundestag
BVerfG	Bundesverfassungsgericht
BVerfGE	Amtliche Sammlung der Entscheidungen des BVerfG
BVerwG	Bundesverwaltungsgericht
BVerwGE	Amtliche Sammlung der Entscheidungen des BVerwG
BW	Baden-Württemberg
BWVP	Baden-Württembergische Verwaltungspraxis
dB (A)	Dezibel (Messwert für Geräusche)
d. h.	das heißt
DO	Dienstordnung für die Landesbehörden in Baden-Württemberg [VSV 2002]
DÖV	Die öffentliche Verwaltung, Zeitschrift für öffentliches Recht und Verwaltungswissenschaft
DVBl.	Deutsches Verwaltungsblatt
DVP	Deutsche Verwaltungspraxis, Fachzeitschrift für Wissenschaft und Praxis in der öffentlichen Verwaltung
EDV	Elektronische Datenverarbeitung
ESVGH	Amtliche Sammlung der Entscheidungen des hessischen und des baden-württembergischen Verwaltungsgerichtshofes

f.	folgende
ff.	fortfolgende
GABl.	Gemeinsames Amtsblatt des Innenministeriums, des Finanzministeriums, des Wirtschaftsministeriums, des Ministeriums Ländlicher Raum, des Sozialministeriums, des Ministeriums für Umwelt und Verkehr, des Ministeriums für Wissenschaft, Forschung und Kunst sowie der Regierungspräsidien
GastG	Gaststättengesetz [VSV 7111, Sartorius 810]
GastVO	Verordnung der Landesregierung zur Ausführung des Gaststättengesetzes (Gaststättenverordnung) [VSV 7111-2, Dürig 77]
GBl.	Gesetzblatt für Baden-Württemberg
GebTSt	Gebührentarif für Maßnahmen im Straßenverkehr (Anlage zur GebOSt)
GebVerz	Verzeichnis der Verwaltungsgebühren (Gebührenverzeichnis) zum LGebG
GebVO	Verordnung der Landesregierung über die Festsetzung der Gebührensätze für Amtshandlungen der staatlichen Behörden vom 28. Juni 1993 (GBl. S. 381)
gem.	gemäß
GemO	Gemeindeordnung für Baden-Württemberg [VSV 2021, Dürig 56]
GewArch	Gewerbearchiv, Zeitschrift für Gewerbe- und Wirtschaftsverwaltungsrecht
GewO	Gewerbeordnung [VSV 7100, Sartorius 800]
GewOZuVO	Verordnung der Landesregierung über Zuständigkeiten nach der Gewerbeordnung [VSV 7100-3, Dürig 143]
gez.	gezeichnet
gfl.	gefällig/geflissentlich
GG	Grundgesetz für die Bundesrepublik Deutschland [VSV 1000, Dürig 2, Sartorius 1, Schönfelder 1]
GVG	Gerichtsverfassungsgesetz [VSV 3002, Schönfelder 95]
H.	Heft
Hbs.	Halbsatz
Hess.	Hessen, hessisch
h. M.	herrschende Meinung
Hrsg.	Herausgeber
HS	Halbsatz
HwO	Handwerksordnung [VSV 7110, Sartorius 815]
i. A.	im Auftrag
i. d. F.	In der Fassung
i. d. R.	in der Regel

i. e. S.	im engeren Sinn
i. S. d.	im Sinne des
i. S. v.	im Sinne von
i. V.	in Vertretung
i. V. m.	in Verbindung mit
JA	Juristische Arbeitsblätter, Ausbildung, Examen, Fortbildung
Jura	Juristische Ausbildung (Zeitschrift)
JuS	Juristische Schulung, Zeitschrift für Studium und Ausbildung
KAG	Kommunalabgabengesetz [Düring 60]
Kap.	Kapitel
KBA	Kraftfahrt-Bundesamt
KGSt	Kommunale Gemeinschaftsstelle für Verwaltungsvereinfachung (Köln)
KrW-/AbfG	Kreislaufwirtschafts- und Abfallgesetz [VSV 2129-6/1]
KStZ	Kommunale Steuer-Zeitung
LAbfG	Gesetz über die Vermeidung und Entsorgung von Abfällen in Baden-Württemberg (Landesabfallgesetz – LAbfG) [VSV 2129-7, Dürig 102]
LBG	Landesbeamtengesetz [VSV 2030-1, Dürig 50]
LBO	Landesbauordnung für Baden-Württemberg [VSV 2130-4, Dürig 85]
LBOAVO	Allgemeine Ausführungsverordnung des Innenministeriums zur Landesbauordnung [VSV 2130-4/1, Dürig 85a]
LGebG	Landesgebührengesetz [VSV 2011, Dürig 41]
LPersVG	Landespersonalvertretungsgesetz [Dürig 54]
LPlG	Landesplanungsgesetz [VSV 2300-1, Dürig 46]
LPVG	Personalvertretungsgesetz für das Land Baden-Württemberg (Landespersonalvertretungsgesetz – LPVG) [VSV 2035, Dürig 150]
LRA	Landratsamt
LS	Leitsatz
LV (LVerf)	Verfassung des Landes Baden-Württemberg [VSV 1001, Dürig 1]
LVG	Landesverwaltungsgesetz [VSV 2000, Dürig 40]
LVwVfG	Verwaltungsverfahrensgesetz für Baden-Württemberg (Landesverwaltungsverfahrensgesetz – LVwVfG) [VSV 2001, Dürig 45]
LVwVG	Verwaltungsvollstreckungsgesetz für Baden-Württemberg (Landesverwaltungsvollstreckungsgesetz – LVwVG) [VSV 2006, Dürig 43]
LVwVGKO	Verordnung des Innenministeriums über die Erhebung von Kosten der Vollstreckung nach dem Verwaltungsvollstre-

	ckungsgesetz für Baden- Württemberg (Vollstreckungskostenordnung – LVwVGKO) [VSV 2006-3, Dürig 43a]
LVwZG	Verwaltungszustellungsgesetz für Baden-Württemberg [VSV 2010, Dürig 42]
m. a. W.	mit anderen Worten
m. d. B.	mit der Bitte
m. E.	meines Erachtens
m. w. N.	mit weiteren Nachweisen
NatSchG	Gesetz zum Schutz der Natur, zur Pflege der Landschaft und über die Erholungsvorsorge in der freien Landschaft (Naturschutzgesetz – NatSchG) [VSV7910, Dürig 123]
NJW	Neue Juristische Wochenschrift
Nr.	Nummer
NVwZ	Neue Zeitschrift für Verwaltungsrecht
NVwZ-RR	Neue Zeitschrift für Verwaltungsrecht, Rechtsprechungs-Report
NW	Nordrhein-Westfalen
o. V.	ohne Verfasserangabe
OVG	Oberverwaltungsgericht
OWiG	Gesetz über Ordnungswidrigkeiten [VSV 4541, Dürig 64, Schönfelder 94]
OWiZuV	Verordnung der Landesregierung über Zuständigkeiten nach dem Gesetz über Ordnungswidrigkeiten [VSV 4541-5, Dürig 64 a]
PassG	Passgesetz [VSV 2100, Sartorius 1]
PolG	Polizeigesetz [VSV 2050, Dürig 65]
PROSOZ	Programmierte Sozialhilfe
Rdnr.	Randnummer
RK	Römisch-katholisch
Rn.	Randnummer
Rspr.	Rechtsprechung
s.	siehe
S.	Seite/Satz
SchG	Schulgesetz für Baden-Württemberg [VSV 2230, Dürig 170]
SGB X	Sozialgesetzbuch – Zehntes Buch – Verwaltungsverfahren [VSV 2150, Sartorius E 410]
SGB I	Sozialgesetzbuch – Erstes Buch [Satorius E 401]
s. o.	siehe oben
sog.	sogenannt

str.	strittig
StrG	Straßengesetz für Baden-Württemberg (Straßengesetz – StrG) [VSV 9100, Dürig 148]
st. Rspr.	ständige Rechtsprechung
StVG	Straßenverkehrsgesetz [VSV 9231, Schönfelder 35]
StVO	Straßenverkehrsordnung [VSV 9233, Schönfelder 35a]
StVO-ZuG	Gesetz über Zuständigkeiten nach der Straßenverkehrs-Ordnung [VSV 9233-1, Dürig 147d]
StVZO	Straßenverkehrs-Zulassungs-Ordnung [VSV 9232, Schönfelder 35 b]
s. u.	siehe unten
u.	und
u. a.	unter anderem
u. R.	unter Rückerbittung
UrlVO	Verordnung der Landesregierung über den Urlaub der Beamten und Richter (Urlaubsverordnung – UrlVO) [VSV 2030-7, Dürig 50 b]
usw.	und so weiter
u. U.	unter Umständen
v.	von
VA	Verwaltungsakt
VBlBW	Verwaltungsblätter für Baden-Württemberg, Zeitschrift für öffentliches Recht und öffentliche Verwaltung
VDI	Verein Deutscher Ingenieure
VereinsG	Gesetz zur Regelung des öffentlichen Vereinsrechts [Sartorius 425]
Verf. BW	Verfassung des Landes Baden-Württemberg [VSV 1001, Dürig 1]
VersG	Versammlungsgesetz [Satorius 385]
VGH	Verwaltungsgerichtshof
vgl.	vergleiche
VOP	Verwaltungsführung, Organisation, Personalwesen
VR	Verwaltungsrundschau, Zeitschrift für Verwaltung in Praxis und Wissenschaft
VwGO	Verwaltungsgerichtsordnung [VSV 3401, Dürig 19, Sartorius 600]
VwKostG	Verwaltungskostengesetz [Sartorius 120]
VwVfG	Verwaltungsverfahrensgesetz [Sartorius 100]
VwVG-Bund	Verwaltungs-Vollstreckungsgesetz [Sartorius 112]
VwZG-Bund	Verwaltungszustellungsgesetz des Bundes [VSV 2010-1, Sartorius 110]
WG	Wassergesetz für Baden-Württemberg [VSV 7532, Dürig 100]

WHG	Gesetz zur Ordnung des Wasserhaushalts (Wasserhaushaltsgesetz – WHG) [VSV 7531, Sartorius 845]
WoGG	Wohngeldgesetz [Sartorius 385]
WpflG	Wehrpflichtgesetz [Sartorius 620]
Wv.	Wiedervorlage
Z.	Ziffer
z. B.	zum Beispiel
z. d. A.	zu den Akten
ZfBR	Zeitschrift für internationales und deutsches Baurecht
Ziff.	Ziffer
ZPO	Zivilprozessordnung [VSV 3104, Schönfelder 100]

Erster Teil: **Anleitung zur Fallbearbeitung**

A. Vorbemerkung

I. Bedeutung der drei Teile des Buches

1. Allgemeine Zielsetzung

Es ist Aufgabe dieses Buches, den Studierenden, die zum ersten Mal mit der Anwendung des Verwaltungsrechts – und hier insbesondere des allgemeinen Verwaltungsrechts – konfrontiert werden, einen Weg zu zeigen, wie man mit alltäglichen Anfangsschwierigkeiten der Rechtsanwendung fertig werden und schließlich auch schwierigere Fälle lösen kann. 1

2. Zielsetzung des ersten Teils

Im **ersten Teil** wird dargestellt, welche allgemeingültigen Grundsätze zu beachten sind, wenn Studierende oder „frischgebackene" Praktiker an die Lösung eines Falles herangehen. Dabei spielt es keine Rolle, ob die Falllösung im Rahmen einer Klausur oder einer Hausarbeit verlangt wird. Für beide gelten die gleichen methodischen Ansätze. Bei einer Hausarbeit kommt gegenüber einer Klausur lediglich hinzu, dass 2

- bestimmte Formalien zu beachten sind
- die längere Bearbeitungszeit eine tiefere Durchdringung der Probleme ermöglicht und
- eine Auseinandersetzung mit Literatur und Rechtsprechung erwartet wird.

Im Studium oder in der Praxis können Sie vor zweierlei Aufgaben gestellt sein: Sie haben entweder ein **Gutachten** zu erstellen oder einen **Bescheid** zu fertigen. Deshalb enthält der erste Teil des Buches gesonderte Abschnitte über die Anfertigung von Gutachten und die Anfertigung von Bescheiden.

Es sei jedoch darauf hingewiesen, dass Sie auch dann nicht ohne – zumindest gedankliches – Gutachten auskommen, wenn Sie einen Bescheid zu fertigen haben. Allerdings sind dann noch weitere Gesichtspunkte zu beachten.

Die abstrakte Zusammenfassung der **methodischen Regeln** im ersten Teil des Buches darf Sie nicht dazu verleiten, diese Regeln auswendig zu lernen. Damit haben Sie nichts gewonnen. Sie sollten vielmehr diese Regeln an den Fällen im zweiten und dritten Teil des Buches üben. Sie werden dann erkennen, dass die Regeln vielfach Grundsätze enthalten, die Sie – wenn sie Ihnen bewusst geworden sind – nicht mehr auswendig zu lernen brauchen!

3. Zielsetzung des zweiten Teils

3 Im **zweiten Teil** des Buches können Sie die gutachtliche Fallbearbeitung nach den Regeln praktisch üben, die im ersten Teil vermittelt wurden. Bewusst wird dabei mit dogmatisch (vom Rechtsverständnis her) einfachen Fällen begonnen, weil Sie nur so in der Lage sind, sich auf die Methodik der Fallbearbeitung zu konzentrieren. Dogmatische Schwierigkeiten lassen sich dann später auf einer sicher beherrschten methodischen Grundlage leichter meistern.

Die Fälle stammen aus verschiedenen Bereichen des besonderen Verwaltungsrechts. Zu ihrer Lösung sind keine besonderen Kenntnisse aus diesen Gebieten erforderlich. Sie sind so ausgewählt, dass der rechtliche Schwerpunkt im Bereich des Allgemeinen Verwaltungsrechts liegt und Grundlinien dieses Rechtsbereichs offenbart. Die Einfachheit der Fälle mag manchen „Fortgeschrittenen" zunächst verblüffen. Die Erfahrung hat aber gezeigt, dass die größten Schwierigkeiten dann entstehen, wenn es gilt, einfache Alltagsfälle mit Hilfe der anerkannten Dogmatik zu klären – und das ist ja gerade Hauptaufgabe später in der Verwaltungspraxis. Wir möchten Ihnen helfen, deren Anforderungen möglichst gut zu bewältigen.

Die im **zweiten Teil** dargestellten Lösungsvorschläge sind Muster, wie man die Fälle im Rahmen einer **Klausur** (nicht Hausarbeit) lösen kann.

4. Zielsetzung des dritten Teils

4 Im **dritten Teil** des Buches erhalten Sie Gelegenheit, die Kenntnisse und Fertigkeiten zu üben, die für die **Anfertigung von Bescheiden** benötigt werden.

Auch in diesem Teil werden Grundzüge des Allgemeinen Verwaltungsrechts verdeutlicht, wie sie in der Alltagspraxis der Verwaltungsbehörden zum Tragen kommen können. Auf dogmatische Grenzfälle und juristische Filigranarbeit wurde bewusst verzichtet.

Die Lösungsvorschläge sind als Durchschlagsentwürfe – ergänzt mit weiteren Verfügungen – ausgestaltet, wie sie im Reinschriftverfahren (vgl. Nr. 3.3.6 Abs. 2 der Dienstordnung für die Landesverwaltung Baden-Württemberg) üblich sind. Dabei wurde allerdings davon abgesehen, den Briefkopf, das Akten- oder Geschäftszeichen und das Datum aufzunehmen.

II. Arbeitsanleitung für Leser und Leserinnen

1. Arbeitsanleitung für den ersten Teil

Wenn Sie von dem Buch profitieren wollen, dann dürfen Sie es nicht nur durchlesen.

5 Sie sollten zunächst den ersten Teil des Buches durcharbeiten und sich die dort angepriesenen **Regeln** so **erarbeiten**, dass Ihnen die Grundzüge

bewusst werden. Ob Ihnen das gelungen ist, stellen Sie am besten fest, wenn Sie versuchen, Ihre Erkenntnisse Ihrem Studienkollegen oder Ihrer Studienkollegin zu erklären!

2. Arbeitsanleitung für den zweiten Teil

Dann sollten Sie mit dem zweiten Teil des Buches beginnen. Versuchen Sie, 6
mit Ihren vorhandenen methodischen und fachlichen Kenntnissen den ersten **Fall** zu **lösen**, ohne dass Sie sich dabei die Vorbemerkungen vorher ansehen. Die Zeitfrage braucht bei Ihrer Arbeit keine Rolle zu spielen; Sie sollten Ihre Lösung wenigstens skizzenhaft zu Papier bringen. Lesen Sie auf keinen Fall den Lösungsvorschlag, bevor Sie sich nicht selbst eine Lösung zurecht gelegt haben. Der Lerneffekt wäre sonst nur sehr gering.

Prüfen Sie dann nach, ob Sie in Ihrer Lösung die Probleme erkannt und 7
erörtert haben, die in der Vorbemerkung genannt sind und ob Sie die Hinweise in der methodischen Anleitung beachtet haben. Wenn nein – und zur Auffrischung und Abrundung Ihres Wissens –, sollten Sie zunächst in der **Literatur die Themen nachlesen**, auf die in der Vorbemerkung verwiesen wird, bzw. sich Ihrer methodischen Fehler bewusst werden, indem Sie die Anleitungsregeln beachten.

Bei den angegebenen Literaturstellen werden Sie feststellen, dass wieder- 8
kehrend auf folgende Lehrbücher verwiesen wird:

- ***Schweickhardt/Vondung***, Allgemeines Verwaltungsrecht;
- ***Büchner/Schlotterbeck***, Verwaltungsprozessrecht;
- ***Blasius/Büchner***, Verwaltungsrechtliche Methodenlehre

Dahinter steckt die Absicht, dass Sie bei der stofflichen Durcharbeitung der Fälle im Grunde genommen mit drei Lehrbüchern auskommen und Ihnen so eine echte „Arbeit am Schreibtisch" ermöglicht wird. Sie sollen dabei auch nachvollziehen können, wie man Lehrbuchwissen fallbezogen anwendet und in die Falllösung einarbeitet. Es ist selbstverständlich, dass auch andere Lehrbücher des Allgemeinen Verwaltungsrechts, des Prozessrechts und der Methodenlehre (das Werk *Blasius/Büchner* ist vergriffen, deshalb empfehlen wir statt dessen: *Schwacke*, Juristische Methodik mit Technik der Fallbearbeitung oder *Kohler-Gehrig*, Diplom-, Seminar-, Bachelor- und Masterarbeiten in den Rechtswissenschaften, Kapitel „Die wissenschaftliche Eigenleistung") zur stofflichen Aufbereitung des Wissens herangezogen werden können – manchmal sogar müssen, wenn es um die Vertiefung von Problemen geht. Die Lösungsvorschläge sind jedoch – so gut es ging – bewusst auf die inhaltlichen Aussagen dieser im Verlag W. Kohlhammer erschienenen Lehrbücher abgestellt.

Wenn Sie Ihr Wissen erweitert, abgerundet oder aufgefrischt haben, emp- 9
fehlen wir Ihnen, eine **eigene** vollständige **Lösung** (nochmals) auszuarbeiten, um auch Ihre Fertigkeit im Formulieren zu trainieren. Erst dann sollten Sie sich den Lösungsvorschlag des Buches freigeben. Erschrecken Sie nicht,

wenn Sie das Gefühl bekommen, dass Sie den Fall nie so, wie der Lösungsvorschlag lautet, hätten lösen können. Seien Sie sich bewusst, dass die Lösungsvorschläge dieses Buches zwar nach Auffassung der Autoren die gestellte Aufgabe optimal lösen, aber dass es dazu durchaus brauchbare Alternativen geben kann. Machen Sie sich außerdem klar, dass eine gute Bewertungsnote auch zu erreichen ist, wenn man dem Muster nicht gerecht wird. Wer Ihre Arbeit zu korrigieren hätte, würde nämlich berücksichtigen, dass Sie ja gerade erst dabei sind, sich die Fertigkeiten anzueignen, also noch nicht die höchste Fertigkeit besitzen können.

10 Arbeiten Sie auf diese Weise alle 10 Fälle des zweiten Teiles durch. Dabei kann es durchaus passieren, dass Sie feststellen, dass Ihre Kenntnisse nicht ausreichen, um den Fall spontan zu lösen. Lassen Sie sich dadurch nicht erschrecken, sondern bemühen Sie sich nun zunächst, anhand eines Lehrbuchs Ihre Lücken zu füllen. Machen Sie sich erst dann an die Lösung. Auf keinen Fall dürfen Sie aber den Lösungsvorschlag vorher heranziehen.

11 Bei den letzten beiden Fällen handelt es sich um Originalklausuren der Fachhochschule für öffentliche Verwaltung Ludwigsburg (Fall 9: Leistungsnachweisklausur; Fall 10: Staatsexamensklausur), die in einem Zeitrahmen zu fertigen waren. Versuchen Sie, diese Fälle „im ersten Anlauf" innerhalb der vorgegebenen Zeit zu lösen. Sie tun sich mit der Zeitvorgabe im Ernstfall (Prüfungsklausur) weniger schwer, wenn Sie vorher geübt haben, Ihre Zeit richtig einzuteilen.

3. Arbeitsanleitung für den dritten Teil

12 Sie müssen nicht den gesamten zweiten Teil bewältigt haben, ehe Sie sich mit dem dritten Teil beschäftigen. Vielmehr lässt sich gerade bei den Anfangsfällen zwischen zweitem und drittem Teil abwechseln. Dabei wird Ihnen am ehesten deutlich, welche Unterschiede in der Methode, teilweise auch im Denkansatz, zwischen der Erstellung eines Gutachtens und der Fertigung eines Bescheids bestehen.

Wenn Sie den dritten Teil durcharbeiten, sollten Sie zunächst genauso vorgehen wie beim zweiten Teil. Fertigen Sie zuerst – ohne in die Vorüberlegungen zu schauen – ein **Gutachten**, auch wenn in der Aufgabe ein Bescheid verlangt wird. Entwerfen Sie dann die **notwendigen Schreiben** und **Geschäftsgangvermerke**. Versuchen Sie, sich dabei den praktischen Verwaltungsablauf vorzustellen. Denken Sie vor allem aber an die Erwartungen der Bürgerinnen und Bürger gegenüber Behörden. Gehen Sie davon aus, dass sie meist nicht juristisch geschult sind. Bemühen Sie sich deswegen, möglichst leichtverständlich und überzeugend zu schreiben. Im Anschluss daran dürfen Sie einen Blick in die Vorüberlegungen werfen und durch Nachlesen Ihre Lücken füllen. Erst nach einem weiteren Lösungsversuch sollten Sie sich des Lösungsvorschlags annehmen.

Wenn Sie das gesamte Buch auf diese Weise durchgearbeitet haben und die Ratschläge und Erkenntnisse beherzigen, dürften Sie in der Methodik so gefestigt sein, dass Sie auch einen Einstieg und Weg finden, um rechtlich und tatsächlich schwierigere Fälle des Verwaltungsrechts angemessen zu lösen und die Anforderungen der Verwaltungspraxis und die berechtigten Erwartungen der Bürger zu erfüllen.

B. Anfertigung eines Gutachtens

I. Wesen des Gutachtens

1. Praxisbedeutung

In den juristischen Prüfungsaufgaben, die in Universitäten, anderen Hochschulen und Ausbildungsstätten gestellt werden, wird meist verlangt, ein Gutachten zur Rechtslage anzufertigen. 13

Aber auch in der Praxis spielt das Gutachten eine gewichtige Rolle. Überall dort, wo mehrere Menschen an der Entscheidungsfindung beteiligt sind, sind meist eine oder mehrere Personen beauftragt, die Entscheidung durch ein Gutachten vorzubereiten. Stellen Sie sich vor, Sie arbeiteten in einer Verwaltungsbehörde; Ihr Vorgesetzter bäte Sie um Rücksprache in einer Angelegenheit, in der die Behörde eine Maßnahme zu treffen hat. Ihr Vorgesetzter wird erwarten, dass Sie ihm den Fall, so wie er sich Ihnen tatsächlich darstellt, vortragen, dann die für die Entscheidung (Lösung des Falles) maßgebenden rechtlichen Gesichtspunkte schildern und ihm schließlich einen Entscheidungsvorschlag unterbreiten. Mit anderen Worten: Sie müssen Ihrem Vorgesetzten ein mündliches Gutachten vortragen. 14

Das gleiche Verfahren finden Sie bei allen Kollegialgerichten. Dort ist stets ein Richter mit der „Berichterstattung“ beauftragt; d. h., ein Richter erstellt ein Gutachten als Grundlage für die Entscheidung des Richterkollegiums. Es ist also keine Marotte von Ausbildern und kein überflüssiger Ballast, wenn man versucht, Ihnen mit Nachdruck die Technik zur Anfertigung eines Gutachtens zu vermitteln. Sie brauchen diese Fertigkeit vielmehr für die Praxis! 15

2. Inhalt des Gutachtens

Das Wesen des Gutachtens besteht in der rechtlichen Würdigung eines Falles zur Vorbereitung einer fremden Entscheidung. Das Gutachten ist also eine Entscheidungshilfe. Aus dieser Zielerkenntnis heraus ergeben sich drei Begrenzungen, die für die praktische Arbeit wichtig sind: 16

– **Hinführen zum Ergebnis:** Der Leser darf nicht mit einem fertigen Ergebnis „vor den Kopf gestoßen werden“. Er muss gedanklich zum Ergebnis logisch hingeführt werden. 17

- **Bezug zur Aufgabe:** Die rechtliche Würdigung darf keine abstrakte Erörterung von Rechtsfragen sein. Nur soviel an rechtlicher Erörterung und Theorie ist angebracht, wie für die Lösung des Falles notwendig ist.
- **Klarheit der Entscheidung:** Der Verfasser darf nicht im unklaren lassen, was er selbst vorschlägt und meint. Ein noch so großer Fundus an juristischem Wissen rettet ein Gutachten nicht, wenn das Ziel, eine konkrete Entscheidung treffen zu müssen, aus den Augen verloren wird.

3. Form des Gutachtens

18 Das Gutachten lässt sich in drei Teile untergliedern:

- Es beginnt mit einem **Sachbericht.** Der Gutachter stellt die Tatsachen dar, die für die Beurteilung des Falles von Bedeutung sein können.
- Dann folgt die **rechtliche Würdigung.** Sie muss so ausführlich sein, dass ein anderer Rechtskundiger eine eigene Entscheidung fällen kann.
- Es endet mit einem **Entscheidungsvorschlag.** Nicht die gesamte Entscheidung ist vorzutragen, sondern nur die Entscheidungsformel.

Ein einfaches Beispiel mag dies verdeutlichen:

Beispiel: Ein Bürgermeister erteilt Ihnen den Auftrag, eine Stellungnahme auszuarbeiten, ob er an eine bestimmte, mündlich erteilte Zusage gebunden sei.

Sie müssen zunächst einen kurzen Sachbericht erstellen. Nur so kann der Bürgermeister ersehen, ob Sie auch alle tatsächlichen Gesichtspunkte berücksichtigt haben, auf die es ihm ankam.

Dann müssen Sie ihm die gesetzlichen Grundlagen (§ 38 LVwVfG? Anwendungsbereich?) und den Meinungsstand in Literatur und Rechtsprechung, soweit es für die rechtliche Würdigung seiner Frage von Bedeutung ist, so darlegen, dass er sich eine eigene Meinung bilden und entsprechend entscheiden kann und trotzdem gleichzeitig zu einer bestimmten Entscheidung geführt wird (keine unnötigen theoretischen Abhandlungen, die mit der Sache nichts zu tun haben; Bezug zur Aufgabe muss stets da sein). So interessant die Theorie sein mag, im Zweifel hat der Bürgermeister dafür keine Zeit.

Enden müssen Sie mit einem eigenen konkreten Entscheidungsvorschlag (die Zusage als bindend oder nicht bindend anzusehen), der sich als Ergebnis Ihrer rechtlichen Würdigung aufdrängt. Der Bürgermeister möchte sehen, welche konkreten Konsequenzen sich nach Ihrer Auffassung aus dem Fall ergeben.

19 In der Verwaltungspraxis werden die drei Abschnitte – Sachbericht, rechtliche Würdigung, Entscheidungsvorschlag – nicht immer nötig sein; sie werden häufig auch nicht klar getrennt. So kommt es oft vor, dass der Auftrag nicht lautet, einen ganzen, komplexen Fall zu lösen, sondern nur dahin geht, zu Einzelfragen Stellung zu nehmen.

Beispiel: Stellen Sie sich vor, Ihr Bürgermeister erhält einen förmlichen Widerspruch einer Bürgerinitiative gegen eine Verwaltungsentscheidung. Er hat Bedenken, ob eine Bürgerinitiative widerspruchsbefugt ist, und beauftragt Sie, diese Frage zu prüfen.

Hier kann der Sachbericht entfallen. Statt dessen steht zu Beginn die klar formulierte Fragestellung: Ist eine Bürgerinitiative widerspruchsbefugt? Bei der rechtlichen Würdigung ändert sich jedoch nichts. Sie müssen die Frage so durcharbeiten, dass Sie den Bürgermeister zu einer Entscheidung hinführen, die er selbst nachvollziehen kann. Statt mit einem Entscheidungsvorschlag endet Ihr Gutachten hier mit einem klar formulierten Ergebnis (die Widerspruchsbefugnis besteht nicht – es sei denn, § 64 BNatSchG oder § 2 Umwelt-Rechtsbehelfsgesetzt treffen zu).

4. Besonderheiten in Klausur und Hausarbeit

In Klausuren und Hausarbeiten wird Ihnen oft mit der Aufgabe ein fertiger Sachverhalt geliefert. Sie brauchen dann keinen Sachbericht zu fertigen; diese Aufgabe hat Ihnen ja der Aufgabensteller abgenommen, als er den Sachverhalt formulierte. 20

Eine weitere Besonderheit ist, dass selten ganz allgemein gefragt wird: „Wie ist zu entscheiden?", sondern dass eine ganz konkrete Frage an Sie gerichtet wird: „Ist der Verwaltungsakt rechtmäßig?" – „Um welche Nebenbestimmung handelt es sich?" – oder aber aus der Aufgabenstellung herausgearbeitet werden kann: „Wie ist die Rechtslage?" Ziel eines Gutachtens in einer Klausur ist es deshalb im Regelfall, als Ergebnis nicht einen Entscheidungsvorschlag zu unterbreiten, sondern auf eine bestimmte Frage eine klare Antwort geben zu können. Am Schluss eines solchen Gutachtens steht deshalb kein Entscheidungsvorschlag, sondern als Ergebnis die Antwort auf die Frage.

II. Methodik der gutachtlichen Fallbearbeitung

Die folgende Darstellung der Methodik ist auf ein Gutachten ausgerichtet, das von Studierenden in einer Klausur oder Hausarbeit verlangt wird. Die Methodik vereinfacht sich etwas, wenn man in der Praxis ein Gutachten zu erstellen hat, weil durch die praktische Erfahrung Schwierigkeiten entfallen, die in einer Klausur noch existieren. In den Grundzügen bleibt sie aber dieselbe. 21

Es gibt viele Vorschläge in der Literatur, wie man einen Fall methodisch in den Griff bekommt. Besonders praktikabel und einprägsam erscheint der Ansatz Schwerdtfegers (siehe dort, Rn. 772 ff.); an ihm orientiert sich die folgende Darstellung. Schwerdtfeger zeigt auf, dass jede Fallbearbeitung – wie auch jede wissenschaftliche Arbeit – **vier „Stationen"** zu durchlaufen hat: 22

1. **Erfassen der Aufgaben,**
2. **Hintasten zur Lösung,**
3. **Planung der Darstellung und**
4. **Niederschrift.**

Dieser Vorgabe wollen wir folgen und untersuchen, welche Überlegungen und Handlungen Sie bei den einzelnen Stationen anzustellen haben.

1. Erfassen der Aufgabe

23 Eine Aufgabe kann man nur richtig erfassen, wenn man den Text gründlich liest. Sie müssen also zunächst den Aufgabentext sorgfältig durchlesen. Dabei verstehen wir unter Aufgabe sowohl den Lebenssachverhalt als auch die Aufgabenstellung (Rechtsfrage). Beim ersten Lesen dürfen Sie zügig lesen, weil Sie zunächst das „Terrain“ erforschen müssen, in dem Sie agieren sollen.

24 Beim zweiten oder – besser – dritten Lesen, sollten Sie aber bereits die Fragestellung im Blick haben, um Ihre ersten Eindrücke von der Bedeutung des Sachverhalts für die gestellten Fragen durch **Unterstreichungen** oder **Randbemerkungen** festzuhalten. Noch besser: Legen Sie ein Blatt neben sich und notieren Sie sich die rechtlichen Probleme und Sachverhaltsangaben, die Ihnen auf den ersten Blick auffallen, damit Sie später eine Kontrolle haben, ob Sie nichts vergessen haben, was Ihnen auf den ersten Blick wichtig erschien. Wohlgemerkt: Diese Notizen sind reine Merkposten. Den Weg zur Lösung finden Sie dadurch nicht. Ihn müssen Sie systematisch erarbeiten (vgl. Rn. 31 ff. „Hintasten zur Lösung“).

Das Erfassen der Aufgabenstellung kann schwierig sein, wenn der Aufgabensteller die Fragestellung unklar formuliert.

Beispiele: Wie ist die Rechtslage? – Wie ist der Sachverhalt zu beurteilen? – Erstatten Sie ein Gutachten!

25 In diesen Fällen müssen Sie zunächst die **Fragestellung** selbst **konkretisieren**, indem Sie nach der Interessenlage aller Beteiligten fragen und daraus ermitteln, was der Einzelne will (**wer will was von wem?**). Ob dieses Wollen verwirklicht werden kann, ist dann letztlich die konkrete Fragestellung.

26 **Typische**, aber vermeidbare **Fehler** treten beim Erfassen der Aufgabe immer wieder auf:

27 a. Sie dürfen sich nicht dadurch in einen **lähmenden Schock** versetzen lassen, dass Sie auf den ersten Blick den Eindruck gewinnen, Sie wüssten mit dem Fall nichts anzufangen (sei es, weil Ihnen der Einstieg fehlt, weil Ihnen die Problematik nicht deutlich wird oder weil Ihnen das Rechtsgebiet fremd erscheint). Dieser Eindruck ist selbst einem erfahrenen Rechtspraktiker zuweilen nicht fremd! Der Eindruck verfliegt, wenn man systematisch (vgl. Rn. 31 ff.) an die Lösung herangeht, wenn man die im Fall angegebenen Paragraphen nachliest, wenn man sich klarmacht, dass in einer Klausur keine spitzfindigen Einzelkenntnisse aus besonderen Rechtsgebieten erwartet und deshalb auch nicht verlangt sein können.

28 b. Sie sollten nicht über **Lücken im Sachverhalt** verzweifeln! Manchmal werden tatsächliche Angaben in Zweifel gezogen, wo keine Zweifel angebracht sind.

Beispiele:

- Es wird gerätselt, ob die Behörde örtlich zuständig war, obwohl im Sachverhalt eindeutig von der zuständigen Behörde die Rede ist.
- Es wird vermutet, dass der 16.1. ein Samstag oder Sonntag sein könnte, obwohl der Sachverhalt keine Anhaltspunkte gibt und auch kein Terminkalender mitgeliefert wird.
- Es wird angenommen, der Aussteller eines Schreibens, sei nicht erkennbar, wenn es im Sachverhalt heißt: Die Behörde erließ folgendes Schreiben: „Sehr geehrter Herr Meier, Sie werden aufgefordert, Ihr Haus abzubrechen ..."

Wenn wirklich ein Sachverhalt zweifelhaft ist, müssen Sie das unterstellen, was nach der Lebenserfahrung normal ist. Hätte der Aufgabensteller etwas anderes gewollt, hätte er es geschrieben (oder sollte es zumindest tun).

c. Sie müssen **Tatsachenbehauptungen**, die im Sachverhalt unwidersprochen aufgestellt werden, **als wahr unterstellen.** **29**

Beispiele:

- Es wird nach den Erfolgsaussichten einer Klage gefragt, wenn ein Gesellenprüfling behauptet, seine politischen Anschauungen hätten Einfluss auf das Prüfungsergebnis genommen. – Sie müssen davon ausgehen, dass es so war.
- Im Sachverhalt ist von giftigen Abwässern einer Molkerei die Rede. Sie haben dies anzunehmen, selbst wenn Sie Zweifel haben, dass es so etwas gibt.

d. Sie müssen **Bearbeitungshinweise beachten**. Manchmal „umschifft" der Verfasser eine vom Erfassen und vom Lösen der Aufgabe her schwierige Stelle dadurch, dass er sie durch einen Bearbeitungshinweis umgeht. **30**

Beispiele:

- Der Bearbeitungshinweis gibt vor, dass der Tatbestand einer bestimmten Ermächtigungsgrundlage erfüllt sei. Die Subsumtion kann (muss) entfallen.
- Der Bearbeitungshinweis kann regeln, dass bestimmte rechtliche Gesichtspunkte (etwa verfassungsrechtliche) nicht zu erörtern sind.

Der Bearbeitungshinweis ist also wesentlicher Bestandteil der Aufgabe!

2. Hintasten zur Lösung

Sind Sachverhalt und Fragestellung eindeutig fixiert, kommt die Hauptarbeit, das Kernstück, der schwierigste Teil des Gutachtens. Sie sollen und müssen zeigen, wie weit Ihre Kenntnisse des Rechts und der Methodik des Rechts reichen, indem Sie eine brauchbare, nachvollziehbare, abgesicherte, alle wesentlichen Gesichtspunkte beachtende Lösung erarbeiten. **31**

Den ersten vorsichtigen Schritt dazu taten Sie schon, als Sie beim Erfassen der Aufgabe Teile des Sachverhalts unterstrichen oder Problemstellungen auf ein gesondertes Blatt herausschrieben. Vorsichtig muss der Schritt deshalb sein, weil man sich nicht durch erste Eindrücke programmieren lassen darf.

a. Der Syllogismus als Lösungsansatz

32 Jetzt gilt es entschlossen voranzuschreiten. Dies ist nur möglich, wenn der Fallbearbeiter den Weg zum Ziel – die richtige Methode – gesucht und gefunden hat. Die Folgerichtigkeit des Denkens ist Gegenstand der allgemeinen Logik; sie hat ihren Platz auch im juristischen Denken. Deshalb liegt es nahe, sich nach einer logischen Methode umzusehen, die von der Fragestellung zur Antwort führt.

33 Als **logische Methode** anerkannt ist der **„juristische Syllogismus"**. Sein Kern ist der Schluss vom Allgemeinen auf das Besondere, der in drei Schritten abläuft. Er vollzieht sich nach folgendem Schema:

- Man geht von einem verbindlichen, anerkannten **Obersatz** aus, in dem für eine Vielzahl von Fällen eine bestimmte Rechtsfolge aufgestellt wird.

  Beispiel: Wenn eine Behörde unzuständig ist, darf sie nicht handeln.
- Hat man nun einen konkreten Lebenssachverhalt (**Untersatz**),

  Beispiel: Die Forstbehörde möchte ein Verkehrsschild aufstellen.
- so braucht man nur zu prüfen, ob die allgemeinen Voraussetzungen des Obersatzes erfüllt sind,

  Beispiel: Ist die Forstbehörde zuständig für diese Maßnahme? – Nein!
- um dann daraus den logischen Schluss zu ziehen (**Schlusssatz**), welche konkrete Rechtsfolge für den tatsächlichen Lebenssachverhalt gilt.

  Beispiel: Also darf die Forstbehörde die Maßnahme nicht treffen.

34 Dieses Verfahren soll anhand eines weiteren Beispiels dargestellt werden:

Beispiel:

Obersatz: (Allgemeine Rechtsnorm)	Eine Ernennung (zum Beamten) ist zurückzunehmen, wenn sie durch … arglistige Täuschung … herbeigeführt wurde … (§ 14 Abs. 1 Nr. 1 LBG).
Untersatz: (Konkreter Sachverhalt)	A ist zum Landesbeamten ernannt worden, weil er der Einstellungsbehörde (absichtlich) ein gefälschtes Zeugnis vorgelegt hat.
Schlusssatz: (Konkrete Rechtsfolge)	Also ist die Ernennung des A zum (Landes-)Beamten zurückzunehmen.

35 Der juristische Syllogismus ist die **Grundregel der Rechtsanwendung.** Sie lässt sich auch nutzbar machen, um sich bei juristischen Gutachten zu Lösungen vorzutasten. Sie finden dann einigermaßen sicher zur Lösung, wenn Ihnen ein allgemein verbindlicher Obersatz bekannt ist, dessen Folgeregelung („Dann"-Aussage/Rechtsfolge) eine **positive** oder **negative** Anwort auf die im Aufgabentext gestellte Frage enthält. Ob Ihnen ein solcher Obersatz einfällt, hängt weitgehend von Ihren juristischen Kenntnissen und Fähigkeiten ab.

Beispiele:

Frage 1:	Hat die Klage Aussicht auf Erfolg?
Obersatz: (Antwort)	Die Klage hat dann Aussicht auf Erfolg, wenn sie zulässig und begründet ist.

Frage 2:	Ist der Verwaltungsakt rechtmäßig?
Obersatz: (Antwort)	Er ist dann nicht rechtmäßig, wenn er gegen die Grundsätze vom Vorbehalt oder Vorrang des Gesetzes verstößt oder wenn er den formellen und materiellen gesetzlichen Anforderungen nicht entspricht.
Frage 3:	Ist das Landratsamt zuständig?
Obersatz: (Antwort)	Es ist dann zuständig, wenn ihm eine gesetzliche Regelung die Befugnisse zuweist.

Auch wenn die Frage positiv gestellt ist (Ist der VA rechtmäßig?), darf negativ geantwortet werden (Er ist dann rechtswidrig, wenn ...). Meist ist es einfacher, den Obersatz negativ zu formulieren, weil dafür bereits ein fehlendes Kriterium ausreicht, während für einen positiven Einstieg sämtliche Voraussetzungen in den Obersatz einbezogen sein müssen. 36

Beispiel:

- Der Verwaltungsakt ist dann rechtmäßig, wenn er allen formellen und materiellen Anforderungen entspricht.
- Aber: Der Verwaltungsakt ist (schon) dann rechtswidrig, wenn (nur) eine formelle Vorgabe (z. B. die Anhörungspflicht) nicht beachtet wurde.

Ist ein solcher Obersatz gefunden, ergibt sich der weitere Weg nach dem syllogistischen Schlussverfahren fast von selbst. Nachdem der konkrete Lebenssachverhalt im Aufgabentext mitgeliefert wird, braucht man „nur noch“ zu überprüfen, ob sich dieser Sachverhalt unter die Voraussetzungen des Obersatzes **subsumieren** lässt und kommt auf diese Art und Weise zum konkreten Ergebnis, das als Rechtsfolge in dem Obersatz ja bereits enthalten war. 37

Beispiel:

Frage:	Darf A auf einer öffentlichen Straße nach Vollendung seines 18. Lebensjahres das Auto fahren, das ihm sein Vater zum Geburtstag schenkte?
Antwort: (Obersatz)	Nach § 2 Abs. 1 Satz 1 StVG darf auf öffentlichen Straßen ein Kraftfahrzeug nur führen, wer eine Erlaubnis der zuständigen Behörde besitzt.
Sachverhalt: (Untersatz)	Das Auto ist ein Kraftfahrzeug. A will es auf einer öffentlichen Straße führen. Er besitzt keine behördliche Fahrerlaubnis.
Ergebnis: (Schlusssatz)	A darf das Auto nicht fahren.

Ganz so einfach ist es aber doch nicht. Denn der Obersatz, der zum Einstieg in die Lösung verhilft, ist im Regelfall so allgemein gehalten, dass seine Voraussetzungen zunächst hinterfragt und durch weitere (nachgeordnete) Obersätze konkretisiert werden müssen – usw., bis man schließlich zu einem Obersatz kommt, der so konkret ist, dass man den Sachverhalt darunter subsumieren und eine Schlussfolgerung ziehen kann. 38

Beispiel:

Hauptfrage: (Aufgabe)	Hat die Anfechtungsklage Aussicht auf Erfolg?
Antwort: (Obersatz)	Sie hat dann Aussicht auf Erfolg, wenn sie zulässig und begründet ist.
Unterfrage:	Wann ist eine Klage zulässig?
Antwort: (nachgeordneter Obersatz)	Sie ist dann zulässig, wenn die allgemeinen und besonderen Zulässigkeitsvoraussetzungen vorliegen.
Unterfrage:	Welches sind die allgemeinen Zulässigkeitsvoraussetzungen?
Antwort: (nachgeordneter Obersatz)	Bei einer Klage fehlt gem. § 81 Abs. 1 VwGO eine allgemeine Zulässigkeitsvoraussetzung, wenn sie nicht schriftlich bei Gericht eingeht oder zur Niederschrift der Geschäftsstelle des Gerichts erklärt wird.
Untersatz: (Sachverhalt)	Die Klage wurde lediglich telefonisch, d. h. mündlich eingelegt.
Schlusssatz: (Schlussfolgerung)	Also liegt eine allgemeine Zulässigkeitsvoraussetzung nicht vor; also ist die Klage unzulässig; also hat sie keine Aussicht auf Erfolg!

39 Erhebliche Schwierigkeiten können ferner noch auftreten, wenn man endlich einen Obersatz gefunden hat, der eine Frage beantwortet und subsumierbar erscheint, bei dem man aber dann beim konkreten Subsumieren feststellen muss, dass er bestückt ist mit **unbestimmten Rechtsbegriffen.**

Beispiele:

- Es wurde im vorangegangenen Beispiel als selbstverständlich unterstellt, dass eine telefonische Klageerhebung weder schriftlich noch zur Niederschrift im Sinne des § 81 VwGO erfolgt. Eigentlich hätte noch untersucht werden müssen, was man unter „schriftlich" und „zur Niederschrift" versteht.
- In dem Beispielsfall des 18-jährigen A, der Auto fahren will, konnte nur deshalb so geradlinig subsumiert werden, weil der Sachverhalt die Probleme des unbestimmten Rechtsbegriffes ausräumte. Ohne die Hilfe hätte der Sinngehalt der Worte „Kraftfahrzeug" und „öffentliche Straße" ermittelt werden müssen, ehe der Sachverhalt hätte subsumiert werden können.

40 Die Regeln über die **Auslegung von Gesetzen** helfen, den unbestimmten Rechtsbegriff zu konkretisieren, damit er für den einzelnen Lebenssachverhalt subsumierbar wird und sich eine zum Ergebnis führende Schlussfolgerung ziehen lässt. An dieser Stelle wollen wir uns mit dem Hinweis auf die vier herkömmlichen Auslegungsarten begnügen:

- **Philologische Interpretation** (= Auslegung nach dem Wortlaut, dem Sprachgebrauch)
- **Systematische Interpretation** (= Auslegung nach dem Zusammenhang)
- **Historische Interpretation** (= Auslegung nach der Entstehungsgeschichte)
- **Teleologische Interpretation** (= Auslegung nach dem Gesetzeszweck)

Wer sich des Verfahrens der Auslegung nicht sicher ist, sollte in einem der Methodenlehrbücher nachlesen (etwa: *Kohler-Gehrig*, Kapitel VI). Die Auslegungstechnik gehört zum „juristischen Handwerkzeug" eines jeden, der beruflich mit Gesetzen umzugehen hat.

Wir haben die syllogistische (logische) Methode oben aus didaktischen Gründen in den Beispielen ganz streng in allen Details dargestellt. Haben Sie die Vorgehensweise grundsätzlich verstanden, so können und sollen Sie – um schnell das Ziel zu erreichen – selbstverständlich die (unproblematischen) Gedankenfolgerungen überspringen und gleich zum **zentralen Problem der Rechtsanwendung** kommen. **41**

Beispiel:

Frage:	Hat die Klage Aussicht auf Erfolg?
Obersatz: (als Einstieg)	Sie hat dann Aussicht auf Erfolg, wenn sie zulässig und begründet ist.
Sprung:	Bedenken wegen der Zulässigkeit bestehen im Hinblick auf die formgerechte Erhebung der Klage.
Obersatz: (konkrete Rechtsnorm)	Gem. § 81 VwGO ist eine Klage nur dann formgerecht erhoben und damit zulässig, wenn dies schriftlich oder zur Niederschrift geschah.
Untersatz:	Im vorliegenden Fall wurde sie telefonisch, d. h. mündlich eingelegt.
Schlusssatz:	Also ist die Klage nicht formgerecht erhoben, also ist sie nicht zulässig, also hat sie auch keine Aussicht auf Erfolg.

Sie dürfen sogar so weit gehen, dass Sie von der gestellten Frage gleich auf den entscheidenden Rechtssatz springen.

Beispiel:

Frage:	Hat die Klage Aussicht auf Erfolg?
Lösungsansatz:	Bedenken, ob die Voraussetzungen des § 81 VwGO erfüllt sind und die Klage deshalb unzulässig ist, ergeben sich insoweit, als die Klage telefonisch eingelegt wurde.

Bei genügender Erfahrung lässt sich also der Einstieg in die Aufgabenlösung in der Weise finden, dass man eine Antwort auf folgende Frage sucht: **Gibt es eine Rechtsnorm, die es mir in ihrer Rechtsfolge gestattet, die Fallfrage positiv oder negativ zu beantworten?** Die Anwendung dieser Rechtsnorm ist dann der Weg, den man im syllogistischen, logischen Verfahren zu beschreiten hat, indem man den bekannten Subsumtionsvorgang vollzieht. **42**

Beispiele:

Frage 1 :	Hat die Klage Aussicht auf Erfolg?
Obersatz als Lösungsansatz:	Sie hat dann keinen Erfolg, wenn sie gem. § 81 VwGO unzulässig ist, weil sie nicht formgerecht erhoben wurde.
Frage 2:	Darf die Baurechtsbehörde die Nutzung des Gebäudes verbieten?

Obersatz als Lösungsansatz:	Sie darf es dann, wenn sie § 65 Satz 2 LBO dazu ermächtigt.

43 Bei genügend Übung wird es Ihnen bald selbst auffallen, dass die ständige Wiederholung des **Konditional-Stiles** (Der VA ist dann rechtswidrig, wenn ...) mit der Zeit schwerfällig wirkt. Eleganter wird Ihre Lösung, wenn Sie sich auch des **hypothetischen Stiles** bedienen (In Betracht kommt ein Verstoß gegen ...; als Anspruchsgrundlage könnte ... in Frage kommen; möglicherweise ergibt sich eine Ermächtigung aus ...; zu prüfen ist, ob ...).

Beispiele:

Frage 1:	Hat die Klage Aussicht auf Erfolg?
Hypothese als Lösungsansatz:	Möglicherweise ist sie nach § 81 VwGO unzulässig, weil sie dessen Formerfordernisse nicht erfüllt.
Frage 2:	Darf die Baurechtsbehörde die Nutzung des Gebäudes verbieten?
Hypothese als Lösungsansatz:	Als Ermächtigungsgrundlage kommt § 65 Satz 2 LBO in Betracht. Danach darf sie nur einschreiten, wenn ...

Sie werden bemerkt haben: Auch wenn man die syllogistische Methode auflockert, bleibt sie der richtige Einstieg für das Herantasten an die Lösung und für die Anwendung des Rechtssatzes, unter den der Lebenssachverhalt schließlich zu subsumieren ist. Dazwischen sind Sprünge erlaubt – eine stilistische Abwechslung ist sogar erwünscht.

b. Verwendung von Schemata

44 In jeder Bearbeitungsanleitung finden Sie eine Auseinandersetzung mit den Schemata, die man zur Bearbeitung verwaltungsrechtlicher Fälle aufgestellt hat – so auch hier.

Auf ihre **Gefährlichkeit** braucht man dann nicht ausführlich hinzuweisen, wenn man ihre richtige Handhabung beschreibt. Deshalb soll hier nochmals ausdrücklich betont werden: Wenn ein Schema den richtigen Weg zur Lösung weist, dann ist es der syllogistische Denkansatz. Passt aber ein anderes Schema in diesen Denkansatz oder lässt es sich auf diesen Denkansatz „trimmen", so ist es durchaus als **Hilfe** beim Hintasten zur Lösung geeignet, nicht aber bei der Planung der Darstellung und der Niederschrift selbst! Bevor Sie ein Schema oder Teile eines Schemas anwenden, müssen Sie stets prüfen, ob das Schema – **als Obersatz umformuliert** – eine Antwort auf die konkret gestellte Frage gibt.

Beispiel:

Frage: Kann der Verwaltungsakt zwangsweise durchgesetzt werden?

Das Schema zur Prüfung der Rechtmäßigkeit eines Verwaltungsaktes ist kein geeigneter Lösungsansatz. Es würde – als Obersatz formuliert – lauten: „Der Verwaltungsakt ist dann rechtswidrig, wenn ..." Die Frage ist aber nicht auf seine Rechtmäßigkeit, sondern seine Vollstreckbarkeit gerichtet. Deshalb lautet der passende Einstiegsobersatz: „Er kann dann zwangsweise durchgesetzt werden, wenn die allgemeinen und besonderen Vollstreckungsvoraussetzungen vorliegen."

Wenn Sie unsere „Bedienungsanleitung“ beherzigen und nicht gedankenlos mit den Schemata umgehen, dürfen und sollen Sie sich ihrer gerne bedienen. Wer Sie belächelt, sucht oft selbst nach Schemata, um einen Fall „durchprüfen“ zu können, den er in einem ihm fremden Rechtsgebiet zu bearbeiten hat. Für vertraute Rechtsfälle orientiert man sich ohnehin an Strukturen (= Schemata), die aus früheren Fällen geläufig sind.

Einige solcher **Aufbauschemata** besprechen wir deshalb ausführlich in einem gesonderten Abschnitt (vgl. Rn. 64 ff.).

c. Alternativlösungen – Hilfsgutachten

Manchmal ist ein Fallbearbeiter versucht, eine Aufgabe alternativ zu lösen. **45**

Beispiel: Bei der Prüfung, ob die Aufhebung eines Verwaltungsakts als Widerruf oder Rücknahme zu behandeln ist, lässt der Sachbearbeiter diese Frage offen und prüft den Fall für beide Alternativen durch.

Derartige **Alternativlösungen** sind in einem Gutachten **unzulässig**. Auch **46**
wenn man bei einer Rechtsfrage Zweifel an der eigenen Lösung hat, muss man sich klar entscheiden. Gleiches gilt, wenn es zu einer Rechtsfrage verschiedene Theorien gibt: In diesem Fall muss man sich mit den Theorien auseinandersetzen und sich für eine entscheiden (dass man eine eigene Theorie entwickelt, wird man von Studierenden in einer Klausur nicht erwarten!). Nur so bleibt der „Rote Faden“ für die logische Hinführung zum Ergebnis erhalten.

Zulässig ist es, eine **Streitfrage dahingestellt** sein zu lassen, wenn sie nicht relevant wird.

Beispiel: Es kann dahingestellt bleiben, ob eine Zusicherung (vgl. § 38 LVwVfG) einen VA darstellt, wenn es um die Frage der Voraussetzungen für eine Rücknahme der Zusicherung geht. § 38 Abs. 2 LVwVfG erklärt die Vorschriften über die Rücknahme eines VA für entsprechend anwendbar.

Als eine Art Alternativlösung kann man auch das **Hilfsgutachten** bezeich- **47**
nen. Von einem Hilfsgutachten spricht man dann, wenn für die Aufgabe eine eindeutige Lösung gefunden und das Ergebnis festgehalten worden ist, wenn man aber dann ein anderes Ergebnis unterstellt, um nun ausdrücklich hilfsweise von diesem anderen Ergebnis aus den Fall nochmals weiterzuentwickeln.

Beispiel: Ein Bearbeiter muss überprüfen, ob ein Antragsteller einen Anspruch auf Wiederaufgreifen des Verfahrens besitzt. Dabei kommt er zum Ergebnis, es bestehe eine neue Sachlage i. S. d. § 51 LVwVfG. Er kommt also zu dem Ergebnis, der Antragsteller besitze einen Anspruch auf Wiederaufgreifen. Dies ist seine Antwort auf die gestellte Frage und seine Lösung der Aufgabe. Wenn er nun anschließend überprüft, welchen Anspruch der Antragsteller besäße, wenn man davon ausginge, eine neue Sachlage läge nicht vor, so wäre dies ein Hilfsgutachten.

Derartige **Hilfsgutachten** sind grundsätzlich **unzulässig**, es sei denn, sie sind **48**
laut Aufgabenstellung ausdrücklich verlangt oder es handelt sich um ein prozessuales Gutachten.

Beispiel: Wird in einer Aufgabe nach den Erfolgsaussichten eines Widerspruchs gefragt und kommt der Bearbeiter zum Ergebnis, der Widerspruch sei unzulässig, so muss er in einem Hilfsgutachten – das als solches ausdrücklich zu kennzeichnen ist – auch noch die Begründetheit überprüfen, wenn dazu nach dem Sachverhalt Anlass besteht (d. h., wenn im Sachverhalt materiell-rechtliche Probleme angesprochen sind).

Aufpassen müssen Sie, dass Sie Hilfsgutachten und Alternativlösung nicht mit einem anderen Problem verwechseln, das Anfängern und Anfängerinnen oft Schwierigkeiten bereitet:

Beispiel: Bei der Prüfung der Rechtmäßigkeit eines Verwaltungsakts kommen Sie zum Ergebnis, dass die Maßnahme schon wegen fehlender örtlicher Zuständigkeit rechtswidrig ist. Nun fragt es sich, ob auch noch andere mögliche Mängel überprüft werden müssen, nachdem das Ergebnis ja bereits feststeht.

49 Wenn man früh ein Ergebnis gefunden hat, so darf man sich damit nicht begnügen, wenn der Fall noch Ansatzpunkte bietet, um das Ergebnis zu untermauern. Man sollte sein **Ergebnis auf „möglichst viele Beine stellen“**. Das bedeutet z. B., dass Sie alle Gesichtspunkte durchzuprüfen (und später auch klarzustellen) haben, die im Sachverhalt für oder gegen die Zulässigkeit eines Rechtsbehelfs sprechen, auch wenn Sie schon beim ersten Blick einen Mangel gefunden haben, der zur Unzulässigkeit führt. Gleiches gilt für die Prüfung der Rechtmäßigkeit einer Handlung, für mehrere Anspruchsgrundlagen, für die Begründetheit eines Rechtsbehelfs usw.

3. Planung der Darstellung

50 Nachdem Sie sich in einem logischen Verfahren zum Ergebnis hingetastet haben, müssen Sie sich überlegen, wie Sie Ihre Gedanken darstellen wollen. Sie sollten nicht alles, was Sie sich überlegt haben, auch im Gutachten ausführen, sondern **nur das Nötige** und das, was **zum Fall Bezug** hat.

51 Ein Gutachten ist keineswegs optimal, wenn man jeden logischen Schritt und jeden Problempunkt für die Darstellung einplant. Im Gegenteil: Jetzt gilt es spätestens, sich vom schematischen (nicht vom logischen) Denken zu lösen. Nur die Gesichtspunkte und Probleme dürfen Sie für darstellenswert ansehen, die für den „fremden Dritten“ (Korrektor), an den Sie Ihr Gutachten als den verständigen Leser richten, aus dem Sachverhalt heraus wirklich **problematisch** sind. Hierin besteht oft für Anfänger die Hauptschwierigkeit, die Sie nur durch Üben überwinden können.

52 Auf jeden Fall müssen Sie in die Planung der Darstellung die rechtlichen Gesichtspunkte aufnehmen, die nach Ihrer Auffassung logisch zum Ergebnis hinführen. Nie außer Acht lassen dürfen Sie dabei die **Argumente** und **Einwände,** die **im Sachverhalt** von der Behörde oder einem sonstigen Betroffenen vorgetragen werden (beim ersten Lesen schon notieren!). Wird man so auf ein Problem „hingewiesen“, besteht stets Anlass, die Auseinandersetzung mit diesen Argumenten in die Darstellung mitaufzunehmen.

Arbeitstechnisch empfehlen wir, wie früher beim Aufsatzschreiben vorzugehen: Fertigen Sie eine **Gliederung** mit dazugehörigen, stichwortartigen Problempunkten, die den roten Faden Ihrer logischen Gedankenführung erkennen lässt. Bewusst ist nur von der Gliederung die Rede, nicht von einem „Konzept" oder „Entwurf" oder von einer „Kladde". Sie sind unnötig – dafür reicht auch die Zeit nicht! 53

„Steht die Gliederung", sollten Sie prüfen, ob Sie ein Problem übersehen haben, das Ihnen auf den ersten Blick wichtig erschien und das Sie deshalb auf ein Konzeptblatt geschrieben hatten. Fehlt dieses Problem in Ihrer Gliederung, ist damit noch nicht gesagt, dass es dort hineingehört. Sie hatten es ja nur herausgeschrieben als Merkposten, ohne Bezug zur logischen Falllösung. Durch den Vergleich Ihrer Gliederung mit Ihren Notizen versichern Sie sich, dass Sie nichts vergessen haben. 54

4. Niederschrift

Sobald die Gliederung erstellt ist, können (müssen) Sie sich an die Niederschrift wagen. Beherzigen Sie dabei durchaus, was Sie (hoffentlich) im Deutschunterricht gelernt haben. Schreiben Sie verständlich (wie man das erreicht, wird unten im Einzelnen ausgeführt, vgl. Rn. 266 ff.). Ein juristisches Gutachten ist nur dann wirklich gut, wenn es auch gut verständlich und elegant formuliert ist. 55

Schreiben Sie im **Gutachtenstil**. Er zeichnet sich dadurch aus, dass er den Leser in logischen Schritten zum Ergebnis hinführt. Zu Beginn wird ein mögliches Ergebnis in Erwägung gezogen, dann werden die Voraussetzungen für dieses Ergebnis überprüft, um schließlich zum konkreten Ergebnis, der Schlussfolgerung zu kommen. Wir erinnern Sie, dass der Einstieg sowohl in die **konditionale** (dann, wenn ...) als auch in die **hypothetische** Form (in Betracht kommt, ...) gefasst sein kann (vgl. Rn. 43). 56

Beispiel: Der Anspruch auf Erteilung der Baugenehmigung könnte sich aus § 58 Abs. 1 Satz 1 LBO ergeben. Voraussetzung dafür ist, dass keine von der Baurechtsbehörde zu prüfenden öffentlich-rechtlichen Vorschriften entgegenstehen. Als entgegenstehende öffentlich-rechtliche Vorschrift kommt § 5 Abs. 1 Satz 1, Abs. 2 Satz 1 und Abs. 7 Satz 2 LBO in Frage. Danach muss mit einer mehr als 5 Meter breiten Wand ein Grenzabstand von mindestens 2,5 Meter eingehalten werden. Das eingeschossige Gebäude, um dessen Genehmigung es geht, hält nur einen Grenzabstand von 2,00 m ein, obwohl die maßgebliche Wand länger als 5 Meter ist. Also verstößt es gegen § 5 Abs. 1 Satz 1, Abs. 2 Satz 1 und Abs. 7 Satz 2 LBO – eine öffentlich-rechtliche Vorschrift. Ein Anspruch auf Genehmigung besteht somit nicht.

Oder: Der Bauherr hat dann einen Anspruch auf Erteilung der Baugenehmigung, wenn die Voraussetzungen des § 58 Abs. 1 Satz 1 LBO erfüllt sind ...

Sie haben sicherlich bemerkt, dass auch bei der Niederschrift die logische (syllogistische) Methode angewandt wird. Sie ist allerdings kein Spezifikum des Gutachtenstils, sie ist auch beim **Urteilsstil** anzuwenden. Gutachten- und Urteilsstil unterscheiden sich dadurch, dass der Gutachtenstil zum 57

Ergebnis hinführt, während beim Urteilsstil das Ergebnis an den Anfang gestellt und erst dann begründet wird.

Beispiel: Der Widerspruch ist unzulässig. Er ist nicht fristgerecht eingelegt. Gem. § 70 VwGO muss der Widerspruch innerhalb eines Monats nach Bekanntgabe des Verwaltungsaktes eingelegt werden. A hat den Widerspruch jedoch erst 2 Monate nach Bekanntgabe des Verwaltungsaktes eingelegt.

In Stichworten lassen sich die Unterschiede durch die verschiedenen Bindeglieder zwischen den einzelnen Gedankengängen darstellen:

Beispiel:

Gutachtenstil:	Es könnte sein ... vorausgesetzt ist ... also ist ...; es ist dann, wenn ... so ist es ... also ist ...
Urteilsstil:	Es ist so, denn ... denn ... denn ...

Man nennt deshalb den Gutachtenstil auch den **„Also-Stil"** und den Urteilsstil den **„Denn-Stil"**. Urteilsstil und Gutachtenstil unterscheiden sich inhaltlich dadurch, dass der Urteilsstil knapper ist. Während man in einem Gutachten auch **Randprobleme** darstellen kann, erfordert der Urteilsstil eine straff geführte, klare Begründung eines vorweg genannten Ergebnisses. Das bedeutet, dass man auf Randfragen nicht einzugehen hat und die Darstellung abbrechen muss, sobald das Ergebnis begründet ist.

Beispiel: In einem Widerspruchsbescheid haben Ausführungen zur Begründetheit nichts zu suchen, wenn der Widerspruch unzulässig ist.

58 Auch beim Urteilsstil ist es jedoch zulässig (in der Klausur und vom Bürger sogar erwünscht), dass ein Ergebnis mit möglichst vielen Argumenten abgesichert wird – **Mehrfachbegründungen** sind also erlaubt.

Sie sollten, wenn Sie ein Gutachten zu schreiben haben, die folgenden häufig vorkommenden **typischen Fehler** vermeiden.

1. Fehler: Übertriebener Gutachtenstil

59 Ein Gutachten wirkt schwerfällig, wenn der Leser ständig auf die gleichen Formeln stößt: „Es ist dann, wenn ...", „Es ist zu prüfen ...", „Voraussetzung ist ..." und „also ist ...". Eine Arbeit wird nicht schon dadurch den Ansprüchen der Logik und des Gutachtenstiles gerecht, dass diese Worte und Begriffe ständig wiederholt werden. Sie entspricht diesen Ansprüchen in besonderem Maß, wenn sie ohne diese Wörter auskommt und trotzdem die logische Gedankenführung erkennen lässt.

Vor allem die Eingangsformel: „Es ist zu prüfen ..." sollten Sie sparsam verwenden. Bevor Sie sich wegen des Gutachtenstils mit den Grundsätzen auf den Kriegsfuß begeben, die Sie im Deutschunterricht gelernt haben, sollten Sie lieber auf den Urteilsstil ausweichen, der weniger die Gefahr in sich birgt, Formulierungen ständig zu wiederholen. Es ist zwar nicht optimal – aber auch kein schlimmes Vergehen, wenn in einem Gutachten auch teilweise im Urteilsstil formuliert wird. Er muss sogar verwendet werden, wenn Selbstverständlichkeiten dargestellt werden.

Beispiel:

Nicht: Voraussetzung für das Vorliegen eines Verwaltungsaktes könnte sein, dass es sich um eine Regelung handelt. Es ist deshalb zu prüfen, ob die Verwaltungsaktdefinition dieses Merkmal enthält.

Sondern: Ein Verwaltungsakt liegt gem. § 35 LVwVfG nur dann vor, wenn es sich bei der Maßnahme um eine Regelung handelt. Unter Umständen sogar: Bei der Maßnahme handelt es sich um einen Verwaltungsakt (vgl. § 35 Abs. 1 Satz 1 LVwVfG).

2. Fehler: Begründung des Aufbaus

Der Aufbau Ihres Gutachtens muss sich aus der zwingenden Folge Ihrer Gedanken ergeben und darf nicht besonders begründet werden. 60

Beispiel:

Falsch: Ich beginne mit der Prüfung der fristgerechten Erhebung des Widerspruchs, weil die Einhaltung der Frist eine Zulässigkeitsvoraussetzung des Widerspruchs ist.

Richtig: Der Widerspruch ist dann unzulässig, wenn die Widerspruchsfrist versäumt wurde.

3. Fehler: Zitate in Klausuren

In einer Klausur haben Zitate (Bsp.: vgl. BVerwGE 16, 232) nichts zu suchen. Es wirkt allenfalls „verdächtig", wenn man in einer Arbeit, die ohne Hilfsmittel anzufertigen ist, derartige Hinweise findet. In Hausarbeiten dagegen verlangt es die wissenschaftliche Genauigkeit, dass man Zitate und übernommene Meinungen durch Quellenangaben im laufenden Text oder in Fußnoten als solche kennzeichnet. 61

4. Fehler: Wiedergabe des Gesetzeswortlauts

Wenn Sie einen Paragraphen benennen, brauchen Sie seinen Inhalt nicht wiederzugeben. Sie können davon ausgehen, dass der Leser Ihrer Arbeit den Inhalt der Vorschrift kennt oder aber ihn nachlesen kann. Allerdings dürfen Sie sich nicht damit begnügen, die Nummer des Paragraphen zu nennen. Erforderlich ist vielmehr auch die Angabe des Absatzes oder gar des Satzes des Paragraphen, in dem sich die Regelung befindet, auf die Sie sich beziehen. 62

Um Missverständnissen vorzubeugen: Wenn Sie die Subsumtion wiedergeben, müssen Sie natürlich das gesetzliche Tatbestandsmerkmal benennen, auf das sich der Subsumtionsvorgang bezieht.

5. Fehler: Stilistische Mängel

Bei Gutachten gilt der „Ich-Stil" als verpönt. Außerdem sollten Sie – selbst wenn es Ihrer Einstellung entspricht – Begriffe wie „selbstverständlich, offenkundig, offensichtlich, klar, eindeutig usw." nicht gebrauchen. Diese Begriffe erwecken leicht den Anschein, als falle Ihnen keine sinnvolle Begründung ein. Wenn etwas offensichtlich ist, braucht man darüber kein Wort zu verlieren. 63

Ein Rat zum Schluss: Gutachten zu fertigen, lernt man am besten durch **Üben**! Wenn Sie alle Fälle dieses Buches sorgfältig durcharbeiten, haben Sie schon einige Übung, die Ihnen in der Prüfung und Praxis hilft!

C. Aufarbeitung verwaltungsrechtlicher Fragestellungen (Aufbauschemata)

I. Anwendungsbereich der Schemata

64 Ohne Fleiß kein Preis! Allein mit Hilfe der Schemata lässt sich kein verwaltungsrechtlicher Fall angemessen lösen. Notwendig ist ein ausreichendes Grundlagenwissen, das sich anhand einschlägiger Lehrbücher erarbeiten lässt. Eine knappe Zusammenfassung dieses Wissens wird nachfolgend dargestellt. Sie geht auf Kapitel 8 des vergriffenen Werkes *Blasius/Büchner* zurück, das hierher überarbeitet übernommen wurde.

65 Auch wenn kein Fall dem anderen zu gleichen scheint, sind die **Grundstrukturen** doch oft sehr ähnlich. Es liegt daher nahe, solche gemeinsamen Strukturen herauszuarbeiten, dabei auftretende Probleme zu beschreiben und verallgemeinerungsfähige Fragen zu beantworten. Als Ergebnis können **Schemata** herauskommen, nach denen sich vergleichbare Fälle lösen lassen. Das rationalisiert die Arbeit, vermeidet Fehler (weil wichtige Aspekte nicht übersehen werden) und sorgt für Gleichbehandlung. Freilich muss das Schema zur Aufgabenstellung passen, um als **Lösungshilfe** geeignet zu sein. Ob es verwendbar ist, stellt sich heraus, wenn Sie sich – wie oben beschrieben – zum Ergebnis **hintasten**.

66 Im Folgenden werden mehrere Schemata zur Bearbeitung und Lösung verwaltungsrechtlicher Fallgestaltungen dargestellt und erläutert. Der Schwerpunkt liegt dabei auf der materiellen Fragestellung, ob eine Maßnahme der Verwaltung **rechtmäßig** oder **rechtswidrig** ist. Nach dem Charakter der Maßnahmen wird dabei unterschieden:

- bevorstehende **Eingriffe** der Verwaltung in die Rechte des Bürgers (siehe Rn. 68 ff.).
- erfolgte **Eingriffe** der Verwaltung in die Rechte des Bürgers (siehe Rn. 115 ff.).
- bevorstehende **Leistungen** des Staates an den Bürger (siehe Rn. 120 ff.).
- ergangene Entscheidungen über **Leistungen** des Staates an den Bürger (siehe Rn. 161 f.).

Neben diesen **Eingriffsschemata** und **Leistungsschemata** wird in einem besonderen Abschnitt ein **Normprüfungsschema** (siehe Rn. 181) dargestellt, mit dem sich die Rechtsgültigkeit von Rechtsverordnungen und Satzungen untersuchen lässt.

Die bisher erwähnten Schemata lassen den prozessualen Gesichtspunkt völlig außer Betracht; es handelt sich um **materielle** Fragestellungen. Während der Ausbildung – und natürlich erst recht in der Praxis – sind diese Fragestellungen aber sehr häufig im Rahmen eines Rechtsbehelfsverfahrens zu bearbeiten. Deshalb werden auch wir zum Schluss zwei **prozessuale** Aufbauschemata vorstellen. Sie beschäftigen sich mit 67

- den Erfolgsaussichten eines **Widerspruchs** (siehe Rn. 183),
- den Erfolgsaussichten einer **verwaltungsgerichtlichen Klage** (siehe Rn. 184 f.).

Derartige Aufbaugerippe können nicht zur Lösung **spezieller** materiellrechtlicher oder auch prozessualer Probleme beitragen. Hier muss auf das entsprechende Schrifttum, d. h. für den Anfänger insbesondere auf Grundrisse, Leitfäden, einführende Lehrbücher, aber auch auf Einzelbeiträge und Kommentare sowie auf einschlägige Gerichtsentscheidungen verwiesen werden. Wenn im Folgenden – gewissermaßen exemplarisch – Lehrbücher oder Gerichtsentscheidungen genannt werden, so soll dies lediglich eine Anregung für den Leser sein, einer verwaltungsrechtlichen Fragestellung weiter nachzugehen und dabei auch auf sonstige, nicht zitierte Literatur zurückzugreifen und die Ausführungen miteinander zu vergleichen. Die Darstellung unseres Buches beschränkt sich bewusst auf weitgehend unstreitige Themen und nimmt aus diesem Bereich auch die Beispiele.

II. Rechtmäßigkeitsprüfung künftiger belastender Eingriffe (Eingriffsschema I)[1]

1. Vorüberlegungen

a. Suche nach vernünftiger Lösung

Wenn die Behörde einen regelungsbedürftigen Sachverhalt bemerkt, wird sie zuerst darüber nachdenken, welche **konkrete Maßnahme** sie ergreifen will, um den Missstand zu beseitigen. Die erste Überlegung wird also nicht rechtlicher, sondern tatsächlicher Natur sein. Es beginnt die Suche nach der **vernünftigen, zweckmäßigen Lösung** eines erkannten Problems. 68

Beispiele:

- Die zuständige Behörde erlangt Kenntnis von einem Wochenendhaus, das nicht genehmigt wurde. – Der zuständige Sachbearbeiter will den Abbruch anordnen.
- Der Bewohner einer gemeindeeigenen Wohnung bezahlt keine Miete. – Der zuständige Sachbearbeiter der Gemeinde will den Mieter zur Zahlung zwingen oder ihm kündigen.
- Ein Bürger hat Sozialleistungen erhalten. Nun erfährt die Behörde, dass der Leistungsempfänger Unterhaltsansprüche gegenüber Dritten besitzt. – Die Behörde

---

1 Eingriffsschema II siehe unten (Rn. 119) – es befasst sich mit der Rechtmäßigkeit bereits geschehener Eingriffe.

will auf möglichst einfachem Wege bei den Unterhaltsverpflichteten die Erstattung der Leistungen durchsetzen.

- Eine Behörde erkennt, dass sie zuviel Gehaltsbezüge ausbezahlt hat. – Die Behörde will ohne Einschaltung der Gerichte das zuviel bezahlte Geld zurückerhalten.
- Eine Behörde erkennt, dass von ihr bewilligte und ausbezahlte Subventionen nicht zweckgerecht verwendet werden. – Sie will diese Subventionen zurückfordern.
- Die Ortspolizeibehörde wird auf einen bissigen Hund aufmerksam gemacht. – Sie will vom Hundebesitzer verlangen, dass der Hund künftig einen Maulkorb trägt.

Anhand dieser Beispiele dürfte deutlich geworden sein, dass die verwaltungspraktischen Vorüberlegungen nicht mit der Suche nach einer Rechtsgrundlage beginnen und erst anschließend – nach teilweise zeitaufwändigen, an theoretischen Problemen sich festhakenden Gedankengängen – die Frage aufwerfen, was konkret getan werden muss, um die tatsächliche Problemlage zu bereinigen. In der Verwaltungspraxis macht man sich vielmehr zuerst Gedanken darüber, was **zweckmäßigerweise** (vernünftigerweise) zu tun ist. Erst **danach** prüft man, ob die beabsichtigte Handlungsweise auch **rechtens ist.**

69 Die im Rahmen einer **Ermessensentscheidung** anzustellenden Zweckmäßigkeitsüberlegungen müssen also bereits in diesem frühen Stadium erfolgen. „Zweckmäßig“ bedeutet ja gerade, dass das Handeln am zu erreichenden Zweck und nicht am Recht orientiert ist. Es ist erst Aufgabe der Rechtmäßigkeitskontrolle, zu überprüfen, ob die als zweckmäßig erkannte Maßnahme rechtlich auch zulässig ist.[2]

70 Dieser Ansatz stimmt nicht nur dann, wenn sich bei der rechtlichen Überprüfung herausstellt, dass es sich um eine Ermessensentscheidung handelt, sondern auch dann, wenn sich ergibt, dass die Behörde zu einer ganz bestimmten Handlungsweise verpflichtet ist (**gebundene Entscheidung**). Wenn der Gesetzgeber eine bestimmte Handlungsweise verbindlich vorschreibt, folgt daraus für die zuvor angestellten Zweckmäßigkeitsüberlegungen lediglich die Erkenntnis, dass sie entweder rechtlich zulässig oder unzulässig sind.

Beispiel: Erkennt die Gaststättenbehörde, dass ein Gastwirt „dem Trunke ergeben ist“, so wird sie ihm möglicherweise aus reinen Zweckmäßigkeitsgesichtspunkten heraus die Erlaubnis entziehen wollen. – Die sich anschließende rechtliche Überprüfung ergibt dann, dass die Behörde dazu gem. § 15 Abs. 2 GastG verpflichtet ist.

71 Ergebnis der an der Zweckmäßigkeit orientierten Vorüberlegung kann natürlich auch sein, dass sich die Behörde für das „Nichtstun“ (Unterlassen) entscheidet. Der Schwerpunkt der rechtlichen Überprüfung liegt dann bei der Frage, ob die Behörde nicht zum Einschreiten verpflichtet ist.

---

2 Siehe dazu *Schweickhardt/Vondung*, Rn. 339 ff.

b. Rechtsform

Weiß die Verwaltung, was sie zu tun gedenkt, muss sie überlegen, in welcher **Rechtsform** sie handeln kann und möchte, d. h. welche **Rechtsnatur** die geplante Maßnahme haben soll. Sie hängt meistens von der Rechtsgrundlage ab, auf die sich der Eingriff stützt, oder von dem Sachzusammenhang, in dem der Eingriff steht. Danach wird die Verwaltung entweder **öffentlichrechtlich** oder **privatrechtlich** tätig.[3] 72

Beispiele:
- Ein Bürgermeisteramt will den säumigen Mieter einer gemeindeeigenen Wohnung zur Zahlung zwingen (privatrechtlich).
- Ein Landratsamt will den Abbruch eines Anbaus anordnen, der den Grenzabstand zu einem gemeindeeigenen Grundstück nicht einhält (öffentlich-rechtlich).

Im öffentlichen Recht ist die Auswahl zwischen **Realakt** und **Verwaltungsakt** zu treffen.[4] 73

Beispiele:
- Die zuständige Behörde hat Zweifel, ob der Inhaber einer Fahrerlaubnis zum Führen eines Kraftfahrzeugs noch geeignet ist. Sie will ihn deshalb medizinisch-psychologisch gem. § 11 Abs. 3 Fahrerlaubnis-Verordnung begutachten lassen. Eine derartige Anordnung stellt keinen Verwaltungsakt dar.
- Eine Gemeinde hat einen Anspruch auf FAG-Zuschüsse. Gegen diesen Anspruch soll mit früheren Zuvielleistungen aufgerechnet werden. Nach der Rechtsprechung des Bundesverwaltungsgerichts stellt die Aufrechnung keinen Verwaltungsakt dar (BVerwG, NJW 1983, 776).

Der geplante Eingriff kann in der Form eines **Verwaltungsaktes** oder einer **Rechtsnorm** vorgenommen werden.[5] 74

Beispiele:
- Ein Bürgermeisteramt möchte verhindern, dass es auf einem Baggersee durch das Durcheinander von Schwimmern, Seglern und Surfern zu Gefahrensituationen kommt (stellvertretend: Rechtsverordnung gemäß § 28 Abs. 2 WG BW – VGH BW, BWVP 1978, 278; VBlBW 1988, 255).
- Nach starkem Schneefall will eine höhere Straßenverkehrsbehörde ein Fahrverbot für einen bestimmten Landkreis verhängen (Allgemeinverfügung i. S. d. § 35 Satz 2 VwVfG gem. § 45 Abs. 1 Satz 2 Nr. 5 i. V. m. § 45 Abs. 4 Hbs. 2 StVO).

c. Ermächtigungsgrundlage

In die Vorüberlegungen miteinzubeziehen ist auf jeden Fall die Suche nach einer einschlägigen **Ermächtigungsgrundlage**. Hier spätestens beginnt der Blick in das Gesetz. Es braucht noch nicht untersucht zu werden, ob die 75

---

3 Zur Abgrenzung siehe *Maurer*, § 3 Rn. 10 ff.; *Schweickhardt/Vondung*, Rn. 39 ff.
4 Zur Abgrenzung siehe *Maurer*, § 9 Rn. 8 und § 15; *Schweickhardt/Vondung*, Rn. 222.
5 Zur Abgrenzung siehe *Maurer*, § 9 Rn. 14 ff.; *Schweickhardt/Vondung*, Rn. 231 ff.

Ermächtigungsgrundlage tatsächlich zutrifft, d. h. ob ihr Tatbestand erfüllt ist. Es genügt, eine Rechtsgrundlage in Betracht zu ziehen, die als Ermächtigungsgrundlage **in Frage kommen** könnte, weil ihre **Rechtsfolge** die Maßnahme zulässt, die von der Behörde eingesetzt werden will.

Beispiele:

- Als Ermächtigungsgrundlagen für eine baurechtliche Abbruchsanordnung kommen in BW § 65 sowie § 47 Abs. 1 Satz 2 LBO und §§ 1, 3 PolG in Betracht. Wegen der lex-specialis-Regel ist die Prüfung mit § 65 LBO zu beginnen.
- Als Ermächtigungsgrundlage für die Überleitung von Pflichtteilsansprüchen, Beihilfeansprüchen oder Bereicherungsansprüchen durch den Sozialhilfeträger kommt § 93 SGB XII in Betracht.
- Als „Ermächtigungsgrundlage" für die Kündigung eines Mietverhältnisses kommen die zivilrechtlichen Kündigungsregeln des BGB in Betracht.
- Als Ermächtigungsgrundlage für die Rückforderung von Bezügen kommt § 12 BBesG in Betracht.
- Als Ermächtigungsgrundlage für die Anordnung eines Maulkorbes kommen §§ 1, 3 PolG BW in Betracht.

Sofern keine Norm zu finden ist, die sich ernsthafterweise als Ermächtigungsgrundlage in Betracht ziehen lässt, scheitert die Rechtmäßigkeit der geplanten Maßnahme schon an dieser Stelle der Vorüberlegungen (Vorbehalt des Gesetzes, siehe unten Rn. 88). Im Bereich der Gefahrenabwehr ist jedoch stets daran zu denken, dass es landesrechtliche **Generalklauseln** gibt, die als Auffangtatbestand herangezogen werden können.

Beispiel: §§ 1, 3 PolG BW

76 Die Suche nach der möglichen Rechtsgrundlage ist also ein erstes rechtliches Korrektiv für die bisherigen Vorüberlegungen (konkrete Maßnahme, Rechtsnatur der Maßnahme), die an sich nach reinen Zweckmäßigkeitsgesichtspunkten vorgenommen werden können. Spätestens jetzt wird aber klar, dass man die ersten beiden Vorüberlegungen nicht losgelöst von der möglichen Ermächtigungsgrundlage anstellen sollte. Es ergibt wenig Sinn, an die Frage, ob und wie ein nach formellem und materiellem Recht rechtswidrig errichtetes Gebäude beseitigt werden könnte, mit dem Vorgedanken heranzugehen, es in privatrechtlicher Form tun zu wollen. Während die Entscheidung, welche Maßnahme im Einzelfall ergriffen werden soll, durchaus schwierig sein kann, wird die Frage nach der Rechtsnatur der Maßnahme auch dem Anfänger meist keine tiefschürfenden Überlegungen abverlangen.

77 Die in Betracht zu ziehende Rechtsgrundlage muss bereits an dieser Stelle (im Rahmen der Vorüberlegungen) benannt werden, weil von ihr nicht nur die materiellen Voraussetzungen der geplanten Maßnahme, sondern auch die zu beachtenden formellen Vorgaben abhängen. Die formellen Voraussetzungen des Handelns sind nämlich – wenn sie nicht durch ein allgemeines Gesetz „vor die Klammer gezogen" sind (VwVfG/LVwVfG, SGB X, AO) – dem Gesetz zu entnehmen, aus dem auch die materielle Ermächtigungsgrundlage stammt.

Beispiel: Je nachdem, ob die Behörde eine gefahrenabwehrende Maßnahme auf das Wasserrecht, das Baurecht oder das Polizeirecht stützt, sind für die sachliche und örtliche Zuständigkeit unterschiedliche Normen maßgebend.

2. Vorgeschaltete (vorrangige) formelle Rechtmäßigkeitsvoraussetzungen

Bevor die Behörde überprüft, ob die materiellen Voraussetzungen für die beabsichtigte Maßnahme gegeben sind, muss sie logisch vorrangig solche formellen Voraussetzungen untersuchen, die erfüllt sein müssen, damit sich die Behörde mit der materiellen Rechtmäßigkeit des Eingriffs befassen darf. Dazu zählen die Zuständigkeit, die Einhaltung von Mitwirkungsverboten für befangene und ausgeschlossene Amtsträger und das Antragserfordernis. Sie sind der materiellen Rechtmäßigkeitsprüfung **vorgeschaltet**. Andere formelle Vorgaben können erst geprüft werden, wenn feststeht, dass und nach welchem Recht die geplante Maßnahme materiell zulässig ist. Sie sind der materiellen Rechtmäßigkeitsprüfung **nachgeschaltet** (s. unten Rn. 78 ff., 105 ff., 131 ff., 153 ff.). 78

a. Sachliche, örtliche, instanzielle und funktionelle Zuständigkeit der Behörde oder des Behördenorgans[6]

Beispiele: 79
- Landratsamt X oder Handwerkskammer Y (sachliche Zuständigkeit).
- Gemeinde Z oder Gemeinde N (örtliche Zuständigkeit).
- Untere oder höhere Verwaltungsbehörde (instanzielle Zuständigkeit; kann aber auch als Problem der sachlichen Zuständigkeit angesehen werden).
- Bürgermeister (Gemeindedirektor) oder Gemeinderat (funktionelle Zuständigkeit; kann ebenfalls als Problem der sachlichen Zuständigkeit angesehen werden).

b. Ausgeschlossene Personen, Befangenheit[7]

Die Aufgaben in einem Verwaltungsverfahren müssen sachlich und unvoreingenommen erledigt werden. Dies soll durch Vorschriften über ausgeschlossene Personen und über die Besorgnis der Befangenheit sichergestellt werden. (Vgl. §§ 20, 21 VwVfG/LVwVfG, 16, 17 SGB X). 80

Beispiele:
- Der an sich verwaltungsintern zuständige Sachbearbeiter darf gegenüber seiner von ihm geschiedenen ehemaligen Gattin keinen belastenden Verwaltungsakt (z. B. baurechtliche Abbruchsanordnung) erlassen, siehe § 20 Abs. 1 Nr. 2 i. V. m. Abs. 5 Satz 1 Nr. 2 und Satz 2 Nr. 1 VwVfG/LVwVfG.
- Wer als Sachbearbeiter gegenüber einem Gastwirt, mit dem er schon privat Auseinandersetzungen hatte, eine gaststättenrechtliche Auflage (§ 5 Abs. 1 GastG) anordnen will, muss vorher die Entscheidung des Behördenleiters herbeiführen, ob er in diesem Verfahren tätig werden darf. Siehe § 21 Abs. 1 VwVfG/LVwVfG.

---

6 Siehe dazu *Maurer*, § 21 Rn. 47 ff.; *Schweickhardt/Vondung*, Rn. 28 ff. und 732 ff.

7 Siehe dazu *Schweickhardt/Vondung*, Rn. 741 ff.

c. Anhörungspflichten

80a Die Anhörung ist regelmäßig erst geboten, wenn die Behörde meint eingreifen zu dürfen. Die Verpflichtung ist deshalb nachrangig zu prüfen. Siehe dazu Rn. 107.

d. Antragserfordernis und Sachbescheidungsinteresse

81 Während Leistungen der Behörde sehr häufig erst dann gewährt werden können und dürfen, wenn ein entsprechender Antrag gestellt wird (vgl. unten Rn. 133), sind Eingriffe der Behörde, insbesondere im Bereich der Gefahrenabwehr, von derartigen Anträgen unabhängig. Die Behörde entscheidet von Amts wegen, ob ein Verwaltungsverfahren durchgeführt wird oder nicht.

Trotz gestellten Antrags ist eine Behörde berechtigt, die Sachprüfung zu verweigern und den Antrag als unzulässig zurückzuweisen, wenn er rechtsmissbräuchlich gestellt wird. Die Frage stellt sich bei Eingriffsakten selten (**unlautere Anträge**), häufig jedoch bei Leistungsbegehren (nutzlose Anträge). Das Erfordernis des Sachbescheidungsinteresses leitet sich aus dem allgemeinen Rechtsgrundsatz von „Treu und Glauben" ab (analog § 242 BGB).[8]

Beispiel: Ein Antrag auf polizeiliches Einschreiten wird gestellt, der ersichtlich nur das Ziel verfolgt, dem Betroffenen zu schaden. Ein Bauantrag wird gestellt, obwohl offensichtlich ist, dass eine im Grundbuch eingetragene Grunddienstbarkeit dem Bauvorhaben entgegensteht.

e. Fristen

81a Manche Maßnahmen sind nur innerhalb bestimmter Fristen zulässig.

Beispiele:
- Die Rücknahme und der Widerruf von Verwaltungsakten sind nach den Verwaltungsverfahrensgesetzen nur innerhalb einer Jahresfrist zulässig – vgl. §§ 48 Abs. 4; 49 Abs. 2 letzter Satz VwVfG/LVwVfG. Besondere Fristen für die Rücknahme und den Widerruf gelten im Sozialleistungsbereich – vgl. §§ 45 Abs. 3 und 4; 47 Abs. 2; 48 Abs. 4 SGB X.
- Ein Zwangsmittel darf erst nach Ablauf der in der Androhung bestimmten Frist festgesetzt werden (§ 14 VwVG; § 20 Abs. 1 Satz 2 LVwVG).
- Bei der Entlassung von Beamten muss in bestimmten Fällen eine angemessene Frist eingehalten werden (§ 46 LBG).
- Entscheidungsfristen zur Beschleunigung des Verfahrens (z. B. § 54 Abs. 5 LBO BW – aber ohne Bedeutung für die Rechtmäßigkeit!).

8 Siehe dazu *Schweickhardt/Vondung*, Rn. 901.

3. Materielle Voraussetzungen

Ehe die Behörde nun die sonstigen formellen Voraussetzungen der geplanten Maßnahme überprüft (Mitwirkung, Anhörung, Form usw.), muss sie sich zunächst darüber klar werden, ob sie materiell überhaupt berechtigt ist, ihre in Erwägung gezogene Maßnahme tatsächlich auszuführen. Erst wenn sie weiß, dass sie darf, was sie will, ist es sinnvoll, andere Stellen mit dem Problem zu behelligen und sich Gedanken über weitere formelle Elemente zu machen. 82

a. Eingriffsgrundlage (Ermächtigungsgrundlage)

Die Suche nach einer Ermächtigungsgrundlage findet bereits im Rahmen der Vorüberlegungen statt. Dort begnügt man sich allerdings damit, dass eine bestimmte Rechtsgrundlage „in Betracht kommt“, d. h. dass ihre Rechtsfolge die beabsichtigte Maßnahme enthält. Jetzt muss geprüft werden, ob die Ermächtigungsgrundlage nicht nur lediglich „in Frage kommt“, sondern ob sie **tatsächlich** den Eingriff rechtfertigt. 83

Erste Voraussetzung dafür ist, dass die Ermächtigungsgrundlage selbst **gültig (wirksam) ist.** 84

Beispiele:
- Die Polizeiverordnung, auf die sich die Polizeiverfügung als Rechtsgrundlage stützt, ist nichtig.
- Der Vertrag, auf den sich das Nutzungsverbot stützt, ist unwirksam.
- Der Verwaltungsakt, auf den sich das Rückzahlungsverlangen stützt, ist nichtig.

Bei Rechtsnormen ergibt sich dabei das interessante Problem, inwieweit die Verwaltung berechtigt ist, eine Norm deshalb nicht anzuwenden, weil sie meint, sie sei ungültig (**Verwerfungskompetenz**). Darauf soll hier jedoch nicht weiter eingegangen werden.[9] Wenn Sie einen Fall prüfen, brauchen Sie ohnehin nur dann prüfen, ob die Rechtsgrundlage gültig ist, wenn es Gründe gibt, daran zu zweifeln. 85

Als **zweite Voraussetzung** muss geprüft werden, ob die in Betracht gezogene Rechtsgrundlage für den Eingriff auf den konkreten Lebenssachverhalt anwendbar ist. Das bedeutet, dass **Auslegung** und **Subsumtion** richtig zu erfolgen haben.[10] Wird falsch ausgelegt oder subsumiert, d. h. wird angenommen, der konkrete Lebenssachverhalt werde von der Ermächtigungsgrundlage erfasst, obgleich dies nicht der Fall ist, fehlt es in Wirklichkeit an einer Eingriffsgrundlage. Dabei muss man sich der Problematik der **unbestimmten Rechtsbegriffe** und des Dogmas der „einzig richtigen Entscheidung“ bewusst sein.[11] 86

---

9 Zur Verwerfungskompetenz bei Satzungen und Rechtsverordnungen siehe *Schweickhardt/Vondung*, Rn. 62 ff.; im Übrigen *Maurer*, § 4 Rn. 52 ff.

10 Siehe dazu *Blasius/Büchner*, Kapitel 5 und 6; *Kohler-Gehrig*, Kapitel 9.1; *Schwacke*, Kapitel 5.

11 Siehe oben Rn. 39 f. und *Maurer*, § 7 Rn. 26 ff.; *Schweickhardt/Vondung*, Rn. 160 ff.

Eventuell lässt sich auch im Wege der **Rechtsfortbildung** eine Ermächtigungsgrundlage finden oder verneinen.[12]

Als **Ermächtigungsgrundlagen** kommen in Betracht:

(1) Verfassung/unmittelbar wirkendes Europarecht

87 Zwar sind viele Eingriffe des Staates bereits insofern in der Verfassung angelegt, als die dort verbürgten Grundrechte von vornherein begrenzt oder begrenzbar sind durch verfassungsunmittelbare Schranken, Vorbehaltsschranken und verfassungsimmanente Schranken.[13] Eine selbstständige Ermächtigungsgrundlage im Sinne einer Befugnisnorm für die Verwaltung bildet die Verfassung jedoch nicht. Auch soweit das Grundgesetz unmittelbar Verbote ausspricht,

Beispiele:
- Art. 7 Abs. 6 GG: Vorschulen bleiben aufgehoben
- Art. 9 Abs. 2 GG: Verbot bestimmter Vereinigungen

ist als Ermächtigungsgrundlage auf die Spezialgesetze (SchG, VereinsG) oder die allgemeinen Polizeigesetze (das allgemeine Sicherheits- und Ordnungsrecht) zurückzugreifen.

87a In Art. 23 GG ist die Übertragung von Hoheitsrechten auf die Europäische Union angelegt. Deshalb können sich behördliche Eingriffsbefugnisse aus europäischen Rechtsakten ergeben, die in den Mitgliedstaaten **unmittelbar** wirken. Dazu zählen insbesondere die **EU-Rechtsverordnungen** (Art. 249 Abs. 2 EG-Vertrag).[14]

(2) Gesetz im formellen Sinn

88 Nach dem Grundsatz vom **Vorbehalt des Gesetzes** darf niemand zu einer Handlung, Unterlassung oder Duldung gezwungen werden, wenn nicht ein Gesetz oder eine auf Gesetz beruhende Bestimmung es verlangt oder zulässt. Dieser, aus dem Rechtsstaats- und Demokratieprinzip des Grundgesetzes abgeleitete, in Art. 20 Abs. 3 GG vorausgesetzte und z. B. in Art. 58 LV BW klar artikulierte Grundsatz fordert jedenfalls für Eingriffe eine formell-gesetzliche Ermächtigung (**Eingriffsvorbehalt**).[15] Inwieweit er darüber hinaus formell-gesetzliche Ermächtigungen für sonstiges staatliches Handeln verlangt, ist umstritten (siehe Rn. 144).

---

12 Wegen der damit zusammenhängenden Problematik siehe *Blasius/Büchner*, Kapitel 7, insbesondere 7.1; *Kohler-Gehrig*, Kapitel 9.2; *Schwacke*, Kapitel 6.

13 Siehe dazu *Katz*, Rn. 639 ff.

14 Siehe dazu *Schweickhardt/Vondung*, Rn. 121 ff.

15 Siehe dazu *Katz*, Rn. 192 ff.; *Maurer*, § 6 Rn. 3 ff.; *Schweickhardt/Vondung*, Rn. 154.

Beispiele:
- Erteilen einer Auflage gegenüber einem Gastwirt (§ 5 GastG).
- Entlassung eines Wehrpflichtigen aus der Bundeswehr (§ 29 WpflG).
- Rückforderung von Dienstbezügen (§ 12 Abs. 2 BBesG).
- Auflösung einer Versammlung (§ 15 Abs. 3 VersG).
- Feststellen der Identität einer Person durch die Polizei (stellvertretend: § 26 PolG BW).

Zu beachten ist, dass es nicht genügt, eine Norm zu finden, die dem Bürger etwas gebietet oder verbietet oder die der Behörde bestimmte Aufgaben zuweist. Zu suchen ist vielmehr nach einer **Befugnisnorm**, d. h. nach einer Norm, die der Behörde die Befugnis zu dem beabsichtigten Eingriff vermittelt.[16] **89**

Beispiele:
- § 35 BauGB ermächtigt die Baurechtsbehörden nicht zum Einschreiten gegen Vorhaben, die mit dieser Vorschrift nicht im Einklang stehen. Die Ermächtigungsgrundlage ergibt sich aus dem landesrechtlichen Bauordnungsrecht (stellvertretend: § 65 LBO BW).
- Die Straf- und Bußgeldvorschriften der Gewerbeordnung (§§ 144 ff. GewO) berechtigen die zuständige Behörde nicht, ein ohne Erlaubnis betriebenes Gewerbe zu untersagen. Befugnisnorm für die Untersagung eines ohne Erlaubnis betriebenen „stehenden Gewerbes" ist vielmehr § 15 Abs. 2 GewO.

(3) Untergesetzliche Normen

Aus der Formulierung des Eingriffsvorbehalts (siehe Rn. 88, 144) folgt, dass auch untergesetzliche Normen, d. h. **Rechtsverordnungen** und **Satzungen**, als Ermächtigungsgrundlage in Frage kommen. **90**

Beispiele:
- Widerruf der Urlaubsgenehmigung (stellvertretend: § 26 Abs. 6 AzUVO BW).
- Überwachung bestimmter Feuerungsanlagen (§ 14 der Ersten Verordnung zur Durchführung des Bundes-Immissionsschutzgesetzes).
- Untersagen des Führens von Fahrzeugen oder Tieren (§ 3 Abs. 1 FeV).
- Erhebung von Kommunalabgaben aufgrund gemeindlicher Satzungen.

Die untergesetzlichen Ermächtigungsgrundlagen müssen selbst wieder auf formell-gesetzliche Ermächtigungsgrundlagen zurückzuführen sein. Während sich dies für Rechtsverordnungen ausdrücklich aus **Art. 80 GG** bzw. aus den entsprechenden Regelungen der Landesverfassungen ergibt (z. B. Art. 61 LV BW), ist die Anforderung bei Satzungen unmittelbar aus dem **Vorbehalt des Gesetzes** abzuleiten. Art. 80 GG und die entsprechenden landesverfassungsrechtlichen Regelungen sind auf Satzungen nicht anwendbar. Dort gilt, dass die Gemeinden und sonstigen autonomen Verbände im

---

16 Siehe dazu *Maurer*, § 21 Rn. 53; *Schweickhardt/Vondung*, Rn. 351.

Rahmen ihrer generellen Aufgabenzuweisung auch Satzungsbefugnis besitzen (stellvertreted: §§ 2, 4 GemO BW). Soweit allerdings Satzungsregelungen getroffen werden, die in Rechte des Bürgers besonders eingreifen, sind über die jeweilige Generalermächtigung hinaus spezielle Ermächtigungen erforderlich.[17]

Beispiele:

- § 6 StVG als Ermächtigungsgrundlage für die StVO und die StVZO.
- §§ 4 Abs. 3; 14; 18 Abs. 1; 21 Abs. 2; 30 GastG als Ermächtigungsgrundlagen für die landesrechtlichen Gaststättenverordnungen.
- Vorschriften der landesrechtlichen Gemeindeordnungen über den Anschluss- und Benutzungszwang (stellvertretend: § 11 GemO BW).
- Vorschriften der landesrechtlichen Kommunalabgabengesetze als Ermächtigungsgrundlage für gemeindliche Abgabensatzungen (stellvertretend: § 2 KAG BW).
- § 55 HwO als Ermächtigungsgrundlage für Satzungen einer Handwerksinnung (Körperschaft des öffentlichen Rechts, vgl. § 53 HwO).

(4) Gewohnheitsrecht

91 Es ist mit dem Grundsatz des Gesetzesvorbehalts nicht vereinbar, eingreifende Maßnahmen aufgrund gewohnheitsrechtlicher Normen für zulässig zu erachten. Ausnahmsweise kann eine Maßnahme dann auf Gewohnheitsrecht gestützt werden, wenn es beim Inkrafttreten des Grundgesetzes bereits existierte. Andernfalls wären einige ungeschriebene Regeln des allgemeinen Verwaltungsrechts, z. B. über die nachträgliche Aufhebung von Verwaltungsakten nicht anwendbar oder jedenfalls in der Vergangenheit nicht anwendbar gewesen. Infolge des Erlasses von Verwaltungsverfahrensgesetzen durch den Bund und durch die Länder, die auch materielle Normen des allgemeinen Verwaltungsrechtes beinhalten (vgl. etwa §§ 36, 40, 43 f., insbesondere §§ 48 ff. VwVfG sowie die entsprechenden Regelungen des SGB X), ist diese Problematik allerdings dogmatisch entschärft. Neues – belastendes – Gewohnheitsrecht kann im Hinblick auf das Vorbehaltsprinzip nicht mehr entstehen.[18]

(5) Öffentlich-rechtlicher Vertrag

92 Es ist anerkannt, dass ein öffentlich-rechtlicher Vertrag in gewissen Grenzen einen Eingriff rechtfertigt, der keine Grundlage in einem förmlichen Gesetz findet. Hiervon gehen auch die Regelungen der Verwaltungsverfahrensgesetze aus: Nach § 59 VwVfG ist ein öffentlich-rechtlicher Vertrag nicht wegen jeden Gesetzesverstoßes, sondern nur unter bestimmten

---

17 Siehe dazu *Maurer*, § 4 Rn. 20 ff.; *Schweickhardt/Vondung*, Rn. 73.
18 Siehe dazu *Maurer*, § 6 Rn. 9.

Umständen nichtig (im Einzelnen ist allerdings vieles streitig).[19] Daraus folgt, dass der Bürger sich u. U. wirksam zu Belastungen verpflichten kann, die nicht durch ein förmliches Gesetz gedeckt sind, wobei freilich hier nicht darzustellende Grenzen rechtlicher Möglichkeiten bestehen. In der Regel darf die Verwaltung allerdings aufgrund eines solchen Vertrages keinen belastenden Verwaltungsakt gegenüber dem Bürger erlassen. Sie ist vielmehr genötigt, vor dem zuständigen (Verwaltungs-)Gericht (Leistungs-) Klage zu erheben.

Beispiele:

- Ein Angestellter verpflichtet sich vertraglich, an das Land monatlich einen Betrag zu bezahlen, und erhält als Gegenleistung die Zusage, später zum Beamten ernannt zu werden (BVerwG, NVwZ-RR 2003, 874 – nichtig!)
- Der Bauherr verpflichtet sich zur Bezahlung eines bestimmten Geldbetrages; die Gemeinde verpflichtet sich, in der Nähe des Bauvorhabens Parkflächen herzustellen. Daraufhin befreit die Baurechtsbehörde von der Stellplatzverpflichtung der landesrechtlichen Bauordnung (BVerwG, NJW 1980, 1294).
- Eine Baugesellschaft kauft von einer Gemeinde Grundstücke; die Gemeinde verpflichtet sich als Gegenleistung zur Ausweisung eines Baugebietes (BVerwG, DÖV 1981, 878 – derartige vertragliche Verpflichtungen der Gemeinde sind allerdings im Regelfall nichtig).
- Ein Landwirt verpflichtet sich im Rahmen des Vertragsnaturschutzes (vgl. § 3 Abs. 3 BNatSchG) zu einer Extensivbeweidung gegen Bezahlung einer Prämie (VGH München, NuR 2000, 468).
- Eine Gemeinde macht die Änderung eines Bebauungsplanes in einem städtebaulichen Vertrag (§ 11 BauGB) davon abhängig, dass sich der Grundstückseigentümer an den Kosten einer früher abgerechneten Erschließungsanlage beteiligt (BVerwG, DÖV 2000, 1050 – nichtig! Vgl. aber auch BVerwG, ZfBR 2002, 74 und ZfBR 2009, 472).

(6) Verwaltungsakt

Ein wirksamer Verwaltungsakt kann seinerseits Grundlage für weitere **93**
belastende Maßnahmen sein. Das wird vor allem dann bedeutsam, wenn der zuerst erlassene (als nunmehrige Grundlage benutzte) Verwaltungsakt rechtswidrig, aber wirksam ist, oder wenn der Erlass eines vorangegangenen Verwaltungsaktes tatbestandliche Voraussetzung für späteres Handeln der Verwaltung ist.

Beispiele:

- Erlass eines (schlicht rechtswidrigen, aber unanfechtbar gewordenen) Leistungsbescheides „dem Grunde nach“, auf den ein neuer Verwaltungsakt gestützt wird, der die Forderung der Verwaltung dem Betrage nach spezifiziert; z. B. hinsichtlich der Erstattung (angeblich) zuviel geleisteter Zahlungen der Verwaltung an den Bürger.
- Die Vollstreckungsbehörde ordnet nach vorangegangener Androhung (die gleichfalls Verwaltungsakt ist) die Ersatzvornahme einer vertretbaren Handlung an, z. B. die Beseitigung einer baulichen Anlage, die durch mittlerweile unanfechtbar gewordene (rechtswidrige) Verfügung (hier im Beispiel: Abbruchsan-

19 Siehe dazu *Maurer*, § 14 Rn. 31 ff.; *Schweickhardt/Vondung*, Rn. 747 ff.

ordnung, vgl. stellvertretend § 65 LBO BW) seitens der zuständigen Behörde befohlen worden war (vgl. stellvertretend: §§ 18 ff. LVwVG BW).

(7) **Verwaltungsvorschrift**

94 Verwaltungsvorschriften scheiden grundsätzlich als zulässige Eingriffsgrundlagen aus, und zwar auch für den Bereich der früher sogenannten **„besonderen Gewaltverhältnisse“** (auch „Sonderstatusverhältnisse“ genannt: Beamtenverhältnis, Schulverhältnis, Strafgefangenenverhältnis usw.). Dies gilt nach der **„Wesentlichkeitstheorie“** (Lehre vom **„Parlamentsvorbehalt“**) für die wesentlichen Grundzüge der Beziehungen zwischen Staat und Bürger in diesen Verhältnissen.[20]

Beispiele:

- Der Ausschluss eines Schülers von der Schule kann nicht allein durch Verwaltungsvorschrift geregelt werden. Wegen der weit reichenden Bedeutung der Schulbildung für das gesamte Gemeinwesen und seine Bürger ist eine solche Entscheidung, die zum Abbruch des Schulverhältnisses führt, gesetzlich zu regeln (BVerfGE 41, 251).
- Zu den wesentlichen Entscheidungen im Schulwesen gehört auch die Versetzung. Sie ist deshalb durch das Gesetz oder durch Rechtsverordnung zu regeln (BVerwG, NJW 1979, 229).
- Der Gesetzgeber selbst hat die wesentlichen Entscheidungen im Strafvollzugswesen zu treffen (BVerfGE 33, 1, 9 ff.).
- Die Einführung der Rechtschreibreform ist keine „wesentliche Entscheidung“ (BVerfGE 98, 218, 250 ff.).

b. Adressat

95 Die Befugnis einer Behörde zum Eingriff in die Rechte des Bürgers, die sich aus der Ermächtigungsgrundlage entnehmen lässt, steht ihr nicht gegenüber jedermann zu. Sie darf diese Befugnis vielmehr nur gegenüber demjenigen einsetzen, der zu dem Verhalten verpflichtet ist, das die Behörde verlangt.

Beispiel: Zur Rückzahlung überzahlter Besoldungsbezüge ist nur derjenige verpflichtet, der die Bezüge erhalten hat.

96 Im Bereich der Gefahrenabwehr ist der **Störer** der richtige Adressat. Wer Störer ist, ergibt sich zunächst aus den einschlägigen Spezialgesetzen, subsidiär aus den Regelungen der allgemeinen Polizeigesetze bzw. des allgemeinen Sicherheits- und Ordnungsrechts.

Beispiele:

- Wird die öffentliche Sicherheit oder Ordnung durch das Verhalten von Personen bedroht oder gestört, so spricht man vom Verhaltensstörer (stellvertretend: § 6 PolG BW).
- Wird die öffentliche Sicherheit oder Ordnung durch den Zustand einer Sache bedroht oder gestört, so spricht man vom Zustandsstörer (stellvertretend: § 7 PolG BW).

---

20 Siehe dazu *Maurer*, § 6 Rn. 10 ff.; *Schweickhardt/Vondung*, Rn. 154 ff.

- In Ausnahmefällen kann eine Maßnahme auch gegenüber unbeteiligten Personen (Nichtstörern) getroffen werden (stellvertretend: § 9 PolG BW).
- § 3 Abs. 4 KrW-/AbfG enthält eine spezialgesetzliche Störerregelung für das Abfallrecht.

Zu beachten ist hier, dass unter Umständen **mehrere Störer** als Adressaten in Betracht kommen. Hat man sich bereits im Rahmen der Vorüberlegungen bei der Auswahl der konkreten Maßnahme nach Zweckmäßigkeitsgesichtspunkten auf einen bestimmten Adressaten festgelegt, so ist an dieser Stelle nur zu untersuchen, ob dieser ausgewählte Adressat tatsächlich „polizeipflichtig" ist. Ob die **Auswahl** einer rechtlichen Überprüfung standhält, ist im Rahmen der Ermessensüberprüfung zu untersuchen (siehe unten Rn. 98 ff., 103). 97

c. Ermessensausübung

(1) Rechtmäßigkeitskriterien

Sofern der Verwaltung durch die Ermächtigungsgrundlage Ermessen eingeräumt ist, muss sie das Ermessen innerhalb der Schranken des § 40 VwVfG/LVwVfG bzw. des § 54 Abs. 2 Satz 2 SGG und § 114 VwGO ausüben. D. h. sie darf keine **Ermessensüberschreitung** oder **-unterschreitung**, keinen **Ermessensmissbrauch** begehen und auch sonst nicht gegen **normative Vorgaben** verstoßen.[21] 98

Bei den sonstigen normativen Vorgaben sind insbesondere folgende rechtlichen Gesichtspunkte zu überprüfen:

Art. 3 GG: Art. 3 GG verpflichtet zur Gleichbehandlung. Seine eigentliche Bedeutung wird deutlich, wenn man den Gleichbehandlungsgrundsatz negativ umschreibt. Er stellt ein **Willkürverbot** dar. Um feststellen zu können, ob dieses Verbot eingehalten ist, muss untersucht werden, ob es einen **sachlichen Grund für eine Differenzierung** gibt. Nur wenn kein solcher Grund erkennbar ist, wird gegen Art. 3 GG verstoßen. **Gleichheit im Unrecht** kann jedoch niemand verlangen.[22] 99

Beispiele:
- Hat die Ausländerbehörde bisher im Rahmen des § 55 Abs. 2 Nr. 2 AufenthG bei bestimmten Delikten von einer Ausweisung abgesehen, so muss sie sich an dieser Praxis festhalten lassen, es sei denn, es liegt ein sachlicher Grund vor, von ihr abzuweichen.
- Hat die Ausländerbehörde bisher im Rahmen des § 55 Abs. 1 AufenthG von Ausweisungen abgesehen, weil sie den Begriff der „öffentlichen Sicherheit der Bundesrepublik Deutschland" falsch ausgelegt hat, so führt diese rechtswidrige Praxis zu keiner Bindung.

---

21 Siehe dazu *Maurer*, § 7 Rn. 17 ff.; *Schweickhardt/Vondung*, Rn. 179 ff. und 358 f.

22 Siehe dazu *Maurer*, § 7 Rn. 23, § 24 Rn. 21 ff., 30; *Schweickhardt/Vondung*, Rn. 185 f. und 358 f.

100 **Grundsatz der Verhältnismäßigkeit:** Die gewählte Maßnahme muss **geeignet** (zwecktauglich), **erforderlich** (geringstmöglicher Eingriff) und **angemessen** (proportional) sein.[23]

Beispiele:

- Die Entziehung eines Passes gem. § 8 in Verbindung mit § 7 Abs. 1 Nr. 4 PassG ist geeignet, erforderlich und angemessen, um den Betroffenen zu veranlassen, in die Bundesrepublik zurückzukehren und hier seine Steuer- und Abgabenrückstände zu bezahlen (OVG Münster, NJW 1981, 838).
- Unmittelbarer Zwang darf durch die Polizei und sonstige Behörden nur angewandt werden, wenn der Zweck auf andere Weise nicht erreichbar erscheint (stellvertretend: § 52 Abs. 1 PolG BW, § 26 Abs. 2 LVwVG BW).
- Eine Gaststättenerlaubnis darf nicht nachträglich aufgehoben werden (§ 15 GastG), wenn die Verwaltung den von ihr verfolgten Zweck, z. B. den Schutz der Nachbarn, ebensogut durch das Erteilen einer Auflage (§ 5 GastG) erreichen kann.

101 **Unmöglichkeitsverbot:** Die von der Verwaltung beabsichtigte Maßnahme darf von dem Adressaten nichts verlangen, was ihm rechtlich oder tatsächlich zu erfüllen unmöglich ist.[24]

Beispiele:

- Von einer Sozialhilfeempfängerin darf nicht verlangt werden, sich von ihrem (arbeitsscheuen) Ehemann scheiden zu lassen.
- Das wirtschaftliche Unvermögen des Adressaten, einer wasserrechtlichen Untersuchungsanordnung nachzukommen, macht sie nicht rechtswidrig (und hindert auch nicht die Anordnung der sofortigen Vollziehung gem. § 80 Abs. 2 Nr. 4 VwGO, vgl. VGH BW, VBlBW – Ls 52/1992).
- Einem Unternehmer darf nicht aufgegeben werden, jegliche Geräuschentwicklung zu vermeiden.

102 **Sonstige grundrechtsgeschützten Positionen:** Die Grundrechte als wertentscheidende Grundsatznormen verpflichten die Verwaltung, bei Ermessensentscheidungen die in den Grundrechtsnormen zum Ausdruck kommende „objektive Wertordnung" zu beachten. Das bedeutet, dass die Ermessensentscheidung stets auch im Lichte der betroffenen Grundrechte zu sehen ist.[25] Der Gesichtspunkt wird jedoch bereits beim Grundsatz der Verhältnismäßigkeit (Angemessenheit) berücksichtigt; ist dies geschehen, stellen die Grundrechtspositionen kein selbstständiges Prüfungskriterium mehr dar.

(2) Kontrollgegenstand

103 Die Rechtmäßigkeitskontrolle der Ermessensausübung hat sich auf all diejenigen Teile der Entscheidungsfindung zu beziehen, bei denen der Verwal-

---

23 Siehe dazu *Maurer*, § 7 Rn. 23, § 10 Rn. 17; *Schweickhardt/Vondung*, Rn. 186 ff. und 358 f.

24 Siehe dazu *Maurer*, § 10 Rn. 19; *Schweickhardt/Vondung*, Rn. 192 ff. und 358 f.

25 Siehe dazu *Katz*, Rn. 574.

tung ein Ermessensspielraum eingeräumt wird. Das bedeutet, dass sich die Rechtmäßigkeitskontrolle des Ermessens auf die **Auswahl** der **Rechtsfolge** und die **Auswahl** des **Adressaten** zu erstrecken hat.

Da sich die Behörde normalerweise bereits im Rahmen ihrer Vorüberlegungen nach Zweckmäßigkeitsgesichtspunkten auf eine konkrete Maßnahme und auf einen konkreten Adressaten festlegt, sind im jetzigen Stadium **keine Zweckmäßigkeitsüberlegungen** mehr anzustellen; es ist lediglich die konkret ausgewählte Maßnahme an den Rechtmäßigkeitskriterien zu messen. Es ist mit anderen Worten das „Raster" der Rechtmäßigkeitskontrolle über die konkrete Maßnahme zu legen. Stellt sich dabei heraus, dass die ausgewählte Maßnahme oder der ausgewählte Adressat einem dieser Kriterien nicht gerecht wird, scheidet diese Maßnahme bzw. dieser Adressat aus. Dann muss sich die Behörde für eine andere Maßnahme – einen anderen Adressaten – entscheiden und diese Entscheidung erneut anhand des Aufbauschemas von Anfang an überprüfen.

Beispiel: Eine Baurechtsbehörde entscheidet sich für eine Abbruchsanordnung gegenüber dem Pächter eines formell und in einem abtrennbaren Teil auch materiell baurechtswidrigen Gebäudes. Das Ermessen ist hinsichtlich der Rechtsfolge (gesamter Abbruch) und des Adressaten (Pächter statt Eigentümer) rechtswidrig ausgeübt. Die Behörde entscheidet sich nunmehr für den teilweisen Abbruch, der gegenüber dem Bauherrn angeordnet wird. Diese Anordnung muss jetzt anhand aller Rechtmäßigkeitskriterien erneut überprüft werden.

d. Inhaltliche Bestimmtheit

Was die Behörde von dem Adressaten verlangt, muss so bestimmt sein, dass er weiß, was er zu tun, zu dulden oder zu unterlassen hat. Das Bestimmtheitsgebot ist bereits Bestandteil des Rechtsstaatsprinzips. Es hat für den Erlass von Verwaltungsakten seine spezielle Ausprägung in § 37 Abs. 1 und 3 VwVfG/LVwVfG bzw. § 33 Abs. 1 und § 3 SGB X gefunden und bezieht sich auf **Regelungsgehalt, Adressat** und **erlassende Behörde.** Der Regelungsgehalt ist schon dann bestimmt genug, wenn wenigstens das **Ziel** ausreichend bestimmt angegeben ist; auf eine Bezeichnung des **Mittels** kann verzichtet werden.[26] **104**

Beispiele:

- Aus Versehen wird nur die Durchschrift einer Anordnung versandt (erlassende Behörde nicht erkennbar).
- Die Anordnung wird an G. Müller versandt. Unter der angegebenen Anschrift wohnen zwei G. Müller (Adressat ist zu unbestimmt).
- Dem Betreiber eines Strip-Lokals wird untersagt, „sexuelle körperliche Kontakte" vorzuführen (der Regelungsgegenstand ist zu unbestimmt – BayVGH, GewArch 1978, 159).

---

26 Siehe dazu *Maurer*, § 10 Rn. 18; *Schweickhardt/Vondung*, Rn. 361 ff.

4. Nachgeschaltete (nachrangige) formelle Rechtmäßigkeitsvoraussetzungen

105 Hat die Behörde überprüft, ob sie das, was sie vorhat, nach der Rechtslage auch tun darf, muss sie sich anschließend der Frage zuwenden, ob außer den **vorgeschalteten** formellen Voraussetzungen (vgl. oben Rn. 78 ff.) noch weitere formelle Vorgaben zu berücksichtigen sind, ehe die geplante Maßnahme ausgeführt wird. Bei der Verwirklichung dieser formellen Vorgaben, die der materiellen Rechtmäßigkeitsprüfung **nachgeschaltet** sind (z. B. Mitwirkung anderer Stellen, Anhörung des Betroffenen), können sich Erkenntnisse ergeben, die es erforderlich machen, die beabsichtigte Maßnahme insgesamt nochmals zu überdenken.

Ohne abschließend sein zu wollen, werden im Folgenden die wichtigsten weiteren formellen Voraussetzungen für eine Eingriffshandlung dargestellt.

a. Mitwirkung anderer Stellen

106 Die Mitwirkung anderer Stellen kann als **Zustimmung, Einvernehmen, Benehmen** oder **Anhörung** vorgesehen sein.[27] Ob eine solche Mitwirkung erforderlich ist, ergibt sich aus den jeweiligen Spezialgesetzen.

Beispiele:

- Bevor die Ausübung eines Gewerbes untersagt wird, sollen die Aufsichtsbehörden, die zuständige Industrie- und Handelskammer oder Handwerkskammer gehört werden (§ 35 Abs. 4 GewO).
- Vor der Entziehung der Fahrerlaubnis kann die Verwaltungsbehörde zur Vorbereitung der Entscheidung die Beibringung eines amts- oder fachärztlichen Gutachtens anordnen (§ 46 Abs. 3 FeV).
- Bei einer Vielzahl dienstrechtlicher Angelegenheiten ist nach dem landesrechtlichen Personalvertretungsgesetz der Personalrat zu beteiligen (stellvertretend: §§ 75 ff. LPVG BW).

Auf die **„Konzentrationswirkung"** des Planfeststellungsverfahrens kann hier nur hingewiesen werden (vgl. § 75 Abs. 1 VwVfG/LVwVfG).[28] Sie ersetzt Mitwirkungshandlungen.

b. Anhörungspflichten

107 Als ein Gebot der Rechtsstaatlichkeit ist es anzusehen, dass der von einem Eingriff Betroffene grundsätzlich vorher anzuhören ist. Diese Regel findet sich ausdrücklich in vielen Spezialgesetzen, aber auch in den allgemeinen Verwaltungsverfahrensgesetzen (für den Erlass belastender Verwaltungsakte vgl. § 28 Abs. 1 VwVfG/LVwVfG bzw. § 24 Abs. 1 SGB X).[29]

---

27 Siehe dazu *Maurer*, § 9 Rn. 28; *Schweickhardt/Vondung*, Rn. 811 ff.
28 Siehe dazu *Maurer*, § 9 Rn. 5; *Schweickhardt/Vondung*, Rn. 871.
29 Siehe dazu *Maurer*, § 19 Rn. 20; *Schweickhardt/Vondung*, Rn. 771 ff.

Beispiele:

- Der Beamte muss über Beschwerden und Behauptungen tatsächlicher Art, die für ihn ungünstig sind oder ihm nachträglich werden können, vor ihrer Aufnahme in die Personalakten gehört werden (§ 113b LBG).
- Bevor eine gaststättenrechtliche Auflage (§ 5 GastG) erteilt wird, ist der betroffene Gastwirt anzuhören – § 28 Abs. 1 LVwVfG.

c. Fristen

Die Einhaltung von Fristen kann vorrangig oder nachrangig zu prüfen sein. **108** Es dient der Verfahrensbeschleunigung, sie vorrangig zu prüfen. Vgl. deshalb Rn. 81a.

d. Form

Die Frage nach der „Form der Maßnahme“ erfasst zwei Problemkreise: **109**

Es geht zum einen um die Frage, ob die Maßnahme in der **Rechtsform** ergehen kann, für die man sich im Rahmen der Vorüberlegungen entschieden hat.[30]

Beispiele:

- Der Anspruch einer Behörde gegen einen Bürger, der sich aus einem verwaltungsrechtlichen Vertrag ableitet, kann grundsätzlich nicht durch Verwaltungsakt geltend gemacht werden (BVerwGE 50, 171).
- Bei der Rückforderung überzahlter Gehaltsbezüge hat die Behörde ein Wahlrecht, ob sie sich eines Verwaltungsaktes bedient oder ob sie den Klageweg beschreitet (BVerwGE 48, 279).
- Will eine Gemeinde über ein Gebiet, für das sie die Aufstellung eines Bebauungsplanes beschlossen hat, eine Veränderungssperre verhängen, so hat dies in Form einer Satzung zu geschehen (§ 16 BauGB).

Zum anderen ist zu fragen, in welche **äußere Form** die geplante Maßnahme **110** zu kleiden ist. Beim Erlass von Verwaltungsakten besteht grundsätzlich Formfreiheit; sie können schriftlich, elektronisch, mündlich oder in anderer Weise erlassen werden, soweit durch Spezialgesetze keine besondere Form vorgeschrieben ist (vgl. §§ 10, 37 Abs. 2 VwVfG/LVwVfG; 9 und 33 Abs. 2 SGB X).[31] Eine durch Rechtsvorschrift angeordnete Schriftform kann, soweit nicht durch Rechtsvorschrift etwas anderes bestimmt ist, durch die elektronische Form ersetzt werden (§ 3a VwVfG/LVwVfG und § 36a Abs. 2 SGB I).

Beispiele:

- Die Ausweisung eines Ausländers bedarf der Schriftform (§ 77 Abs. 1 AufenthG), ebenso die Androhung eines Zwangmittels (§ 13 Abs. 1 VwVG; § 20 Abs. 1 Satz 1 LVwVG) und die Begründung der Anordnung einer sofortigen Vollziehung (§ 80 Abs. 2 Nr. 4, Abs. 3 VwGO); die elektronische Ersetzung ist möglich. Sie ist ausgeschlossen bei der Entlassung von Beamten (§ 47 Abs. 3 LBG) und bei der Erteilung von Baugenehmigungen (§ 58 Abs. 1 Satz 3 LBO BW).

---

30 Siehe dazu *Maurer*, § 10 Rn. 5, 8.

31 Siehe dazu *Maurer*, § 10 Rn. 12; *Schweickhardt/Vondung*, Rn. 347.

- Der Straßenverkehr darf – von Ausnahmen abgesehen – nur durch Verkehrszeichen und Verkehrseinrichtungen geregelt und gelenkt werden (§ 45 Abs. 4 StVO).
- Ein Planfeststellungsbeschluss hat schriftlich zu erfolgen (§ 74 Abs. 1 i. V. m. § 69 Abs. 2 VwVfG/LVwVfG).

e. Begründung

111 Stellt die angeordnete Maßnahme einen schriftlichen Verwaltungsakt dar oder wird ein mündlicher Verwaltungsakt schriftlich bestätigt (§§ 37 Abs. 2 Satz 2 VwVfG/ LVwVfG, 33 Abs. 2 Satz 2 SGB X), ist eine Begründung erforderlich (§§ 39 Abs. 1 Satz 1 VwVfG/LVwVfG, 35 Abs. 1 Satz 1 SGB X). Besondere Sorgfalt ist auf die Begründung von Ermessensentscheidungen zu verwenden, weil die Begründung Aufschluss darüber gibt, ob Ermessensfehler unterlaufen sind.[32]

Beispiele:

- Eine Behörde erklärt in einem Rücknahmebescheid gem. § 48 Abs. 1 VwVfG, sie habe zurücknehmen müssen, weil sie festgestellt habe, dass der Bewilligungsbescheid rechtswidrig sei (Ermessensunterschreitung).
- Die Begründung einer ausländerrechtlichen Ausweisungsverfügung enthält nur Ausführungen zu den staatlichen Interessen, nicht aber zu den persönlichen Belangen des Ausländers (ebenfalls ein Fall der Ermessensunterschreitung).

f. Rechtsbehelfsbelehrung

112 Fehlt eine Rechtsbehelfsbelehrung, wird der Verwaltungsakt dadurch **nicht rechtswidrig**; es läuft jedoch dann eine längere, nämlich einjährige Rechtsbehelfsfrist (§ 58 Abs. 2 VwGO). Das gilt auch dann, wenn eine Verpflichtung der Behörde zur Erteilung einer Rechtsbehelfsbelehrung besteht, wie etwa nach § 59 VwGO (für Bundesbehörden) oder nach § 73 Abs. 3 VwGO (für den Widerspruchsbescheid) oder nach § 36 SGB X (für Verwaltungsakte im Anwendungsbereich des Sozialgesetzbuchs).[33]

g. Bekanntgabe der Maßnahme

113 Ein **Verwaltungsakt** wird erst mit der Bekanntgabe **wirksam** (§§ 43 Abs. 1 VwVfG/ LVwVfG, 39 SGB X). Die Bekanntgabe ist also keine Rechtmäßigkeits-, sondern Wirksamkeitsvoraussetzung. Das Gleiche gilt für **kommunale Satzungen** (stellvertretend: § 4 Abs. 3 GemO BW). **Rechtsverordnungen** sind zu verkünden (Art. 82 Abs. 1 Satz 2, Abs. 2 GG und stellvertretend: Art. 63 Abs. 2 LV BW). Auch (**privatrechtliche**) **Willenserklärungen** bedürfen zu ihrer Wirksamkeit (grundsätzlich) des Zugangs (§ 130 BGB).

Bei der Bekanntgabe von **Verwaltungsakten** ist die **formlose** Bekanntgabe (§§ 10, 41 VwVfG/LVwVfG; 9, 37 SGB X) von der **förmlichen** Bekannt-

32 Siehe dazu *Maurer*, § 10 Rn. 13; *Schweickhardt/Vondung*, Rn. 347 und 781 ff.
33 Siehe dazu *Büchner/Schlotterbeck*, Rn. 632 ff.

gabe, der **Zustellung** nach den Verwaltungszustellungsgesetzen, zu unterscheiden. Zuzustellen ist nur dann, wenn ein Gesetz dies vorsieht oder wenn sich die Verwaltung für die Zustellung entscheidet (§ 1 Abs. 3 VwZG; § 1 Abs. 2 LVwZG BW).[34]

5. Prüfschema für die Rechtmäßigkeit einer geplanten Eingriffsmaßnahme der Verwaltung (Eingriffsschema I)

Die Randnummern beziehen sich auf: *Schweickhardt/Vondung*, Allgemeines Verwaltungsrecht, 9. Auflage. 114

I. Vorüberlegungen

1. Welche konkrete Maßnahme ist gewollt?
2. Welche Rechtsform ist gewollt?
3. Welche Ermächtigungs-/Rechtsgrundlage kommt in Betracht?

II. Vorrangige formelle Erlassvoraussetzungen

1. Zuständigkeit der Behörde (vgl. Rn. 345, 731 ff.)
   a) sachliche Zuständigkeit
   b) instanzielle Zuständigkeit
   c) örtliche Zuständigkeit
2. Mitwirkungsverbote (vgl. Rn. 346, 741–743)
   a) ausgeschlossene Personen
   b) Besorgnis der Befangenheit
3. Anhörungspflichten (vgl. Rn. 346, 771 ff.)
4. Sachbescheidungsinteresse (in Antragsverfahren) (vgl. Rn. 346, 805)
5. Spezialgesetzliche Verfahrenshindernisse (soweit vorhanden)
6. Entscheidungsfristen (vgl. Rn. 347)

III. Materielle Erlassvoraussetzungen

1. Tatbestand der Eingriffs-/Rechtsgrundlage (vgl. Rn. 155 ff., 350 ff.)
   a) Rechtsgültigkeit der Rechtsgrundlage
   b) Auslegung (falls Rechtsgrundlage unklar)
   c) Subsumtion
2. Zulässiger Adressat (vgl. Rn. 355 ff.)
3. Zulässige Rechtsfolge: Bei Ermessen (Entschließungs-/Auswahlermessen; bezogen auf ausgewählten Adressaten und ausgewählte Rechtsfolge): (vgl. Rn. 358, 175 ff.)
   a) Verbot des Ermessensmissbrauchs (Verbot sachfremder Erwägungen)
   b) Verbot der Ermessenüberschreitung (Wahl einer verbotenen Rechtsfolge)
      – Beachtung gesetzesimmanenter Schranken (Ermessensrahmen)
      – Beachtung des Verhältnismäßigkeitsgrundsatzes (geeignet, erforderlich, angemessen)

---

34 Siehe *Maurer*, § 9 Rn. 64 ff.; *Schweickhardt/Vondung*, Rn. 317 ff.

- Beachtung des Gleichbehandlungsgrundsatzes (Art. 3 Abs. 1 GG; Willkürverbot)
- Beachtung des Unmöglichkeitsverbotes (rechtliche und tatsächliche Unmöglichkeit)
- Beachtung von Zusicherungen (§ 38 LVwVfG)
- Beachtung der Verwirkung (entsprechend § 242 BGB)

c) Verbot der Ermessensunterschreitung
- Ermessensausfall
- Ermessensdefizit

4. Inhaltliche Bestimmtheit (vgl. Rn. 361, 362)

IV. Nachrangige formelle Erlassvoraussetzungen

1. Mitwirkung anderer Körperschaften, Behörden oder Dienststellen (vgl. Rn. 346, 811 ff.)
2. Anhörung Beteiligter (soweit nicht vorrangig, vgl. Rn. 346)
3. Fristen (soweit nicht vorrangig, vgl. Rn. 347, 791 ff.)
4. Form (vgl. Rn. 347, 721 ff.)
5. Begründung (vgl. Rn. 347, 781 ff.)

III. Rechtmäßigkeitsprüfung bereits erfolgter Eingriffe (Eingriffsschema II)

115 In Übungs- und Prüfungsaufgaben wird meistens gefragt, ob eine **schon erlassene** Maßnahme rechtmäßig sei. In der Verwaltungspraxis muss man sich aber viel öfter fragen, ob die **geplante Maßnahme** rechtmäßig ist. Der „Blick zurück" ist aber auch dort nicht ganz fremd. Immer dann, wenn sich ein Bürger gegen ergangene Eingriffe mit einem Widerspruch oder mit formlosen Rechtsbehelfen wehrt, wird die Verwaltung prüfen, ob sie rechtmäßig gehandelt hat. Sie kann aber auch von Amts wegen überprüfen, ob eine bereits getroffene Maßnahme rechtswidrig gewesen ist und sie dann wieder beseitigen (bei Verwaltungsakten durch Rücknahme oder Widerruf, vgl. §§ 48 ff. VwVfG/LVwVfG).

Ist die Maßnahme bereits erfolgt, ändern sich die bei der Rechtmäßigkeitskontrolle zu beachtenden Gesichtspunkte kaum und die Reihenfolge der Prüfung vereinfacht sich.

1. Vorüberlegungen

116 Bei den Vorüberlegungen entfällt die Suche und Auswahl möglicher Maßnahmen. Stattdessen ist die getroffene Maßnahme nach ihrer **Rechtsform** (Rechtsnatur) zu qualifizieren und einer möglichen **Ermächtigungsgrundlage** zuzuordnen.

2. Formelle Voraussetzungen

Bei den formellen Voraussetzungen muss nicht mehr zwischen vorgeschalteten und nachgeschalteten getrennt werden; die Einhaltung formeller Vorgaben kann nacheinander durchgeprüft werden, wobei das „Sachbescheidungsinteresse“ nur in Antragsverfahren eine Rolle spielen kann. Eingriffsbefugnisse sind regelmäßig nicht antragsabhängig. 117

Zu beachten ist, dass die ordnungsgemäße **Bekanntgabe** hier gewissermaßen als Vorfrage zu erörtern ist, wenn sich insoweit Zweifel ergeben. Die Frage der Rechtmäßigkeit einer Maßnahme setzt nämlich deren Existenz, d. h. deren Wirksamkeit voraus und sie wiederum hängt von der Bekanntgabe ab (siehe Rn. 113).

Außerdem muss man sich stets bewusst sein, dass das Fehlen einer **Rechtsbehelfsbelehrung** nicht zur Rechtswidrigkeit der Maßnahme führt (siehe Rn. 112) und bei bestimmten formellen Fehlern eine **Heilung** möglich ist (vgl. §§ 45 VwVfG/ LVwVfG, 41 SGB X).[35] **Nicht** hierher gehört die Unbeachtlichkeit nach **§§ 46 VwVfG/LVwVfG, 42 SGB X,** weil es bei diesen Vorschriften nicht um die Rechtmäßigkeit der Maßnahme, sondern lediglich um deren Aufhebbarkeit geht.[36] Dennoch sollte auf diese Fehlerfolge eingegangen werden, wenn in einer Klausur oder Hausarbeit nach der Rechtmäßigkeit eines Verwaltungsaktes gefragt wird.

3. Materielle Voraussetzungen

Die materiellen Voraussetzungen sind wie beim Eingriffsschema I zu prüfen. Die **Auswahlmöglichkeit** beim **Adressaten** entfällt hier allerdings stets, weil die Auswahl bereits getroffen wurde (siehe Rn. 97). Es ist lediglich noch zu untersuchen, ob die ausgewählte Person Störer ist und ob die Ermessensausübung bei der Auswahl möglicher Adressaten einer rechtlichen Überprüfung standhält. 118

4. Prüfungsschema bei bereits erfolgten Eingriffen (Eingriffsschema II)

119

I. Vorüberlegungen
1. Rechtsnatur der getroffenen Maßnahme?
2. Welche Ermächtigungsgrundlage kommt in Betracht?

II. Formelle Rechtmäßigkeit
1. Zuständigkeit der Behörde
2. Mitwirkungsverbote (ausgeschlossene Personen, Befangenheit)
3. Anhörungspflichten
4. Sachbescheidungsinteresse (in Antragsverfahren)
5. Spezialgesetzliche Verfahrenshindernisse

35 Siehe dazu *Maurer*, § 10 Rn. 39 f.; *Schweickhardt/Vondung*, Rn. 411 ff.
36 Siehe dazu *Maurer*, § 10 Rn. 41 ff.; *Schweickhardt/Vondung*, Rn. 425 ff.

6. Fristen
7. Mitwirkung anderer Stellen
8. Form
9. Begründung
10. Heilung und Unbeachtlichkeit

III. Materielle Rechtmäßigkeit

1. Tatbestand der Eingriffs-/Rechtsgrundlage
   a) Rechtsgültigkeit
   b) Auslegung
   c) Subsumtion
2. zulässiger Adressat
3. zulässige Rechtsfolge: Bei Ermessen (Entschließungs-/Auswahlermessen; bezogen auf Adressat und Rechtsfolge):
   a) Verbot des Ermessensmissbrauchs
   b) Verbot der Ermessensüberschreitung
   c) Verbot der Ermessensunterschreitung
4. Inhaltliche Bestimmtheit

IV. Rechtmäßigkeitsprüfung einer bevorstehenden staatlichen Leistung zugunsten des Bürgers (Leistungsschema I)

120 Unter Leistungen im Sinne der nachfolgenden Darstellung sind nicht nur solche Gewährungen zu verstehen, die in Form eines Verwaltungsaktes (Gestattung) oder auf der Grundlage eines Verwaltungsaktes (Bsp.: Bewilligungsbescheide für FAG-Zuschüsse) ergehen, sondern jede begünstigende Handlung der Verwaltung (des Staates). Dazu zählen also auch Realakte (wie die Herausgabe einer Sache oder der Widerruf einer verleumderischen Behauptung). Schwerpunktmäßig orientieren sich die Ausführungen freilich an dem Leistungsinhalt „Verwaltungsakt". Wegen der Kriterien, die bei der Rechtmäßigkeitskontrolle von Rechtsnormen zu beachten sind, kann auf das Prüfungsschema für untergesetzliche Normen (siehe unten Rn. 163 ff.) verwiesen werden.

1. Vorüberlegungen

a. Inhalt der Leistung

121 Auch wenn es um Leistungen geht, muss sich die Verwaltung zuerst klar werden, welchen Inhalt die Leistung konkret haben soll, die man von ihr verlangt oder die sie von sich aus zu erbringen bereit ist.

Beispiele:

– Eine Gemeinde beabsichtigt eine neue Ortsstraße zu bauen.
– Nachbarn einer Gaststätte verlangen von der Gaststättenbehörde, dass dieser Betrieb geschlossen wird.

- Ein Landkreis will karitative Vereine zweckgebunden mit finanziellen Zuwendungen unterstützen.
- Ein Bürger beantragt Sozialhilfe.

Zu beachten ist stets, dass in vielen Fällen (siehe das vorangegangene zweite Beispiel) die Maßnahme, die aus der Sicht des einen eine Leistung darstellt (Schutz vor Immissionen), für den anderen belastend sein kann (Rücknahme oder Widerruf der Gaststättenerlaubnis). Welches Schema (Eingriffs- oder Leistungsschema) man in diesen Fällen anzuwenden hat, hängt von der konkreten Fragestellung ab. Wird das Leistungsschema herangezogen (vor allem dann, wenn von der Behörde ein Einschreiten verlangt wird), so muss man sich bei den einzelnen Stationen der Prüfung stets der Gesichtspunkte bewusst sein, die bei Eingriffen zusätzlich zu berücksichtigen sind.

Beispiel: Soll der von der Gaststätte ausgehende Lärm durch Rücknahme oder Widerruf der Gaststättenerlaubnis beseitigt werden, braucht die Behörde eine Ermächtigungsgrundlage (§ 15 GastG), sie muss den Gastwirt vorher anhören (§ 28 Abs. 1 LVwVfG BW) und muss den Grundsatz der Verhältnismäßigkeit beachten (z. B. Auflage gem. § 5 GastG statt Aufhebung der Erlaubnis).

b. Rechtsform

Im Rahmen der Vorüberlegungen ist außerdem der Frage nachzugehen, in welcher Rechtsform die geplante Leistung erbracht werden soll, bzw. zu erbringen ist. Auch beim Leistungsschema lässt sich diese Vorüberlegung nicht ohne einen Blick auf die in Erwägung zu ziehende Rechtsgrundlage anstellen, weil die Rechtsform (Rechtsnatur) von dort vorbestimmt sein kann. Es kann sein, dass zwingend **öffentlich-rechtlich** oder **privatrechtlich** gehandelt werden muss. Manchmal kann die Verwaltung jedoch auch zwischen diesen beiden Rechtsformen **wählen.** Es kommt sogar vor, dass in einem einheitlichen Lebenssachverhalt **beide Rechtsformen** auftauchen **(2-Stufen-Theorie).**[37] 122

(1) Öffentlich-rechtliche Handlungsformen

Innerhalb der öffentlich-rechtlichen Handlungsformen der Verwaltung lassen sich folgende Rechtsformen unterscheiden: 123

Rechtsnorm:[38] Hier kommen etwa Polizeiverordnungen, sonstige Rechtsverordnungen oder (autonome) Satzungen (Beispiel: Bebauungsplan) in Betracht. 124

Verwaltungsakt:[39] Die meisten staatlichen Begünstigungen werden entweder unmittelbar in Gestalt eines Verwaltungsaktes gewährt 125

---

37 Siehe dazu *Maurer*, § 3 Rn. 6 ff., 26 u. § 17; *Schweickhardt/Vondung*, Rn. 39 ff., 56 ff.
38 Siehe dazu *Maurer*, § 13 Rn. 2; *Schweickhardt/Vondung*, Rn. 70 ff.
39 Siehe dazu *Maurer*, § 9 Rn. 1 ff.; *Schweickhardt/Vondung*, Rn. 208 ff.

Beispiel: Baugenehmigung, Gewerbeerlaubnis, Ernennung eines Beamten, Aufenthaltsgenehmigung, wegerechtliche Erlaubnis, Fahrerlaubnis.

oder aufgrund einer Bewilligung durch Verwaltungsakt geleistet.

Beispiel: Sozialhilfebescheid, Rentenbescheid, Wohngeldbescheid, Bescheid über die Bewilligung von Ausbildungsförderung.

Schlichtes (faktisches) Verwaltungshandeln (Realakt)[40]

126 **Beispiele:**

- Zahlung eines Beamtengehaltes (aufgrund bereits erlassener, vorangegangener Bescheide, z. B. Gehaltsfestsetzung, Festsetzung des Besoldungsdienstalters).
- Auszahlung von Wohngeld (aufgrund eines bereits ergangenen Bewilligungsbescheides).
- Erteilung einer Rechts- oder einer sonstigen Auskunft.
- Widerruf einer verleumderischen Behauptung eines Amtswalters, die er in Ausübung seines Amtes öffentlich aufgestellt hat.
- Die dienstliche Beurteilung eines Beamten.
- Die Herausgabe eines ohne Planfeststellungs- und Enteignungsverfahren für öffentliche Zwecke verwendeten Grundstückes eines Bürgers.

126a **Öffentlich-rechtlicher Vertrag:** Die Rechtsform des öffentlich-rechtlichen Vertrages tritt immer häufiger im Verwaltungsgeschehen auf. Sie ist durch die §§ 54 ff. LVwVfG bzw. die §§ 53 SGB X rechtlich abgesichert. Sie wird für Teilbereiche der Verwaltung durch Spezialregelungen konkretisiert und ausgestaltet.[41]

Beispiele:

- Städtebaulicher Vertrag gem. § 11 BauGB; Erschließungsvertrag gem. § 124 BauGB
- Naturschutzrechtlicher Vertrag gem. § 3 Abs. 3 BNatSchG

Sonstige öffentlich-rechtliche Akte

127 **Beispiele:**

- Erteilung einer Zusage[42] (vgl. auch § 38 VwVfG/LVwVfG – strittig, ob nicht selbst Verwaltungsakt).
- Erlass eines Planes, der weder als Norm noch als Verwaltungsakt ergeht (z. B. Flächennutzungsplan, Finanzplan, Stadtentwicklungsplan).[43] Ihm fehlt die Außenwirkung; er kann deshalb nicht anspruchsbegründend wirken.

---

40 Siehe dazu *Maurer,* § 15 Rn. 1 ff.; *Schweickhardt/Vondung,* Rn. 122.
41 Siehe dazu *Maurer,* § 14 Rn. 1 ff., *Schweickhardt/Vondung,* Rn. 646 ff.; *Büchner/Schlotterbeck*, Baurecht, Band 1, Rn. 671 ff.
42 Siehe dazu *Maurer,* § 9 Rn. 58 ff.; *Schweickhardt/Vondung,* Rn. 619 ff.
43 Siehe dazu *Maurer,* § 16 Rn. 18 ff.; *Schweickhardt/Vondung,* Rn. 672.

(2) Privatrechtliche Handlungsformen

Als privatrechtliche Handlungsformen kommen in Betracht: 128

- **Realakte:** Z. B. Herausgabe einer Sache, tatsächliche Benutzungsgestattung, Reparaturen in einer gemeindeeigenen Wohnung.
- **Rechtsgeschäfte:** Insbesondere der Abschluss von Verträgen, z. B. Mietvertrag über die Benutzung einer städtischen Halle, Wasserlieferungsvertrag, Verkauf einer Eintrittskarte für Schwimmbad oder Theater.
- **Rechtsgeschäftsähnliche Handlungen:** Z. B. eine Abtretungsanzeige nach § 409 BGB.

c. Rechtsgrundlage

Schließlich muss überprüft werden, welcher Rechtsgrundlage sich die beabsichtigte Maßnahme in der beabsichtigten Form **möglicherweise** zuordnen lässt. Auch beim Leistungsschema muss dieser Aspekt in die Vorüberlegungen einbezogen werden, weil sich die formellen Voraussetzungen der Leistung ebenfalls nach der Rechtsgrundlage (Anspruchsgrundlage) richten. 129

Lässt sich jedoch keine Rechtsgrundlage finden, kann daraus beim Leistungsschema nicht ohne Weiteres der Schluss gezogen werden, die Leistung sei unzulässig. Sie ist nur dann unzulässig, wenn mit der Leistung eine Belastung verbunden ist (siehe Rn. 121). Im Übrigen bedürfen Leistungen des Staates keiner Ermächtigungsgrundlage, allenfalls einer **parlamentarischen Legitimation** (Stichworte: Totalvorbehalt, Wesentlichkeitstheorie).[44]

Etwas anderes gilt dann, wenn der Gesetzgeber durch eine normative Regelung abschließend festgelegt hat, in welchen Fällen die Verwaltung eine Leistung erbringen darf. Dann verbietet es der **Vorrang des Gesetzes**, weitergehende Leistungen zu erbringen.[45]

Beispiele:

- Wenn die Landesbauordnungen festlegen, dass bei Vorliegen bestimmter Tatbestandsmerkmale eine Baugenehmigung zu erteilen ist (stellvertretend: § 58 Abs. 1 Satz 1 LBO BW), ergibt sich aus dem Umkehrschluss (vgl. dazu *Blasius/Büchner*, 7.3.3), dass eine Baugenehmigung nicht erteilt werden darf, wenn die Tatbestandsvoraussetzungen nicht erfüllt werden.
- § 31 SGB I stellt dies für den Sozialleistungsbereich ausdrücklich klar, allerdings unter dem Stichwort „Vorbehalt" und nicht „Vorrang" des Gesetzes.

d. Anspruch auf Leistung

Schon bei den Vorüberlegungen wird sich die Behörde Gedanken darüber machen, ob sie handeln **muss**, vor allem dann, wenn ein Bürger einen **Antrag** gestellt hat. Nicht immer entspricht der behördlichen Verpflichtung 130

---

44 Siehe dazu *Katz,* Rn. 192 ff.; *Maurer,* § 6 Rn. 13 ff.; *Schweickhardt/Vondung,* Rn. 156 ff.

45 Siehe dazu *Katz,* Rn. 191; *Maurer,* § 6 Rn. 2; *Schweickhardt/Vondung,* Rn. 152 f. und 353.

zum Handeln ein darauf gerichteter **Anspruch des Bürgers**. Auch nicht jede Ermessensnorm vermittelt jedem Bürger einen Anspruch auf ermessensfehlerfreie Entscheidung. Es kommt in beiden Fällen stets darauf an, ob die Rechtsgrundlage, auf die sich das Handeln der Behörde stützt, ihren tatbestandlichen Voraussetzungen nach erfüllt ist und zumindest auch dem Schutz(-Interesse) desjenigen zu dienen bestimmt ist, der sich auf die Norm beruft (Stichwort: **subjektives Recht – Rechtsreflex**).[46]

Beispiele:

- Der Hausnachbar eines zum Führen von Kraftfahrzeugen ungeeigneten Fahrerlaubnisinhabers kann aus § 3 StVG keinen Anspruch darauf ableiten, dass die Fahrerlaubnis entzogen wird.
- Aus der polizeirechtlichen Generalklausel ergibt sich ein Anspruch des Gefährdeten auf fehlerfreie Ausübung des Ermessens (evtl. sogar auf Einschreiten; stellvertretend: §§ 3, 1 PolG BW.)
- Eine Bürgerinitiative, auch wenn sie als eingetragener Verein handelt, hat keinen eigenen Anspruch auf Einhaltung umweltschützender Rechtsvorschriften, soweit kein Fall des § 64 BNatSchG oder des Umwelt-Rechtsbehelfsgesetzes gegeben ist.

2. Vorgeschaltete formelle Rechtmäßigkeitsvoraussetzungen

a. Sachliche, örtliche, instanzielle und funktionelle Zuständigkeit

131 Hierzu kann auf die Beispiele oben Rn. 79 verwiesen werden.

b. Ausgeschlossene Personen, Befangenheit

132 Hier kann ebenfalls auf die Ausführungen zum Eingriffsschema (siehe Rn. 80) verwiesen werden.

c. Anhörungspflichten

132a Die Anhörung ist allenfalls dann geboten, wenn die Behörde die Leistung verweigern will. Die Anhörungspflicht ist deshalb nachrangig zu prüfen, siehe dazu. Rn. 157.

d. Antragserfordernis und Sachbescheidungsinteresse

133 Sehr viele staatliche Leistungen sind mitwirkungsbedürftige Handlungen in dem Sinne, dass die Behörde verpflichtet ist, die Leistung zu unterlassen, wenn durch Rechtsvorschrift bestimmt ist, dass sie nur auf Antrag tätig werden darf (vgl. § 22 VwVfG/LVwVfG, § 18 SGB X).[47]

Beispiele:

- Die Erteilung einer Baugenehmigung setzt einen entsprechenden Antrag voraus (stellvertretend: § 53 Abs. 1 LBO BW).

---

46 Siehe dazu *Maurer*, § 8 Rn. 1 ff.; *Schweickhardt/Vondung*, Rn. 84 ff.
47 Siehe dazu *Maurer*, § 19 Rn. 16; *Schweickhardt/Vondung*, Rn. 797 *ff*.

- Gleiches gilt z. B. für die Aufenthaltserlaubnis eines Ausländers (§ 81 AufenthG) und die Ausnahmegenehmigung nach § 46 StVO.

Auf die **Form** des Antrages kommt es nicht an, es sei denn, durch Spezialgesetz wird die Einhaltung einer bestimmten Form verlangt (vgl. §§ 10 VwVfG/LVwVfG, 9 SGB X).[48] Trotz gestellten Antrags ist eine Behörde berechtigt, die Sachprüfung zu verweigern und den Antrag mangels Sachbescheidungsinteresses zurückzuweisen (siehe dazu auch Rn. 81).

Das Sachbescheidungsinteresse ist dem – prozessualen – Rechtsschutzinteresse vergleichbar. Es ist in der Regel vorhanden, so dass seine Behandlung nur bei besonderem Anlass geboten ist.[49] **134**

Beispiele:
- A beantragt eine Baugenehmigung für ein dem B gehörendes Grundstück, ohne dass er dartun kann, dass B ihm das Bauen gestatten werde oder dass er das Grundstück demnächst erwerben könne. Hier fehlt das Sachbescheidungsinteresse, so dass die Behörde A gegenüber gar nicht erst in eine Sachprüfung seines Anliegens einzutreten braucht.
- X begehrt Auskunft über die Höhe der Dienstbezüge des Beamten Fleissig mit der Begründung, dieser sei so schlecht gekleidet, dass er – X – annehme, das Gehalt von Fleissig sei falsch (zu niedrig) berechnet und festgesetzt.

e. Fristen

Manche Leistungen sind an die Einhaltung von Fristen geknüpft. **134a**

Beispiele:
- Ein Beamtenverhältnis auf Probe ist spätestens nach 5 Jahren in ein solches auf Lebenszeit umzuwandeln, wenn der Beamte die beamtenrechtlichen Voraussetzungen hierfür erfüllt (§ 11 Abs. 2 BBG, § 8 Abs. 2 LBG).
- Beförderungen sind innerhalb bestimmer Fristen nicht zulässig (stellvertretend: § 7 Abs. 4 Landeslaufbahnverordnung BW).
- Die Dienstbezüge werden grundsätzlich monatlich im Voraus bezahlt (§ 3 Abs. 4 BBesG).
- Wohngeld wird in der Regel im Voraus gezahlt (§ 26 Abs. 2 WoGG).

3. Materielle Voraussetzungen

a. Rechtsgrundlage/Anspruchsgrundlage

Soweit sich die Leistung auf rechtliche Grundlagen zurückführen lässt, müssen sie von der Verwaltung beachtet werden. Derartige Grundlagen können die **Leistungsbefugnis** abschließend regeln und **Leistungsansprüche** vermitteln. **135**

Handelt es sich um **Rechtsvorschriften**, hat sich die rechtliche Überprüfung der Rechtsgrundlage auf ihre **Gültigkeit**, die **Auslegung** und die **Subsum-**

48 Siehe dazu *Schweickhardt/Vondung*, Rn. 801 ff.
49 Siehe dazu *Schweickhardt/Vondung*, Rn. 81.

tion, evtl. auch auf die **Rechtsfortbildung** (siehe dazu oben Rn. 86) zu erstrecken.

Handelt es sich um **andere Grundlagen** (Verwaltungsvorschrift, Verwaltungsakt, Vertrag, Zusicherung) bezieht sich die Rechtskontrolle zwar auf dieselben Gesichtspunkte, die Rechtsgültigkeit (Wirksamkeit) und die Auslegung bestimmt sich aber nach anderen Faktoren.

Beispiele:

- Die Rechtsgültigkeit (Wirksamkeit) des Verwaltungsaktes bestimmt sich nach § 43 VwVfG/LVwVfG bzw. § 39 SGB X. Zu beachten ist vor allem, dass auch der fehlerhafte Verwaltungsakt im Regelfall wirksam ist. Nur wenn der Fehler zu den Nichtigkeitsgründen gehört (§ 44 VwVfG/LVwVfG, § 40 SGB X), ist der Verwaltungsakt unwirksam (§ 43 Abs. 3 VwVfG/LVwVfG, § 39 Abs. 3 SGB X).[50]
- Die Unwirksamkeit eines öffentlich-rechtlichen Vertrages ergibt sich aus den §§ 57 ff., insbesondere 59 VwVfG/LVwVfG bzw. §§ 56 ff., insbesondere 58 SGB X.[51]
- Die Auslegung einer Verwaltungsvorschrift, eines Verwaltungsakts, eines Vertrags, einer Zusicherung erfolgt nicht nach den Regeln der Norminterpretation, sondern nach den Regeln über die Auslegung von Willenserklärungen. Maßgebend ist der objektive Erklärungswert.[52]

Als Rechtsgrundlagen für Leistungsansprüche kommen in Betracht:

(1) Verfassungsrecht/unmittelbar wirkendes Europarecht

136 Unmittelbare verfassungsrechtliche Anspruchsgrundlagen sind selten. Das hängt nicht zuletzt damit zusammen, dass die Grundrechte vor allem **Abwehrfunktionen** gegenüber staatlichen Eingriffen erfüllen. Einige Grundrechte werden indessen – auch durch das Bundesverfassungsgericht – darüber hinaus als **Teilhaberechte** interpretiert. Regelmäßig bedürfen **Leistungsgrundrechte** jedoch der Konkretisierung durch den Gesetzgeber. In wenigen Fällen können allerdings Ansprüche direkt aus der Verfassung hergeleitet werden.[53]

Beispiele:

- Recht zur Errichtung (und auf Förderung) privater Schulen (Art. 7 Abs. 4 GG).
- Petitionsrecht (Art. 17 GG).
- Recht der Parteien auf Wahlsichtwerbung an öffentlichen Straßen (Art. 21 Abs. 1 und Art. 5 Abs. 1 GG).
- Verleihung des Status einer Körperschaft des öffentlichen Rechts an Religionsgemeinschaften (Art. 140 GG i. V. m. Art. 137 Abs. 5 Satz 2 Weimarer Verfassung).

---

50 Siehe dazu *Maurer,* § 10 Rn. 1 ff., insbes. Rn. 20; *Schweickhardt/Vondung,* Rn. 370.
51 Siehe dazu *Maurer,* § 14 Rn. 36 ff.; *Schweickhardt/Vondung,* Rn. 655 ff.
52 Zur Auslegung von Verwaltungsvorschriften vgl. BVerwG, DVBl. 1982, 198, von Verwaltungsakten vgl. BVerwG, DVBl. 1983, 810, 811.
53 Zur Funktion der Grundrechte s. *Katz,* Rn. 555 u. 572 ff.

- Anspruch auf Rückübereignung eines Grundstückes, wenn der Zweck der Enteignung nicht verwirklicht wird (Art. 14 GG).
- Anspruch des Bewerbers um ein Bundestagsmandat auf Urlaub (Art. 48 Abs. 1 GG).

In Art. 23 GG ist die Übertragung von Hoheitsrechten auf die Europäische Union angelegt. Deshalb können sich Ansprüche aus europäischen Rechtsakten ergeben, die in den Mitgliedstaaten unmittelbar wirken. Dazu zählen insbesondere die **EU-Rechtsverordnungen** (Art. 249 Abs. 2 EG-Vertrag).[54] 136a

(2) Gesetz im formellen Sinne

Die meisten Ansprüche finden in förmlichen Gesetzen ihre Stütze. Der Anspruch kann auf den **Erlass eines Verwaltungaktes** gerichtet sein. 137

Beispiele:
- Anspruch auf Erteilen einer Baugenehmigung (stellvertretend: § 58 Abs. 1 Satz 1 LBO BW).
- Anspruch auf Erteilen der Gaststättenerlaubnis (§§ 2 ff. GastG).

Mitunter bezieht sich der Anspruch auf Leistungen, z. B. Geldzahlungen, die vorher **durch Verwaltungsakt zu konkretisieren** sind.

Beispiele: Anspruch auf Wohngeld (§ 26 WoGG) oder auf Ausbildungsförderung (§ 50 BAföG).

In anderen Fällen kann eine Leistung begehrt werden, **ohne** dass sie vorher – ausdrücklich – **bewilligt** werden muss.

Beispiele:
- Der Hilfsbedürftige hat einen Anspruch auf Beratung (§ 11 SGB XII).
- Recht des Beamten auf Einsicht in seine vollständigen Personalakten (§ 113c LBG BW).
- Anspruch des von der Polizei herangezogenen Nichtstörers auf angemessene Entschädigung (stellvertretend: §§ 55 ff., 9 PolG BW).

(3) Gewohnheitsrecht

Im Gegensatz zu staatlichen Eingriffen können Leistungsansprüche des Bürgers unbestritten auf Gewohnheitsrecht beruhen. Meist lassen sie sich aber auch verfassungsrechtlich begründen. 138

Beispiele:
- Aufopferungsanspruch[55] (für Impfschäden jetzt §§ 56 ff. Infektionsschutzgesetz).
- Anspruch aus enteignungsgleichem Eingriff.[56]

---

54 Siehe dazu *Schweickhardt/Vondung*, Rn. 121 ff.
55 Siehe dazu *Maurer*, § 28 Rn. 1 ff.; *Schweickhardt/Vondung*, Rn. 1109 ff.
56 Siehe dazu *Maurer*, § 27 Rn. 87 ff.; *Schweickhardt/Vondung*, Rn. 1111 f.

- Möglicherweise ist der Folgenbeseitigungsanspruch schon zu Gewohnheitsrecht erstarkt.[57]

(4) Allgemeine Rechtsgrundsätze – einheitliche Rechtsinstitute

139 Es ist allgemein anerkannt, dass es so genannte „Rechtsgrundsätze“ und „Rechtsinstitute“ gibt, die gelten, ob sie kodifiziert sind oder nicht. Meist handelt es sich um solche Rechtssätze, die im Bürgerlichen Recht zu finden sind, und zwar als geschriebene, aber auch als ungeschriebene Normen und dann im öffentlichen Recht analog angewendet werden (siehe dazu *Blasius/Büchner*, 3.3.3).

Beispiele:

- Ungerechtfertigte Bereicherung, die in das Verwaltungsrecht als Institut des öffentlichrechtlichen Erstattungsanspruchs transponiert ist.[58]
- Geschäftsführung ohne Auftrag, insbesondere im Hinblick auf den Aufwendungsersatzanspruch (§§ 677 ff., 683 BGB).[59]
- Öffentlich-rechtliche Verwahrung (vgl. §§ 688 ff. BGB; siehe auch § 40 Abs. 2 Satz 1 VwGO).[60]
- Verschulden bei der Anbahnung von (öffentlich-rechtlichen) Rechtsbeziehungen (culpa in contrahendo, § 311 Abs. 2 BGB).[57]
- Positive Forderungsverletzung (Vertragsverletzung) innerhalb schuldrechtsähnlicher Beziehungen des öffentlichen Rechts (§ 280 BGB).[57]

(5) Rechtverordnung

140 **Beispiele:**

- §§ 32 ff. AzUVO: Mutterschutz für Beamtinnen und Richterinnen des Landes Baden-Württemberg.
- §§ 1, 14 Beihilfenverordnung Baden-Württemberg.
- § 46 Straßenverkehrsordnung (Ausnahmen von Ge- und Verboten des Straßenverkehrsrechts).
- § 70 Straßenverkehrszulassungsordnung (Ausnahmen von Vorschriften des Straßenverkehrszulassungsrechts).

(6) Satzung

141 **Beispiele:**

- Nach einer Gemeindesatzung kann unter bestimmten Voraussetzungen Befreiung vom Anschluss- und Benutzungszwang für eine öffentliche (kommunale) Einrichtung erteilt werden.
- Eine Gemeindesatzung sieht Wohnungsbauzuschüsse zugunsten behinderter Gemeindeeinwohner vor.

---

57 Siehe dazu *Maurer*, § 30 Rn. 1 ff.; *Schweickhardt/Vondung*, Rn. 1085.
58 Siehe dazu *Maurer*, § 29 Rn. 20 ff.; *Schweickhardt/Vondung*, Rn. 1117.
59 Siehe dazu *Maurer*, § 29 Rn. 10 ff.
60 Siehe dazu *Maurer*, § 3 Rn. 28 f. u. § 29 Rn. 5 f.; *Schweickhardt/Vondung*, Rn. 1097 ff.

(7) Rechtsvereinbarung[61]

Beispiel: Die Nachbargemeinden A und B vereinbaren, dass die Gemeinde A ein Hallenbad baut, das von der Gemeinde B mitfinanziert wird. Die Halle soll den Einwohnern beider Gemeinden gleichermaßen zur Verfügung stehen. Wenn weitere (Satzungs-)Normen fehlen, so ist zugunsten der Einwohner von B unmittelbar aus der Vereinbarung ein Anspruch auf Benutzung herzuleiten.[62] 142

(8) Öffentlich-rechtlicher Vertrag

Beispiele: 143

- Eine Gemeinde schließt mit einer Baugesellschaft einen Erschließungsvertrag nach § 124 Abs. 1 BauGB ab.
- Das Land L als Dienstherr vereinbart mit dem Grund- und Hauptschullehrer R, dass dieser sich einer Zusatzausbildung als Sonderschullehrer unterzieht. Während des Studiums sollen vertragsgemäß die vollen Dienstbezüge des R weiterbezahlt und darüber hinaus Zuschüsse zur Beschaffung von Studienmaterial gewährt werden.

(9) Verwaltungsvorschrift

Verwaltungsvorschriften (Runderlasse, Rundverfügungen, Rundschreiben, Dienstanweisungen u. Ä.) können – über Art. 3 GG – nach dem Grundsatz der Selbstbindung der Verwaltung bei entsprechendem Vollzug zu Anspruchstiteln werden (antizipierte Verwaltungspraxis).[63] Vertritt man allerdings die Ansicht vom Totalvorbehalt des Gesetzes (herrschende Meinung: Eingriffsvorbehalt, Parlamentsvorbehalt), so reichen Verwaltungsvorschriften nicht aus.[64] Für soziale Leistungen (und Rechte) formuliert § 31 SGB I ausdrücklich ebenfalls den Gesetzesvorbehalt. 144

Beispiele:

- Ein Runderlass des zuständigen Ministeriums sieht Subventionen für dürregeschädigte Landwirte vor. Mittel hierfür sind durch den Haushaltsplan bereitgestellt.
- Bundesland B stellt seit Jahren Haushaltsmittel für Flutgeschädigte bereit, die auf der Grundlage von Richtlinien vergeben werden, die das Kabinett beschlossen hat.

(10) Begünstigender Verwaltungsakt

Ein begünstigender Verwaltungsakt kann dann alleiniger und unmittelbarer Anspruchstitel sein, wenn er keine Stütze im Gesetz findet. Das ist auch (und gerade dann) relevant, wenn der – wirksame – Verwaltungsakt 145

61 Siehe dazu *Maurer*, § 29 Rn. 2 ff.; *Schweickhardt/Vondung*, Rn. 1098 f.
62 Siehe dazu *Sachs*, Verw. Arch. 74 (1983), S. 25. Es handelt sich aber in Wirklichkeit um Verträge zugunsten Dritter, die unter Rn. 143 fallen.
63 Siehe dazu *Maurer*, § 24 Rn. 20 ff.; *Schweickhardt/Vondung*, Rn. 79 ff.
64 Siehe oben Rn. 88, 129.

schlicht rechtswidrig ist (Ausnahme demnach: Nichtiger Verwaltungsakt). Der Bürger kann sich solange auf diesen Verwaltungsakt berufen, bis er aufgehoben worden ist (vgl. §§ 43 Abs. 2 VwVfG/LVwVfG, 39 Abs. 2 SGB X).

Beispiele:

- Durch Bescheid (§ 28 Abs. 1 BBesG) werden die Erfahrungszeiten eines Beamten rechtsirrtümlich falsch anerkannt, wodurch ihm laufend höhere Bezüge, als sie ihm nach dem Bundesbesoldungsgesetz zustünden, gezahlt werden.
- Die Behörde hat Subventionen durch Bescheid irrtümlich zu hoch festgesetzt. Dieser Bescheid kann nur unter den im Gesetz bestimmten tatbestandlichen Voraussetzungen zurückgenommen werden (z. B. § 48 Abs. 2 u. 4 LVwVfG). Ist das nicht zulässig oder so lange das noch nicht geschehen ist, muss der bewilligte Betrag voll bis zum Ende des bewilligten Zeitraumes weitergezahlt werden.

(11) Zusage

146 Die Verwaltung kann sich gegenüber dem Bürger zu einer Leistung verpflichten, die auch ein Verwaltungsakt sein kann. Letztere Fälle nennt das Verwaltungsverfahrensgesetz „Zusicherung" (vgl. §§ 38 VwVfG/LVwVfG, 34 SGB X). Ähnlich wie beim begünstigenden Verwaltungsakt erlangt die Zusage vor allem dann Bedeutung, wenn das Gesetz keinen Anspruch auf die zugesagte Leistung einräumt oder wenn das Gesetz nur einen Anspruch auf eine ermessensfehlerfreie Entscheidung der Behörde vermittelt.[65]

Beispiele:

- Zusage gegenüber einem Beamten, der die laufbahnrechtlichen Voraussetzungen erfüllt, ihn zu einem bestimmten späteren Zeitpunkt zu befördern.
- Einem Ausländer wird zugesichert, ihn gem. § 8 Staatsangehörigkeitsgesetz einzubürgern, sobald er bestimmte Nachweise erbracht habe.
- Einem wirtschaftlichen Unternehmen wird zugesagt, einen Zuschuss zum Kauf bestimmter Anlagen zu bewilligen, sobald der Kaufvertag abgeschlossen ist.

(12) Gerichtlicher Titel

147 § 168 Abs. 1 VwGO zählt die gerichtlichen Titel auf. Aus ihnen kann auch dann vollstreckt werden, wenn sie inhaltlich (materiell-rechtlich) falsch sind.

Beispiele:

- Die Baugenehmigungsbehörde wird auf (Verpflichtungs-)Klage des Bauwilligen (rechtskräftig) verurteilt, die begehrte Baugenehmigung zu erteilen, obwohl die sachlichen Voraussetzungen hierfür nicht vorliegen, was das Gericht rechtsirrtümlich verkennt.
- Zwischen dem Beamten B und dem Dienstherrn D herrscht Streit darüber, ob B eine Zulage zusteht. Nach erfolglosem Widerspruchsverfahren erhebt B Klage auf rückwirkende Zahlung der Zulage. Während des Prozesses kommt auf Vorschlag des Verwaltungsgerichts ein Vergleich zustande (§ 106 VwGO), wonach

---

65 Siehe dazu *Maurer*, § 9 Rn. 58 ff.; *Schweickhardt/Vondung*, Rn. 619 ff.

B die Zulage zukünftig gewährt wird. Dieser Vergleich ist im Übrigen auch ein öffentlich-rechtlicher Vertrag (Doppelnatur des Prozessvergleichs).[66]

b. Adressat/Leistungsempfänger

Die Leistung muss an den richtigen Empfänger gerichtet werden. 148

Beispiele:

- Der Adressat einer Baugenehmigung ist nicht der Eigentümer des Grundstücks, sondern der „Bauherr" (vgl. stellvertretend: § 53 Abs. 2 LBO BW).
- Nach § 48 SGB I können laufende Geldleistungen, die der Sicherung des Lebensunterhalts zu dienen bestimmt sind, auch an den Ehegatten oder die Kinder des Leistungsberechtigten ausbezahlt werden, wenn er ihnen gegenüber seiner gesetzlichen Unterhaltspflicht nicht nachkommt.

c. Ermessensausübung

Steht die Leistung im Ermessen der Behörde, so hat sie es rechtsfehlerfrei auszuüben (siehe Rn. 99 ff.), und der Bürger hat unter bestimmten Voraussetzungen, einen Anspruch auf fehlerfreie Ausübung des Ermessens. 149

Beispiele:

- Beamte des mittleren Dienstes ... können zu einer Laufbahn des gehobenen Dienstes zugelassen werden, wenn ... (§ 25 Abs. 1 Landeslaufbahnverordnung).
- Ausländer können unter bestimmten Voraussetzungen eingebürgert werden (§ 8 Staatsangehörigkeitsgesetz).
- Ehegatten Deutscher sollen unter bestimmten Voraussetzungen eingebürgert werden (§ 9 Staatsangehörigkeitsgesetz).
- Von den Festsetzungen eines Bebauungsplanes können Ausnahmen zugelassen und Befreiungen erteilt werden (§ 31 BauGB).
- Aus besonderem Anlass kann der Betrieb eines Gaststättengewerbes unter erleichterten Voraussetzungen vorübergehend auf Widerruf gestattet werden (§ 12 Abs. 1 GastG)

Auch bei Leistungsbescheiden gilt, dass sie **ermessensfehlerfrei** sein müssen. Will eine Behörde einen Leistungsantrag ablehnen oder ihm nicht voll entsprechen, muss sie die rechtlichen Schranken des Ermessens beachten. Sie darf insbesondere ihr Ermessen nicht missbrauchen und nicht gegen die Grundsätze der Verhältnismäßigkeit und der Gleichbehandlung verstoßen.

Beispiele:

- Es kann unverhältnismäßig sein, wenn eine Polizeibehörde es ablehnt, gegen nächtlichen ruhestörenden Lärm einzuschreiten.
- Es ist ermessensmissbräuchlich, wenn die zuständige Behörde aus sachfremden Erwägungen heraus eine vorläufige Gaststättenerlaubnis versagt.
- Es ist gleichheitswidrig, wenn die zuständige Behörde Subventionen ablehnt, obwohl sie in vergleichbaren Fällen nach den Subventionsrichtlinien Leistungen gewährt hat.

---

66 Siehe dazu *Redeker/v.Oertzen*, § 106 Rn. 2; *Büchner/Schlotterbeck*, Rn. 487.

Ermessensüberschreitungen, Verstöße gegen das Unmöglichkeitsverbot und gegen den Gleichheitsgrundsatz können vorliegen, wenn die Behörde mehr leisten will, als der normative Rahmen zulässt, oder wenn sie eine Leistung erbringen will, die rechtlich oder tatsächlich nicht möglich ist.

Beispiel: Wird eine straßenrechtliche Sondernutzungserlaubnis zeitlich unbeschränkt und unwiderruflich erteilt, so überschreitet die zuständige Behörde die Grenzen des Ermessens. Derartige Sondernutzungserlaubnisse dürfen nur auf Zeit oder auf Widerruf erteilt werden (stellvertretend: § 16 Abs. 1 Satz 2 StrG BW).

150 Trotz Ermessens besteht ausnahmsweise dann ein Anspruch auf eine bestimmte Leistung, wenn sich der Spielraum der Verwaltung wegen entgegenstehender rechtlicher Gesichtspunkte auf eine einzige rechtmäßige Rechtsfolge verengt hat (**Ermessensreduzierung auf Null**).[67]

Beispiel: Auf der Grundlage von Verwaltungsvorschriften werden Subventionen gewährt. Diese Verwaltungsvorschriften binden das Ermessen so, dass nur noch eine den Vorschriften entsprechende Entscheidung rechtmäßig ist (antizipierte Verwaltungspraxis – siehe oben Rn. 144).

d. Inhaltliche Bestimmtheit

151 Hierzu kann auf die Ausführungen zum Eingriffsschema (siehe Rn. 98) verwiesen werden, allerdings mit dem klärenden Zusatz, dass es jetzt um die Bestimmtheit der Leistung geht. Die §§ 42 VwVfG/LVwVfG, 38 SGB X, die bei offenbaren Unrichtigkeiten die Möglichkeit der Berichtigung vorsehen, können in diesem Zusammenhang eine Rolle spielen.[68]

e. Leistungsverbote und Einwendungen Dritter

152 **Beispiele:**

- Eine Gemeinde verpflichtet sich vertraglich zur Aufstellung eines Bebauungsplans, was sie nur in Ausnahmefällen darf (vgl. BVerwG, DÖV 1981, 878 und § 1 Abs. 3 Satz 2 BauGB).
- Einer Baugenehmigung für ein bestimmtes Vorhaben stehen Rechte des Nachbarn entgegen.
- Bei der Subventionsgewährung an einen Unternehmer wird das Konkurrenzverhältnis zu anderen Unternehmern betroffen.

Im Grunde genommen handelt es sich bei diesem Gliederungspunkt um einen bloßen **Merkposten** ohne eigenständige Bedeutung. Die hier aufgeführten Gesichtspunkte sind nämlich schon an anderer Stelle – als Tatbestandsvoraussetzung oder Ermessensgrenze oder Gültigkeitsvoraussetzung der Rechtsgrundlage – zu berücksichtigen.

Beispiele:

- Ein öffentlich-rechtlicher Vertrag, in dem sich die Gemeinde zur Aufstellung eines Bebauungsplanes verpflichtet, ist gemäß § 59 Abs. 1 LVwVfG nichtig.

---

67 Siehe dazu *Maurer,* § 7 Rn. 24, § 8 Rn. 15; *Schweickhardt/Vondung,* Rn. 200 ff.

68 Siehe dazu *Maurer,* § 10 Rn. 4; *Schweickhardt/Vondung,* Rn. 381 f.

- Die Rechte des Nachbarn sind öffentlich-rechtliche Vorschriften, die der Erteilung der Baugenehmigung entgegenstehen. Sie sind also negative Tatbestandsvoraussetzungen für die Erteilung der Baugenehmigung (stellvertretend: § 58 Abs. 1 LBO BW).
- Die Interessen der konkurrierenden Unternehmer (Art. 12 GG) sind bereits als Schranken des Ermessens zu berücksichtigen.

4. Nachgeschaltete formelle Voraussetzungen

Nachdem sich die Behörde Klarheit über die materielle Rechtslage verschafft hat, muss sie weitere formelle Vorgaben in ihre Überprüfung miteinbeziehen. In diesem Sinne sind verschiedene formelle Rechtmäßigkeitsvoraussetzungen der materiellen Rechtmäßigkeitsprüfung „nachgeschaltet". 153

a. Mitwirkung des Begünstigten und anderer Stellen

Während auf das Antragserfordernis – weil logisch vorrangig – bereits vor den materiellen Gesichtspunkten eingegangen wurde, kommen jetzt andere Mitwirkungshandlungen in Betracht. Im Übrigen kann auf die Ausführungen oben Rn. 106 verwiesen werden. 154

Beispiele:
- Bei bestimmten begünstigenden dienstrechtlichen Entscheidungen ist der Personalrat zu beteiligen (stellvertretend: § 75 LPVG BW).
- Über die Zulässigkeit bestimmter baulicher Vorhaben wird von der Baugenehmigungsbehörde im Einvernehmen mit der Gemeinde entschieden. Außerdem kann die Zustimmung der höheren Verwaltungsbehörde erforderlich sein (§ 36 Abs. 1 BauGB).
- Die Ausnahmebewilligung zur Eintragung in die Handwerksrolle wird auf Antrag des Gewerbetreibenden von der höheren Verwaltungsbehörde nach Anhörung der Handwerkskammer erteilt (§ 8 Abs. 3 HwO).
- Die Ernennung zum Beamten ist ohne die Mitwirkung (Zustimmung) des zu Ernennenden nicht zulässig.

b. Anhörung, Begründung

Im Gegensatz zu belastenden Maßnahmen müssen begünstigende Verwaltungsakte grundsätzlich **nicht begründet** werden, soweit die Behörde einem Antrag entspricht und der Verwaltungsakt nicht in Rechte eines anderen eingreift (vgl. §§ 39 Abs. 2 Nr. 1 VwVfG/LVwVfG und 35 Abs. 2 Nr. 1 SGB X). Auch braucht der Begünstigte vorher **nicht gehört** zu werden (vgl. §§ 28 Abs. 1 VwVfG/LVwVfG, 24 Abs. 1 SGB X). Dies gilt nicht, wenn die Erfüllung derartiger Pflichten in Spezialgesetzen ausdrücklich gefordert wird. 155

Beispiele:
- Ein Widerspruchsbescheid ist stets zu begründen (§ 73 Abs. 3 Satz 1 VwGO).
- Planfeststellungsbeschlüsse nach den Verwaltungsverfahrensgesetzen sind stets schriftlich zu begründen (§ 74 Abs. 1 i. V. m. § 69 Abs. 2 Satz 1 VwVfG/LVwVfG).

- In der Rechtsprechung wird die Auffassung vertreten, Prüfungsentscheidungen seien trotz § 2 Abs. 3 Nr. 2 VwVfG/LVwVfG stets zu begründen (vgl. BVerwG, DÖV 1993, 408; *von Mutius/Sperlich*, DÖV 1993, 45).

c. Fristen

156 Die Einhaltung von Fristen kann vorrangig oder nachrangig zu prüfen sein. Es dient der Verfahrensbeschleunigung, sie vorrangig zu prüfen. Vgl. deshalb Rn. 134a.

d. Formvorschriften

157 Auch hier kann wieder auf die Ausführungen zum Eingriffsschema verwiesen werden. Wie bei Einriffen kann auch bei Leistungen die **Rechtsform** des Handelns gesetzlich vorgeschrieben sein.

Beispiele:
- Ein Bebauungsplan ist als Satzung zu erlassen (§ 10 BauGB).
- Die Erschließung kann nur durch öffentlich-rechtlichen Vertrag auf einen Dritten übertragen werden (§ 124 BauGB).
- Eine Straße wird grundsätzlich durch Verwaltungsakt (Widmung) zur öffentlichen Straße.

Aus der Rechtsform des Handelns können sich Anforderungen an die **äußere Form** der Maßnahme ergeben.

Beispiele:
- Normen bedürfen der Ausfertigung (vgl. BVerwG, SächsVBl. 2000, 263; NVwZ-RR, 1999, 161).
- Die Ernennung eines Beamten ist nur durch eine Urkunde (und ihre Aushändigung) möglich (§ 8 Abs. 2 BeamtStG).
- Die Baugenehmigung bedarf der Schriftform (stellvertretend: § 58 Abs. 1 Satz 3 LBO BW)
- Personalausweise dürfen nur nach einem einheitlichen Muster ausgestellt werden (§ 1 Abs. 2 PAuswG).

e. Rechtsbehelfsbelehrung

158 Hierzu kann auf die Ausführungen oben Rn. 112 verwiesen werden. Der Begünstigte wird allerdings bei Leistungsgewährungen regelmäßig keine Rechtsverletzung geltend machen können. Daher ist dieser Gesichtspunkt hier weniger bedeutsam als bei Eingriffen.

Ausnahmen sind beispielsweise der Verwaltungsakt unter einer Bedingung oder unter einer Auflage, der gemischte, d. h. teils begünstigende und teils belastende Verwaltungsakt, oder die Bewilligung, die unter dem Antrag des Bürgers bleibt, etwa wenn Ausbildungsförderung in Höhe von monatlich 150 EUR beantragt war, aber nur in Höhe von monatlich 100 EUR bewilligt wird.[69]

---

69 Siehe dazu *Maurer*, § 9 Rn. 49; *Schweickhardt/Vondung*, Rn. 243 ff.

Ferner können Dritte durch die Begünstigung belastet werden, z. B. der Nachbar des Bauherrn oder der Konkurrent des Subventionsempfängers. Ihnen sollte – wenn sie ebenfalls eine Nachricht erhalten – eine Rechtsbehelfsbelehrung erteilt werden, sofern es möglich erscheint, dass sie in ihren **Rechten** verletzt sein könnten.

f. Bekanntgabe der Maßnahme

Es wird auf die Ausführungen oben Rn. 113 verwiesen. 159

5. Prüfungsschema zur Vorbereitung von Leistungen (Leistungsschema I)

Die Randnummern beziehen sich auf: *Schweickhardt/Vondung*, Allgemeines Verwaltungsrecht, 9. Auflage. 160

I. Vorüberlegungen
1. Welche konkrete Leistung ist gewollt?
2. Welche Rechtsform ist gewollt?
3. Welche Ermächtigungs-/Rechtsgrundlage kommt in Betracht?

II. Vorrangige formelle Erlassvoraussetzungen
1. Zuständigkeit der Behörde (vgl. Rn. 345, 731 ff.)
   a) sachliche Zuständigkeit
   b) instanzielle Zuständigkeit
   c) örtliche Zuständigkeit
2. Mitwirkungsverbote (vgl. Rn. 346, 741–743)
   a) ausgeschlossene Personen
   b) Besorgnis der Befangenheit
3. Anhörungspflichten (vgl. Rn. 346, 771 ff.)
4. Sachbescheidungsinteresse – in Antragsverfahren (vgl. Rn. 346, 805)
5. Spezialgesetzliche Verfahrenshindernisse (z. B. Zurückstellung eines Bauantrages)
6. Entscheidungsfristen (vgl. Rn. 347)

III. Materielle Erlassvoraussetzungen
1. Tatbestand der Eingriffs-/Rechtsgrundlage (vgl. Rn. 155 ff., 350 ff.)
   a) Rechtsgültigkeit der Rechtsgrundlage
   b) Auslegung (falls Rechtsgrundlage unklar)
   c) Subsumtion
2. Zulässiger Adressat (vgl. Rn. 355 ff.)
3. Zulässige Rechtsfolge: Bei Ermessen (Entschließungs-/Auswahlermessen; bezogen auf ausgewählten Adressaten und ausgewählte Rechtsfolge): (vgl. Rn. 358, 175 ff.)
   a) Verbot des Ermessensmissbrauchs (Verbot sachfremder Erwägungen)
   b) Verbot der Ermessenüberschreitung (Wahl einer verbotenen Rechtsfolge)
      – Beachtung gesetzesimmanenter Schranken (Ermessensrahmen)
      – Beachtung des Verhältnismäßigkeitsgrundsatzes (geeignet, erforderlich, angemessen)

- Beachtung des Gleichbehandlungsgrundsatzes (Art. 3 Abs. 1 GG; Willkürverbot)
- Beachtung des Unmöglichkeitsverbotes (rechtliche und tatsächliche Unmöglichkeit)
- Beachtung von Zusicherungen (§ 38 LVwVfG)
- Beachtung der Verwirkung (entsprechend § 242 BGB)

c) Verbot der Ermessensunterschreitung
- Ermessensausfall
- Ermessensdefizit

4. Inhaltliche Bestimmtheit (vgl. Rn. 361, 362)

IV. Nachrangige formelle Erlassvoraussetzungen

1. Mitwirkung anderer Körperschaften, Behörden oder Dienststellen (vgl. Rn. 346, 811 ff.)
2. Anhörung Beteiligter (soweit nicht vorrangig, vgl. Rn. 346)
3. Fristen (soweit nicht vorrangig, vgl. Rn. 347, 791 ff.)
4. Form (vgl. Rn. 347, 721 ff.)
5. Begründung (vgl. Rn. 347, 781 ff.)

V. Rechtmäßigkeitsprüfung einer bereits erbrachten Leistung (Leistungsschema II)

161 Bei den Eingriffsschemata wurde bereits dargestellt, welche Unterschiede in der Prüfungsabfolge bestehen, wenn man den Fall der bevorstehenden Maßnahme mit dem Fall einer noch zu treffenden Maßnahme vergleicht. Die dort (siehe Rn. 115 ff.) gemachten Ausführungen können auch auf die Differenzierungen innerhalb des Leistungsschemas übertragen werden. Um Wiederholungen zu vermeiden, wird im Folgenden lediglich das Aufbaugerippe des Leistungsschemas II zusammenfassend wiedergegeben. Das Verständnis dieses Schemas stellt sich ein, wenn sich der Leser die Abweichungen vom Leistungsschema I (siehe Rn. 160) und den Grund der Abweichungen (siehe Rn. 115–118) bewusst macht.

Prüfungsschema bei bereits erbrachten Leistungen

162 **I. Vorüberlegungen**

1. Rechtsnatur der erbrachten Leistung?
2. Welche Ermächtigungsgrundlage kommt in Betracht?

II. Formelle Rechtmäßigkeit

1. Zuständigkeit der Behörde
2. Mitwirkungsverbote (ausgeschlossene Personen, Befangenheit)
3. Anhörungspflichten
4. Sachbescheidungsinteresse (in Antragsverfahren)
5. spezialgesetzliche Verfahrenshindernisse

6. Fristen
7. Mitwirkung anderer Stellen
8. Form
9. Begründung
10. Heilung und Unbeachtlichkeit

III. Materielle Rechtmäßigkeit

1. Tatbestand der Rechtsgrundlage
   a) Rechtsgültigkeit
   b) Auslegung
   c) Subsumtion
2. Adressat (vor allem im Bereich der Gefahrenabwehr)
3. Bei Ermessen (Entschließungs-/Auswahlermessen; bezogen auf Adressat und Rechtsfolge):
   a) Verbot des Ermessensmissbrauchs
   b) Verbot der Ermessensüberschreitung
   c) Verbot der Ermessensunterschreitung
4. Inhaltliche Bestimmtheit

VI. Gültigkeitskontrolle einer untergesetzlichen Rechtsvorschrift

1. Fehlerfolge

Zu den Handlungsformen der Verwaltung gehört auch der Erlass von Rechtsverordnungen und Satzungen, d. h. der Erlass untergesetzlicher Rechtsvorschriften. Ihre Rechtmäßigkeit lässt sich ebenfalls anhand eines **Aufbaugerippes** überprüfen.[70] 163

Im Unterschied zu Verwaltungsakten und verwaltungsrechtlichen Verträgen führt die Rechtswidrigkeit einer Norm grundsätzlich zu deren Ungültigkeit (Unwirksamkeit). Strittig ist allerdings, wer – außer den dazu berufenen Gerichten (vgl. § 47 VwGO, Art. 93 Abs. 1 Nr. 2 und Nr. 4a GG, Art. 68 Abs. 1 Nr. 2 LV BW stellvertretend für andere Landesverfassungen) – die Ungültigkeit verbindlich feststellen darf (**Verwerfungskompetenz**). Überwiegend wird angenommen, dass trotz Art. 20 Abs. 3 GG die Behörden nicht berechtigt seien, von der Ungültigkeit einer untergesetzlichen Vorschrift auszugehen, wenn sich deren Rechtswidrigkeit herausstellt.[71]

Beispiele:

– Das Landratsamt als Baurechtsbehörde kommt im Rahmen eines Baugenehmigungsverfahrens zu dem Ergebnis, dass der einschlägige Bebauungsplan einer Gemeinde gegen das Baugesetzbuch verstößt. Die Baurechtsbehörde darf das Bauvorhaben bauplanungs-rechlich nicht nach den §§ 34, 35, sondern muss es nach § 30 BauGB beurteilen (Verneinung der Verwerfungskompetenz).

---

70 Im Kapitel 4 „Gesetzgebungslehre" lässt sich bei *Blasius/Büchner* nachlesen, welche Überlegungen anzustellen sind, wenn ein solches „Normenwerk" ausgearbeitet wird.

71 Siehe dazu oben Fn. 9.

- Ein Landratsamt hat über einen Widerspruch in Kommunalabgabesachen zu entscheiden und stellt dabei formelle Mängel der Abgabesatzung fest. Das Landratsamt wird von der Ungültigkeit dieser Satzung ausgehen (Bejahung der Verwerfungskompetenz).

2. Rechtmäßigkeit der Ermächtigungsgrundlage

a. Erfordernis der Rechtsgrundlage

164 Aus dem Grundsatz des **Vorbehalts des Gesetzes** folgt, dass zumindest solche Rechtverordnungen und Satzungen, die den Bürger zu einem Tun, Dulden oder Unterlassen verpflichten, einer formell-gesetzlichen Ermächtigungsgrundlage bedürfen. Diese Ermächtigungsgrundlage selbst muss bestimmte Anforderungen erfüllen, um ausreichende Grundlage für eine Rechtsverordnung oder Satzung sein zu können.

165 Für **Rechtsverordnungen** ergibt sich das Erfordernis einer parlamentarischen Ermächtigung auch noch unmittelbar aus Art. 80 Abs. 1 Satz 1 GG bzw. entsprechend lautenden landesverfassungsrechtlichen Normen (stellvertretend: Art. 61 Abs. 1 Satz 1 LV BW). Zu beachten ist dabei, dass Bundesverfassungsrecht (Art. 80 GG) dann maßgebend ist, wenn die Ermächtigungsgrundlage (nicht die Rechtsverordnung) dem Bundesrecht angehört; in den anderen Fällen ist das Landesverfassungsrecht anzuwenden.[72]

Beispiele:

- Die landesrechtlichen Gaststättenverordnungen sind an Art. 80 GG zu messen, weil die §§ 4 Abs. 3, 14, 18 Abs. 1, 21 Abs. 2 und 30 GastG zum Erlass der Verordnungen ermächtigen und das Gaststättengesetz zum Bundesrecht gehört.
- Eine Polizeiverordnung ist an den entsprechenden landesverfassungsrechtlichen Bestimmungen (beispielsweise Art. 61 LV BW) zu messen, weil die zum Erlass von Polizeiverordnungen ermächtigenden Polizeigesetze Landesgesetze sind (vgl. Art. 70 GG; Bsp.: § 10 PolG BW).

166 Auf **Satzungen** sind Art. 80 GG und die entsprechenden landesverfassungsrechtlichen Bestimmungen nicht anwendbar. Für sie ergibt sich nur unmittelbar aus dem „Vorbehalt des Gesetzes“, dass sie einer formell-gesetzlichen Ermächtigung bedürfen, soweit sie Eingriffe zulassen.[73]

Die Ermächtigungsgrundlage selbst muss mit höherrangigem formellen und materiellen Recht in Einklang stehen.

b. Formelle Vorgaben

167 Das zum Erlass von Rechtverordnungen oder Satzungen ermächtigende (Parlaments-)Gesetz muss förmlich mit der Verfassung (GG oder Landesverfassung) übereinstimmen.

Das bedeutet,

- **Kompetenzvorschriften** (Beispiel: Art. 70 GG)

---

72 Siehe dazu *Maurer*, § 13 Rn. 4 f.; *Schweickhard/Vondung*, Rn. 70 f.
73 Siehe dazu *Maurer*, § 4 Rn. 23; *Schweickhardt/Vondung*, Rn. 73.

- **Zuständigkeitsvorschriften** (Beispiel: Art. 77 Abs. 1 GG, 59 Abs. 3 LV BW)
- **Form- und Verfahrensvorschriften** (Beispiel: Art. 76 ff. GG, 59 ff. LV BW)

müssen eingehalten sein.

Für die Verfassungsmäßigkeit förmlicher Gesetze spricht allerdings eine **widerlegbare Vermutung,**[74] so dass bei Fallbearbeitungen dieser Prüfungsgesichtspunkt im Allgemeinen keine Rolle spielt.

c. Materielle Vorgaben

Das ermächtigende Gesetz muss auch inhaltlich (sachlich) mit der Ver- 168
fassung übereinstimmen. Es muss insbesondere den rechtsstaatlichen Vorgaben (Bestimmtheitsgebot,[75] Grundsatz der Verhältnismäßigkeit,[76] Rückwirkungsverbot[77]) entsprechen und darf die Grundrechte nur insoweit einschränken, als dies zulässig ist.[78]

Bei **Rechtsverordnungen** muss das ermächtigende Gesetz vor allem die in 169
Art. 80 GG (bzw. in entsprechenden landesverfassungsrechtlichen Bestimmungen) enthaltenen Vorgaben einhalten:

- **Richtiger Ermächtigungsadressat** (Art. 80 Abs. 1 Satz 1 GG; 61 Abs. 2 LV BW)
- **Bestimmtheitsgebot für Inhalt, Zweck und Ausmaß** (Art. 80 Abs. 1 Satz 2 GG; 61 Abs. 1 Satz 2 LV BW; 70 Satz 2 LV NW).

Dem Bestimmtheitsgebot ist nach ständiger Rechtsprechung des Bundesverfassungsgerichts jedoch schon dann Genüge getan, wenn sich Inhalt, Zweck und Ausmaß durch Auslegung des Gesetzes ermitteln lassen (BVerfG, NJW 1981, 971).

Beispiele:

- Die Ermächtigung zum Erlass von Polizeiverordnungen auf der Grundlage der polizeilichen Generalklausel genügt den Anforderungen des Bestimmtheitsgebots (BVerfG, NJW 1980, 2572).
- Das so genannte „Artikelgesetz" ermächtigt unter der Überschrift „Verbot der Zweckentfremdung von Wohnraum" die Landesregierung, für Gemeinden, in denen die Versorgung der Bevölkerung mit ausreichendem Wohnraum zu angemessenen Bedingungen besonders gefährdet ist, durch Rechtsverordnungen zu bestimmen, dass Wohnraum nur mit Genehmigung anderen als Wohnzwecken zugeführt werden darf. Diese Ermächtigung zur Einführung eines Genehmigungsvorbehalts für Nutzungsänderungen ist nach Auffassung des Bundesverfassungsgerichts bestimmt genug (BVerfG, NJW 1975, 727).

---

74 BVerfGE 2, 266, 282; 9, 338, 350.
75 Siehe dazu *Katz*, Rn. 199.
76 Siehe dazu *Katz*, Rn. 205 ff.
77 Siehe dazu *Katz*, Rn. 201 ff.
78 Siehe dazu *Katz*, Rn. 620 ff.

170 Bei **Satzungen** unterliegen die ermächtigenden Gesetze nicht den in Art. 80 Abs. 1 Satz 2 GG (und den entsprechenden landesverfassungsrechtlichen Vorschriften) enthaltenen Bestimmtheitserfordernissen. Schon die gesetzliche Verleihung der Autonomie berechtigt vielmehr den Selbstverwaltungsträger, im Rahmen der generellen Aufgabenzuweisungen eigene Angelegenheiten durch Satzungen zu regeln. Sobald jedoch besonders einschneidend in Rechte des Bürgers eingegriffen wird, reicht die generelle Aufgabenzuweisung nicht aus; diese Eingriffe müssen zumindest in den Grundzügen von einer parlamentarischen Ermächtigungsnorm gedeckt sein (Stichwort: **Parlamentsvorbehalt** – siehe auch oben Rn. 88 und 144).

Beispiele:

- Die Befugnis der Gemeinden, durch Satzungen örtliche Bauvorschriften zu erlassen, die bauordnungsrechtliche Fragen regeln, ergibt sich aus den Landesbauordnungen (stellvertretend: § 74 LBO BW).
- Die Ermächtigung zur satzungsmäßigen Einführung eines Anschluss- und Benutzungszwanges ergibt sich nicht aus der allgemeinen Aufgabenzuweisung, sondern aus besonderen Regelungen der Gemeindeordnungen (stellvertretend: § 11 GemO BW).
- Das Facharztwesen darf nicht ausschließlich der Regelung durch Satzungen der Ärztekammern (Facharztordnungen) überlassen werden. Mindestens die „statusbildenden" Bestimmungen muss der Gesetzgeber selbst treffen – siehe stellvertretend Kammergesetz BW (BVerfG, NJW 1972, 1504).

3. Formelle Rechtmäßigkeitsvoraussetzungen für die Rechtsverordnung bzw. Satzung selbst

a. Prüfungsmaßstab

171 Nachdem untersucht wurde, ob eine gültige und ausreichende Ermächtigungsgrundlage vorhanden ist, muss anschließend die Rechtsverordnung und Satzung selbst daraufhin überprüft werden, ob sie mit **höherrangigem Recht** übereinstimmt.[79] Als höherrangiges Recht kommen dabei nicht nur solche Rechtsnormen in Betracht, die in der Normenhierarchie über den Rechtsverordnungen und Satzungen stehen.[80] Höherrangiges Recht in diesem Sinne sind auch gleichrangige Vorschriften, die spezielle Vorgaben für den Erlass der untergesetzlichen Norm enthalten (Beispiel: Bekanntmachungssatzung einer Gemeinde).

b. Formelle Vorgaben aus Rechtsverordnungen und Satzungen

172 Beispiele:

- § 1 der Verordnung des Innenministeriums zur Durchführung der Gemeindeordnung für Baden-Württemberg, in der die Form für die öffentlichen Bekanntmachungen der Gemeinden festgelegt wird.

---

79 Siehe dazu *Maurer,* § 4 Rn. 16 ff., § 13 Rn. 1 ff.; *Schweickhardt/Vondung,* Rn. 61.

80 Siehe dazu *Maurer,* § 4 Rn. 37 ff.; *Schweickhardt/Vondung,* Rn. 65 ff.

- Bekanntmachungssatzungen der Gemeinden, in denen sich jede Gemeinde auf eine bestimmte Bekanntmachungsart festlegt.

c. Formelle Vorgaben aus förmlichen Gesetzen

Beispiele: 173

- Form-, Zuständigkeits- und Mitwirkungsvorschriften für den Erlass von Polizeiverordnungen (stellvertretend: §§ 12 ff. PolG BW).
- Vorschriften des Baugesetzbuches und der Gemeindeordnungen über das Aufstellungsverfahren, Öffentlichkeitsbeteiligungsverfahren, Auslegungsverfahren, Prüfungsverfahren, Satzungsverfahren, Genehmigungsverfahren und Bekanntmachungsverfahren bei der Aufstellung von Bebauungsplänen.
- Vorschriften über die Bekanntmachung von Rechtsverordnungen; vgl. das Gesetz über die Verkündung von Rechtsverordnungen vom 30.1.1950 (Bund) und das Gesetz über die Verkündung von Rechtsverordnungen vom 11.4.1983 (Land BW).

d. Formelle Vorgaben aus der Verfassung

Beispiele für Rechtsverordnungen: 174

- Zitiergebot: Art. 80 Abs. 1 Satz 3 GG; 61 Abs. 1 Satz 3 LV BW.
- Zustimmung des Bundesrates: Art. 80 Abs. 2 GG.
- Vorschriften über die Ausfertigung und Verkündung: Art. 82 Abs. 1 Satz 2 und Abs. 2 GG; 63 Abs. 2 und 4 LV BW.

Die in der Verfassung enthaltenen Vorgaben werden häufig in förmlichen Gesetzen wiederholt und konkretisiert. Die Prüfungsreihenfolge ist gegenläufig zur Normenhierarchie (**Anwendungsvorrang** der niederrangigen Norm).[81]

e. Heilung

Wird ein Verstoß gegen formelles höherrangiges Recht festgestellt, muss stets geprüft werden, ob die Möglichkeit der „Heilung" besteht. Sie ist nur möglich, wenn sie gesetzlich ausdrücklich vorgesehen ist und die Voraussetzungen dafür erfüllt sind. 175

Beispiele:

- Verletzungen bestimmter Verfahrens- und Formvorschriften des BauGB und bestimmte Mängel des Abwägungsvorgangs werden unbeachtlich, wenn sie nicht schriftlich innerhalb zweier Jahre seit Bekanntmachung der Satzung gegenüber der Gemeinde geltend gemacht worden sind, vgl. § 215 Abs. 1 Nr. 1 BauGB. Manche formelle Fehler sind sogar von Anfang an unbeachtlich, vgl. § 214 Abs. 1 BauGB („nur beachtlich, wenn …").
- In vermehrtem Umfang gibt es ähnliche Heilungvorschriften in anderen Gesetzen, vgl. stellvertretend: § 18 Abs. 6 Satz 2 GemO BW und § 4 Abs. 4 und 5 GemO; § 60a NatSchG BW; § 5 LplG BW.

---

81 Siehe dazu *Maurer*, § 4 Rn. 50; *Schweickhardt/Vondung*, Rn. 60.

4. Materielle Rechtmäßigkeitsvoraussetzungen für die Rechtsverordnung bzw. Satzung selbst

a. Prüfungsmaßstab

176 Die Rechtsverordnung und Satzung darf auch materiell (inhaltlich, sachlich, vom Regelungsgehalt her) nicht gegen **höherrangiges Recht** verstoßen. Wegen des Begriffs des „höherrangigen Rechts“ kann auf Rn. 171 verwiesen werden.

b. Materielle Vorgaben aus Satzungen und Rechtsverordnungen

177 Beispiele:

- Die allgemeine Verkürzung der Sperrzeit durch Rechtsverordnungen nach § 11 der Gaststättenverordnung BW muss sich innerhalb des Ermächtigungsrahmens dieser Vorschrift (Rechtsverordnung) halten.
- Ein Bebauungsplan (Satzung, siehe § 10 BauGB) darf nur solche Festsetzungen (§ 9 BauGB) enthalten, die mit der Baunutzungsverordnung übereinstimmen.
- Die Festsetzungen eines Bebauungsplans dürfen nicht in Widerspruch zu einer Landschaftsschutzverordnung (vgl. stellvertretend: § 29 NatSchG BW) stehen, die sich auf das Bebauungsplangebiet erstreckt.

c. Materielle Vorgaben aus förmlichen Gesetzen

178 Wichtigster materieller Gesichtspunkt ist die Einhaltung des **Ermächtigungsrahmens**, d. h. des Rahmens, der von dem förmlichen Gesetz gezogen wird, das zum Erlass der Rechtsverordnung bzw. Satzung ermächtigt. Je detaillierter die formellgesetzliche Regelung ist, desto enger ist der Spielraum des Verordnungs- bzw. Satzungsgebers.

Beispiele:

- Bei der Aufstellung eines Bebauungsplans muss u. a. der Erforderlichkeitsgrundsatz des § 1 Abs. 3 BauGB, das Entwicklungsgebot des § 8 Abs. 2 Satz 1 BauGB und das Gebot der gerechten Abwägung des § 1 Abs. 7 BauGB beachtet werden.
- Beim Erlass einer Kommunalabgabensatzung darf nicht gegen die in den Kommunalabgabengesetzen enthaltenen Erhebungsgrundsätze verstoßen werden (vgl. stellvertretend: §§ 13 ff. und 20 KAG BW).
- Eine Polizeiverordnung darf sich nur mit Angelegenheiten befassen, die zumindest abstrakt eine Gefahr für die öffentliche Sicherheit und Ordnung darstellen (Bsp.: Taubenfütterungsverbot – BVerfG, NJW 1980, 2572).
- Die BauNVO muss den Ermächtigungsrahmen des § 9a BauGB einhalten. § 25c Abs. 2 BauNVO 1990 hatte ihn überschritten, vgl. BVerwG, VBlBW 1992, 727 = ZfBR 1992, 177). § 9a BauGB ermächtigt den Verordnungsgeber nicht, rückwirkend Bebauungspläne zu ergänzen. Deshalb kann durch die BauNVO nicht rückwirkend der Ausbau von Dächern erleichtert zugelassen (§ 25c Abs. 2) oder die Errichtung von Vergnügungsstätten erschwert oder verhindert werden (§ 25c Abs. 3 BauNVO i. d. F. vom 23.1.1990).

d. Materielle Vorgaben aus der Verfassung

179 Hier sind insbesondere die rechtsstaatlichen Anforderungen der Bestimmtheit, des Rückwirkungsverbots und des Grundsatzes der Verhältnismäßigkeit sowie die Zulässigkeit eventueller Grundrechtseingriffe zu prüfen. Dabei muss man sich bewusst machen, dass es jetzt um die Übereinstimmung der Rechtverordnung und Satzung selbst geht und nicht mehr um das ermächtigende Gesetz. Eine Überprüfung der untergesetzlichen Norm kann jedoch insoweit entfallen, als es sich um Gesichtspunkte handelt, die bereits beim förmlichen Gesetz erschöpfend erörtert wurden (siehe Rn. 168).

e. Heilung

Auch bei materiellen Mängeln kommt eine „Heilung“ dann ausnahmsweise in Betracht, wenn sie gesetzlich vorgesehen ist. **180**

Beispiel: Bestimmte materielle Fehler bei der Aufstellung eines Bebauungplanes können unbeachtlich sein (vgl. § 214 Abs. 2 BauGB).

5. Normprüfungsschema

I. Zuordnung zu einer Ermächtigungsgrundlage **181**

II. Rechtmäßigkeit der Ermächtigungsgrundlage
1. **Formelle Vorgaben** (Zuständigkeit, Form und Verfahren)
2. **Materielle Vorgaben**
   a) Bei Rechtsverordnungen insbesondere Art. 80 GG bzw. LV (Ermächtigungsadressat, Bestimmtheitsgebot)
   b) Bestimmtheit, Verhältnismäßigkeit, Rückwirkung
   c) Grundrechte

III. Rechtmäßigkeit der untergesetzlichen Norm
1. **Formelle Vorgaben**
   a) aus Rechtsverordnungen und Satzungen
   b) aus förmlichen Gesetzen
   c) aus der Verfassung
2. **Materielle Vorgaben**
   a) aus Rechtsverordnungen und Satzungen
   b) aus förmlichen Gesetzen (Ermächtigungsrahmen)
   c) aus der Verfassung (soweit nicht bereits erörtert)
3. **Heilung**

VII. Erfolgsprüfung bei Rechtsbehelfen (Prozessschemata)

1. Anwendungsbereich der Schemata

Während sich die bisherige Darstellung der Schemata auf die Prüfung bezog, ob eine Maßnahme rechtmäßig oder rechtswidrig ist, soll nun wenigstens das Aufbaugerippe für die Beantwortung so genannter prozessualer Fragestellungen aufgezeigt werden. Es kann herangezogen werden, wenn die Erfolgsaussichten von Rechtsbehelfen zu überprüfen sind. Es kommt dann nicht auf die **Rechtmäßigkeit der Maßnahme**, sondern auch auf die **Zulässigkeit und Begründetheit des Rechtsbehelfes** an. **182**

Weil es sich bei den Zulässigkeitsproblemen um Fragestellungen aus dem Bereich des Prozessrechts handelt, sollen sie im Folgenden nicht einzeln erörtert werden. Die Darstellung bleibt auf zwei Schemata beschränkt, die sich mit der Erfolgsprüfung eines **Widerspruchs** und einer verwaltungsgerichtlichen **Klage** befassen. Zur Vertiefung und Ergänzung der prozessualen Problematik wird auf *Büchner/Schlotterbeck* Rn. 55 ff. und Rn. 252 ff. verwiesen.

2. Erfolgsprüfung bei Widersprüchen

183 **I. Zulässigkeit des Widerspruchs**

1. Zulässigkeit des allgemeinen Verwaltungsrechtswegs (spezialgesetzliche Regelungen, § 40 VwGO).
2. Beteiligungsfähigkeit (§ 11 LVwVfG, § 10 SGB X).
3. Verfahrenshandlungsfähigkeit (§ 12 LVwVfG, § 11 SGB X) – gewillkürte Stellvertretung (§ 14 LVwVfG, § 13 Abs. 1 S. 3 SGB X).
4. Richtiger Verfahrensgegenstand (Statthaftigkeit): VA (§ 68 VwGO).
5. Notwendigkeit des Widerspruchs (§ 68 VwGO bzw. Sonderregelungen, Bsp.: § 54 BeamtStG).
6. Formgerechte Erhebung (§ 70 VwGO).
7. Inhaltsgerechte Erhebung (keine ausdrückliche Regelung; Widersprecher und angegriffener VA müssen erkennbar sein).
8. Fristgerechte Erhebung (§§ 70, 58 VwGO; Problematik der Bekanntgabe).
9. Widerspruchsbefugnis (§ 42 Abs. 2 VwGO analog).
10. Allgemeines Rechtsschutzbedürfnis (analog § 242 BGB).

II. Begründetheit des Widerspruchs

1. Bei **Anfechtungswiderspruch:**
   Wenn VA rechtswidrig und Widersprechender dadurch in seinen Rechten verletzt ist (§ 113 Abs. 1 VwGO analog).
   Außerdem (bei Ermessen): Wenn VA unzweckmäßig und das Ermessen zumindest auch im Interesse des Widersprechenden eingeräumt wurde.
2. Bei **Verpflichtungswiderspruch:**
   Wenn Ablehnung des VA rechtswidrig und Widersprechender dadurch in seinen Rechten verletzt ist (§ 113 Abs. 5 VwGO analog).
   Außerdem (bei Ermessen): Wenn die Ablehung des VA unzweckmäßig ist und das Ermessen zumindest auch im Interesse des Widersprechenden eingeräumt wurde.

3. Erfolgsprüfung bei verwaltungsgerichtlichen Klagen (einschließlich Normenkontrollverfahren nach § 47 VwGO)

184 **I. Zulässigkeit der Klage**

1. Unterwerfung unter die deutsche Gerichtsbarkeit (§ 173 VwGO i. V. m. §§ 18 bis 20 GVG).
2. Zulässigkeit des allgemeinen Verwaltungsrechtswegs (spezialgesetzliche Regelungen; § 40 VwGO; bei § 47 VwGO: „Im Rahmen seiner Gerichtsbarkeit“).

3. Wahl der richtigen Klageart (aber: § 86 Abs. 3 VwGO).
4. Sachliche Zuständigkeit (§§ 45 ff. VwGO).
5. Örtliche Zuständigkeit (§§ 52, 53 VwGO i. V. m. § 1 AGVwGO)
6. Beteiligungsfähigkeit (§§ 61, 63 VwGO).
7. Verfahrenshandlungsfähigkeit (§ 62 VwGO) und ordnungsgemäße Legitimation bei gewillkürter Vertretung (§ 67 VwGO).
8. Formgerechte Erhebung der Klage (§ 81 VwGO).
9. Inhaltsgerechte Erhebung der Klage (§ 82 VwGO).
10. Fehlen anderweitiger Rechtshängigkeit (§ 90 VwGO; § 173 VwGO i. V. m. § 17 Abs. 1 S. 2 GVG).
11. Fehlen rechtskräftiger Entscheidung (§ 121 VwGO).
12. Allgemeines Rechtsschutzbedürfnis (analog § 242 BGB).
13. Klagebefugnis (§ 42 Abs. 2 VwGO unmittelbar [bei Anfechtungsklage und Verpflichtungsklage als Versagungsgegenklage] oder analog [bei Leistungsklage]; Antragsbefugnis nach § 47 Abs. 2 VwGO).
14. Vorverfahren (§§ 68 ff. VwGO – bei Anfechtungsklage und Verpflichtungsklage als Versagungsgegenklage).
15. Klagefrist (§§ 74 ff. VwGO – bei Anfechtungsklage und Verpflichtungsklage als Versagungsgegenklage; § 47 Abs. 2 VwGO – im Normenkontrollverfahren).

In der Regel (!) sind vor allem die Ziffern 2, 3, 13, 14 und 15 problematisch. Scheitert die Zulässigkeit an einer Sachentscheidungsvoraussetzung, sind in einem Gutachten trotzdem die übrigen problematischen Sachentscheidungsvoraussetzungen zu untersuchen.

II. Begründetheit der Klage 185

1. Bei **Anfechtungsklagen:**
   Wenn der VA rechtswidrig und der Kläger dadurch in seinen Rechten verletzt ist (§ 113 Abs. 1 Satz 1 VwGO).
2. Bei **Verpflichungsklagen:**
   Wenn die Ablehnung oder Unterlassung des VA rechtswidrig und der Kläger dadurch in seinen Rechten verletzt ist (§ 113 Abs. 5 VwGO).
3. Bei **allgemeinen Leistungsklagen:**
   Wenn die Ablehnung oder Unterlassung einer fälligen Leistung, die kein VA ist, rechtswidrig und der Kläger dadurch in seinen Rechten verletzt ist (wenn er einen Anspruch besitzt).
4. Bei **allgemeinen Feststellungsklagen:**
   Wenn das streitige Rechtsverhältnis besteht oder nicht besteht oder wenn der VA nichtig ist (§ 43 Abs. 1 VwGO).
5. Bei **Normenkontrollverfahren:**
   Wenn die Rechtsvorschrift gegen höherrangiges formelles oder materielles Recht verstößt und der Verstoß beachtlich ist.

Zum Schluss sei darauf hingewiesen, dass man bei der Begründetheitsprüfung die Frage, ob die Maßnahme rechtsmäßig ist, nach den Schemata zur Prüfung der Rechtmäßigkeit beantworten kann, die oben dargestellt wurden, siehe Rn. 119 und 160.

D. Das Anfertigen von Bescheiden

I. Der Begriff und die Arten des Bescheids

186 Es ist eine behördentypische Arbeit, Bürgern „Bescheide zu erteilen“. Was ein Bescheid ist, hat der Gesetzgeber nicht definiert. Der Begriff des Bescheids lässt sich sowohl in einem **engen** als auch in einem **weiten** Sinn verstehen.

1. Bescheid im engen Sinn, d. h. Verwaltungsakt

187 Juristisch Vorgebildete denken beim „Bescheid“ in der Regel an einen **„Verwaltungsakt“** im Sinne der Legaldefinition des § 35 VwVfG. In diesem **engen, rechtlichen Sinn** liegt ein Bescheid vor, wenn eine Behörde eine hoheitliche Maßnahme zur Regelung eines Einzelfalls auf dem Gebiet des öffentlichen Rechts mit unmittelbarer Rechtswirkung nach außen trifft.

Mit Bescheiden geben Behörden ihren **Willen** bekannt und setzen ihn um. Dieser Wille ergibt sich aus Recht und Gesetz und Zweckmäßigkeitsüberlegungen. Auch politische Vorgaben und persönliche Meinungen beeinflussen die Willensbildung der Behörden. In der Regel äußern sich die Behörden schriftlich. Der Bescheid bringt „das Ergebnis eines Informationsermittlungs- und -Verarbeitungsprozesses auf den Punkt“ (so Schmitz, Bescheidtechnik – ein praktisch vernachlässigtes Konzept?, Verwaltungsrundschau 1991, 85). Erst die konkreten Entscheidungen der Behörden setzen die gesetzgeberischen Absichten um. Weil die Bescheide ins Leben der Adressaten positiv oder negativ eingreifen, werden sie begrüßt oder abgelehnt, akzeptiert oder bekämpft.

2. Bescheid im weiten Sinn, d. h. nicht nur Verwaltungsakte

188 Rechtslaien unterscheiden nicht zwischen „Verwaltungsakten“ und sonstigen Willensakten der Behörden. In der Umgangssprache ist der Begriff des Bescheids **weiter** gefasst. Der rechtlich nicht vorgebildete Bürger kann nicht ohne Weiteres unterscheiden, ob die Äußerung einer Behörde einen Verwaltungsakt darstellt.

Allgemeinsprachlich werden als Bescheide auch Schreiben von Behörden bezeichnet, die juristisch kein Verwaltungsakt sind, aber dem Bürger „Bescheid erteilen“ oder „Bescheid geben“.

Beispiele:

- Die Aufforderung, sich einer medizinisch-psychologischen Untersuchung unterziehen zu lassen, um die Eignung zum Autofahren festzustellen, kann von einem Rechtslaien schlecht auf ihre Rechtsnatur beurteilt werden (Diese Aufforderung ist kein Verwaltungsakt!).
- Ein Rathaus beantwortet die Frage eines Bürgers, wer für seinen Bauantrag zuständig ist. Die Baurechtsbehörde bittet den Bauwilligen, weitere Unterlagen zu seinem Bauantrag vorzulegen. Ein Sozialamt gibt darüber Auskunft, von wel-

cher Voraussetzung die Gewährung von Hilfe zum Lebensunterhalt abhängt. (Diese „Bescheide" sind keine Verwaltungsakte.)

Dieses Buch legt das Schwergewicht auf Bescheide im engen, verwaltungsrechtlichen Sinn. Doch vieles, was hier gesagt wird – z. B. was die Verständlichkeit angeht – gilt für alle Behördenschreiben, unabhängig davon, ob sie Verwaltungsakte sind oder nicht.

Es gibt viele Bescheidarten. Ohne Anspruch auf Vollständigkeit seien **189**
genannt:

Abgabenbescheid	Kostenbescheid
Abhilfebescheid	Kostenfestsetzungsbescheid
Ablehnungsbescheid	Leistungsbescheid
Anerkennungsbescheid	Massenbescheid(e)
Anfechtbarer Bescheid	Messbescheid (Steuerbescheidart)
Befehlender Bescheid	Mitwirkungsbedürftiger Bescheid
Befristeter Bescheid	Mündlicher Bescheid
Begünstigender Bescheid	Nichtiger Bescheid
Beitragsbescheid	Ordnungswidrigkeitenbescheid
Belastender Bescheid	Privatrechtsgestaltender Bescheid
Bescheid mit Doppelwirkung	Rechtmäßiger Bescheid
Bescheid mit Drittwirkung	Rechtswidriger Bescheid
Bestandskräftiger Bescheid	Rücknahmebescheid
Bewilligungsbescheid	Schriftlicher Bescheid
Bußgeldbescheid	Sofortvollzugsbescheid
Duldungsbescheid	Sondernutzungsbescheid
Elektronischer Bescheid	Steuerbescheid
Endgültiger Bescheid	Teilbarer Bescheid
Erlaubnisbescheid	Teilbescheid
Ermessensbescheid	Untersagungsbescheid
Erstbescheid	Verbotsbescheid
Erstattungsbescheid	Vollstreckungsbescheid
Fehlerhafter Bescheid	Vorbescheid
Feststellungsbescheid	Vorläufiger Bescheid
Förmlicher Bescheid	Widerspruchsbescheid
Gebotsbescheid	Wiederholungsbescheid
Gebundener Bescheid	Zerlegungsbescheid (Steuerbescheidart)
Gebührenbescheid	Zurückstellungsbescheid
Genehmigungsbescheid	Zusammengefasster Bescheid
Gesamtbescheid	Zusicherungsbescheid

Gestaltender Bescheid
Gestattungsbescheid
Grundbescheid
Heilbarer Bescheid
Zwangsmittelbescheid
Zweitbescheid
Zwischenbescheid

Hinzu kommen Bescheide aus den verschiedenen Rechtsgebieten mit eigenen Bezeichnungen (z. B. Sozialhilfebescheid, Rentenbescheid, Lohngeldbescheid ...)

Anstelle des Begriffs „Bescheid“ werden auch **andere Termini** verwendet wie Verfügung, Entscheidung, Beschluss, Anordnung, Einzelfall-Regelung, Verwaltungsakt, Auflage u. a.

II. Der Begriff der Bescheidtechnik

190 Unter „Bescheidtechnik“ verstehen wir die – erlernbare – Fähigkeit, Bescheide (im weiten und engeren) Sinn so zu „produzieren“, dass sie bestimmten Qualitätsstandards entsprechen. Diese Qualitätskriterien ergeben sich aus den Forderungen und Erwartungen an die Verwaltung nach

- Rechtmäßigkeit,
- Zweckmäßigkeit und Vernünftigkeit,
- Effizienz,
- Effektivität,
- Wirtschaftlichkeit, Sparsamkeit,
- Schnelligkeit,
- Adressatenorientierung, Ausrichtung am Empfängerhorizont,
- Ausrichtung am Gemeinwohl,
- Rücksichtnahme auf Interessen der Mitarbeiter und Mitarbeiterinnen.

Die Bürgerinnen und Bürger als Adressaten erwarten von Bescheiden vor allem

- richtige Sachverhalte,
- rechtmäßige und gerechte Entscheidungen,
- zweckmäßige, einsichtige, nachvollziehbare Anordnungen,
- leicht verständliche, überzeugende, akzeptable, überprüfbare Begründungen,
- Sachlichkeit,
- Höflichkeit,
- Ernstnehmen ihrer Interessen und ihres Vorbringens und Eingehen auf ihre Argumente,
- Hilfe und Beratung,

- ansprechendes Äußeres,
- angemessene Bearbeitungszeiten.

Die Allgemeinheit fordert von den Entscheidungen

- Berücksichtigung des Allgemeinwohls,
- kostengünstiges Vorgehen,
- rechtsstaatliches und demokratisches Handeln.

Die Mitarbeiter verlangen

- geringen Aufwand an Zeit, Arbeit und Nerven für die Erstellung,
- Berücksichtigung des Interesses an Selbstständigkeit und Verantwortung.

Das Urteil über die Qualitäten von Bescheiden ist meist subjektiv gefärbt. Beurteilen z. B. mehrere die Leichtverständlichkeit oder Überzeugungskraft eines Bescheids, variieren die Bewertungen nicht selten. Vor allem Vorgesetzte, die versucht sind, ihren Stil als den besten zu halten und oft andere Schreiben redigieren, sollten bedenken, dass ihre Eingriffe auch „Verschlimmbesserungen“ sein können und die „verbesserten“ Autoren verärgern, wenn sie nicht davon überzeugt werden, dass die Textänderungen wirklich nötig und gut sind. Vor allem sollte nicht einfach autoritär der Text Nachgeordneter ohne Rücksprache verändert werden, sondern es sollte gemeinsam nach besseren Textfassungen gesucht werden.

III. Die Beherrschung der Bescheidtechnik als Anforderung an Verwaltungspraktikerinnen und -praktiker

Von den Mitarbeitern des öffentlichen Dienstes wird erwartet, dass sie die 191
Bürger richtig „bescheiden“. Welche Dimensionen diese Erwartungen haben können, zeigt das folgende Beispiel: 2009 verschickten die Jobcenter, die für die Zahlung von Arbeitslosengeld und Sozialgeld zuständig sind, knapp 25 Millionen Bescheide. Gegen sie legten 830 200 Adressaten Widerspruch ein. 36,3 % waren ganz oder teilweise erfolgreich, weil das extrem belastete Personal den Sachverhalt unzureichend aufgeklärt oder das komplizierte Recht – allein die fachlichen Hinweise zu den 40 Novellen des seit 2005 geänderten Sozialgesetzbuchs II umfassen 500 Seiten – nicht richtig angewendet haben.[82] Weitere 55800 Bescheide wurden im Klageverfahren von den Sozialgerichten aufgehoben oder geändert. Insgesamt hatten damit 48,9 % der sich Wehrenden Erfolg mit ihrem Widerstand gegen die vorausgegangenen Entscheidungen.[83]

---

82 *Ochsner*, Jeder dritte Widerspruch ist erfolgreich, Süddeutsche Zeitung v. 17.2.2010.

83 *Ochsner*, a. a. O.

Außer rechtlichen Mängel sind in der Verwaltungspraxis oft weitere Mängel an Bescheiden zu beanstanden.

Beispiele:

- Eine Baugenehmigung mag zwar „rechtmäßig“, kann aber dennoch „schlecht“ sein, wenn sie zum Teil unverständliche Bedingungen und Auflagen enthält.
- Die Versagung von Sozialhilfe muss nicht nur durch Rechtsvorschriften gedeckt sein; im Bescheid soll auch überzeugend argumentiert werden.

Wer gute Bescheide verfassen will, muss über den juristischen Tellerrand hinwegblicken. Beiträge zur Bescheidtechnik leisten:

192 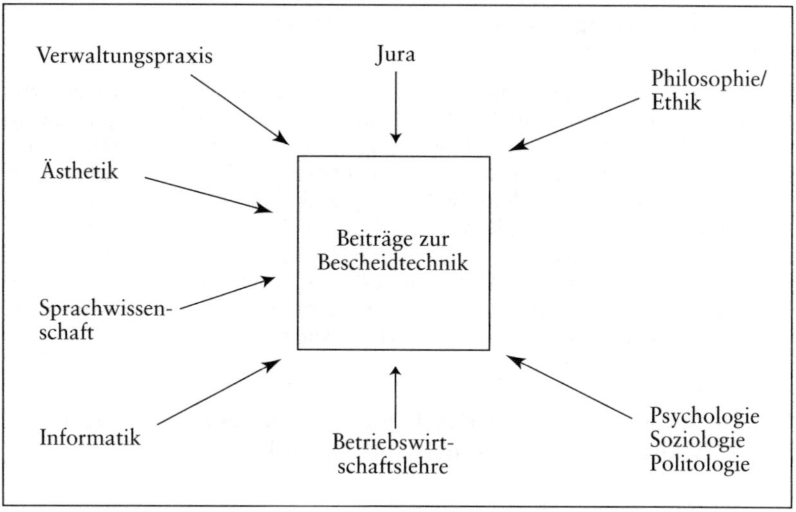

193 Bescheide allein durch die juristische Brille zu sehen, ist zu eng. Bescheide beeinflussen nicht nur die Rechtslage, sondern auch die Beziehungen zwischen Bürgern und Staat, zwischen den einzelnen Adressaten und dem Behördenpersonal. Sie enthalten neben Sachinformationen auch emotionale Appelle, lösen Ärger, Freude, Widerstand oder Akzeptanz aus. Der oft propagierte und als bereits eingetreten behauptete Wandel der öffentlichen Verwaltung von stark obrigkeitlich handelnden und sich harsch verhaltenden Behörden zu mehr dienstleistenden Unternehmen muss auch Konsequenzen für die Produkte wie Bescheide und Briefe haben. Bürgerorientierung muss sich auch in der Sprache, im Ton, mit dem Bürger „angesprochen“ werden, ausdrücken. Das verlangt Sensibilität und sprachliches Ausdrucksvermögen. „Fest in der Sache, beweglich in der Form!“, muss die Devise lauten. Eine Annäherung an die Sprache des Alltags und der Privatwirtschaft gegenüber Kunden ist zu beobachten und zu fordern. Eine unpersönliche und bürokratische Sprache widerspricht der Dienstleistungsidee.

Betrachtet man alle, also auch außerjuristische Aspekte der Bescheide, lässt sich von den Behörden ein **Bescheid-Qualitäts-Management** fordern. Diesem Management geht es im Zusammenhang mit Bescheiden auch, nicht nur um das gewünschte **Endergebnis** – den ***guten*** **Bescheid** – sondern auch um weitere Qualitäten, nämlich außer um **Ergebnisqualität, um Prozessqualität, Strukturqualität, Potenzialqualität, Interaktionsqualität und Wirkungsqualität** (vgl. Rn. 318 mit näheren Erläuterungen und *Schweickhardt/ Vondung*, Rn. 567). 194

IV. Kritische Anmerkungen zur Verwaltungspraxis

1. Kurze Auswahl von Beispielen aus der Verwaltungspraxis

Es fällt nicht sonderlich schwer, Beispiele dafür zu finden, dass die **Behördenbescheide häufig zu beanstanden** sind. 195

Unverständlichkeit: 196

- Beispiel 1: Die Stadt K. schickt einem Bauherrn einen Bescheid, mit dem der Gebäudeversicherungswert „eingeschätzt“ wird. Obwohl das Haus 1975 gebaut wurde, ging die Behörde von Baupreisen vom „1.8.1914“ aus. Da streikt das Verständnis eines Laien, zumal dann, wenn das Fertighaus so 1914 noch gar nicht hätte errichtet werden können. Warum Baupreise von 1914 zugrunde gelegt werden, müsste zumindest erklärt werden. In dem Bescheid wird verfügt, dass der „Gefahrensatz 1,4“ beträgt, auch dies ohne Erläuterung. Schließlich wird der „Umlagegrundwert“ mit „500“ festgesetzt; auch dies bleibt unbegründet. Falls der Bauherr den unverständlichen Bescheid verstehen möchte, muss er sich aufs Rathaus begeben oder auf andere Weise anfragen.
- Beispiel 2: Die Stadt K. schickt einem Bauherrn einen Grundsteuer-Änderungsbescheid ins Haus. Weil der Bescheid keinerlei Gründe für die Änderung angibt, erbittet der Bürger schriftlich um eine Erklärung. Die Originalantwort (einschließlich Zeichensetzungsfehlern) lautet wie folgt: „Durch Datenträgeraustausch zwischen Finanzamt und Gemeinde wurde im Jahre … eine Berichtigungsveranlagung ab dem Jahre … durchgeführt. Zu diesem Zeitpunkt, und auch heute noch nicht, lag kein neuer Messbescheid vor, so dass für eine Berichtigung jede Rechtsgrundlage fehlte. Um diese Fehler zu bereinigen musste der alte, und noch gültige Messbetrag wieder eingegeben werden. Daraus ergab sich der Bescheid vom … den wir wieder zurückgeben.“
- Beispiel 3: Die Baurechtsabteilung einer Stadtverwaltung schreibt einem Laien, der eine Garage bauen möchte, ohne den Inhalt der Vorschrift und die verwendete Abkürzung zu erläutern: „Ein aktueller Lageplan mit allen Angaben gemäß § 4 LBOVV ist vorzulegen.“

Unwirtschaftlichkeit: Das Finanzamt A teilt dem Ehepaar X. (mit der Anrede: Sehr geehrter Steuerzahler!) lapidar mit: „Wir haben am … folgende Umbuchungen vorgenommen: Von Einkommensteuer … 0,70 € auf RK.Kirchensteuer … Diese Mitteilung ergeht, um Ihnen die Abstimmung mit Ihrer Buchführung zu ermöglichen.“ Der Bürger fragt sich, wie hoch wohl neben den Portokosten die Bearbeitungskosten für diesen nicht erbetenen Bescheid (und was wohl die Gründe für die Umbuchung) gewesen sind. 197

2. Bescheide in Verwaltungspraxis oft weder extrem schlecht, noch besonders gut

198 Die Klage, dass Behördenbescheide oft nicht oder schwer verstanden werden, hat eine lange Tradition und dauert bis heute fort. Damit wird u. a. auch die hohe Zahl an Widersprüchen gegen Hartz-IV-Bescheide erklärt.[84] Analysiert man kritisch Praxisbescheide, stellt man meist fest, dass kaum einer allen strengen Anforderungen an gute Bescheide genügt. Andererseits sind die meisten Bescheide auch nicht extrem schlecht.

Im Vordergrund der **Qualitätsbemühungen** steht fast immer die **Rechtmäßigkeit.** Ob ein Bescheid **leicht zu verstehen ist, überzeugend** argumentiert und **wirtschaftlich** erstellt wird, wird eher selten kritisch betrachtet. Schließlich konzentriert sich ja auch die Qualitätskontrolle in der Praxis nahezu ausschließlich auf die Vereinbarkeit der Bescheide mit dem Recht. Aber selbst die rechtlichen Anforderungen sind manchmal nicht erfüllt:

- mancher Tenor ist zu unbestimmt oder unvollständig,
- Rechtsgrundlagen werden in der Begründung nicht genannt oder nur oberflächlich erwähnt,
- Ermessensentscheidungen werden als solche nicht deklariert, sondern als gebundene Entscheidungen dargestellt,
- sorgfältige Interessenabwägungen fehlen.

199 Besonders fallen **sprachliche Mängel** in von Bürokraten verfassten Texten auf.

Beispiele:

- Ein Fundstück aus einer Bundesrats-Drucksache: „Hinsichtlich der Gestaltung der Haltungsumgebung ist zu berücksichtigen, dass das Huhn aus ethologischer Sicht (seiner Verhaltensweise) ein sozial und territorial lebender Scharr- und Flattervogel mit klar strukturierter Rangordnung ist, dessen wichtiges Fortbewegungsmittel die Beine sind." (Ein Journalist übersetzte: „Käfige sind für Hühner ungeeignet, da diese dort weder scharen, flattern noch herumrennen können." – Kehler Zeitung v. 28.11.2003).
- Verunglückte Wortschöpfungen in Verwaltungstexten reizen Leser zu Kritik und Spott. Die Verwaltung macht sich mit „Wortungeheuern" lächerlich. Da wird das „Schneiden von Büschen" zur „Entbuschungsaktion", das Einsäen frischen Rasens gar zur „Berasung". Der heftige Regen ist amtlich ein „Starkregenereignis", der Skilift eine „mechanische Aufstiegshilfe für Skifahrer".

Den Verwaltungspraktikern ist ihre sprachliche „déformation professionnelle" oft nicht bewusst oder gleichgültig. Ja, das Amtsdeutsch wird zum Teil benutzt, um Bürger mit Kompetenzgehabe zu beeindrucken.

Es gibt viele **Erklärungen** dafür, weshalb die Verwaltungspraxis die Forderungen der Bescheidtechnik nicht voll erfüllt.

84 Vgl. z. B. Internetabruf v. 24.9.2009: www.arbeitsrecht.de.

Die folgende Aufzählung nennt nur einige der vielen möglichen **Ursachen für mangelhafte Behördenschreiben:** **200**
- schwierige fachliche Materie
- Unkenntnis über Adressaten
- Keine Bereitschaft, sich auf Adressaten einzustellen
- Bequemlichkeit
- Durch Fachsprache beeindrucken wollen
- mangelnde Sensibilität
- Hetze, Zeitmangel
- geringe Übung/Erfahrung
- Routine
- schlechte Vorbilder/Muster
- Textvorgaben durch Formulare, EDV/Textbausteine
- Anpassung an Chefs/Kollegen
- Einstellung auf Widerspruchsbehörden
- Absicherung gegenüber Gerichten

Zunehmend[85] wird in verwaltungsinternen „**Schreibwerkstätten**" die Qualität von Behördentexten nicht nur unter juristischen, sondern auch unter sprachlichen und anderen Aspekten systematisch analysiert. Besonders Schreiben, die als Formulare oder in sich häufig ähnelnder Form an Bürgerinnen und Bürger gerichtet werden, sollten auf Schwachstellen überprüft und – sofern nötig – in leicht verständliches Deutsch übersetzt werden. Die Bürger sollen nicht auf Anhieb verständliche Vorschriften, einzuhaltende Fristen, mögliche Folgen von Versäumnissen etc. besser und möglichst schon beim ersten Lesen verstehen. Es ist sehr schwer und aufwändig, eingefahrene Sprachgewohnheiten auf breiter Linie zu ändern. **201**

Der Landkreis Harburg hat dafür mehrere Jahre angesetzt, um 450 Mitarbeiterinnen und Mitarbeiter einen Tag zu schulen. Diese Schulung übernehmen 20 hauseigene Multiplikatoren, die ihrerseits in drei Tagen trainiert wurden, wie man Amtsdeutsch vermeidet und sich allgemeinverständlich ausdrückt. Eine Stilfibel, in der die Erfahrungen aus den Schulungen einfließen, gibt Hilfestellung. Und nach und nach werden die am meisten genutzten hundert, die Bürger „belastenden" Bescheide überarbeitet (Gedaschko, Landkreis Harburg: Verständliche Briefe machen die Verwaltung bürgernah, innovative Verwaltung 3/2004, S. 29).

Gemeinsam Texte analysieren und verbessern lässt sich auch im Rahmen von **Projektgruppen**[86] und **Qualitätszirkeln**. Schon die Kolleginnen und Kollegen eines anderen Amtes haben manchmal wie die Laien Probleme, Texte eines bestimmten Fachamtes leicht und richtig zu verstehen und können verständlichere neue Formulierungen finden, die auch noch fach-

85 Z. B. in den Städten Essen und Oberkirch (Ortenaukreis) und in den Kreisen Harburg, Neuss und Herford.

86 Z. B. hat in der Region Hannover eine Projektgruppe einen Leitfaden „bürgerorientierter Schriftverkehr der Region Hannover" entwickelt, in dem an Beispielen (vorher–nachher) demonstriert wird, wie sich Texte verbessern lassen, vgl. Internet www.hannover.de/data; Abruf v. 24.9.2009.

lich vertretbar sind. Mit Hilfe von Checklisten können systematisch und umfassend Texte auf verschiedene Qualitätskriterien „abgeklopft" werden:

Beispiele für Kriterien: Sind die Texte sachlich und rechtlich richtig? Ist die äußere Gliederung gut? Ist die innere, gedankliche Ordnung vorbildlich? Ist die Sprache klar, einfach, eindeutig, kurz, präzise, lebendig? Sind die Texte höflich, freundlich, geschlechtergerecht, persönlich, auf die Empfänger zugeschnitten? Könnte überzeugender geschrieben werden? Ist die Information über die dem Bürger zustehenden Rechte zu optimieren?

Inzwischen wird dem Personal von Bundesbehörden von der IDEMA-Datenbank für bürgerfreundliche Verwaltungssprache angeboten, beim Verfassen von verständlichen und „rechtssicheren" – also rechtlich nicht zu beanstandenen Texten zu beraten und Formulierungstipps zu geben.[87]

V. Die Vorüberlegungen vor Erlass eines Bescheides

1. Unter Umständen ist kein Bescheid die beste Lösung

202 Bescheide sind die **Endprodukte** von Ermittlungen und Überlegungen. Nicht jeder Antrag oder anderer Anstoß, tätig zu werden, endet mit einem Bescheid. **Es kann durchaus geboten sein, keinen Bescheid zu erlassen**, z. B. weil

- der ermittelte Sachverhalt es nicht verlangt,
- die Rechtslage es nicht zulässt,
- eine „einvernehmliche Einigung" z. B. in Form eines Vertrags und von Absprachen die bessere Lösung ist,
- ein Bürger sich im Gespräch überzeugen lässt, dass er seinen Antrag wegen Aussichtslosigkeit zurückzieht.

2. Nicht untätig bleiben

203 Nicht empfehlen möchten wir die gelegentliche Praxis von Behörden, auf Anträge eines Bürgers einfach monatelang untätig zu bleiben und abzuwarten, ob er sich mit einer Untätigkeitsklage wehrt. **Statt Bescheiden** kommen auch **Verträge und formlose Übereinkünfte** – so genannte **Agreements** – in Betracht, wenn dies rechtlich erlaubt ist.

Beispiele:

- § 11 BauGB gestattet z. B. den Gemeinden, städtebauliche Verträge zu schließen.
- § 8 Satz 1 des BNatSchG weist ebenfalls auf die Möglichkeit vertraglicher Regelungen anstelle von einseitigen Entscheidungen hin: „Das Landesrecht stellt sicher, dass bei Maßnahmen zur Durchführung der im Rahmen dieses Gesetzes erlassenen Rechtsvorschriften geprüft wird, ob der Zweck auch durch vertragliche Vereinbarungen erreicht werden kann."

---

87 Vgl. www.bmi.bund.de, Abruf v. 24.09.2009.

Verträge abzuschließen und Vereinbarungen (ohne förmlichen Vertragscharakter) zu treffen, anstatt einseitig hoheitliche Akte zu erlassen, bietet sich vor allem im Umweltschutzrecht und im Baurecht an. Als **Vorzüge** werden genannt:

- flexiblere Lösungen,
- höhere Akzeptanz beim Bürger,
- Vermeidung von Streitigkeiten,
- (evtl.) geringerer Arbeitsaufwand,
- frühzeitiger Geldeingang,
- Erreichung von Zielen, zu denen Betroffene gesetzlich nicht verpflichtet sind.

Manchmal wird Bürgern auch geraten, auf den Erlass eines ablehnenden Bescheids zu verzichten und erfolglose Anträge zurückzuziehen. Diese Empfehlung verlangt Fingerspitzengefühl. Der Rat kann als ein „Sich-drücken-wollen" vor einer Entscheidung (miss-)interpretiert werden. Auch der gut gemeinte Hinweis auf die Kostenpflicht beim Bestehen auf einer förmlichen Entscheidung kann „in den falschen Hals" geraten.

3. Der Weg zum Endergebnis „Bescheid"

Der „Bescheid-Prozess" läuft, nachdem er angestoßen ist, in der Regel in **204**
folgenden drei Stufen ab:

- Ermittlung des Sachverhalts,
- Gutachten zur Rechtslage,
- Entscheidung.

a. Sachverhaltsermittlung

Die erste Stufe, die Sachverhaltsermittlung, ist in der Praxis sehr wichtig. **205**
Nur wenn der Sachverhalt – die Tatsachen – richtig und vollständig festgestellt ist/sind, können die rechtlichen Überlegungen zu einem rechtmäßigen Ergebnis führen. Der „Rohsachverhalt" zu Beginn ergibt sich auf verschiedene Weise: aus Anträgen, Anzeigen, Mitteilungen, Berichten anderer Behörden oder in den Medien, eigenen Wahrnehmungen usw. Manchmal **muss** die Behörde **von Amts** wegen tätig werden. Manchmal liegt es in ihrem **Ermessen**, ob sie das Verfahren beginnt.

Wenn das Verwaltungsverfahren eröffnet ist, muss zunächst geprüft werden, ob der bisher vorliegende **Sachverhalt** unter dem Aspekt möglicher Maßnahmen vollständig und richtig ist. Ist er es nicht, sind amtliche Ermittlungen erforderlich.

Vergleiche das LVwVfG von Baden-Württemberg: § 24 (Untersuchungsgrundsatz), § 26 (Beweismittel), § 27 (Versicherung an Eides Statt).

Sind Tatsachen zweifelhaft, müssen **Beweismittel** gesucht und herangezogen werden. In Betracht kommen: Auskünfte, Anhörungen, Zeugenvernehmungen, Sachverständigenheranziehung, Dokumente, Augenschein. Die Beweismittel müssen frei, logisch und widerspruchsfrei gewürdigt werden. Eventuell stellt sich auch das Problem der Beweislast. Eine schwierige und zeitraubende Aufgabe besteht nicht selten darin, aus einer Fülle von Informationen diejenigen herauszufinden, die wesentlich für die Begutachtung und Entscheidung sind.

Die Bewältigung der ersten Stufe des Bescheidprozesses – die Ermittlung des Sachverhalts bis zur Entscheidungsreife – wird in der theoretischen Ausbildung an den Hochschulen für öffentliche Verwaltung und an Universitäten kaum gelehrt. Sie ist nämlich sehr zeitraubend (zum Teil theoretisch gar nicht praktikabel) und sie kann besser „on the Job" erlernt werden.

b. Gutachten zur Rechtslage

206 Ist der Sachverhalt klar, sollten folgende Fragen beantwortet werden:

- Was wollen die Beteiligten?
- Welche gesetzlichen Möglichkeiten und Vorgaben bestehen?

(1) Was wollen die Beteiligten?

207 Wenn in **Übungsaufgaben** die Fragestellung lautet: „Was wird der Sachbearbeiter veranlassen?" oder „Fertigen Sie die vom Sachbearbeiter zu treffenden schriftlichen Entscheidungen!" oder „Welche Bescheide sind zu erlassen?" usw., so ist die Fragestellung zu unklar, um gleich an eine Lösung herangehen zu können. In der gleichen Situation sind Sie in der **Praxis**, wenn Sie mit einem Sachverhalt konfrontiert werden, für dessen Regelung Ihre Behörde zuständig sein könnte, bei dem aber nicht auf den ersten Blick erkennbar ist, welche Maßnahmen zu ergreifen sind.

Um einen Einstieg in die Fall-Lösung zu finden, bleibt in dieser Situation nichts anderes übrig, als zunächst die **Fragestellung** so zu **konkretisieren**, dass sie einer Antwort zugänglich wird. Nachdem sich hinter solchen allgemeinen Fragestellungen die Frage verbirgt, welche Maßnahmen die Behörde ergreifen muss oder kann, konkretisiert sich die Fragestellung dadurch, dass Sie das **Begehren der Beteiligten** ermitteln. In **einer Prüfungs- oder Übungsaufgabe** ist der Wille der Beteiligten (Antragsteller, Behörde oder Dritter) oftmals bereits im **Sachverhalt** näher erläutert. Fehlen derartige Angaben, müssen Sie die Interessenlage, wie sie sich nach dem Sachverhalt darstellt, würdigen und das entsprechende Begehren formulieren.

208 In diesem Stadium der Überlegungen spielen für die Verwaltung vor allem Zweckmäßigkeitsgesichtspunkte eine Rolle. Der Sachbearbeiter wird sich zunächst Gedanken darüber machen, was zweckmäßigerweise (vernünftigerweise) zu tun ist; erst anschließend wird er prüfen, ob die beabsichtigte Handlungsweise auch rechtens ist.

(2) Welche gesetzlichen Möglichkeiten und Vorgaben bestehen?

Sobald Sie ermittelt haben, wohin der Wille der Beteiligten (vernünftigerweise) geht, müssen Sie überprüfen, welche gesetzlichen Möglichkeiten bestehen, um das ermittelte Begehren zu verwirklichen. 209

Beispiele:

- Herr A beklagt sich beim Bürgermeisteramt über mitternächtliche Gesangsübungen eines Nachbarn. Herr A will also, dass das Bürgermeisteramt einschreitet und den Lärm unterbindet. Nun gilt es zu untersuchen, ob gerade diese Behörde einschreiten kann, ob sie u. U. sogar einschreiten muss und welche Verfahrensbestimmungen dabei zu beachten sind.
- Eine Behörde erfährt, dass ein Gastwirt beträchtliche Steuerschulden besitzt. Der Sachbearbeiter muss sich zunächst klarmachen, was er selbst als im Auftrag der Behörde Handelnder will. U. U. wird der Wille vom Gesetz vorgeschrieben (gebundene Entscheidung); insoweit können sich die erste und zweite Fragestellung überschneiden. Im vorliegenden Fall gibt § 15 GastG den Maßstab des Wollens.

Sie werden bemerkt haben, dass sich hinter der Frage nach den gesetzlichen Möglichkeiten und Vorgaben die ganze Problematik der **rechtlichen Würdigung** eines Sachverhalts verbirgt. Jedem Bescheid müssen **gutachtliche Überlegungen** vorausgehen. Deshalb lässt sich hier auf die Ausführung zur Anfertigung eines Gutachtens und zur Aufarbeitung verwaltungsrechtlicher Fragestellungen verweisen.

Beispiel:

- Sie haben ermittelt, dass der Bürger mit einem im Sachverhalt geschilderten Schreiben Widerspruch einlegen will und zunächst die Ausgangsbehörde über diesen Widerspruch entscheiden will und muss (§ 72 VwGO). Als formelle Vorgabe hat die Behörde nun die Zulässigkeitsvoraussetzungen zu beachten. Als materielle Vorgabe muss sie prüfen, ob der angefochtene Verwaltungsakt rechtmäßig ist und den Widersprechenden in seinen Rechten verletzt (§ 113 Abs. 1 Satz 1 VwGO analog) und ob der Verwaltungsakt zweckmäßig ist, sofern es sich um eine Ermessensentscheidung handelt, und das Ermessen zumindest auch dem Schutz des Widersprechenden zu dienen bestimmt ist (vgl. § 68 VwGO).[88]
- Sie haben ermittelt, dass die Behörde gegen ein baurechtswidriges Wochenendhaus einschreiten will. Als formale Vorgaben müssen Sie u. a. beachten, dass nur die zuständige Behörde handeln darf und zunächst der Betroffene zu hören ist. Als materielle Vorgabe haben Sie den Grundsatz vom Vorbehalt des Gesetzes zu berücksichtigen (Ermächtigungsgrundlage, § 65 Satz 1 LBO).

c. Entscheidung

Ist die Rechtslage geklärt, sind anschließend folgende Fragen zu beantworten: 210

- Wie lautet die **Hauptentscheidung?**
- Sind **Nebenentscheidungen** erforderlich?
- Sind **Geschäftsgangverfügungen** zu treffen?

88 Im Einzelnen dazu: *Büchner/Schlotterbeck*, Rn. 253 ff., 280 ff.

(1) **Wie lautet die Hauptentscheidung?**

211 Im ersten Durchgang des Rechtsgutachtens konzentriert man sich auf die Hauptentscheidung. Der wichtigste Teil des Tenors und die wesentlichen tatsächlichen und rechtlichen Gründe können formuliert werden, wenn das Rechtsgutachten in der Hauptsache abgeschlossen ist. Zur Hauptentscheidung können auch ergänzende zweckmäßige **Nebenbestimmungen** gehören (vgl. § 36 Abs. 2 LVwVfG):

- Auflagen
- Bedingungen
- Befristungen
- Widerrufsvorbehalt
- Auflagenvorbehalt.

Sind – wie bei Baugenehmigungen – die Nebenbestimmungen sehr umfangreich, neigt die Verwaltungspraxis dazu, diese in die **Anlage** aufzunehmen, also räumlich vom Tenor zu trennen. Es sollte dem Adressaten aber nicht zugemutet werden, dass er aus einer Fülle ihn gar nicht betreffenden Hinweisen, die ihn betreffenden Modifikationen „herauspicken" muss. Behörden machen es sich manchmal einfach und hängen Bescheiden eine Unmenge von Nebenbestimmungen an, um sich für viele Eventualitäten abzusichern.

Zweckmäßig erscheint uns, für öfters zu gebende Hinweise – z. B. wie ein Fahrtenbuch im einzelnen zu führen ist – gut gestaltete Merkblätter den Bescheiden beizufügen.

(2) **„Sind Nebenentscheidungen erforderlich?"**

212 Wenn feststeht, welche Maßnahmen Sie zur Lösung des Falles (zur Regelung des Hauptanliegens, des Begehrens, des Antrags) ergreifen werden, müssen Sie sich auch noch Gedanken machen, ob Sie noch zusätzliche **Nebenentscheidungen** zu treffen haben. Diese müssen **„bestimmt"**, also klar und eindeutig sein, und sie dürfen nur rechtlich und tatsächlich Mögliches verlangen. Welche Entscheidungen dies im konkreten Fall sind, hängt von den konkreten Umständen ab; Sie müssen sich in die Rolle des betroffenen Sachbearbeiters versetzen. Bestimmte Nebenentscheidungen, die mit dem Erlass eines Verwaltungsaktes zusammenhängen, kommen jedoch immer wieder vor. Es sind dies:

- Die Anordnung der **sofortigen Vollziehung,**
- die Androhung von **Zwangsmitteln,**
- die Entscheidung über die **Kosten** (der Behörde und/oder von Adressaten).

Im Gutachten sollten vor Erlass eines Bescheids die drei Bereiche jeweils geprüft werden, ferner, ob eine **Rechtsbehelfsbelehrung** gegeben werden kann, sollte oder muss.

(a) Anordnung der sofortigen Vollziehung

Wenn die Durchsetzung des Verwaltungsaktes keinen Aufschub duldet, muss die Anordnung der sofortigen Vollziehung erwogen werden, sofern die aufschiebende Wirkung des Widerspruchs oder der Klage nicht bereits kraft Gesetzes entfällt (vgl. § 80 Abs. 2 Nr. 1–3 VwGO). Es ist zu prüfen, ob die Voraussetzungen nach § 80 Abs. 2, Nr. 4 VwGO erfüllt sind; bei Verwaltungsakten mit Drittwirkung ist noch § 80a Abs. 1 Nr. 1 und Abs. 2 VwGO heranzuziehen. Nach der Rechtsprechung des VGH Bad.-Württ. **muss** die sofortige Vollziehung **angeordnet** werden, wenn die **Androhung eines Zwangsmittels** mit dem **Verwaltungsakt verbunden** wird,[89] es sei denn, die Vollziehung wird von der Bestandskraft abhängig gemacht. 213

Es bestehen unterschiedliche Ansichten darüber, ob Rechtslaien bereits im Tenor erläutert werden sollte, was die Anordnung der sofortigen Vollziehung bedeutet. Wer konsequent für Leichtverständlichkeit ist, wird eine Erläuterung an Ort und Stelle für angebracht halten. Andere halten die „Begründung" für den geeigneten Ort, um die Regelung zu erläutern. Sie nehmen in Kauf, dass eventuell die Bedeutung der Anordnung der sofortigen Vollziehung im Tenor nicht sofort verstanden wird.

(b) Androhung von Zwangsmitteln

Bereits bei Erlass der Hauptentscheidung (Grundverwaltungsakt), müssen Sie als Sachbearbeiter/in erwägen, dass der Betroffene die Anordnung eventuell nicht freiwillig befolgt. Wollen Sie verhindern, dass Sie unnötig Zeit verlieren, werden Sie sich Gedanken darüber machen, welche Maßnahmen schon jetzt ergriffen werden können, um später möglichst schnell eine zwangsweise Durchsetzung erreichen zu können. Nach § 20 Abs. 2 LVwVG (s. auch § 13 Abs. 2 VwVG-Bund) kann die Androhung eines Zwangsmittels mit dem Verwaltungsakt verbunden werden. 214

(c) Entscheidung über die Kosten

Bei der Kostenentscheidung ist zu unterscheiden zwischen den Kosten der **handelnden Behörde** und den Kosten **Dritter.** 215

Entscheidung über die Kosten der handelnden Behörde: Die Kosten, die der Behörde entstanden sind, kann sie nur dann von Dritten fordern, wenn es dafür eine Rechtsgrundlage gibt. Verschiedene Kostengesetze (z. B. Verwaltungskostengesetz des Bundes; Landesgebührengesetz BW vom 14.12.2004 (GBl. S. 895, zuletzt geändert durch Verwaltungsstrukturreform-Weiterentwicklungsgesetz v. 14.10.2008); Kommunalabgabengesetz BW in Verbindung mit den Gebührensatzungen der einzelnen Gemeinden und analog anzuwendenden Vorschriften des LGebG – vgl. § 8 Abs. 3 KAG BW) sehen entsprechende Erstattungsregelungen vor und legen die Höhe der Kosten fest. Meist fällt eine Verfahrensgebühr an. Für eine Leistung, für die weder ein Gebührentatbestand noch Gebührenfreiheit vorgesehen ist, kann nach 216

---

89 *Büchner/Schlotterbeck*, Rn. 557 ff.

§ 4 Abs. 4 des neuen Landesgebührengesetzes eine Gebühr bis zu 10000 € erhoben werden. Die Kostengesetze legen fest, wer die Kosten zu tragen hat (vgl. z. B. § 5 LGebG BW).

217 Die Kostenentscheidung der Behörde konkretisiert die gesetzlichen Vorgaben auf den Einzelfall. Sie lässt sich in eine Kostengrundentscheidung (d. h. Kostenlastentscheidung) und in die Kostenfestsetzung (d. h. Festlegung der Kostenhöhe) unterteilen.

Beispiel: Für die Entscheidung werden 200 € als Gebühr festgesetzt (Kostenfestsetzung). Sie ist von Ihnen zu tragen (Kostenlastentscheidung).

218 Über die Verwaltungskosten entscheidet meist die Behörde, die die öffentliche Leistung erbringt (vgl. § 4 LGebGBW). Es kann in einem gesonderten Bescheid geschehen (Kostenfestsetzungsbescheid) oder zusammen mit der Sachentscheidung.

219 Für die Kosten der Widerspruchsbehörde im Vorverfahren gilt die Besonderheit, dass nach § 73 Abs. 3 VwGO stets im Widerspruchsbescheid dem Grunde nach (Kostenlastentscheidung) zu entscheiden ist. Nur die Kostenfestsetzung darf getrennt erfolgen. Es hat sich jedoch eingebürgert, die Kosten auch der Höhe nach schon im Widerspruchsbescheid festzusetzen. Auch dann bleibt die Kostenfestsetzung aber ein selbstständiger Verwaltungsakt.[90]

220 **Entscheidung über die Kosten Dritter:** Kosten können nicht nur der Behörde entstanden sein, die den Bescheid erlässt, sondern auch anderen juristischen oder natürlichen Personen, die in dem Verfahren mitgewirkt haben.

Beispiel: Im Verfahren zur Erteilung der Baugenehmigung wirken die Baurechtsbehörde, der Antragsteller, aber unter Umständen auch Nachbarn und andere Behörden mit. Der Antragsteller und Nachbarn können sich durch einen Bevollmächtigten vertreten lassen und sie können zu Verhandlungen und Besprechung mit einem Beistand kommen (§ 14 LVwVfG).

Für die damit verbundenen Aufwendungen gilt ebenfalls der Grundsatz, dass sie nur dann erstattet werden, wenn es dafür eine Rechtsgrundlage gibt. Bei Ausgangsbescheiden ist – soweit ersichtlich – keine zu finden. Deshalb bleiben diese Verfahrensbeteiligten auf ihren Kosten sitzen!

221 Im Widerspruchsverfahren existieren solche Erstattungsregelungen für den Widersprechenden und die Ausgangsbehörde. Ihre Aufwendungen sind unter den Voraussetzungen des § 80 LVwVfG bzw. § 63 SGB X zu ersetzen. Deshalb muss über sie im Abhilfebescheid bzw. Widerspruchsbescheid entschieden werden (vgl. § 72 bzw. § 73 Abs. 3 Satz 3 VwGO). Die Höhe der Kosten wird auf Antrag in einem gesonderten Bescheid festgesetzt (vgl. § 80 Abs. 3 LVwVfG bzw. § 63 Abs. 3 SGB X).[91]

---

90 Zu den Einzelheiten vgl. *Büchner/Schlotterbeck*, Rn. 320 ff.
91 Zu den Einzelheiten vgl. *Büchner/Schlotterbeck*, Rn. 299, 322 ff.

(d) Rechtsbehelfsbelehrung

Zwar besteht selten die gesetzliche Pflicht, über Rechtsbehelfe zu belehren (Ausnahme: §§ 73 Abs. 3, 59 VwGO). Wollen Sie als Sachbearbeiter jedoch möglichst bald die Bestandskraft des Verwaltungsakts herbeiführen (§§ 70, 74, 58 Abs. 2 VwGO) und damit der Rechtssicherheit dienen, empfiehlt es sich, eine Belehrung über die Rechtsbehelfsmöglichkeiten dem Verwaltungsakt beizufügen, die den Anforderungen des § 58 Abs. 1 VwGO entspricht.[92] 222

Ein bedenkenswerter Vorschlag ist, statt des „belehrenden" Hinweises „Rechtsbehelfsbelehrung" die schlichte, mehr die Beratung in den Vordergrund rückende Formulierung „Ihre Rechte" als Überschrift zu wählen. Traditionalisten werden eine solche Neuerung als in der Praxis „unüblich" ablehnen.

(3) Sind Geschäftsgangverfügungen zu treffen?

Wenn der Bescheid gefertigt ist, muss er noch „geschäftsgangmäßig" erledigt werden. Das heißt, es muss angeordnet werden, was intern mit dem Bescheid bzw. mit den gesamten Akten zu geschehen hat. Die Geschäftsgangvermerke setzen Sie in der Regel ans Ende der für Ihre Akten bestimmten Durchschrift. 223

Beispiel: Schreiben eines Regierungspräsidiums

1. Herrn Alfons Meier
   ...
2. Ziffer 1 zustellen mit Postzustellungsurkunde
3. Durchschrift von Ziffer 1 an Bürgermeisteramt Tübingen zur Kenntnis
4. Wv.: (Vollstreckung einleiten?)

Besonders wichtig ist es, auf Besonderheiten des Zustellungsrechts zu achten. Zustellung ist die wichtigste Form einer förmlichen Bekanntgabe. Sie weist nicht nur die Bekanntgabe als solche nach sondern auch den Zeitpunkt der Bekanntgabe.[93] Bei Minderjährigen ist evtl. eine Zustellung an die/den gesetzlichen Vertreter zu beachten; bei anwaltlich Vertretenen ist dem Anwalt/der Anwältin zuzustellen, bei Eheleuten beiden. Zum Zugang elektronischer Bescheide vgl. Skrobotz, Zugang elektronischer Nachrichten im Verwaltungsverfahren, Verwaltungsrundschau 2003, 397–403. 224

Kein Geschäftsgangvermerk ist die **Abgabenachricht.** Sie ist geboten, wenn eine andere Stelle für die Entscheidung zuständig ist. Die Durchsichtigkeit des Verfahrens und die Höflichkeit verlangen, die Bürger zu informieren, wenn ihre Angelegenheiten zur Entscheidung an andere Stellen weitergeleitet worden ist. 225

---

92 Vgl. dazu *Büchner/Schlotterbeck*, Rn. 333, 632 ff.
93 Vgl. *Schweickhardt/Vondung*, Rn. 317.

VI. Die Umsetzung der Vorüberlegungen in einen Bescheid im engeren Sinn (Verwaltungsakt)

1. Der Aufbau eines Bescheids im engeren Sinn

226 Es ist nirgends vorgeschrieben, wie Bescheide i. e. S. aufzubauen sind. Das im Folgenden abgedruckte Schema mit Aufbauempfehlungen ist also nicht zwingend. Es hat sich aber mehr oder weniger durchgesetzt.

Einige Aufbauregeln sind durchaus „fragwürdig". Für die Praxis, dem Bürger gleich zu Beginn des Bescheids im Tenor zu sagen, was Kern der Entscheidung ist, spricht das Interesse des Lesers, sofort das Ergebnis der behördlichen Überlegungen zu erfahren. Andererseits ist auch die Meinung vertretbar, dass die Aufgeschlossenheit, Argumenten und Überlegungen zu folgen, größer sein kann, wenn man als Leser noch nicht weiß, „was am Schluss rauskommt." Das spräche dafür, im Bescheid den Bürger erst langsam zur Entscheidung hinzuführen statt, wie üblich, mit der Entscheidung zu beginnen und diese dann zu „rechtfertigen".

Für die Verwaltungspraxis passt im Allgemeinen das folgende Aufbauschema:

227 **Aufbau eines Bescheids (i. e. S.)**

1 Briefvordruck 2 Adresse/n 3 Eventuell: Vermerk über besondere Zustellung 4 Betreff 5 Bezug 6 Anlage/n 7 Anrede 8 Einleitungssatz/-sätze 9 Verfügung kennzeichnende Überschrift	Individuelle Einfügungen: • Name des/der Sachbearbeiters/Sachbearbeiterin mit Zusatz Herr/Frau • evtl. Amt/Abteilung/Zimmer-Nr. • Aktenzeichen • Eventuell: Schreibzeichen • Datum • Durchwahltelefon-Nr./Fax/E-Mail

10	**Entscheidung** (in Fachkreisen wird die Entscheidungsformel **Tenor genannt**) mit
10.1	**Hauptentscheidung** inkl. Nebenbestimmungen (wenn umfangreich, evtl. Verweis auf Anlage)
10.2	**Nebenentscheidungen**
10.2.1	evtl.: **Anordnung der sofortigen Vollziehung**
10.2.2	evtl.: **Zwangsmittelandrohung**
10.2.3	evtl.: Entscheidung über **Gebühren,** in Gebühr nicht enthaltene **Auslagen** (das sind Ausgaben, die die Behörden Dritten bezahlt, um die öffentliche Leistung erbringen zu können, so § 2 Abs. 5 LGebGBW) und erstattungsfähige **Aufwendungen,** die den Beteiligten entstanden sind (für Widerspruchsverfahren vgl. § 80 LVwVfG, § 63 SGB X). Die Kostenentscheidung soll in der Regel mit der Sachentscheidung zusammen ergehen (§ 16 Abs. 1 LGebG BW), sofern nichts anderes vorgeschrieben ist (vgl. §§ 72, 73 Abs. 3 VwGO). Ergeht eine Gebührenentscheidung mündlich, ist sie auf Antrag schriftlich zu bestätigen (§ 16 Abs. 2 Satz 2 LGebG BW).
11	**Begründung**
11.1	**Überschrift**
11.2	**Tatsächliche Gründe** (alle für die Entscheidung erheblichen Tatsachen; evtl. Hinweis auf Beweismittel und bekannte Dokumente und Einzelheiten)
11.3	**Rechtliche Gründe** (zu jedem Teil des Tenors)
11.3.1	Rechtsgrundlagen (zu jedem Teil des Tenors)
11.3.2	Wesentlicher Inhalt der Rechtsgrundlage/n und Auslegung
11.3.3	Subsumtion
11.3.4	Adressat der Regelung (wenn problematisch)
11.3.5	**falls** Ermessen: Ermessensleitende Überlegungen
11.3.6	Wenn erörterungsbedürftig: Einhaltung wichtiger formeller Rechtmäßigkeitsvoraussetzungen (z. B. Zuständigkeit, Anhörung, Beteiligung, Zustimmung …)
12	**Rechtsbehelfsbelehrung**
12.	Art des zulässigen Rechtsbehelfs (Hinweis „schriftlich oder zur Niederschrift bei …“)
12.2	Behörde/Gericht, wo Behelf anzubringen ist (Anbringungsstelle)
12.3	Sitz (Adresse nicht vorgeschrieben, aber hilfreich)
12.4	Einlegungsfrist (Hinweis auf Fristwahrung auch durch Einlegen des Widerspruchs bei Widerspruchsbehörde üblich, aber nicht zwingend)
13	**Eventuell: Ergänzende Hinweise, Rat, Empfehlung, weitere Informationsquellen**
14	**Gruß**
15	**Unterschrift** (Regel: Sachbearbeiter/in; bei Massenbescheiden auch zum Teil ohne Unterschrift)
16	**Geschäftsgangvermerke** Bearbeitungsvermerke oft nur auf Mehrfertigung für Behörde

2. Hinweise zum Aufbau von Bescheiden

228 Das vorstehende Aufbauschema hat sich bewährt. Es hilft, besonders bei komplexen Entscheidungen, durchdacht vorzugehen und nichts zu vergessen. Das Schema sollte je nach Entscheidungssituation flexibel gehandhabt werden.

In der Verwaltungspraxis werden gern unkritisch unpassende Vorlagen, so genannte „Schimmel“, nach dem Motto – „Ein Bescheid ist ein Bescheid, der von einem Bescheid abgeschrieben ist, der von einem Bescheid abgeschrieben ist, der ...“ übernommen.

a. Einleitung

229 Die Einleitung eines Bescheids ist im Allgemeinen unproblematisch. Die auf Vordrucken oder elektronisch gespeicherten Standard-Angaben wie Behörde, bearbeitende Organisationseinheit, Postadresse, Sprechzeiten, Bankverbindungen, Erreichbarkeit mit öffentlichen Verkehrsmitteln, Parkhinweise etc. werden ergänzt um **individuelle Einfügungen:**

- **Bekanntgabe-Adressat/en** (evtl. nicht identisch mit Regelungsadressaten): Bei mehreren Adressaten und Verwaltungsakten mit Drittwirkung ist ein VA jedem einzelnen Adressaten bekannt zu geben, um ihnen gegenüber wirksam zu werden. In Deutschland ist es – noch – üblich, den Doktorgrad – als Namensbestandteil anzugeben; wichtig ist eine korrekte Adressenangabe, nicht nur um die wirksame Bekanntgabe sicherzustellen, sondern auch um sorgfältiges Arbeiten zu signalisieren und Einwände, man sei gar nicht der richtige Adressat zu vermeiden.[94]
- **Aktenzeichen**
- **Datum** (wird heute meist automatisch eingefügt)
- **Durchwahltelefon-Nummer**
- **Telefax**
- **E-Mail**
- **Name des/der Sachbearbeiters/Sachbearbeiterin** (der/die auch unterschreiben sollte/sollten!)
- **Betreff** (das Wort „Betreff“ wird immer seltener benutzt)
- **Bezug** (z. B. auf Briefwechsel, Telefonate, Gespräche, Anträge)
- **Anlage/n** (auch am Ende des Schreibens)
- **Freundliche Anrede** (in Deutschland üblich mit Titeln)
- **Einleitungssatz** (kurz und ohne Paragraphen!)

---

94 Vgl. *Rüssel/Sensburg*, Bescheidtechnik im Verwaltungsverfahren, VR 2004, 37, 39, Fn. 23, 24.

- Kennzeichnung des Bescheids als **Verfügung** (zur Klarstellung, dass etwas verbindlich geregelt, ein VA erlassen wird)
- Evtl. Hinweis auf **Zustellungsart**[95]

b. Höflichkeitsformeln auch bei förmlichen Bescheiden und in E-Mails

Inzwischen hat es sich weitgehend durchgesetzt, auch bei förmlichen 230
Bescheiden die üblichen Höflichkeitsformen zu wahren und auch bei Verwaltungsakten eine freundliche Anrede und Grußformel am Schluss zu gebrauchen. Höflichkeit und Festigkeit in der Sache sind kein Widerspruch. Im Gegenteil: Gerade auch bei „harten" Entscheidungen sollte wenigstens die Form verbindlich sein! Wer sich kunden- und bürgerorientiert verhalten möchte, wahrt auch die (zeitgebundenen) üblichen Höflichkeitsformen.

Auch für E-Mails – die grundsätzlich knapp zu halten sind – wird mindestens, wenn sie „nach draußen" gehen, empfohlen, Anrede, einen einleitenden Satz und eine Grußformel zu benutzen. Hilfreich und höflich ist es ferner, eine komplette Absenderadresse anzugeben und im Betreff über das angesprochene Thema zu informieren. Ärgerlich – also unhöflich – sind Anlagen, die sich nicht mit Standardprogrammen öffnen lassen oder die so umfangreich sind, dass sie Datenleitungen verstopfen. Angesichts der ausufernden E-Mail-Flut sollte man sich auch überlegen, ob die E-Mail wirklich nötig ist und nicht ein Anruf besser wäre.

c. Bedauern

Bedauern auszudrücken erscheint bei belastenden Bescheiden generell zu 231
Beginn – wie sie früher manchmal empfohlen wurden – problematisch, wenn dieses Bedauern unglaubwürdig wirkt. Wer nach Recht und Gesetz entscheidet und seine Entscheidung überzeugend, bürgernah und freundlich begründet, braucht in der Sache nichts zu bedauern. Es kann aber andererseits doch Situationen geben, in denen die Verfasser/innen lieber anders entscheiden würden. Hier kann der Ausdruck des Bedauerns im Einzelfall passen.

d. Tenor

Wir empfehlen, **alle regelnden Teile im Tenor** an einer Stelle im Bescheid 232
zusammenzufassen.

Rechtliche Grundlagen und Begründungen, Fundstellen und Sachverhalte **gehören nicht in den Tenor.** Sie machen die Entscheidungsformeln (d. h. den Tenor) schwer(er) lesbar und schwer verständlich. Für den/die Leser haben sie an dieser Stelle kaum oder keinen Informationswert und überzeu-

95 Näheres in den Verwaltungszustellungsgesetzen des Bundes und der Länder, ferner *Schweickhardt/Vondung*, Rn. 317 ff.; gute grafische Übersicht über die Bekanntgabeoptionen *Rüssel/Sensburg*, Bescheidtechnik im Verwaltungsverfahren, VR 2004, 37, 40.

gen an dieser Stelle meist auch nicht! Zur Einschüchterung sollten sie nicht missbraucht werden!

e. Nebenentscheidungen

233 **Die Reihenfolge der Nebenentscheidungen** (sofortige Vollziehung, Zwangsmittel, Kosten) folgt der Logik, dass die Anordnung der Sofortvollziehung sich nur auf die Hauptentscheidung beziehen kann, also an erster Stelle bei den Nebenentscheidungen stehen muss. Die **Kostenentscheidung** wiederum **steht an letzter Stelle.** Sie ergibt sich aus den vorausgegangenen Entscheidungen und kann sich evtl. auf verschiedene Rechtsgrundlagen für Teilentscheidungen stützen. Im Einzelfall kann es sich auch einmal als sinnvoll erweisen, die Kostenfestsetzungsentscheidung gesondert von der Hauptentscheidung zu treffen. Es ist gerechtfertigt, wenn die Höhe der Kosten beim Erlass des Hauptentscheids noch nicht bekannt ist (Beispiel: Aufwendungen des Widersprechenden bei Erlass des Abhilfe- oder Widerspruchsbescheids) oder wenn gegen die Kostenfestsetzung andere Rechtsbehelfe einzulegen sind als gegen die Hauptentscheidung.

Beispiel: Gegen den Widerspruchsbescheid ist ohne weiteres Vorverfahren Anfechtungsklage zu erheben (§ 68 Abs. 1 Nr. 2 VwGO in seiner weiten Auslegung).[96] Werden gleichzeitig die Kosten der Widerspruchsbehörde oder Aufwendungen des Widersprechenden festgesetzt, ergeht dadurch ein neuer VA, gegen den zunächst Widerspruch zu erheben ist, ehe Klage erhoben werden kann (Anfechtungsklage, § 68 Abs. 1 Satz 1 VwGO, bzw. Verpflichtungsklage, § 68 Abs. 2 VwGO, falls der Erstattungsbetrag zu niedrig festgesetzt wird). In der behördlichen Praxis wird der Unterschied freilich meistens nicht berücksichtigt.

234 Die **Kostengrundentscheidung** muss beim Abhilfebescheid und Widerspruchsbescheid stets mit ihm zusammen getroffen werden (§ 73 Abs. 3 Satz 2 und § 72 VwGO).

f. Umfangreiche Entscheidungsformel

235 Bei umfangreichen Entscheidungsformeln bietet sich eine **Gliederung mit Ziffern** an.

g. Bestimmtheit des Tenors

236 Der Tenor muss **vollständig, präzise, konkret** und **klar verständlich** sein. Der **Grundsatz der Bestimmtheit** (vgl. § 37 Abs. 1 LVwVfG: Ein Verwaltungsakt muss hinreichend bestimmt sein) verlangt, dass dem/den Adressaten im Bescheid – und hier möglichst im Tenor – klar gesagt wird, was von wem zu tun, was zu lassen ist, was wem genehmigt oder verweigert oder was festgestellt wird. Unklarheiten gehen zu Lasten der Behörden. Die Auslegungsregel des § 133 BGB (Bei der Auslegung einer Willenserklärung ist der wirkliche Wille zu erforschen und nicht an dem buchstäblichen Sinne des Ausdrucks zu haften) gilt auch für das öffentliche Recht! Die auch gebo-

96 Vgl. *Büchner/Schlotterbeck*, Rn. 219.

tene Höflichkeit darf **nicht** dazu führen, dass **Anordnungen in Form von Bitten** gekleidet werden. Es muss eben manches angeordnet und befohlen und der Bürger belastet werden. „Verbindlichkeit in der Form darf nicht zur Unverbindlichkeit im Inhalt führen."

Beispiele: Eine Abbruchordnung muss also klar sagen: „Sie müssen das Gebäude X bis ... abbrechen." Die Bitte, das Gebäude bis ... abzubrechen, wäre nicht ausreichend bestimmt. Zu unbestimmt wäre auch die Auflage, eine Heizungsanlage so zu betreiben, dass vermeidbare Umwelteinwirkungen nicht auftreten.

Der herbeizuführende Erfolg muss bei vollstreckbaren Bescheiden so eindeutig beschrieben sein, dass Vollstreckungspersonen vollstrecken können, ohne dass es noch einer zusätzlichen Konkretisierung bedarf. Ziel und Mittel zur Zielerreichung müssen hinreichend bestimmt sein.

Bei belastenden Entscheidungen ist es im Allgemeinen nach h. M. ausreichend, wenn Zweck und Ziel ausreichend bestimmt sind. Die Angabe eines bestimmten **Mittels** ist dagegen nicht erforderlich, eventuell sogar – weil es gegen den Grundsatz der Verhältnismäßigkeit verstieße – unzulässig. Es können also mehrere Mittel zur Wahl angeboten werden.[97] **237**

Termine müssen exakt benannt werden, **Fristen** klar berechenbar sein. Fehlt es an der nötigen Bestimmtheit ist der Bescheid rechtswidrig (vgl. § 37 Abs. 1, eventuell sogar nichtig, vgl. § 44 Abs. 1 LVwVfG: besonders schwer wiegender und offenkundiger Fehler). **238**

h. Verständlichkeit des Tenors aus sich heraus

In der Verwaltungspraxis wird bisher wenig darauf geachtet, dass der Tenor leichtverständlich für die Adressaten ist. **239**

Man kann geteilter Meinung sein, ob dem Laien nicht geläufige Fachbegriffe, die im Tenor verwendet werden, sofort an Ort und Stelle erläutert werden sollen. Dafür spricht, dass sie der Leichtverständlichkeit dienen. Andererseits blähen sie aber die Entscheidungsformeln auf. Es ist daher auch vertretbar (und vielfach Praxis, wenn überhaupt auf Verständlichkeit geachtet wird), erst später in der Begründung die im Tenor gebrauchten Begriffe – z. B. „sofortige Vollziehung" – näher zu erklären.

i. Sorgfältiges Formulieren der Gründe

Neben dem Tenor bilden die Gründe einen **Kernbestandteil** eines Bescheids. **240**
Der Gesetzgeber hat nur für belastende Bescheide eine **Begründungspflicht** vorgesehen (vgl. § 39 Abs. 2 LVwVfG). Wir meinen, dass auch begünstigende Bescheide – kurz – begründet werden sollten, um nicht den Eindruck der Willkür zu erwecken! Es ist üblich, **zu Beginn** kurz die der Entscheidung zugrunde liegenden Tatsachen – den **Sachverhalt** – zu schildern. Ist er allen

---

97 Zur Problematik der Mittelauswahl und der Klarheit und Bestimmtheit mit zahlreichen Hinweisen zur Rechtsprechung siehe *Schweickhardt/Vondung*, Rn. 188 f., 289, 361 ff., 580, 863.

Beteiligten bekannt und unumstritten, kann er knapp gehalten, oder ausnahmsweise, auch einmal weggelassen, bzw. in die Subsumtion eingebunden werden. In der Regel ist es aber schon deswegen vernünftig, ihn kurz anzuführen, auch wenn Einigkeit über ihn besteht, weil dies zum Verständnis der folgenden rechtlichen Ausführungen nötig ist. Auch dem Bürger wird nochmals klar gemacht, „was Sache" ist, bevor er erfährt, „was rechtens" ist. Außerdem ist der Ausgangssachverhalt auch eventuell für Vorgesetzte, Widerspruchsbehörden und Gerichte eine notwendige oder hilfreiche schnelle Information, die ein intensives Aktenstudium überflüssig macht.

Der Sachverhalt muss richtig sein! Fehler im Tatsächlichen kann auch der Rechtslaie feststellen. Unrichtigkeiten – z. B. falsche Namenswiedergaben – verleiten zur Vermutung, dass sich vielleicht auch in der rechtlichen Begründung Fehler eingeschlichen haben können.

Ist der Sachverhalt **umstritten,** sind die verschiedenen Positionen darzustellen. Die Behörde hat dann zu begründen, weshalb sie von einem anderen Sachverhalt (als den/die Adressaten des Bescheids annehmen) ausgeht, **Beweise** zu nennen und zu würdigen.

Rechtsirriges, abwegiges und nicht entscheidungsrelevantes **Vorbringen von Bürgern** sollte im Sachverhalt **nicht einfach unterschlagen** werden, weil die Bürger sonst annehmen, ihr Anliegen sei oberflächlich und schematisch entschieden worden.[98]

241 **Die rechtliche** Begründung der Entscheidung soll enthalten:

- **Rechtsgrundlagen,**
- **wesentlicher Inhalt** (der herangezogenen Vorschriften in laienverständlicher Form),
- **Subsumtion** (Zutreffen des konkreten Sachverhalts auf die Vorschriften),[99]
- **Ermessensüberlegungen** (wenn Ermessen eingeräumt ist).

Ist die Sinnhaftigkeit einer Rechtsgrundlage voraussichtlich nicht ohne Weiteres erkennbar, sollte nicht nur die Bestimmung und deren Inhalt genannt, sondern den Betroffenen auch erklärt werden, was mit der Vorschrift bezweckt wird.

242 **Die rechtliche Begründung muss sich auf alle Teile der Entscheidung erstrecken.** Es ist also bedenklich, bei den **Nebenentscheidungen** nur die Rechtsgrundlagen zu nennen. Wenn die Verwaltungen Ermessen haben – und Rah-

98 So auch *Wettling*, Rechtliche Gestaltung in der öffentlichen Verwaltung, S. 48.

99 Das Personal, das in den Jobcentern über Sozialhilfe unter großem zeitlichen Stress mit manchmal alles andere als freundlich gesonnenen Antragstellern entscheidet, muss über 20 unbestimmte Rechtsbegriffe wie „angemessen", „besondere Härte" oder „Eignung" interpretieren und auf die ermittelten Sachverhalte anwenden, vgl. *Ochsner*, Süddeutsche Zeitung v. 17.2.2010.

mengebühren bedeuten Ermessen –, sollten sie nach § 39 Abs. 1 Satz 3 LVwVfG begründen, welche Gesichtspunkte für Ihre Entscheidung maßgeblich waren.[100] Laut *Schweickhardt* kann man es ohne Begründung – bei der Erhebung „mittlerer Gebühren" – „durchgehen" lassen, dass auch bei Ermessensentscheidungen nur die Rechtsgrundlage genannt wird. Die Praxis vieler Behörden z. B. bei den Kostenentscheidungen, nur die Rechtsgrundlage anzugeben und Ermessensentscheidungen in Form von Rahmengebühren nicht nach außen zu deklarieren und zu begründen, ist fehlerhaft.

Das seit 2.1.2005 in Kraft getretene baden-württembergische Landesgebührengesetz (GBl. S. 895) sieht in § 4 Abs. 4 Rahmengebühren bis zu 10000 Euro vor. Es geht also um beträchtliche Summen. Die Kriterien für die Ausübung des Ermessens bei Rahmen-Gebühren in § 7 des neu gefassten Landesgebührengesetzes sind so vage und die verwendeten unbestimmten Rechtsbegriffe so auslegungsbedürftig, dass es tatsächlich sehr schwer ist, eine überzeugende Begründung für eine bestimmte Höhe einer Gebühr zu formulieren. Zu berücksichtigen sind nach § 7 LGebG BW folgende Aspekte:

- Die Verwaltungskosten aller an der Leistung Beteiligten sollen gedeckt werden (§ 7 Abs. 1 LGebG).
- Die wirtschaftliche und sonstige Bedeutung der öffentlichen Leistung für den Gebührenschuldner zum Zeitpunkt der Beendigung ist zu berücksichtigen (§ 7 Abs. 2 LGebG BW).
- Es darf kein Missverhältnis zwischen Gebühr und öffentlicher Leistung bestehen (§ 7 Abs. 3 LGebG BW).

Solange keine Kosten-Leistungs-Rechnungen erstellt werden, ist eine Berechnung der Kosten für Dienstleistungen nicht solide möglich. Und wie soll die Person, die über die Höhe einer Rahmengebühr entscheiden muss, die „wirtschaftliche" und „sonstige Bedeutung" einer Dienstleistung nachvollziehbar einschätzen können? Wann liegt ein Missverhältnis zwischen Gebühr und öffentlicher Leistung vor? Wann ist eine Gebühr (nach § 11 Abs. 1 LGebG BW) aus Gründen der Billigkeit oder aus öffentlichem Interesse geboten zu ermäßigen oder zu befreien und wann ist es im Einzelfall unbillig, eine Gebühr festzusetzen (vgl. § 11 Abs. 2 LGebG BW). Ein weites Feld für Streitigkeiten ist geöffnet! Es kann spannend werden, inwieweit Adressaten Gebühren und deren Kalkulation künftig angreifen werden.

Eine bürgerfreundliche Verwaltung begründet zumindest dort, wo es um **erhebliche Kosten** für den Bürger geht, auch die Kostenentscheidung sorgfältig. Sie gibt nicht nur die den Bürgern meist nur schwer zugängliche Rechtsgrundlage an, sondern nennt die wesentlichen Inhalte dieser Regelungen und lässt auch erkennen, wie die Kosten berechnet worden sind und führt aus, was bei Ermessen für eine bestimmte Höhe spricht.

---

100 So auch *Schweickhardt/Vondung*, Rn. 598, 786, 849.

243 **Für alle** Begründungen gilt:

- Gerade in der Sorgfalt der rechtlichen Begründung zeigt sich die Rechtsstaatlichkeit und Bürgerorientierung einer Verwaltung. Das Gebot nachvollziehbarer Begründungen zwingt zur **Selbstkontrolle** der Entscheidenden vor Bekanntgabe, ermöglicht eine anschließende **Nachprüfung** durch die von den Entscheidungen Betroffenen und durch externe und interne Kontrollinstanzen und Medien, dient der **Sauberkeit** des Verwaltungshandelns, dem **Rechtsfrieden**, dem **Rechtsschutz** und dem **Ansehen** von Behörden und öffentlichem Dienst. Leider wird in der Verwaltungspraxis aus verschiedenen Gründen (Zeitmangel, Vertrauensvorschuss der Bürger, dass die Entscheidungen schon richtig sein werden, mangelnde Fachkompetenz und soziale Kompetenz der Entscheidenden etc.) gerade bei den Begründungen „gesündigt".
- Die Versuchung ist deswegen oft groß, das Vorhandensein von **Ermessen** dem Rechtslaien gegenüber zu verschleiern und Entscheidungen so zu formulieren, als ob es gar keine Alternative gäbe. Ermessensentscheidungen sind oft schwierig zu begründen. Statt individuell und flexibel auf den Einzelfall einzugehen – was Sinn des Einräumens von Ermessen ist – tendieren die Verwaltungen zur „Routinebearbeitung, Generalisierung, Rationalisierung und zur Gleichbehandlung möglichst vieler Fälle".[101] Durch interne Richtlinien, Vorschriften, Entscheidungsstandards, Absprachen werden die Entscheidungsspielräume eingeschränkt, Ermessen wird nur noch pro forma ausgeübt. Einzelfallprüfungen und -Überlegungen finden kaum statt. Dazu fehlen die Information und die Zeit. Ermessen auszuüben verkommt zur Pflichtübung, Alternativen werden nicht ernsthaft gesucht und geprüft. Entsprechend floskelhaft und wenig überzeugend geraten in der Praxis viele Ermessensbegründungen.[102]
- Bei der Begründung ist mehr gefragt als nur fachliche, insbesondere rechtliche Kompetenz. Außer rechtlich richtiger Argumentation sind **leicht verständliche** und **überzeugende** Begründungen gefragt. Es ist auf Argumente und Einwände der Bürger einzugehen. Interessen müssen sorgfältig abgewogen werden. Leicht werden durch mangelhafte Begründungen Chancen vergeben, dass Bürger die Richtigkeit von Entscheidungen einsehen und akzeptieren. Je folgenreicher sich Bescheide auswirken, um so sorgfältigere Begründungen erfordern sie!
- Ethische Grundhaltungen wirken sich – oft vom Bürger unbemerkt – gerade auch bei der Begründung von Bescheiden aus. Fairness gebietet z. B., Ermessen klar zu erkennen zu geben, abweichende Rechtsprechung und Literatur zu erwähnen. Orientierung an Eigeninteressen der Mitarbeiterinnen und Mitarbeiter wie Bequemlichkeit wirkt sich dagegen so aus: Dem Bürger wird vorenthalten, dass es sich um keine gebundene, sondern eine Ermessensentscheidung handelt, dass es auch abwei-

101 So *Büter/Schimke,* Anleitungen zur Bescheidtechnik, S. 78.
102 So auch *Büter/Schimke,* S. 79.

chende Rechtsprechung und Literaturmeinungen gibt, dass Zweifel an der Richtigkeit einer Entscheidung durchaus berechtigt sind. Nicht selten geht die Rechnung auch auf, dass die Rechtslaien bei einseitigen und unvollständigen Begründungen nicht nachhaken und die Fragwürdigkeit von forsch begründeten, aber tatsächlich fragwürdigen Entscheidungen nicht erkennen. Recht nutzt dann vor allem den gut Informierten, den wachen kritischen Bürgern, die auf nachvollziehbaren Begründungen bestehen und sich notfalls Rechtsrat einholen.

j. Anordnung der sofortigen Vollziehung

Folgendes ist zu beachten: 244

- Sie ist nur anzuordnen, **wenn** tatsächlich **Eile geboten** ist.
- Sie ist nur anzuordnen, **wenn ein Widerspruch aufschiebende Wirkung hat** (vgl. § 80 Abs. 1 VwGO).
- Es **muss** eine **Abwägung der Interessen erfolgen. Nur wenn ein überwiegendes Vollzugsinteresse** (öffentliches oder privates Interesse an sofortiger Erfüllung) gegenüber dem Aufschiebungsinteresse (Verhinderung irreparabler vollendeter Tatsachen) besteht, darf die sofortige Vollziehung angeordnet werden.[103]
- **Das besondere Interesse** an der Anordnung ist gem. § 80 Abs. 3 VwGO **sorgfältig und nicht nur mit Floskeln zu begründen.**[104]
- Sind die Adressaten der Anordnung Rechtslaien, sollte im Tenor oder in den Gründen **erläutert** werden, **was die Anordnung bedeutet,** nämlich dass die Vollstreckungsbehörde durch sie ermächtigt wird, bereits vor Unanfechtbarkeit des Verwaltungsaktes Vollstreckungsmaßnahmen durchzuführen, der Bürger also den VA auch dann zu befolgen hat, wenn er Widerspruch einlegt.
- Enthält ein Tenor mehrere Verwaltungsakte, ist **klarzustellen, auf welchen sich die Anordnung bezieht.**
- Die sofortige Vollziehung eines Verwaltungsaktes kann auch noch nachträglich, ja selbst im Vorverfahren und im Klageverfahren angeordnet werden. Eine nachträgliche Anordnung muss – außer bei Notstandsmaßnahmen – ebenfalls schriftlich begründet werden.

k. Androhung von Zwangsmitteln

- Sie sind **nur anzudrohen, wenn der Vollzug des Bescheids eilt.** 245
- Sie dürfen **nur angedroht werden, wenn es rechtlich zulässig ist,** d. h. wenn die allgemeinen und besonderen Vollstreckungsvoraussetzungen für eine Androhung erfüllt sind.
- Sie sollten nur angedroht werden, wenn es **konkrete Anhaltspunkte** dafür gibt, dass die **Regelungsadressaten sich nicht freiwillig fügen**

103 Vgl. im Einzelnen *Büchner/Schlotterbeck*, Rn. 561 ff.
104 Vgl. *Büchner/Schlotterbeck*, Rn. 562.

werden (z. B. in Verwaltungsverfahren erklären, dass sie unter keinen Umständen bereit seien, einer Anordnung zu folgen).

- Der zu vollstreckende Verwaltungsakt muss **unanfechtbar oder seine sofortige Vollziehung muss gesetzlich oder behördlich angeordnet** sein (§ 2 LVwVG). Andernfalls muss die Androhung der Vollziehung von der Bestandskraft abhängig gemacht und entsprechend angedroht werden.
- Es ist das **mildeste geeignete Mittel anzudrohen.**
- Es ist **ein bestimmtes Mittel** anzudrohen.
- Die Androhung und die Auswahl des Mittels sind in der Regel **zu begründen.**
- **Bei der Androhung** der **Ersatzvornahme** ist die **voraussichtliche Höhe der Kosten mitzuteilen,** evtl. getrennt nach einzelnen Handlungen. Bei **Zwangsgeld** ist die Höhe ebenfalls vorher konkret anzukündigen. Sie muss verhältnismäßig sein.

I. Kostenentscheidung

246 Es gilt:

- **Jeder trägt seine Kosten,** wenn es keine Kostenerstattungsregelung gibt.
- Über die Kosten kann bei Ausgangsbescheiden in einem **eigenen Bescheid** entschieden werden. Aus ökonomischen und psychologischen Gründen empfehlen wir jedoch, in der Regel den Kostenbescheid im Hauptentscheid mitzutreffen, notfalls zwei Bescheide zu erlassen, aber zusammen, jedoch mit unterschiedlichen Rechtsbehelfsbelehrungen zu versehen und zu verschicken.
- **Die Rechtsgrundlagen** für die Kostenentscheidungen sind Spezialvorschriften (Landesgebührengesetzen, Kommunalabgabengesetzen, Rechtsverordnungen, Satzungen) zu entnehmen, vgl. § 4 LGebG.
- Es gibt eine Reihe von Regelungen über die sachliche und persönliche **Gebührenfreiheit** (z. B. §§ 64 SGB X, 11 LGebG BW). Auch Abhilfebescheide ergehen kostenfrei.
- **Die Kostenhöhe** ergibt sich entweder aus festen Sätzen oder aus Gebührenrahmen (vgl. § 12 Abs. 1 LGebG BW).
- **Die Auslagen** werden **von Amts wegen festgesetzt:** § 16 Abs. 1 LGebG BW.
- Bei **Abhilfe- und Widerspruchsbescheiden** muss über die Kosten entschieden werden (§§ 72, 73 VwGO). Damit gemeint ist die **Kostengrund-(last)entscheidung.**[105]
- **Bei erfolgreichen Widerspruchsbescheiden** ergeht die Entscheidung verwaltungskostenfrei.

---

105 Vgl. *Büchner/Schlotterbeck, Rn.* 294 ff., 319 ff.

- Wird ein **Widerspruch zurückgewiesen,** hat der/die Widersprechende die **Kosten der Widerspruchsbehörde** (vgl. § 4 LGebG) **und** die zur **zweckentsprechenden Rechtsverfolgung notwendigen Aufwendungen der Ausgangsbehörde** zu tragen (§ 80 Abs. 1 Satz 2 LVwVfG).
- **Bei erfolgreichem Widerspruch** erhält der/die Widersprechende die zur zweckentsprechenden Rechtsverfolgung notwendigen Aufwendungen von der Ausgangsbehörde. Dazu gehören auch die Aufwendungen, die sich aus der Heranziehung eines Bevollmächtigten (Rechtsanwalt oder sonstiger Bevollmächtigter) ergeben (vgl. § 80 Abs. 2 LVwVfG), wenn sie für notwendig erklärt wird (vgl. § 80 Abs. 3 Satz 2 LVwVfG).
- In den Fällen, in denen eine Kostenentscheidung ausdrücklich vorgeschrieben ist, sollte, wenn keine Kosten angefallen sind, im Tenor zur Klarstellung festgestellt werden, dass für die Entscheidung keine Gebühr erhoben wird.
- **Die Kostenlastentscheidung** im Widerspruchsverfahren ergeht von Amts wegen (vgl. § 73 Abs. 3 Satz 2 und § 72 VwGO). Die **Kostenfestsetzung ergeht nur auf Antrag** (vgl. § 80 Abs. 3 LVwVfG). Sie legt die Verwaltungskosten und ggf. zu erstattenden Aufwendungen i. S. v. § 80 LVwVfG der Höhe nach fest.
- Die Kostenlastentscheidung ist **Teil des Widerspruchsbescheids.** Die Kostenfestsetzung ist ein selbstständig anfechtbarer Verwaltungsakt. Bei der Rechtsbehelfsbelehrung muss dies bei Widerspruchsverfahren bedacht werden.[106]
- **Bei teilweise erfolgreichem Widerspruch** sind die Kosten entweder gegeneinander aufzuheben (d. h. jede Partei trägt ihre Kosten selbst) oder verhältnismäßig zu teilen, je nach dem Umfang des Obsiegens oder Unterliegens.[107]
- Je bedeutender und strittiger die Kostenentscheidung für den/die Adressaten ist, umso **sorgfältiger** und **umfangreicher** ist sie **zu begründen,** evtl. mit umfangreichen Berechnungen.

m. Beratende Hinweise

Beratende Hinweise sollten im Allgemeinen vom Tenor getrennt werden. 247

Beispiel: Eine Fahrtenbuchauflage wird erteilt. Der Hinweis, dass bei Verletzung der Pflicht ein Bußgeld droht, gehört in die Gründe, nicht in den Tenor. Dagegen erscheint die Erläuterung, wie das Fahrtenbuch zu führen ist, als Konkretisierung der Pflicht *auch* im Tenor richtig platziert. Es kann aber auch erst in den Gründen oder in einem Merkblatt als Anlage, auf das verwiesen wird, näher beschrieben werden, was von wem, wann und wie zu tun ist.

Hinweise sollen klar als solche zu erkennen sein und so formuliert werden, dass ersichtlich wird, dass sie nichts regeln wollen.

---

106 Vgl. *Volkert*, Die Verwaltungsentscheidung, S. 111 f.; *Büchner/Schlotterbeck*, Rn. 334.

107 Vgl. *Büchner/Schlotterbeck*, Rn. 326, 332.

Beispiel: Der Hinweis, dass man ein Gebäude als Denkmal betrachte, ist zu unterscheiden vom feststellenden Verwaltungsakt, mit dem ein Gebäude rechtsverbindlich zum Denkmal erklärt wird.

Die beratenden Hinweise können Bürger eventuell zulässige Alternativen zu einem verwehrten Begehren aufzeigen, sie eventuell vor Schaden bewahren (Warnungen) und den Behörden Rückfragen oder andere Mühen ersparen. Sie sind als Zeichen des Hineindenkens in die Situation und Interessenlage der Bürger nicht zu unterschätzende Demonstrationen der Dienstleistungsorientierung von Behörden. Sind sie umfangreicher und häufiger nötig, lassen sie sich auch in Merkblättern als Anlage unterbringen.

n. Ihre Rechte – Rechtsbehelfsbelehrung

248 Die Rechtsbehelfsbelehrung ist nur für bestimmte Fälle – z. B. nach §§ 59, 73 Abs. 3 VwGO, 66 SGG, 36 SGB X – vorgeschrieben. Über die Mindesterfordernisse (nach § 58 Abs. 1 VwGO) darf hinausgegangen werden. Natürlich muss auch eine weiter gehende Belehrung fehlerfrei sein.

Beispiel:

- Es reicht, die Gemeinde zu nennen, in der die anzurufende Behörde oder das Gericht liegen, doch ist es für den Bürger hilfreich, ihm auch die Anschrift mitzuteilen. Ebenfalls nicht erforderlich, aber freundlich ist der Hinweis, dass der Rechtsbehelf schriftlich oder zur Niederschrift bei … eingelegt werden kann.
- Da selbst manche Rechtsanwälte darüber nicht Bescheid wissen, erscheint auch die Information geboten, wie man sich gegen die Anordnung der sofortigen Vollziehung wehren kann.

Die einzige Rechtsfolge eines unterbliebenen oder unrichtigen Rechtsbehelfs ist, dass die normale kürzere Rechtsbehelfsfrist nicht zu laufen beginnt – gleichgültig, ob eine Belehrung vorgeschrieben ist oder nicht (vgl. § 58 Abs. 2 VwGO).[108]

Um sich weniger von oben herab belehrend auszudrücken, wird neuerdings empfohlen, **statt Rechtsbehelfsbelehrung** als Überschrift die einfachere Formulierung **„Ihre Rechte“**: zu gebrauchen. Ein Hoffnungsschimmer, dass sich diese freundlichere Aufklärung der Bürger über ihre Rechte gegen die traditionelle „Rechtsbehelfs**belehrung**“ durchsetzen wird: Für die Bundesverwaltung empfiehlt das Bundesverwaltungsamt inzwischen diese Formulierung.[109]

o. Grußformel, Unterschrift, Amtsbezeichnung

249 In der Regel werden heute auch Bescheide mit einer **Grußformel** abgeschlossen (vgl. auch die Dienstordnungen der Behörde). Diese Formeln ent-

---

108 Näheres zur Rechtsbehelfsbelehrung vgl. *Büchner/Schlotterbeck*, Rn. 333, 632 ff.

109 Vgl. aktuelle und empfängerorientierte Bescheide, INFO 1722 (3.12.2002), http://www.bva.bund.de/aufgaben/win/beitraege/00188/index.html.

sprechen gesellschaftlichen Konventionen und Formen der Höflichkeit im Umgang miteinander. Lassen wir sie weg, erregen wir Aufmerksamkeit. Grüßen wir **nicht,** geben wir diesem Verhalten eine besondere Bedeutung.[110] Auch im inner- und zwischenbehördlichen Schriftverkehr zeichnet sich ein Wandel ab. Während es früher Brauch war, Anrede und Grußformel wegzulassen, geschieht es heute immer häufiger, dass auch hier die Höflichkeitsformeln benutzt werden.

Man sollte sich auch hier am besten an den (vermuteten) Erwartungen der Empfänger/innen orientieren und sich davon leiten lassen, dass Höflichkeit auch innerhalb der Verwaltung gut ankommt!

Die Unterschrift ist bei Individualbescheiden üblich, bei Massenbescheiden **250**
entbehrlich (vgl. § 37 Abs. 5 LVwVfG). Unleserliche Unterschriften sind ärgerlich, wenn sonst nirgends der Name des/der Unterschreibenden in Druckbuchstaben auftaucht. Deswegen sollte sich der Name der/des Unterschreibenden in Druckbuchstaben möglichst mit Hinweis auf die richtige Anrede (Frau/Herr) auf dem Schreiben (am Briefkopf oder bei der Unterschrift) befinden.

Der Zusatz einer **Amtsbezeichnung** mag zur Einordnung des/der Entscheidenden in der Hierarchie für Kenner hilfreich sein. Er wird aber in der Praxis immer seltener. Auch die Zusätze „i. V." (in Vertretung) und „i. A." (im Auftrag) sind unseres Erachtens im Bereich der Verwaltung „alte Zöpfe". Auch Nr. 3.3.11 der Dienstordnung Baden Württemberg sieht inzwischen als Grundsatz vor, solche Zusätze wegzulassen, es sei denn ein solcher Zusatz ist rechtlich vorgeschrieben. Dem Bürger ist der Hinweis gleichgültig. Unterschreiben sollen grundsätzlich die Verantwortlichen, die die Entscheidung selbstständig bearbeitet haben. Wer unterschreiben soll, ist in Dienstordnungen und Allgemeinen Geschäfts- und Dienstanweisungen, Verwaltungsvorschriften und Stellenbeschreibungen geregelt.

p. Geschäftsgangvermerke

Die Geschäftsgangvermerke (-Verfügungen) werden meist nur auf die **251**
Durchschrift für die Behörde gesetzt. Es steht aber in der Regel nichts entgegen, auch die Bürger und Bürgerinnen über sie zu informieren. Manchmal kann es durchaus sinnvoll sein, zu erfahren, was die Behörde vorhat, z. B., wen sie noch in Kenntnis setzt. Die Geschäftsgangvermerke dienen der internen verwaltungstechnischen Abwicklung.

Bei Wiedervorlagevermerken empfehlen wir, sich zu notieren, was nach Wiedervorlage zu tun ist. Wird nur „Wv." (mit Termin) verfügt, besteht die Gefahr, dass erst wieder mühsam (evtl. auch von Stellvertreter/innen) rekonstruiert werden muss, was zu tun ist.

110 So auch *Büter/Schimke*, Anleitungen zur Bescheidtechnik, S. 112.

Die **wichtigsten internen Verfügungen** betreffen:

- **Wiedervorlage** (wenn der Vorgang noch nicht abgeschlossen ist)
- **Zu den Akten** schreiben, wenn der Fall voraussichtlich abgeschlossen ist
- **Nachrichtlich an ...** (Dabei ist der Datenschutz zu bedenken)
- **Zeichnungs- und Kontrollvermerke**
- **Zustellungsvermerke**
- **Arbeitserledigungsvermerke/Geschäftsgangvermerke/Verfügungen**

Es steht jeder Behörde frei, bestimmte Geschäftsgangvermerke festzulegen. Die Dienstordnung des Landes Baden-Württemberg sieht als Vermerke vor: „**Wiedervorlage mit Frist**", „**zum Vorgang**", wenn eine Einzelbearbeitung nicht oder noch nicht erforderlich ist, „**zu den Akten**", wenn die Angelegenheit abgeschlossen ist oder in absehbarer Zeit nichts zu veranlassen ist und „**weglegen**", wenn das Schriftstück nicht dauernd und nicht in den Akten aufbewahrt werden muss.

- **Zustellungsvermerke**
  Bei der Zustellung ist u. a. darauf zu achten, dass in besonderen Fällen die Bekanntgabe an jemand anderes zu erfolgen hat als denjenigen oder diejenige, der/die Regelungsadressat ist. Der Bekanntgabeadressat wird im Adressenfeld genannt. Die Vertretungsverhältnisse müssen im Bescheid selbst klargestellt werden.
- **Im Geschäftsgangvermerk** wird festgehalten, wem die Entscheidung wie bekannt gegeben wird.

q. Faxen/elektronische Versendung

252 Neuerdings spielen auch die neuen elektronischen Medien eine Rolle für die Übermittlung von Bescheiden. Darf sich die Verwaltung „Faxen erlauben"? Grundsätzlich ja! Der **Erlass** und die **Übermittlung** dürfen auf **elektronischem Wege** erfolgen,[111] eine **Zustellung per Fax** ist **nicht zulässig.** Faxen genügt aber dem Erfordernis der Schriftform nach § 37 Abs. 2 LVwVfG.

Werden Verwaltungsakte, für die die Schriftform vorgeschrieben ist, **elektronisch versendet,** müssen sie die erlassende Behörde erkennen lassen, und zwar durch das der Signatur zugrunde liegende Zertifikat oder ein „zugehöriges qualifiziertes Attributzertifikat"; vgl. § 37 Abs. 3 LVwVfG.[112] Bei elektronischer Versendung ist auch § 3a Satz 2 LVwVfG zu beachten: Betriebs- und Geschäftsgeheimnisse dürfen nicht unbefugt offenbart werden.

---

111 Vgl. *Schmitz*, Darf sich die Verwaltung Faxen erlauben?, VR 1991, 213.
112 *Rüssel/Sensburg*, Bescheidtechnik im Verwaltungsverfahren, VR 2004, 37, 39, Fn. 17, mit Verweis auf das Signaturgesetz und weitere Literatur.

r. Interne Vermerke

Zum Teil werden vor der Bekanntgabe der Entscheidung in den Akten interne Vermerke verfasst, die das Verfahren oder Fragen der Zulässigkeit von Anträgen und Rechtsbehelfen betreffen. Diese Vermerke können bescheidrechtlich relevant werden, auch wenn sie nicht über die Bescheide direkt einfließen, wenn es um Nachweise in Widerspruchsverfahren und Gerichtsverfahren geht, welche Überlegungen angestellt und welche Entscheidungen intern getroffen wurden. Sie sind auch ein Mittel, späteren Sachbearbeitern oder Prüfern transparent und plausibel zu machen, warum wie vorgegangen und entschieden wurde. 253

Beispiele: Verzicht auf Anhörung oder Erhebung einer Gebühr (vgl. § 11 LGebG BW: Verzicht auf Festsetzung ist möglich, wenn im Einzelfall eine Gebühr „unbillig" wäre), inhaltliche Entscheidung über einen Widerspruch trotz „Verfristung" (Ablauf der Widerspruchsfrist).

3. Inhaltliche Anforderungen an Bescheide

Bescheide müssen folgenden inhaltlichen Anforderungen entsprechen: 254

- Der zugrunde liegende **Sachverhalt muss richtig** wiedergegeben sein.
- Der Inhalt muss **rechtmäßig** sein.
- Der Bescheid muss **zweckmäßig** sein (bei Ermessensentscheidungen ist die Zweckmäßigkeit vom Verwaltungsmitarbeiter selbst zu prüfen, bei „gebundenen" Entscheidungen nicht).
- Bescheide müssen sich an **Adressaten orientieren.**
- Der Inhalt muss für den/die Empfänger **verständlich** sein.
- Der Bescheid soll inhaltlich **überzeugen.**

In der Verwaltungspraxis wird nicht jeder Bescheid diesem Ideal entsprechen, doch als Leitlinien für richtiges Verwaltungshandeln sind die Kriterien gültig. Wie Sie am besten vorgehen, um in einem Bescheid den Sachverhalt richtig darzustellen und worauf Sie achten sollten, damit ein **Bescheid zweck- und rechtmäßig** ist, stellen wir in diesem Buch vor allem **an Hand der Fälle** dar. Wir raten Ihnen vor allem auch zum Studium der Vewaltungsrechtslehrbücher. Speziell zur Bescheidtechnik empfehlen wir die am Ende dieses Kapitels angeführte Literatur.

4. Angemessenes Eingehen auf den Bürger

a. Behördenschreiben enthalten mehr als Sachinformationen

Was „spielt sich eigentlich ab", wenn ein Bürger Post von einer Behörde erhält? Der sachorientierte Verwaltungsmitarbeiter wird vor allem die Sachinformation, die er weitergeben will, als entscheidend erachten. Für ihn steht die Tatsachendarstellung, die fachliche Thematik, das Sachproblem ganz im Vordergrund („Es ist"). 255

Beispiele: Es wird eine Baugenehmigung erteilt oder versagt, ein Abbruch wird verfügt, ein Widerspruch wird zurückgewiesen, Sozialhilfe wird gewährt.

Neben dieser **Tatsachen-Übermittlung** geschieht aber noch mehr. Dem Bürger fällt auch auf,

- wie die Behörde **sich selbst darstellt** („Ich bin"), ferner
- dass die Behörde ihn **lenken** möchte („Ich will" – „Du sollst") und
- dass sie offenbar die **gegenseitigen Beziehungen** („Du bist" – „Wir sind") in bestimmter Weise sieht und gestaltet.

Möglicherweise ist der Bürger nicht nur über den Inhalt der Entscheidung enttäuscht oder sogar böse, sondern es stört ihn auch, wie sich die Behörde im Bescheid selbst darstellt, wie sie ihn zu lenken versucht und wie sie die gegenseitigen Beziehungen gestaltet.

Kommunikationsfachleute und Trainer gehen vom so genannten **TALK-Modell** aus. Die Anfangsbuchstaben stehen für Tatsachendarstellung, Ausdruck, Lenkung und Kontakt. In Gesprächen und bei schriftlicher Kommunikation sollte auf alle 4 Komponenten geachtet werden.

Beispiele:

256 – **Zur Selbstdarstellung der Behörde.** Die Behörde kann durch juristische und technische Fachausdrücke, Verweise auf viele Vorschriften, Rechtsprechung und Literatur sich als dem Laien überlegen, klüger, kompetenter darstellen. Sie kann ihre Macht betonen: „Sie müssen", „Wir setzen Ihnen eine Frist bis ...", „fordern wir Sie auf ...", findet am ... ein Termin statt, zu dem wir um Ihr Erscheinen bitten" (wobei die Behörde ohne vorherige Absprache den Termin bestimmt) etc.

257 – **Zur Lenkung.** Bei allen hoheitlichen Maßnahmen wird der lenkende Charakter der Bescheide besonders deutlich. „Der Führerschein ist bei ... abzugeben", „... haben Sie die Verwendung von Herbiziden im Naturschutzgebiet zu unterlassen", „... müssen Sie 300 € Gebühr bezahlen" etc. Aus Gründen der Rechtssicherheit, Klarheit und Bestimmtheit dürfen Verwaltungsanordnungen nicht in die „mildere" Form einer Bitte gekleidet werden, so dass sie als rigide Lenkung erscheinen und leicht Widerstand (in der Fachsprache der Psychologen: „Reaktanz") bewirken. Ist der Bürger nicht damit einverstanden, dass er gelenkt und wohin er gelenkt werden soll, ist ein Konflikt gegeben, auf den der Bürger unterschiedlich reagieren kann. Noch immer wird zum Teil von der Verwaltung ein unnötig befehlender Ton angeschlagen: „Unterlagen beifügen!" Einwendungen werden „zurückgewiesen". Die Verwaltung lenkt, der Bürger hat zu folgen!

258 – **Zu den gegenseitigen Beziehungen (Kontakt).** In Behördenschreiben gestaltet der Verfasser auch die Beziehungen zum Adressaten nach seinen Vorstellungen. Er drückt z. B. durch Weglassen von Anrede und Grußformel aus, dass er im konkreten Fall glaubt, sich nicht an die sonst üblichen Umgangsformen halten zu müssen. Der Wille, möglichst keine engeren persönlichen Beziehungen aufkommen zu lassen, kann z. B. darin ausgedrückt werden, dass „Ich" und „Wir-Formulierungen" vermieden werden.

Sprache verrät einiges über die Beziehungen. Werden Individuen zum „Antragsteller", Kranke zum „Krankenmaterial", Schüler zum „Schülerberg", so kommt darin eine distanzierte, zum Teil auch andere verachtende Beziehung zum Ausdruck. Wenn es in einem Einberufungsbescheid eines

Soldaten heißt, er solle sich darauf einstellen, „auch außerhalb des Einberufungsortes verwendet" werden zu können, wird klargestellt: Für uns bist du ein Objekt, wirst verwendet!

Die über die bloße Tatsachenübermittlung hinausgehenden Gesichtspunkte jeder Kommunikation werden von neueren Kommunikationsmodellen stärker ins Bewusstsein gerückt.

Wenn Sie bürgerorientiert schreiben wollen, sollten Sie Ihr Augenmerk **259**
nicht nur auf die Tatsachendarstellung, sondern auch darauf richten, wie Sie sich (und die von Ihnen vertretene Behörde) **darstellen.** Sie sollten auch überlegen, ob die von Ihnen gebrauchten **Lenkungsformen** gegenüber Bürgern jeweils angemessen sind. Auch bei der Gestaltung der gegenseitigen **Beziehungen** sollten Sie sich jeweils fragen, ob sie sich nicht **partnerschaftlich(er)** gestalten lassen.

Beispiel: Partnerschaftlicher, mindestens neutraler ist z. B. statt des Einleitungssatzes: „Es ergeht folgende Entscheidung gegen Sie" die Formulierung: „Es ergeht folgende Verfügung". Die Gegnerschaft muss nicht hervorgehoben werden, zumal sich die Behörde, auch wenn sie belastet, nicht als Gegner begreifen muss, selbst wenn der Bürger von diesem Freund-Feind-Denkschema möglicherweise ausgeht.

Viele Frauen erwarten heute, dass die Behörden geschlechtsneutrale oder **260**
geschlechtergerechte Formulierungen wählen. Konservative machen sich gern lustig über die manchmal angestrengt wirkenden Gleichstellungsbemühungen und ungewöhnlichen Schreibformen (z. B. DozentInnen). Die sprachliche Gleichstellung wirkt manchmal gezwungen und schwer lesbar. Ausdrücklich die weibliche Alternative ausdrücklich zu nennen, ist bewusstseinsbildend.

Eine Frage der **Beziehungspflege** ist auch, ob Behörden sich für begangene **261**
Fehler und ungebührliche Verzögerungen **entschuldigen** sollen. „Hardliner" vertreten auch heute noch – wenn auch selten offiziell – die Meinungen: Behörden entschuldigen sich nicht, bedauern grundsätzlich nichts. Die Berliner Verwaltung hat demgegenüber in ihrer Geschäftsordnung klar verfügt: „Die Behörde soll sich entschuldigen, wenn sie sich geirrt hat oder wenn die Sache verspätet erledigt worden ist."

Rücksichtnahme in den gegenseitigen Beziehungen ist es auch, wenn **belastende Bescheide** möglichst **nicht gerade dann mitgeteilt** werden, **wenn dies eine besondere Härte bedeuten würde.**

Zur Beziehungspflege gehört auch, den Bürger nicht deutlich merken zu lassen, dass seine Angelegenheit für die Behörden nur ein Fall unter vielen ist.

Anders als für Sie, der Sie in der Verwaltung viele „Fälle" bearbeiten müssen, die sich eventuell sogar ähneln und daher nicht als individuell empfunden werden, nimmt der Bürger seinen persönlichen Fall regelmäßig sehr wichtig. Er erwartet meist, dass er als Person auch von Ihnen geachtet wird und dass Sie auf seine Interessen, Wünsche, Argumente möglichst individuell eingehen. Das Wort „Fall“ sollte in Bescheiden möglichst vermieden werden, weil es Behandlung nach Schema signalisiert.

262 Diese **Partnerorientierung** lässt sich bei **„Massenkontakten“** nicht oder **nur schwer realisieren.** Wenn Sie als Beamter über den Bürger, an den Sie sich wenden, nichts oder fast nichts wissen, können Sie auch nicht auf ihn als Individuum eingehen. Es hängt von der Bedeutung des Einzelfalls ab, ob Sie sich besonderen zeitlichen, psychischen und geistigen Anstrengungen unterziehen sollten, um die Forderung nach Partnerorientierung zu erfüllen. Viele Bürger verstehen, dass Sie gelegentlich „kurz und bündig“ sein müssen und sich nicht auf jeden einzelnen einstellen können, mindestens soweit es sich um Angelegenheiten von geringerer Bedeutung handelt.

b. Ratschläge zur Adressatenorientierung

263 Die Schriftsätze sollen knapp, klar und erschöpfend sein. Auf eine leicht verständliche Darstellung in gutem Stil und höflicher Form ist Wert zu legen. Ungebräuchliche Fremdwörter sind möglichst zu vermeiden. Sofern es Ihnen als Bescheidverfasser/in möglich ist, sollten Sie sich in die Lage der Bürger/innen versetzen und fragen, was er oder sie für Erwartungen und Wünsche hat. Sind diese Erwartungen angemessen, sollte ihnen entsprochen werden. Die Vorstellungen über angemessenes Verhalten variieren bei „Beamten“ wie bei ihren „Kunden“. Sie werden durch die Zugehörigkeit zu sozialen Schichten geprägt und unterliegen auch dem Wandel der Zeit.

Adressatenorientiert schreiben können Sie nur, wenn Sie sich über Ihre eigenen Ziele klar sind und wenn Sie möglichst viel über Ihre/n Adressaten/Adressatin wissen. In wichtigen, konfliktreichen Situationen kann es manchmal deswegen sinnvoll sein, zunächst das Gespräch zu suchen, bevor ein Bescheid ergeht. Im Gespräch erfährt man oft „en passant“ Wichtiges über Interessen, Meinungen, Vorwissen, Intelligenz etc. der Adressaten und kann sich besser als bei nur schriftlicher Kommunikation auf sie einstellen.

Zur Adressatenorientierung beitragen kann auch, freundlich gesinnte Testleser/innen zu bitten, Schwächen eines Textes herauszufinden. Auch das kurze Liegenlassen des eigenen Entwurfs hilft manchmal schon weiter. Mit etwas zeitlichem Abstand zum eigenen Entwurf entdeckt man oft Schwachpunkte und findet leichter Verbesserungsmöglichkeiten. Dieses zeitraubende Vorgehen empfiehlt sich natürlich nur bei sehr wichtigen Texten!

Bisher noch äußerst selten sind Publikumsbefragungen mit dem Ziel herauszufinden, ob die von den Behörden verschickten Bescheide von dem Empfänger als adressatenorientiert angesehen werden. Im Sinne einer Dienstleistungsorientierung wären solche Umfragen durchaus. Vor allem bei Massenbescheiden und Formularen können solche aufwendigen Befragungen auch im Interesse der Behörden liegen, wenn sie zu gravierenden Verbesserungen führen.

Als Checkliste lässt sich die folgende Aufzählung von Kriterien für Adressatenorientierung nutzen. Sie ist eine Weiterentwicklung von Empfehlungen der Bundesstelle für Büroorganisation und Bürotechnik für die Gestaltung bürgerorientierter Formulare.

Eingehen auf Bürger in Schreiben: 264

(1) **Versetzen** Sie sich möglichst in die Lage des Bürgers, an den Sie sich wenden.

(2) **Zeigen Sie – wenn sie dies ehrlich vertreten können – Verständnis für Erwartungen,** Wünsche und Meinungen des Bürgers; werten Sie sie nicht ab, auch wenn Sie sie nicht teilen.

(3) **Kommen Sie dem Wunsch nach verständlichen Informationen entgegen.**

(4) Bringen Sie dem Bürger auch Achtung entgegen durch **Sorgfalt bei Rechtschreibung, Grammatik und Stil.**

(5) Geben Sie **Namen und Anschriften korrekt wieder.**

(6) **Gebrauchen Sie die verkehrsübliche Anrede,** möglichst mit Namen, und **Grußformel,** auch in Bescheiden.

(7) Schreiben Sie **geschlechtergerecht,** sprechen Sie gegebenenfalls Frauen und Männer an.

(8) Degradieren Sie Bürger nicht zum unpersönlichen Rollenträger im Verfahren (Antragsteller, Widerspruchsführer), sondern **schreiben Sie sie mit Namen und mit „Sie" an.**

(9) **Machen Sie sich ansprechbar.** (Geben Sie Ihren Namen an, evtl. auch Vornamen – weil der Bürger sonst eventuell nicht weiß, ob er an Frau oder Herrn X zurückschreiben soll –, ferner Zimmer- und Telefonnummer; Faxnummer, E-Mail-Adresse).

(10) Seien Sie **freundlich und verbindlich im Ton.** (Auch hoheitliche Verwaltung und in der Sache harte Entscheidungen verlangen keine barsche Sprache).

(11) Stellen Sie die für den Bürger **wichtigen Informationen,** die ihn zuerst interessieren, möglichst **an den Anfang.**

(12) **Argumentieren Sie fair und vertrauenswürdig.**

(13) **Übergehen Sie nicht halbwegs vertretbare Argumente, Einwände und Meinungen von Bürgern.**

(14) **Seien Sie sachlich,** aber nicht so technokratisch, dass darin Missachtung und Unmenschlichkeit ausgedrückt wird („Krankenmaterial" ; „Schülerberg").

(15) **Vermeiden Sie Schärfen und Vorhaltungen, Vorwürfe und unwichtige Belehrungen,** zeigen Sie möglichst Verständnis, auch wenn Sie etwas ablehnen; weisen Sie unsachliche Angriffe in gebührender Form zurück.

(16) Bedenken Sie ein etwaiges **Interesse des Bürgers an Durchschriften** und Mehrfertigungen.

(17) Geben Sie **nützliche Hinweise** (z. B. auf weitere Beratung und auf andere Hilfsmöglichkeiten).

(18) Befriedigen Sie Bedürfnisse an Informationen über den **weiteren Verfahrensgang** (Stationen und voraussichtliche Dauer).

(19) **Geben Sie** Laien den wesentlichen **Inhalt der entscheidenden Vorschriften verständlich wieder** und verweisen Sie nicht nur auf Fundstellen.

(20) **Informieren Sie den Bürger, wie er sich wehren kann („Ihre Rechte").**

(21) Weisen Sie den Bürger auf seine etwaigen **Datenschutzrechte hin.**

5. Die Nutzung der modernen Informations- und Kommunikationstechnik als Mittel zur größeren Bürgernähe

265 Als man begann, Computer für die Erstellung von Bescheiden zu nutzen, war das Ergebnis nicht selten, dass die Bescheide eher unverständlicher wurden. Dem Computer wurden gern Mängel und Fehler „in die Schuhe geschoben", die letztlich Menschen zu verantworten hatten. Inzwischen gibt es aber Anwendungsbeispiele, die belegen, dass der Computer durchaus auch der Bürgernähe dienen kann.

6. Was können Sie zur besseren Verständlichkeit beitragen?

a. Auf welche „Verständlichmacher" sollten Sie achten?

266 Auf die **Verständnisfähigkeit** Ihrer Leser – auf Intelligenz, Wissen, Sprachkenntnisse, Erfahrungen etc. aufbauend – haben Sie als Textende keinen Einfluss. Soweit Sie Ihnen als Textende bekannt ist, sollten Sie sie allerdings berücksichtigen. Dem Rechtsanwalt sollen und dürfen Sie anders schreiben als dem „Hilfsarbeiter".

267 Als Autor/in eines Textes sind Sie vor allem für die **Textverständlichkeit** verantwortlich. Es wird zwar noch kontrovers diskutiert, ob man ein Bürgerrecht auf Verständlichkeit als Rechtsprinzip verankern sollte (vgl. Verständlichkeit als Bürgerrecht? Band 9 der Duden-Reihe Deutsch, 2008). Unabhängig von der Frage, ob dem Bürger ein **Rechtsanspruch** auf allgemein verständliche Bescheide gesetzlich zuerkannt werden sollte,[113] ergibt sich aus dem Leitbild einer kunden- und bürgerorientierten Verwaltung, dass sie sich so verständlich wie möglich ausdrückt. Wenn Sie Texte gestalten, sollten Sie auf die folgenden vier „Verständlichmacher" achten:

- Einfachheit
- Gliederung
- Kürze/Prägnanz
- Zusätzliche Stimulanz

Dies sind, Untersuchungen der Hamburger Psychologengruppe *Langer, Schulz von Thun* und *Tausch* zufolge, die wichtigsten vier Dimensionen der Textverständlichkeit, wobei die Einfachheit eines Textes und die Gliederung und Ordnung wiederum besonders bedeutsam sind.

b. Wann ist ein Text optimal verständlich?

268 Ein Text ist dann besonders gut verständlich, wenn er bei einer **Verständlichkeitsdiagnose** im Rahmen der folgenden, grau unterlegten Bereiche liegt:

113 Zur Problematik vgl. *Schweikhardt/ Vondung*, Rn. 572.

Einfachheit/Klarheit	++	+	0	-	--	Kompliziertheit
Gliederung/Ordnung	++	+	0	-	--	Unübersichtlichkeit
Kürze/Prägnanz	++	+	0	-	--	Weitschweifigkeit
Zusätzliche Stimulanz	++	+	0	-	--	Keine zusätzliche Stimulanz

Beurteilungsbeispiel für einen Text, der relativ gut allgemeinverständlich eingeschätzt wurde:

Einfachheit ++	Gliederung/Ordnung +
Kürze/Prägnanz 0	Zusätzliche Stimulanz -

c. Wie lässt sich Einfachheit erreichen?

Regeln für die Einfachheit 269

(1) **Kurze Sätze** bilden.
(2) **Kurze und geläufige Wörter** gebrauchen.
(3) **Anschauliche Wörter** benutzen.
(4) Unvermeidbare **Fremdwörter** und Fachwörter **erläutern** (wenn nötig).
(5) **Konkret** statt abstrakt formulieren (z. B. „Sie“ statt „Der Widerspruchsführer“, Beispiele anführen).

Gelegentlich wird auch empfohlen, die **geschriebene Sprache der mündlichen Sprache anzunähern.** Die mündliche Sprache sei die Sprache der einfachen Leute. Die Struktur von Texten sei häufig komplizierter als die gesprochener Sätze. Gegen die Empfehlung, zu schreiben, wie man redet, lässt sich einwenden: Beim Sprechen haben wir oft noch parasprachliche Mittel wie Mimik und Gestik zur Verfügung, die manchmal erst das gesprochene Wort eindeutig machen. Auch die Stimme kann durch Modulieren zur Verständlichkeit beitragen. Diese Mittel sind beim Text nicht einzusetzen.

Mündliche Kommunikation ist – wie die Analyse von Wortprotokollen belegt – oft wesentlich ungeordneter und ungegliederter als sorgfältig formulierte Texte.

Wie sich ein Text einfach oder kompliziert fassen lässt, veranschaulichen Langer, Schulz v. Thun und Tausch[114] u. a. an folgendem Beispiel:

Aufgabe: Versuchen Sie einem Schüler möglichst leicht verständlich zu erklären, was rechtlich gesehen „Raub“ ist.

– **Komplizierte Fassung:** „Raub ist dasjenige Delikt, das jemand durch Entwendung eines ihm nicht gehörenden Gegenstandes unter Anwendung von Gewalt oder von Drohungen gegenüber einer anderen Person begeht, sofern die Intention der rechtswidrigen Aneignung besteht.“

114 *Langer/Schulz v. Thun/Tausch*, Sich verständlich ausdrücken, S. 15.

- **Einfache Fassung** (Lösungsvorschlag von *Langer, Schulz von Thun* und *Tausch*): „Jemand nimmt einem anderen etwas weg. Er will es behalten. Aber es gehört ihm nicht. Beim Wegnehmen wendet er Gewalt an oder droht dem anderen, dass er ihm etwas Schlimmes antun werde. Dieses Verbrechen heißt Raub."

Leider ist es meist einfacher, kompliziert zu schreiben als einfach! Außerdem werden „Verkomplizierer" oft für besonders klug gehalten. Für anspruchsvolle Leser kann ein sehr einfach gestalteter Text zum Problem werden, weil er sie unterfordert und deswegen abgelehnt wird.

d. Wie lässt sich Gliederung und Ordnung erreichen?

270 Gliederung und Ordnung eines Textes werden um so bedeutsamer, je umfangreicher ein Text ist.

Achten Sie auf die

- **innere (gedankliche, logische) Ordnung** und
- **äußere Gliederung.**

271 **Regeln für gut geordnete Texte (Innere Ordnung):**

(1) **Informationsziel(e) nennen**

(2) **Informationen** logisch (folgerichtig) **aneinanderreihen** („Roter Faden" ist erkennbar)

(3) Bei komplizierten Sachverhalten erst **Überblick geben**, dann Einzelheiten erörtern

(4) **Schwerpunkte betonen,** Wesentliches herausstellen

272 **Regeln für gut gegliederte Texte (Äußere Gliederung):**

(1) **Äußeren Aufbau** auch äußerlich **sichtbar machen**

(2) Zusammengehörende Teile **übersichtlich gruppieren**

(3) **Gliedern** z. B. mit

- Ziffern
- Überschriften
- Vor- und Zwischenbemerkungen
- Schriftartenwechsel (fett, kursiv, gesperrt, Großbuchstaben, Kleindruck für nicht so wichtige Passagen)
- Unterstreichungen
- Farbe
- Absätzen, Abschnitten, Unterabschnitten, Satzzeichen
- Zusammenfassungen
- Bildern, Symbolen, Grafiken, Ablaufdarstellungen, Schaubildern
- Tabellen
- Stichworten

e. Wie lassen sich Kürze und Prägnanz erreichen?

Regeln für kurze und prägnante Texte: 273

(1) Sich **zielorientiert** äußern
(2) Sich aufs **Wesentliche** beschränken
(3) Gedrängte, aber nicht zu **knappe** Darstellung
(4) Auf Bekanntes und **Selbstverständliches verzichten**
(5) Detailinformationen eventuell in **Anlagen** verlegen
(6) **Eindeutige**, treffende Begriffe verwenden

Der Bescheid kann in der Regel kürzer als ein Gutachten gefasst werden.

Beispiel: Ist ein Rechtsgutachten gefordert und die Zuständigkeit der Behörde zweifelhaft, ist eine Erläuterung geboten. Bejaht eine Behörde ihre Zuständigkeit, braucht sie es nicht zu begründen, wenn der Bürger dies nicht bezweifelt hat und die Behörde nach interner Prüfung zum Ergebnis kommt, sie sei zuständig.

Weitschweifige Texte verwirren Leser insbesondere, wenn sie dazu noch ungeordnet sind. Am besten sind kurze Texte. Kürze sollte allerdings nicht übertrieben werden, denn ein zu gedrängter, stichwortartiger oder durch Fachausdrücke kurz gehaltener Text wird oft schlechter verstanden als ein etwas ausführlicherer.

Nur kurze Sätze aneinander zu reihen unterschreitet leicht die Banalitätsschwelle und schläfert ein. Anspruchsvollere Leser schmähen solche „Zwergsätze“ als „Asthmastil“. *Sprachexperten* raten, mäßig kurze und mäßig lange Sätze lebhaft zu wechseln.

Juristische Texte, insbesondere Gesetzestexte, sind unter dem Aspekt der Allgemeinverständlichkeit oft zu kurz. Die optimale Verständlichkeit liegt nämlich nicht im Bereich + +, sondern bei + und 0.

Verwaltungstexte zeichnen sich, Untersuchungen von *H. Wagner* zufolge, übrigens entgegen einem verbreiteten Urteil, nicht durch besonders viele Schachtelsätze aus. Häufiger zu finden sind dagegen Wortketten, wenn auch selten wohl von dieser Länge:

Beispiele: Lohnsteuerjahresausgleichsantragsformular, Verwaltungsstrukturreform-Weiterentwicklungsgesetz

Solche Komprimierungen erschweren es, einen Text zu verstehen. Für die **Länge von Sätzen** wird oft empfohlen, dass sie vier Schreibmaschinenzeilen nicht überschreiten sollten.

Journalisten, die im Allgemeinen mehr als Beamte von ihren Lesern verstanden werden wollen, halten sich meist an das Gebot der Kürze. Die Deutsche Presse Agentur hat als Richtlinie für optimale Verständlichkeit 9 Wörter ausgegeben. In deutschen Zeitungen wurden 16 Wörter als durchschnittliche Satzlänge gezählt. Der Stilexperte *Reiners* sieht in 18 Wörtern pro Satz die Obergrenze für Leichtverständlichkeit. Bei 25 Wörtern beginnt seiner Meinung nach die Unverständlichkeit. Die Deutsche Presse Agentur betrachtet 30 Wörter als Obergrenze für die von ihr verbreiteten Sätze.[115]

---

115 Nachweise bei *Schneider*, Deutsch für Profis, S. 82.

Vorsicht ist bei **Abkürzungen** geboten. Sie sollten sich immer fragen, ob auch ein Laie die Ihnen geläufigen Abkürzungen versteht.

Problematisch ist, einen Text durch **Verweisungen** zu straffen. Oft hat der Bürger keinen oder nur mühsamen Zugang zu den verwiesenen Quellen. Wenn daher das Verständnis davon abhängt, diese Texte gelesen zu haben, wird die Verweisung zur ärgerlichen Zumutung.

274 Ein Mittel zur Kürzung und Prägnanz kann auch die **Fachsprache** sein. Je mehr Sie dieses Mittel gebrauchen, um so wahrscheinlicher ist es, dass Sie sich nicht mehr allgemeinverständlich ausdrücken. Laien gegenüber sollten Sie soweit als irgend vertretbar auf die unter Fachleuten erlaubte und hilfreiche Fachsprache verzichten. Müssen Sie sie benutzen, weil Sie nur so rechtlich sichere Entscheidungen ausdrücken können, versuchen Sie am besten, in anschließenden erklärenden Zusätzen den wesentlichen Inhalt zu umschreiben (sog. Paraphrase), wohl wissend, dass dies ohne einen gewissen Verlust an Prägnanz manchmal nicht geht und auch, dass Ihr Wunsch nach Kürze nicht befriedigt wird.

Beispiel: Weiß ein Wirt, dessen Wirtschaft Sie schließen lassen, mit der Anordnung des „sofortigen Vollzugs“ nichts anzufangen, sollten Sie, wenn Sie es nicht vorziehen, dies mündlich zu tun, diese Maßnahmen kurz schriftlich erläutern, etwa so: „… auch wenn Sie Widerspruch einlegen sollten, können wir Sie zwingen, die Wirtschaft von nun an geschlossen zu halten, es sei denn, das Verwaltungsgericht würde unsere Anordnung aufheben.“

Sich kurz zu fassen braucht Zeit und Übung. „Weil ich heute wenig Zeit habe, schreibe ich einen langen Brief.“ Diese – u. a. Bismarck zugeschriebene Aussage – weist darauf hin, dass es oft mühsam ist, einen Gedanken in wenigen Worten „auf den Punkt“ zu bringen. Es fällt oft leichter, sich ausladend als knapp und geschliffen zu fassen. Leser bevorzugen kurze Sätze. Zumindest dann, wenn sie sich schnell und leicht informieren wollen. Wer kurz und bündig schreiben möchte, sollte seine Texte prüfen: Kann ich Worte weglassen?

Ein simples **Beispiel**. Der Tenor „Für diese Entscheidung ist ein Betrag in Höhe von … € als Gebühr bis spätestens … zu bezahlen“ lässt sich einfacher ausdrücken: „Sie haben eine Gebühr von … € bis zum … zu bezahlen.“

Präzise Texte sind konkret.

Beispiel: Die Aussage über eine Führungskraft „X motiviert seine Mitarbeiter“ ist sehr allgemein. Aussagekräftiger ist es, wenn es hieße: „X gibt seinen Mitarbeitern Rückmeldungen über ihre Leistungen“, „lässt ihnen Raum für eigene Entscheidungen“ oder „vermittelt ihnen das Gefühl, dass ihre Arbeit wichtig ist“.

f. Wie lassen sich anregende Texte erreichen?

275 Auch Sachtexte müssen nicht trocken sein. Sehr nüchterne, farblose, stereotype und unpersönliche Texte werden weniger gut verstanden, als solche Texte, die **stimulierende Zusätze** enthalten. Stimuli rufen Interesse wach und erhalten das Interesse, fördern die innere Anteilnahme. Sie unterstützen die Bemühungen, sich verständlich zu machen, sofern sie maßvoll eingesetzt werden. Voraussetzung ist eine hohe Ausprägung der Merkmale „Gliederung/Ordnung", sonst sind stimulierende Zusätze eher verwirrend als hilfreich.

Das Gebot der Sachlichkeit schließt eine lebendige Sprache nicht aus. Wer nur auf kühle Sachlichkeit und Fachlichkeit setzt, demonstriert Kühle, Distanz, fehlende Fähigkeit oder Bereitschaft, sich in die Haut eines anderen zu versetzen. Nicht immer, aber in bestimmten Situationen wie harten Schicksalsschlägen darf ein Bürger durchaus erwarten, dass auch in der amtlichen Sprache der Behörden auf seine Gefühlslage eingegangen wird. Verständlich sein ist mehr als sprachliches Verstehen ermöglichen. Sich verständlich machen drückt sich auch im Zeigen von Verständnis für den Bürger aus. Das mag aus manchen Gründen – z. B. Routine, Zeitmangel, Hetze, andere Werte und Verhaltensweisen, Zugehörigkeit zu einer anderen sozialen Schicht – schwer fallen. Wer auch vom Bürger verstanden werden will, wird je nach Situation seinen Texten eine „Brise Emotionen" beimischen.

Beispiel: Es ist schon ein erheblicher Unterschied, ob auf eine Anfrage beim Arbeitsamt ein aufmunternder Brief kommt mit der Formulierung „Sie suchen einen neuen Arbeitsplatz. Wir helfen Ihnen gern." und Hinweise auf die Stellenbörse gegeben werden oder ob nur ein museal gestaltetes Formular „mit der Bitte um Kenntnisnahme" als Reaktion auf eine identische Anfrage zugeschickt oder wie in einem Fall noch nicht einmal geantwortet wird.[116]

Es ist einer serösen Verwaltung nicht angemessen, wie Journalisten der Boulevardpresse oder Werbetexter zu schreiben. Andererseits ist es aber auch erfrischend und dient der Verständlichkeit, wenn sie lebendig formulieren.

Regeln für stimulierende Texte: 276

(1) **Anregend** formulieren
(2) **Beispiele** aus dem **Erfahrungsbereich des Lesers** anführen
(3) **Persönlich** schreiben
(4) **Gefühle** ansprechen
(5) **Neugier** wecken
(6) Soweit möglich und angemessen, gut gestaltete, einfache **Grafiken, Zeichnungen** und **Bilder** verwenden
(7) **Sprachliche Bilder** benutzen
(8) Wenn passend: Witzig und humorvoll schreiben

Die Frage, wie persönlich Bescheide formuliert werden dürfen und sollen, 277
wird kontrovers diskutiert. Der **persönliche Stil** ist sicherlich stimulierend. Manche Bürger fühlen sich befremdet über den noch üblichen sachlich-

116 Bericht der Stuttgarter Zeitung v. 10.1.2004 über eine Testaktion, um festzustellen, wie es wirklich um die Dienstleistungsorientierung der deutschen Arbeitsverwaltung bestellt ist.

nüchternen und unpersönlichen Stil vieler Behördenschreiben. Andere sehen in der trockenen-distanzierten Sprache eher einen Vorteil. Darin drücke sich Sachlichkeit, Objektivität, Neutralität aus. Die Anhänger eines persönlicheren Stils fordern, dass sich die Verwaltungsmitarbeiter mit „ich" oder „wir" zu ihren Entscheidungen bekennen. Gegner des persönlichen Stils weisen daraufhin, dass die Person der/des Entscheidenden in den Hintergrund treten solle.

Manche Behörden haben Verhaltensregeln hierzu ausgegeben. Die Stadt Aachen hat z. B. verfügt: „Grundsätzlich ist bei der Stadt-Verwaltung die persönliche Schriftform (Ich-Form) zu benutzen."

Der Ich-Stil hat seine Tücken. Er kann selbstherrlich und autoritär wirken: „Ich ordne an!". Der unpersönlichere Passiv-Stil kann solche Klippen umschiffen: „Es wird angeordnet!". Persönlicher, aber dennoch der/die Anordnende/n in den Hintergrund rückend wäre: „Sie müssen ..." Auch ein „wir" statt „ich" reizt weniger, entspricht oft auch mehr der tatsächlichen Verantwortung mehrerer und einheitlicher, abgesprochener Entscheidungsgrundsätze, an die sich z. B. ein Amt oder eine Abteilung hält.

In den letzten Jahren scheint sich erfreulicherweise der – früher der Behördenleitung vorbehaltene – persönlichere Ich-Stil auf allen Ebenen durchzusetzen.[117]

278 Die juristisch geprägte Verwaltung bevorzugt eher eine nüchterne, schmucklose, sachlich-spröde als eine empathische, lebendig-emotionale Sprache. So demonstriert das oft gebrauchte Substantiv – der **Nominalstil** – Sachlichkeit, Würde, Getragenheit, Macht. Es hebt vom Jargon der Massen ab. Der Nominalstil umgeht die Last des Begründens, weist Kritik ab, blockiert die produktive Phantasie und den alternativen Einfall. Er stellt von Verantwortung frei.[118]

279 Um objektiv zu sein und zu erscheinen, sollte die Verwaltung in ihren Bescheiden eher **nüchtern und distanziert** bleiben. Auch bei scharfen Angriffen und Vorwürfen sollte sie die Ebene sachlicher Auseinandersetzung nicht verlassen und keine Retourkutschen im Bescheid fahren. Zu weit geht uns allerdings die Forderung, Behörden und Personal müssten generell auch unberechtigte Angriffe hinnehmen.[119]

Selbstachtung gebietet, sich nicht alles gefallen zu lassen. Ein festes, ruhig-sachliches Entgegentreten gegenüber noch halbwegs zur Einsicht Fähigen ist erlaubt und kann Bürger auch durchaus zur Räson bringen.

---

117 Vgl. *Rüssel/Sensburg*, Bescheidtechnik im Verwaltungsverfahren, VR 2004, 37, 38.
118 So *W. Gast*, Das Juristendeutsch als Spiegel, Die Zeit v. 2.9.1988, S. 47.
119 So anscheinend *Volkert*, Die Verwaltungsentscheidung, S. 57.

g. Lesefreundliche Textgestaltung[120]

Mit einem guten Schriftbild können Leserinnen und Leser positiv gestimmt werden. Ein äußerlich schlechtes Erscheinungsbild eines Bescheids lässt vermuten, dass eventuell generell wenig sorgfältig gearbeitet wird. Schlecht gestaltete Texte können Lesewiderstände auslösen. 280

Die **Schrift** sollte **klar, kontrastreich und gut lesbar** sein. Als besonders lesefreundlich wird die Proportionalschrift bezeichnet. Die Schriftgröße sollte nicht zu klein sein. Der Zeichenabstand und die Zeilenabstände sollen weder zu eng noch zu breit sein. Die Ränder sollen gleich breit sein. Der obere und der untere Rand sollen in einem annähernd symmetrischen, ausgewogenen Rahmen stehen. 281

Die modernen Textverarbeitungsprogramme und hochwertige Drucker bieten heute erfreulich viele gute Gestaltungsmöglichkeiten, um Texte auch äußerlich attraktiv zu gestalten. Das „Layout" kann heute i. d. R. schon vor dem Ausdruck auf dem Bildschirm auf Verbesserungsmöglichkeiten überprüft werden.

h. Textoptimierung und inhaltliche Schwerverständlichkeit

Noch so gekonnter Einsatz der „Verständlichmacher" zur Textoptimierung kann das Problem der inhaltsbedingten Schwerverständlichkeit nicht lösen. Komplizierte rechtliche, medizinische oder technische Zusammenhänge zu verstehen, setzt Fachwissen voraus. Dieses fehlt Laien. In solchen Fällen hilft eine noch so sehr um Verständlichkeit bemühte Sprache nicht weiter. 282

7. Überzeugen

a. Was heißt, „ein Bescheid überzeugt"?

Ein Bescheid überzeugt, wenn der Adressat die darin enthaltenen Fakten, Meinungen und Entscheidungen als richtig akzeptiert. 283

Beispiel: Einem Bürger wird von der Behörde die Fahrerlaubnis entzogen. Dies schmerzt den Bürger, aber er sieht ein, dass die Entscheidung rechtmäßig und gerecht ist.

b. Ist es Aufgabe von Behörden, Bürger zu überzeugen?

Behörden sind durch verfahrensrechtliche Vorschriften des Bundes und der Länder **verpflichtet,** ihre **Entscheidungen,** insbesondere soweit sie Bürger belasten, **zu begründen.** Ist damit auch eine Pflicht verbunden, Bürger von der Richtigkeit der Verwaltungsentscheidungen – diese einmal unterstellt – zu überzeugen? Wohl kaum! Eine solche Pflicht rechtlich den Behörden auf- 284

120 Nützliche Hinweise zur lesefreundlichen Gestaltung finden sich bei *Grosse*, Gestaltung schriftlicher Informationen, VOR 1988, 87.

zuerlegen, würde von ihnen etwas verlangen, was sie manchmal einfach nicht leisten können.

Ob ein Bescheid überzeugt, liegt nicht ausschließlich in der Macht desjenigen, der ihn verfasst. Ob Überzeugung gelingt, ist auch vom Empfänger abhängig. Er kann sich sperren, sich nicht überzeugen lassen wollen oder nicht einsichtsfähig sein. Bei Fehlentscheidungen ist dies sogar geboten.

Die Begründungspflicht umfasst nur die Pflicht, die Voraussetzungen für eine mögliche Überzeugung des Bürgers zu schaffen: Die Behörde muss die Tatsachen nennen, von denen sie ausgeht und die rechtlichen Überlegungen wiedergeben (Rechtsgrundlage angeben, Auslegung, Subsumtion und Ermessensüberlegungen bekannt machen). Ausreichend ist nicht jede Begründung, sondern nur eine, aus der die tragenden Erwägungen erkennbar sind. Je schwerer eine Entscheidung einen Bürger belastet, um so sorgfältiger und ausführlicher sollte der Bescheid begründet werden. Die Berufung auf Gerichtsentscheidungen und Literatur kann einer Begründung Nachdruck verleihen. Begründungen sollen möglichst konkret und fallbezogen sein.

Vorsichtig sollte mit Textbausteinen umgegangen werden. In der Praxis werden aus Bequemlichkeit oder auch um die Adressaten einzuschüchtern unnötig viele und manchmal für die konkrete Rechtslage unpassende Textbausteine verwendet.

Die Begründungspflicht für Bescheide zwingt, **Rechenschaft** über die Entscheidungsüberlegungen **abzulegen und eröffnet** deren **Nachprüfung** durch die Betroffenen und Kontrollinstanzen.

Rechtsstaat und Demokratie-Ideal verlangen nicht, dass es den Behörden gelingt, den Bürger von der Richtigkeit ihrer Entscheidungen zu überzeugen. Es genügt, wenn die Verwaltung die Möglichkeit des „rationalen Diskurses“ zwischen Bürger und Behörde schafft. Der Ausgang dieses Gedankenaustauschs kann darin bestehen, dass der Bürger die Meinung der Behörde übernimmt und akzeptiert, aber auch darin, dass er anderer Meinung ist und sich gegen die Entscheidung wehrt.

Auch wenn keine Rechtspflicht besteht, Bürger von der Richtigkeit von Verwaltungsentscheidungen zu überzeugen, wird der Verwaltungspraktiker oft Bürger zu überzeugen versuchen, sofern er selbst glaubt, richtig zu entscheiden. Er will die **Einsicht des Bürgers** erreichen, weil seine Arbeitszufriedenheit auch von der Akzeptanz seiner Entscheidungen durch die Bürger abhängt und weil Vorgesetzte eine hohe Akzeptanz als Zeichen von Tüchtigkeit des Mitarbeiters zu bewerten pflegen. Der einverstandene Bürger ist angenehmer als der opponierende, er kostet weniger Zeit und Nerven.

Mit überzeugenden Bescheiden kann die Verwaltung etwas gegen Staatsverdrossenheit der Bürger beitragen.

c. Will die Verwaltung überzeugen?

285 Betrachtet man die Bescheide der Verwaltungspraxis, hat man den Eindruck, dass ihr Wille, zu überzeugen, im Allgemeinen nicht besonders groß ist. Die juristisch geprägten Verwaltungsmitarbeiter/innen haben im

Gesetzgeber ein schlechtes Vorbild, dem sie nacheifern: Auch unsere Gesetze sind lapidar, barsch, befehlend, wollen nicht von ihrer Zweckmäßigkeit überzeugen, werben nicht um Einsicht und Verständnis ihrer Adressaten.[121] Es finden sich in vielen Bescheiden schwerverständliche Passagen. Oft wird dem Bürger z. B. der Inhalt von Vorschriften nicht mitgeteilt und kaum oder schwach argumentiert.

Wo die Verwaltung nicht mit dem Bürger verhandeln und etwas aushandeln muss – wie etwa beim Grundstückserwerb von Privaten – sondern einseitig hoheitlich entscheiden kann, ist sie oft nicht besonders motiviert, sich um die Akzeptanz ihrer Entscheidungen zu bemühen.

Wir halten es für erstrebenswert, dass Bürger vernünftige und rechtmäßige Bescheide akzeptieren. Wir sehen es aber keineswegs immer als Misserfolg der Verwaltung an, wenn Überzeugungsbemühungen scheitern und der Bürger auf einem der Behörde entgegen gesetzten Standpunkt verharrt (der ja auch richtig sein kann!).

d. Woran können Überzeugungsversuche scheitern?

Auch wenn ein Verwaltungstext gut gestaltet ist, garantiert dies nicht, dass **286**
er seine Leser überzeugt. Das sollte die Verwaltung aber nicht veranlassen, sich von vornherein gar nicht darum zu bemühen, zu überzeugen. Scheitern Überzeugungsversuche, kann dies am Bürger liegen, nämlich dass er für Appelle und Argumente der Verwaltung verschlossen ist. Oft verschulden aber auch die Behörden, dass ihre Texte nicht akzeptiert werden:

- Die Verwaltung handelt z. B. fehlerhaft, unzweckmäßig oder rechtswidrig und kann daher keine überzeugende Begründung liefern.
- Eine an sich richtige Verwaltungsmaßnahme oder -entscheidung ist nicht oder schlecht begründet.

e. Was fördert Überzeugungsprozesse?

„Die Gedanken sind frei!" – Überzeugung lässt sich nicht erzwingen. Die **287**
Verwaltung sollte auch nicht manipulativ auf Bürger einwirken, um Meinungen und Einstellungen zu beeinflussen. Aber andererseits ist es ihr auch nicht verwehrt, für richtig erachtetes Tun auch mit Hilfe von Überzeugungsstrategien und -taktiken die Zustimmung der Bürger zu erlangen.

Die Komplexität von Überzeugungsprozessen verbietet es, Patentrezepte anzupreisen. Es kann angenommen werden, dass die Chance, dass Verwaltungstexte überzeugen, um so größer ist, je mehr der folgenden Kriterien auf sie zutreffen:

121 So *Wassermann*, Gesetzessprache und politische Kultur, Aus Politik und Zeitgeschichte, B 15/87, S. 19.

288 **Überzeugungsförderliche Eigenschaften eines Textes:**

- leicht verständlich
- höflich, anerkennend, partnerschaftlich, fair
- individuell auf Adressaten eingehend
- Erwartungen entsprechend
- von gleichen Einstellungen und Meinungen ausgehend
- sachlich
- auf richtigen Tatsachen beruhend
- zweckmäßig problemlösend
- rechtmäßig
- glaubwürdig
- einleuchtend, nachvollziehbar und einsichtig argumentierend
- Fachkompetenz erkennen lassend
- Autorität von Gesetzen, Verordnungen, Erlassen, Gutachten, Forschungsergebnissen, Fachautoren heranziehend
- gut beratend
- ansprechendes, sorgfältiges, fehlerfreies Äußeres

289 Soll man auch auf Argumente eingehen, die gegen die eigene Meinung sprechen? Schwächt dies oder stärkt dies die Überzeugungskraft? Die **einseitige Argumentation** erscheint manchen überzeugender. Auf andere wirkt es eher nicht überzeugend, wenn Gegenargumente unterschlagen werden und nicht differenziert auf Gegenargumente eingegangen wird. Dieses Beispiel zeigt, dass es auch auf die Adressaten ankommt, ob Überzeugungsprozesse gelingen. Nach der Rechtsprechung des Europäischen Gerichtshofs darf sich die Verwaltung nicht nur darauf beschränken, die Gründe anzuführen, die *für* ihre Entscheidung sprechen. Sie *muss* auch die Gründe darlegen, die *gegen* ihre Entscheidung eingewendet werden können, sie erwähnen und Pro und Contra abwägen. Sie muss auf abweichende Stellungnahmen in der Rechtsprechung und Literatur eingehen; „Denn nur so wird dem Bürger deutlich, ob eine Klage gegen die Entscheidung der Verwaltung Erfolgschancen hat“.[122]

290 Soweit die Verfasser/innen von Bescheiden sich auf Gerichte und Literaturmeinungen beziehen, sind **wörtliche Zitate** mit Anführungszeichen und korrekter Quellenangabe wiederzugeben. Bei **sinngemäßer Wiedergabe** des Inhalts gelten für die Quellenhinweise die gleichen Regeln. Ob die Quellen in Fußnoten oder im Text erwähnt werden, ist ins Belieben gestellt.

Der Schreib- und Lesefluss spricht unseres Erachtens für eine **Quellenangabe im laufenden Text.** Die Quellen sollen so vollständig bezeichnet werden, dass sie – ihre Zugänglichkeit natürlich vorausgesetzt – leicht aufzufinden und nachzuprüfen sind.

---

122 *A. Bleckmann*, Methoden der Bildung europäischen Verwaltungsrechts, DÖV 1993, 845.

Es ist ein Gebot der Fairness, Meinungen und Gegenmeinungen zu erwähnen. Doch kann dies je nach Adressat den Überzeugungserfolg schmälern, wenn man sich der für den Bürger ungünstigeren Meinung anschließt.

Es scheint, dass in der stark rechtlich geprägten Ausbildung des öffentlichen Dienstes – dies gilt besonders für die Ausbildung der Juristen an den Universitäten – fast ausschließlich auf die Bedeutung der logischen und rationalen Argumentation abgehoben wird und die übrigen „Überzeugungsförderer" nicht ausreichend beachtet werden.

Wir neigen als sachorientierte Menschen in der Verwaltungspraxis oft dazu, **291** die Bedeutung der **emotionalen Seite bei Überzeugungsprozessen** zu unterschätzen und vernachlässigen das individuelle Eingehen auf den einzelnen. Es ist aber nicht immer nur die fehlende Zeit, sondern manchmal auch mangelnde Sensibilität für Überzeugungsprozesse, wenn ausschließlich über rationale Argumente versucht wird, zu überzeugen.

Die Ausklammerung des Menschlichen, des Humanen durch den Staat und Rechtsapparat zeigt sich bei Gesetzgebern wie bei Rechtsanwendern und damit auch in ihren Bescheiden und deren Begründung: „Es herrscht eine spezifische Vernünftigkeit, die am Menschen in seiner konkreten Situation und seinen Schwächen, Nöten und Empfindungen vorbeisieht und damit gerade an dem, was das Menschsein ausmacht."[123]

VII. Rationelle Textverarbeitung und Qualitätsmanagement für Bescheide

Traditionell achten Verwaltungspraktiker/innen, wenn sie Bescheide verfas- **292** sen, vor allem darauf, dass sie möglichst rechtmäßig sind. Die interne und externe Qualitätskontrolle bezüglich der Rechtmäßigkeit von Bescheiden ist gut entwickelt. Im Zeichen leererer öffentlicher Kassen muss aber weiteren Zielen der Bescheidtechnik, nämlich Bescheide sparsam und wirtschaftlich zu produzieren, mehr Gewicht beigemessen werden.

1. Pflicht zur rationellen Arbeit

Die öffentliche Verwaltung kann ihre Pflicht, wirtschaftlich und sparsam **293** zu handeln, nur erfüllen, wenn auch das Personal rationell arbeitet. **Verwaltungsarbeit** ist im Wesentlichen **Informationsverarbeitung,** die in folgenden Stufen abläuft:

- **Aufnahme von Informationen** (Sprache, Texte, Daten, Bilder) aus der **Umwelt** (z. B. Anträge, Wünsche, Anregungen von Bürgern und aus Behörden);

123 *Wassermann*, Gesetzessprache und politische Kultur, Aus Politik und Zeitgeschichte, B 15/87, S. 24.

- Eigentliche **Verarbeitung dieser Informationen** unter Heranziehung schon gespeicherter Informationen wie Akten, Dateien, Karteien, Pläne nach bestimmten Regeln (vor allem Rechtsvorschriften, aber auch Beschlüsse von Gremien) mit bestimmten Arbeitsmitteln;
- **Abgabe des Ergebnisses als neue Information** (z. B. Bescheid, Brief).

Durch organisatorische und personalwirtschaftliche Entscheidungen wird festgelegt, ob alle diese Tätigkeiten an einer Stelle konzentriert oder ob sie auf verschiedene Stellen und Personen aufgeteilt werden (Sachbearbeiter/in, Zuarbeiter/in, Schreibdienst, evtl. auch Vorzimmer).

2. PC-Einsatz, Internet, Intranet und verstärkte E-Mail-Nutzung

294 Die stürmische Entwicklung der Datenverarbeitung hat dazu geführt, dass inzwischen die **Arbeitsteilung** von **Textentwerfen** und **Schreiben** zu Gunsten einer **ganzheitlichen Sachbearbeitung** zurückging.

Fast alle Sachbearbeiterplätze sind heute mit Textsystemen, Terminals oder Kleinrechnern ausgestattet. Sachbearbeiter/innen konzipieren hier nicht mehr nur die zu schreibenden Texte selbst, sondern sie erstellen sie auch selbst. Sie arbeiten im Dialog, greifen auf Daten und Texte zurück, ergänzen die vorhandenen Informationen um individuelle Texte und Daten, drucken und versenden sie.

Informations- und Kommunikationstechnik wird auch zur **Vorbereitung von Bescheiden** eingesetzt.

So lassen sich über interne und externe Datenbanken Vorschriften, Gerichtsentscheidungen und Kommentarauszüge abrufen. Mit Hilfe von frei wählbaren Stichworten werden z. B. Gerichtsentscheidungen mit Leitsätzen und Auszügen aus den Urteilsgründen abgefragt. Voraussetzung einer sinnvollen Nutzung ist es, dass die Benutzer die juristische Problematik überblicken. Bei einer zu engen Wahl von Stichworten laufen sie Gefahr, wichtige Informationen nicht zu bekommen. Der große Vorteil liegt vor allem darin, die neueste Rechtsprechung und Literatur zu bestimmten Fragen zu bekommen. Nur gelegentliche Nutzer vergessen allerdings leicht, wie sie vorgehen müssen.

Wirkten bisher mehrere Personen bei der Erstellung von Bescheiden mit, stellt sich bei dem Einsatz von Informationstechnik die Frage der **Arbeitsorganisation.** Denkbar ist es, alle Arbeit in einer Stelle zu bündeln (Autarkiemodell), also auch auf die bisherigen Unterstützungen durch Hilfskräfte, aber auch auf Eingriffe von oben zu verzichten. Eine andere Lösung ist es, bei vernetzter Kommunikation Kooperationsmodelle zu verwirklichen.

Hier muss geklärt werden, wer welche Arbeitsgänge arbeitsteilig übernimmt, wie z. B. Mitzeichnungen und kooperative Texterstellungen realisiert werden, wer für Reinschriften, die Ablage und den Versand zuständig ist.

Intern und extern hat die E-Mail- und dienstliche Internet- und Intranet-Nutzung enorm zugenommen.

Ihre Vorteile sind offensichtlich: Man kann schnell und kostengünstig informieren und kommunizieren, ist weniger als beim Telefonieren auf die sofortige Erreichbarkeit des Empfängers angewiesen, kommt schnell an Informationen.

Andererseits wird weniger persönlich – von Gesicht zu Gesicht – kommuniziert. Die Organisation, die Verwaltung und Archivierung von E-Mails, die Führung und Zusammenarbeit, die sozialen Beziehungen, Hierarchiestrukturen, die persönlichen Arbeitstechniken und die Selbstorganisation, aber auch die Kommunikationsinhalte und -formen wie die Höflichkeitsformen („Hallo" oder „Guten Tag" ersetzen die förmlichere Anrede) verändern sich. Die Überflutung mit uninteressanten CC-Mails, aber auch mit unerwünschten und nicht heraus gefilterten Spam-Mails, ist ebenso wie die Gefahr von Viren zum Problem geworden.

Die **Sorgfalt beim Formulieren** und **Tippen** lässt zum Teil erheblich nach. **295**
Der Sprachstil wird oft – vor allem organisationsintern – salopper. Man kommt meist ohne lange Einleitung zur Sache. Rechtsfragen wie der Datenschutz und Zugangsberechtigungen zu Informationen stellen sich neu und anders. Internet-Nutzungs- und E-Mail-Regeln müssen aufgestellt werden.[124] Viele Bürger und Kunden erwarten von Behörden, dass sie per E-Mail erreichbar sind, bestimmte Informationen auf ihren Homepages anbieten, dass man Anträge stellen, sich an- und ummelden und Auskünfte bekommen kann. Es wird auch erwartet, dass schnell auf Anfragen und Beschwerden reagiert wird. Schreibfehler und andere Nachlässigkeiten werden wechselseitig eher nachgesehen als bei der papierschriftlichen Kommunikation. Aber auch E-Mails werden vor allem im Verkehr mit Bürgern als „Visitenkarte" der Behörde angesehen.

Auf dem Weg zum E-Government und zur virtuellen Verwaltung wird sich in der Organisation, Arbeitsweise und bei der Bescheiderstellung und Übermittlung von Bescheiden zwischen Bürgern und Verwaltung in den nächsten Jahren noch viel ändern. Die Zahl der Online-Verwaltungsdienstleistungen wird sich erheblich ausweiten, besonders dort, wo die Bürger mitspielen, mit elektronischer Kommunikation einverstanden, mit kompatibler Software ausgestattet und medienkompetent sind und es ökonomisch ist, die neuen Medien zu nutzen.

Gegen die **Übermittlung** von **Bescheiden** durch **E-Mails** bestehen grund- **296**
sätzlich keine Bedenken mehr.[125] Der in elektronischer Form übermittelte Verwaltungsakt ist kein schriftlicher Verwaltungsakt, sondern ist ein „in anderer Weise" erlassener Verwaltungsakt im Sinne des § 37 Abs. 2 Satz 1 VwVfG. Bei dem anzunehmenden Zeitpunkt der **Bekanntgabe** ist zu unterscheiden zwischen Personen, die **nach außen** im Rechtsverkehr mit **ihrer E-Mail-Adresse** auftreten und einen E-Mail-Verwaltungsakt nicht ausdrücklich ausschließen und solchen Personen, die eine **E-Mail-Adresse nur privat** benutzen. Bei nur privater Nutzung von E-Mails gilt die E-Mail erst als bekannt gegeben, wenn der Verwaltungsakt tatsächlich zur Kenntnis genommen wird.

---

124 Vgl. *Zillien/Jäckel*, Regeln gegen den Frust, PERSONAL 3/2004, 26–29.
125 Vgl. *Kremer*, Der E-Mail Verwaltungsakt, VR 2003, 114–116.

Bei offizieller geschäftlicher Nutzung wird die Bekanntgabe wirksam mit dem tatsächlichen Eingang der Mail während der normalen Dienstzeiten der Behörden. Hier wird davon ausgegangen, dass regelmäßig und täglich überprüft wird, ob eine neue Mail eingegangen ist.

Nach § 37 Abs. 3 VwVfG neuer Fassung muss der elektronische Verwaltungsakt die erlassende Behörde erkennen lassen und die Unterschrift oder die Namenswiedergabe des Behördenleiters, seines Vertreters oder seines Beauftragten enthalten. Ist Schriftform angeordnet, wird aber zulässigerweise die elektronische Form verwendet, muss auch das der Signatur zugrunde liegende qualifizierte Zertifikat oder ein zugehöriges Attributzertifikat die erlassende Behörde erkennen lassen.[126]

Die wirksame Übermittlung von Verwaltungsakten per E-Mail ist **ausgeschlossen,** wenn ein **schriftlicher** Verwaltungsakt erlassen werden muss oder die Form einer Urkunde vorgeschrieben ist.[127] Gemäß § 41 Abs. 2 VwVfG n. F. gilt ein elektronisch übersandter Verwaltungsakt am dritten Tag nach seiner Absendung als bekannt gegeben. Unklarheiten über den Zugangszeitpunkt gehen zu Lasten der erlassenden Behörde.

3. Wirtschaftlichkeitsüberlegungen

297 Aussagen über die Wirtschaftlichkeit des Einsatzes von moderner Informations- und Kommunikationstechnik sind schwierig, zumal auch nicht in Geld ausdrückbare wichtige Vorteile bei der Nutzen-Kosten-Betrachtung eine Rolle spielen.

4. Empfehlungen zur persönlichen Arbeitstechnik

a. Checkliste Nutzung von PCs

298 Wir empfehlen, Ihre persönlichen Arbeitstechniken von Zeit zu Zeit auch in Bezug auf Ihre Informationsverarbeitung, also auch beim Anfertigen von Bescheiden, kritisch zu prüfen.

Die folgende **Checkliste** kann Ihnen dafür Anhaltspunkte geben:

Checkliste: Persönliche rationelle Textverarbeitung

(1) Ist ein **Text** überhaupt **notwendig** (genügt nicht ein Gespräch oder Telefonat)?

(2) Formuliere ich **zielgerichtet**?

(3) Fasse ich meine Texte so **kurz** wie möglich, jedoch verständlich?

(4) Drücke ich mich so **klar und prägnant** aus, dass Folgeschriftverkehr oder andere „Nacharbeit“ unwahrscheinlich ist?

---

126 Zur Signaturproblematik vgl. *Ganßer*, Organisatorische Aspekte der Einführung der elektronischen Signatur, Verwaltung und Management, 2/2003, 89–95.

127 *Kremer*, Der E-Mail Verwaltungsakt, VR 2003, 115.

(5) **Schreibe ich bestimmte Textsorten selbst,** statt umständlich den Schreibdienst zu bemühen?

(6) Ist eine **handschriftliche Mitteilung** evtl. die schnellste?

(7) Antworte ich – wenn angemessen – durch **Kurzmitteilungen oder Urschriftantworten/ Blitzantworten?**

(8) Verwende ich vorhandene (brauchbare) **Formulare?**

(9) **Setze ich zur Textbearbeitung** (= mehrfache Überarbeitung von Texten) **Textsysteme** ein?

(10) Handle ich nach dem Prinzip **„Vervielfältigen statt abschreiben!"**?

(11) Nutze ich das **Fax?**

(12) **Maile** ich?

b. Qualitätsmanagement, -kontrolle und -sicherung und Bescheidtechnik

Bürger und öffentliche Verwaltung dürften sich grundsätzlich einig sein: 299
Die Bescheide und deren Erstellungsprozesse sollten hohen Anforderungen genügen. In modernen Unternehmen wird die Qualität der Produkte (Waren oder Dienstleistungen) nicht erst im Nachhinein kontrolliert, sondern von Anfang an geplant und produziert. Alle Maßnahmen, die einen befriedigenden Standard sicherzustellen helfen, werden im Begriff **Qualitätsmanagement** zusammengefasst.

Qualitätsmanagement umfasst: Ergebnisqualität, Prozessqualität, Strukturqualität, Potenzialqualität, Interaktionsqualität und Wirkungsqualität. Umgesetzt auf die schriftlichen Äußerungen der Behörden und Agenturen bedeutet dies:

Das Personal erfüllt die berechtigten und erfüllbaren Wünsche und Erwartungen ihrer „Kunden":

Die Behörde ist mit Hilfe moderner Informations- und Kommunikationstechniken wie E-Mail, Fax, Anrufbeantworter, Internet gut erreichbar und nutzt diese Technik optimal (**Interaktionsqualität**). Die einzelnen Zuständigkeiten sind nach Lebenslagen so gebündelt, dass die Bürgerinnen und Bürger in einer Angelegenheit möglichst nur einen Ansprechpartner haben (**Strukturqualität**). Das Personal ist gut ausgebildet, wird laufend fortgebildet, wird gut ausgewählt und ist motiviert, verantwortungsbereit und entscheidungsfreudig (**Potenzialqualität**). Die Geschäftsprozesse sind in allen Phasen optimal. Es wird von der ersten Begegnung an auf Qualität geachtet, so bei der Anhörung der Bürger, beim Ermitteln des Sachverhalts, bei der Prüfung der Rechtslage, bei der Suche nach zweck- und rechtmäßigen Lösungen, beim Erklären und Beraten, beim Abfassen von Briefen, Mails, Bescheiden (**Prozessqualität**). Die Ergebnisse, der Output, – wie Hinweise, Auskünfte, Entscheidungen – entsprechen den Qualitätserwartungen (**Ergebnisqualität**). Schließlich werden auch die gewünschten qualitativen Wirkungen – z. B. Einsicht und Akzeptanz der Bürger von Entscheidungen, Befolgung von Anordnungen, vollständiges und schnelles Einreichen von Unterlagen – erreicht (**Wirkungsqualität**).

Verantwortlich für die verschiedenen Qualitäten sind außer den Verfasser/innen von Bescheiden und anderen schriftlichen oder elektronischen Mitteilungen die Vorgesetzten, daneben aber auch Querschnittseinheiten wie Organisation/Marketing/Öffentlichkeitsarbeit/ Personal/Kämmerei und die Leitungen der Behörden, die günstige personelle, finanzielle und organisatorische Voraussetzungen für Qualität schaffen und zur Qualität motivieren müssen.

Die **interne Qualitätskontrolle** von Bescheiden scheint sich noch zu sehr und ausschließlich auf die Rechtmäßigkeit als Qualitätskriterium mit Blick auf Widerspruchsbehörden und Gerichte zu konzentrieren. Leichtverständlichkeit, Überzeugungskraft, kostengünstige Erstellung sind bisher weniger im Blickfeld der Bemühungen, „hochwertige Produkte" – also hier gute Bescheide – zu sichern. Vorgesetzte, die in der Sicherung der Qualität der Bescheide ihrer Mitarbeiter eine Führungsaufgabe sehen, haben keinen leichten Stand, zumal sich über die Standards und die Qualitätsurteile oft streiten lässt. Eine höhere Stellung in der Hierarchie bürgt nicht zwingend dafür, dass auch deren Bescheide „höherwertig" sind. Haben nur Vorgesetzte das Recht, Qualität zu bewerten? Korrigierende Eingriffe von oben werden leicht als „autoritär" und nicht mehr zeitgemäß angesehen. In Fortbildungen in Bescheidtechnik mit Praktikern verschiedener Hierarchiestufen zeigt sich, dass die Nachgeordneten die Eingriffe von Vorgesetzten manchmal als „Verschlimmbesserungen" erachten. Vorgesetzten-Schreiben sind nicht notwendig nachzuahmende Vorbilder, auch wenn dies Vorgesetzte oft meinen und verlangen, dass Nachgeordnete ihrem Stil nacheifern.

300 **Die Qualitätsansprüche der Verbraucher** – der Adressaten – von Bescheiden scheinen zu steigen. Aber immer noch finden sich erstaunlich viele Bescheidempfänger resigniert mit schlechter Qualität ab.

Bei Dienstleistungen beeinflussen auch deren Abnehmer die Qualität. Durch ihre Forderungen nach Qualität und ihre kooperative oder eher destruktive oder aggressive Mitwirkung im Entscheidungsprozess wird die Qualität des Endprodukts Bescheid mitgeprägt. Anders als bei der Produktion von Waren, die meist ohne Mitwirkung der Abnehmer anonym und auf Vorrat hergestellt werden, wirken im Produkterstellungsprozess bei persönlichen Dienstleistungen die Betroffenen mit, können sie die „Gebrauchsfähigkeit der Entscheidungen" durch ihre Angaben und Forderungen beeinträchtigen oder fördern.

In Behörden herrscht über die **„Qualitätspolitik"** nicht notwendig Einigkeit. Was verlangt „Bürgernähe" und „Bürgerorientierung" als Leitbild? Wertkonflikte und Bewertungskonflikte sind wahrscheinlich, wenn es darum geht, welche Anforderungen zu erfüllen und ob sie konkret erfüllt sind. Hinzu kommen Zielkonflikte: Wer inhaltlich und formal hochwertige Bescheide erstellt, kommt schnell mit der Forderung nach schneller und wirtschaftlicher Produktion von Bescheiden in Konflikt. Was soll Vorrang haben, wo liegt der angemessene Kompromiss zwischen Sorgfalt und Schnelligkeit?

Es ist zu hoffen, dass sich die **Bescheidtechnik in Lehre und Praxis weiter entwickelt zu einem umfassenden Text- und Bescheid-Qualitäts-Management.**[128] Hierzu sind vielerlei Anstrengungen und Aktivitäten erforderlich: Es sollten regelmäßig Bürgerbefragungen stattfinden, wie die Bürger die Bescheidqualität sehen. Es sollte also u. a. regelmäßig gefragt werden, ob die Vorgehensweise vor Erlass von Bescheiden den Bürgerwünschen entspricht, ob die Bescheide und anderen Texte verständlich und überzeugend, persönlich und freundlich gehalten sind. Ferner sollte beim Personal nachgefragt, ob die Rahmenbedingungen, Qualität zu erbringen, ausreichend sind. Die vom Personal erwarteten Qualitätsstandards sollen in Leitbildern, Geschäftsanweisungen, Dienstordnungen, Rundschreiben, Hinweisen für neue Mitarbeiter vermittelt werden. Durch Aus- und Fortbildung sollen die fachlichen, aber auch von sozialen und kommunikativen Kompetenzen des Personals entwickelt werden, damit das Personal befähigt ist, Kommunikations-Qualität zu erreichen. Die organisatorischen, finanziellen, technischen und räumlichen Rahmenbedingungen, um Qualität zu realisieren, müssen geschaffen werden. Schließlich sind die Führungskräfte anzuhalten, die Qualitätsanstrengungen ihrer Mitarbeiter zu fördern. Sie müssen auch selbst Qualitätsvorbild sein, bürgerfreundliches Verhalten ihrer Mitarbeiter anerkennen und bestärken und Qualitätsmängel notfalls rügen.

E. Literaturhinweise

Zur weiteren Vertiefung wird, neben den in diesem Buch zitierten und im Literaturverzeichnis aufgeführt Veröffentlichungen, auf die folgenden Zeitschriften, Bücher u. Ä. verwiesen:

I. Zeitschriften (mit Fallteil)

- *Ausbildung, Prüfung, Fortbildung,* Zeitschrift für die staatliche und kommunale Verwaltung (Abk.: APF – vorwiegend für Bayern) 301
- *Bayerische Verwaltungsblätter,* Zeitschrift für öffentliches Recht und öffentliche Verwaltung (Abk.: BayVBl.)
- *Deutsche Verwaltungspraxis,* Fachzeitschrift für Wissenschaft und Praxis in der öffentlichen Verwaltung (Abk.: DVP)
- *Jura,* Juristische Ausbildung
- *Juristische Arbeitsblätter,* Für Ausbildung, Examen, Fortbildung (Abk.: JA)
- *Juristische Schulung,* Zeitschrift für Studium und Ausbildung (Abk.: JuS)

128 Vgl. *Schweickhardt/Vondung*, Rn. 566 f.

- *Verwaltungsrundschau,* Zeitschrift für Verwaltung in Praxis und Wissenschaft (Abk.: VR)
- *Verwaltungsblätter für Baden-Württemberg,* Zeitschrift für öffentliches Recht und öffentliche Verwaltung (Abk.: VBlBW)

II. Bücher, Artikel, Internet

302 – *BBB, B*undesstelle für Büroorganisation und Bürotechnik, Arbeitsgerechte und bürgernahe Vordrucke, BBB-Merkblatt M 17/1, 3. Auflage, 1995
- BVA, Behördenschreiben werden verständlicher (Info 1827, September 2004); www.bva.bund.de/aufgaben/win/beitraege/00320/index.html
- Gedaschko, Landkreis Harburg: Verständliche Briefe machen die Verwaltung bürgernah, innovative Verwaltung 3/2004, S. 29, 30
- *Joerger,* Text-Qualitätsmanagement verbessert Verwaltungsprodukte und steigert Kundenzufriedenheit, Controlling in der öffentlichen Verwaltung, Freiburg 2004; S. 591–611
- *Joerger*, Ein weites Feld für mehr Qualität: Behördenschreiben, „Bescheidtechnik“ zum „Text-Qualitäts-Management“ ausbauen, Festschrift zum 30-jährigen Bestehen der Fachhochschule Kehl, Hochschule für öffentliche Verwaltung (Hrsg.), Baden-Baden 2003, S. 224–236
- *Schweickhardt/Vondung*, Allgemeines Verwaltungsrecht, 9. Auflage 2010, Rn. 566–618
- *Kals,* Einer muss sich plagen, der Schreiber oder der Leser, Internet-Recherche, www.faz.net/s (Stand: 7.11.2004)
- *Schneider,* Deutsch für Profis, 1999
- *Volkert*, Die Verwaltungsentscheidung, 4. Auflage, 2002

Internet-Abrufe

- www.hannover.de/data
- www.bmi.bund.de

Zweiter Teil: Fälle und Lösungen zur Methode des Gutachtens

Fall 1: „Genehmigung einer Werbeanlage"

(Bauordnungsrecht, Subsumtionsverfahren)

A. Sachverhalt

A möchte die Hauswand seines Lebensmittelladens, in dem sich auch seine Wohnung befindet, für 10 Jahre einer Getränkefirma zur Werbung für deren Produkte zur Verfügung stellen. Die Hauswand soll im Ausmaß von 3 x 2 m mit dem Bild einer hübschen Dame bemalt und mit dem Namen des angepriesenen Produkts beschriftet werden. Die Firma verspricht sich einen besonderen Werbeeffekt, weil die Hauswand von der Hauptverkehrsstraße aus gut zu sehen ist und das Haus in einem als allgemeines Wohngebiet ausgewiesenen Bebauungsplangebiet i. S. d. § 30 Abs. 1 BauGB liegt. A erhofft sich ein hohes Entgelt. 303

Von einem Bekannten erhält er den Hinweis, dass sein Vorhaben möglicherweise einer baurechtlichen Genehmigung bedürfe.
Um sicherzugehen, ruft er auf der für seine Gemeinde zuständigen unteren Baurechtsbehörde an und bittet um Auskunft, ob er für die vorgesehene Bemalung und Beschriftung eine baurechtliche Genehmigung braucht.

Der Sachbearbeiter erklärt, er müsse diese Frage zunächst selbst überprüfen, und sagt zu, er werde am nächsten Tag zurückrufen.
Sie sind Mitarbeiter des Baurechtsamts und erhalten den Auftrag, ein Gutachten zu der gestellten Frage zu erarbeiten.

B. Vorbemerkung zu Fall 1

Es ist ein Gutachten zu der Frage zu erstellen, ob die Bemalung und Beschriftung einer baurechtlichen Genehmigung bedarf. Es geht also nicht um die baurechtliche Zulässigkeit, sondern ausschließlich um die Genehmigungspflicht. 304

Der Einstieg in die Falllösung bietet keine Schwierigkeiten, wenn man Grundkenntnisse des Bauordnungsrechts besitzt. Die **Genehmigungspflicht** ist in der **Landesbauordnung** von Baden-Württemberg geregelt. Zum

Ergebnis tastet man sich vor, indem man exakt subsumiert. Sofern **Auslegungsschwierigkeiten** auftreten, sollten Sie daran denken, dass im Bauordnungsrecht viele Begriffe legal definiert sind.[1]

Bei der Planung der Darstellung ist zur Übung am Anfang empfehlenswert, sich vorzunehmen, die Methodik der gutachtlichen Fallbearbeitung streng zu beachten (vgl. oben Rn. 21 ff.).

Das wirkt sich auch auf die Niederschrift aus. Sie darf in diesem Fall stilistisch mangelhaft sein; sie sollte aber die logischen Schritte deutlich machen. An diesem Ziel orientiert sich auch der Lösungsvorschlag. Er stellt bewusst den konditionalen und hypothetischen Einstieg übertrieben dar. Die Klammerzusätze im Lösungsvorschlag erläutern den Rechtsanwendungs- und Auslegungsvorgang.

C. Lösungsvorschlag zu Fall 1

305 Eine Genehmigung ist dann erforderlich, wenn es sich um ein nach § 49 LBO genehmigungspflichtiges Vorhaben handelt (oder: es könnte sich um ein nach § 49 LBO genehmigungspflichtiges Vorhaben handeln).

1. Nach § 49 LBO sind Vorhaben dann genehmigungspflichtig, wenn sie bauliche Anlagen sind und keine Ausnahme nach §§ 50, 51, 69 oder 70 LBO gegeben ist. Also ist zunächst zu prüfen, ob die Beschriftung und Bemalung eine bauliche Anlage darstellt.

1.1 Was man unter einer baulichen Anlage zu verstehen hat, ergibt sich aus § 2 Abs. 1 LBO. Danach liegt eine bauliche Anlage dann vor, wenn etwas aus Bauprodukten hergestellt und unmittelbar mit dem Erdboden verbunden ist.

1.2 Bei der Werbebemalung und -beschriftung fehlt es zwar nicht an einer festen Verbindung mit dem Erdboden. Sie wird jedoch über die Hauswand vermittelt und ist deshalb nicht „unmittelbar". Außerdem ist sie nicht aus Bauprodukten hergestellt. Bauprodukte sind gem. § 2 Abs. 10 LBO Baustoffe, Bauteile und Anlagen, die dazu bestimmt sind, in baulichen Anlagen dauerhaft eingebaut zu werden, sowie aus Baustoffen und Bauteilen vorgefertigte Anlagen. Diese Voraussetzungen liegen bei einer bloßen Bemalung und Beschriftung mangels „Körperlichkeit" nicht vor. Vielmehr handelt es sich bei der Bemalung und Beschriftung lediglich um die Gestaltung einer baulichen Anlage (Haus).

1.3 Also ist die Beschriftung und Bemalung keine bauliche Anlage.

---

1 Zur Legaldefinition vgl. *Blasius/Büchner*, S. 116, 140; zur Auslegung allgemein: *Schweickhardt/Vondung*, Rn. 166 ff.

2. Nach § 49 LBO unterliegen auch andere Anlagen und Einrichtungen dann der Genehmigungspflicht, wenn sie in § 50 LBO genannt sind, aber diese Vorschrift sie gerade nicht von der Genehmigungspflicht befreit.

Möglicherweise handelt es sich hier um eine Werbeanlage gem. § 50 Abs. 1 LBO i. V. m. Nr. 9a des Anhangs zu § 50 Abs. 1 LBO. Also ist zunächst zu untersuchen, ob die Bemalung und Beschriftung unter den Begriff der Werbeanlage i. S. d. § 2 Abs. 9 LBO fällt.

2.1 Gemäß § 2 Abs. 9 LBO ist die Bemalung und Beschriftung dann eine Werbeanlage, wenn sie als „örtlich gebundene Einrichtung, die der Ankündigung oder Anpreisung oder als Hinweis auf Gewerbe oder Beruf dient“, anzusehen ist.

2.1.1 Fraglich könnte sein, ob unter diese Definition auch eine Bemalung oder Beschriftung fällt.

2.1.2 § 2 Abs. 9 Satz 2 LBO sagt ausdrücklich, dass auch Beschriftungen und Bemalungen örtlich gebundene Einrichtungen im soeben dargestellten Sinne sind.

2.1.3 Also ist dieses Merkmal der Werbeanlage erfüllt.

2.2 Um Werbeanlage zu sein, muss die örtlich gebundene Einrichtung außerdem vom öffentlichen Verkehrsraum aus sichtbar sein.

2.2.1 Der Begriff „öffentlicher Verkehrsraum“ ist aus sich heraus verständlich.

2.2.2 Laut Sachverhalt ist die Hauswand, auf der die Beschriftung und Bemalung angebracht werden soll, von der Hauptverkehrsstraße aus gut zu sehen. Eine Hauptverkehrsstraße ist öffentlicher Verkehrsraum.

2.2.3 Also entspricht die Beschriftung und Bemalung auch insoweit den Merkmalen einer Werbeanlage; somit handelt es sich bei dem Vorhaben um eine in § 50 Abs. 1 LBO i. V. m. Nr. 9a des Anhangs zu § 50 Abs. 1 LBO aufgeführte andere Anlage.

3. Nunmehr ist im Rahmen des § 49 i. V. m. § 50 Abs. 1 LBO weiter zu prüfen, ob die beabsichtigte Bemalung und Beschriftung gem. § 50 LBO i. V. m. dessen Anhang genehmigungsfrei ist.

3.1 Genehmigungsfreiheit kann nach Nr. 9a des Anhangs nur bestehen, wenn die Werbeanlage im Innenbereich liegt.

3.1.1 Was unter „Innenbereich“ zu verstehen ist, ergibt sich nicht aus der LBO. Bauplanungsrechtlich (BauGB) wird jedoch der „Innenbereich“ abgegrenzt vom „Außenbereich“. Danach handelt es sich in den Fällen von § 30 Abs. 1 und 2 und § 34 BauGB um „Innenbereich“. In den ersten beiden Fällen wird der Innenbereich durch den qualifizierten oder den vorhabenbezogenen Bebauungsplan, also normativ, im dritten Fall durch die tatsächlich vorhandene Bebauung, also faktisch, bestimmt. Alle Grundstücke, die nicht in diesem Bereich liegen, gehören zum „Außenbereich“.

3.1.2 Die Bemalung und Beschriftung soll an einer Hauswand angebracht werden, die in einem Bebauungsplangebiet i. S. d. § 30 Abs. 1 BauGB liegt.

3.1.3 Also befindet sich die geplante Werbeanlage in einem (qualifiziert) beplanten Innenbereich.

3.2 Genehmigungsfreiheit i. S. d. Nr. 9a des Anhangs zu § 50 Abs. 1 LBO setzt weiter voraus, dass die Werbeanlage maximal 1 m^2 Ansichtsfläche hat.

3.2.1 1 m^2 ist ein bestimmter Rechtsbegriff, der keine Auslegungsschwierigkeiten bereitet.

3.2.2 Die Werbeanlage ist 6 m^2 groß.

3.2.3 Also übersteigt sie das genehmigungsfreie Maß.

3.3 Eine Genehmigungsfreiheit nach Nr. 9c der Anlage kommt ebenfalls nicht in Betracht. Danach ist eine Werbeanlage genehmigungsfrei, wenn sie insbesondere vorübergehend an der Stätte der Leistung angebracht wird.

3.3.1 „Vorübergehend" kann nur einen Zeitraum von kurzer Dauer umfassen.

3.3.2 Eine Dauer von 10 Jahren ist nicht mehr kurz.

3.3.3 Also soll die Werbeanlage nicht nur vorübergehend angebracht werden. Ob auch das Merkmal „an der Stätte der Leistung" erfüllt ist, kann deshalb dahingestellt bleiben.

4. Nunmehr ist im Rahmen des § 49 LBO zu prüfen, ob die Genehmigungspflicht entfällt, weil das Vorhaben gem. § 51 LBO kenntnisgabefähig ist (vgl. auch § 51 Abs. 6 LBO).

4.1 Die Werbeanlage könnte als Änderung eines Wohngebäudes im Sinne des § 51 Abs. 1 Nr. 1 LBO oder als Nebenanlage zu einem solchen Wohngebäude im Sinne des § 51 Abs. 1 Nr. 4 LBO kenntnisgabefähig sein. Voraussetzung ist in beiden Fällen, dass es sich bei dem Gebäude des A um ein Wohngebäude handelt.

4.2 Was unter einem Wohngebäude zu verstehen ist, ergibt sich aus § 2 Abs. 3 LBO. Danach dürfen in einem Wohngebäude außer Wohnungen allenfalls Räume für die Berufsausübung freiberuflich oder in ähnlicher Art Tätiger sowie die zugehörigen Garagen und Nebenräume vorhanden sein.

4.3 Im Gebäude des A wird ein Lebensmittelladen betrieben. Diese Tätigkeit zählt nicht zu den freiberuflichen oder ihnen ähnlichen Tätigkeiten.

4.4 Also zählt die Werbeanlage auf der Hauswand nicht zu den kenntnisgabefähigen Anlagen.

Ergebnis: Da es sich um eine Werbeanlage i. S. d. Nrn. 9a, 9c des Anhangs zu § 50 Abs. 1 LBO i. V. m. § 2 Abs. 9 LBO handelt, die Voraussetzungen für die Genehmigungsfreiheit und die Kenntnisgabefähigkeit jedoch nicht vorliegen, ist das Vorhaben nach § 49 Alt. 2 LBO genehmigungspflichtig.

A bedarf also für die vorgesehene Bemalung und Beschriftung einer baurechtlichen Genehmigung.

Fall 2: „Die Benutzung der Sporthalle“

(Kommunalrecht, Abgrenzung öffentliches Recht – privates Recht, Bedeutung der Abgrenzung, Begriff des Verwaltungsakts, Bedeutung des Verwaltungsakts, Subsumtionsverfahren)

A. Sachverhalt

Eine baden-württembergische Stadt mit 14 000 Einwohnern besitzt eine große Sporthalle. Sie dient bisher neben sportlichen Zwecken auch kulturellen Veranstaltungen. Auch der Kleintierzüchterverein e. V. des Ortes veranstaltete dort jedes Jahr seine Geflügelausstellungen. Nunmehr beschloss der Gemeinderat, die Sporthalle nur noch für sportliche Zwecke und für gesellige Abendveranstaltungen (Vereinsfeste, Konzerte, Theater) zu vermieten. Als der Vorstandsvorsitzende des Kleintierzüchtervereins e. V. beim Bürgermeisteramt beantragte, dem Verein für die diesjährige Geflügelausstellung die Sporthalle zur Verfügung zu stellen, lehnte der Bürgermeister diesen Antrag ab. Daraufhin ging ein Schreiben des Vorstandsvorsitzenden ein, in dem er Widerspruch gegen die Entscheidung des Bürgermeisters einlegte. 306

Der Bürgermeister meint, der Widerspruch sei schon deshalb erfolglos, weil es sich bei der Vermietung der Halle um eine privatrechtliche Maßnahme handele. Nehmen Sie gutachtlich zu dieser Auffassung Stellung!

B. Vorbemerkung zu Fall 2

Auch der Fall 2 bietet kaum rechtliche Schwierigkeiten; er dient in erster Linie dazu, den Einstieg in die Falllösung und das logische Verfahren zu üben. 307

Wenn Sie den Sachverhalt durchlesen und sehen, dass es um die Erfolgsaussichten eines Widerspruchs geht, mögen Sie versucht sein, gleich auf ein Schema zurückzugreifen (vgl. Rn. 183).

Würden Sie dieser Versuchung erliegen, hätten Sie die Aufgabe nicht richtig erfasst. Ausgangspunkt muss hier die Fragestellung sein, die sich hinter der

Auffassung des Bürgermeisters verbirgt. Richtig verstanden lautet die Frage daher: Trifft die Auffassung des Bürgermeisters zu?

Findet man auf diese Fragestellung einen Obersatz, dessen Folgeanordnung eine Antwort auf die gestellte Frage enthält, so ist der weitere Lösungsweg nach dem logischen Verfahren vorgezeichnet (vgl. Rn. 33 ff.). Es bedarf dann noch der Lektüre des **§ 68 VwGO** oder der Kenntnisse von der **Bedeutung des Verwaltungsakts.**[1] Außerdem sind Kenntnisse von der **Abgrenzung** des **öffentlichen Rechts** vom **privaten Recht**[2] und von der Regelung in der Gemeindeordnung über die **Zulassung** zur **Benutzung öffentlicher Einrichtungen** erforderlich, um die Aufgabe lösen zu können.

Im Lösungsvorschlag wird bewusst dargestellt, wie man kurz Probleme, die am Rande liegen, erwähnen kann, um zu zeigen, dass man mit ihnen vertraut ist (**Hilfstheorien; Zwei-Stufen-Theorie**[3]). Durch solche knappen Erläuterungen zeigen Sie, dass Sie auch Randfragen erkennen, aber zwischen Wichtigem und Unwichtigem unterscheiden können.

C. Lösungsvorschlag zu Fall 2

308 Die Auffassung des Bürgermeisters ist dann richtig, wenn ein Widerspruch nur im Zusammenhang mit öffentlich-rechtlichen Maßnahmen möglich ist und die Vermietung der Sporthalle keine öffentlich-rechtliche Maßnahme darstellt.

1. Es ist deshalb zunächst zu prüfen, ob sich die Widerspruchsmöglichkeit auf öffentlich-rechtliche Maßnahmen beschränkt.

1.1 Worauf sich ein Widerspruch beziehen kann, ergibt sich aus § 68 VwGO. Danach ist ein Vorverfahren nur im Zusammenhang mit Verwaltungsakten notwendig und zulässig.[4] Ein Widerspruch ist somit dann auf öffentlich-rechtliche Maßnahmen beschränkt, wenn ein Verwaltungsakt begriffsnotwendig eine öffentlich-rechtliche Maßnahme ist.

1.2 § 35 Satz 1 LVwVfG setzt als Legaldefinition fest, dass es sich bei einem Verwaltungsakt um eine Maßnahme auf dem Gebiet des öffentlichen Rechts handeln muss. „Auf dem Gebiet des öffentlichen Rechts" bedeutet, dass die Maßnahme sich auf eine öffentlich-rechtliche Rechtsgrundlage stützt.[5]

---

1 Vgl. *Schweickhardt/Vondung*, Rn. 208 ff.
2 Vgl. *Schweickhardt/Vondung*, Rn. 39 ff.
3 Vgl. *Schweickhardt/Vondung*, Rn. 56 ff.
4 *Büchner/Schlotterbeck*, Verwaltungsprozessrecht, Rn. 253; Bosch/*Schmidt*, Praktische Einführung in das verwaltungsgerichtliche Verfahren, § 26 IV.
5 *Schweickhardt/Vondung*, Rn. 219.

1.3 Daraus folgt, dass ein Widerspruch nur zulässig ist, wenn es sich bei der Bescheidung des Antrags um eine öffentlich-rechtliche Maßnahme handelt.

2. Ob der Bürgermeister mit seiner Auffassung richtig liegt, hängt also davon ab, ob die Entscheidung über die Zulassung zur Benutzung der Sporthalle tatsächlich eine privatrechtliche Maßnahme darstellt. Öffentlich-rechtlich ist die Maßnahme dann, wenn die Rechtsvorschrift, die diesen Vorgang regelt, dem öffentlichen Recht angehört.

2.1 Zu prüfen ist daher zunächst, kraft welcher Rechtsvorschrift entschieden wird, ob der Verein die Sporthalle benutzen darf. In Frage kommt hier § 10 Abs. 2 Satz 2 GemO.

Bei der Sporthalle handelt es sich um eine öffentliche Einrichtung i. S. d. § 10 Abs. 2 GemO.[6] Allerdings lässt sich ein eingetragener Verein (vgl. §§ 21 ff., 55 ff. BGB) nicht unter dem Begriff „Einwohner" subsumieren. § 10 Abs. 4 GemO erklärt § 10 Abs. 2 GemO jedoch auch auf juristische Personen für anwendbar. Ein eingetragener Verein ist eine juristische Person (vgl. § 21 BGB). Also beantwortet § 10 Abs. 2 GemO die Frage, ob der Kleintierzüchterverein zur Benutzung der Sporthalle zugelassen wird.

2.2 Als nächstes ist zu untersuchen, ob § 10 Abs. 2 Satz 2 GemO dem öffentlichen Recht oder dem privaten Recht zuzuordnen ist. Dabei lassen sich die für die Qualifizierung von Rechtssätzen entwickelten Theorien heranziehen.

2.2.1 Nach der **Subjektionstheorie** liegt öffentliches Recht vor, wenn der zu qualifizierende Rechtssatz zwischen den Beteiligten ein Über- und Unterordnungsverhältnis erzeugt, d. h. wenn der Hoheitsträger einseitig regelnd in die Rechte des Betroffenen eingreifen kann.[7]

Da es sich bei der Zulassung zu einer öffentlichen Einrichtung um eine Maßnahme der Daseinsvorsorge[8] handelt, könnte es fraglich sein, ob ein Über- und Unterordnungsverhältnis besteht. Entscheidend ist hier, dass die Gemeinde einseitig, ohne mitwirkende Gestaltungsmöglichkeiten des Antragstellers, über die Zulassung zu entscheiden hat. Insoweit liegt also nach der Subjektionstheorie öffentliches Recht vor.

2.2.2 Nach der **Interessentheorie** liegt öffentliches Recht vor, wenn der zu qualifizierende Rechtssatz Gesamtinteressen, d. h. das Allgemeinwohl betrifft.[9]

Die Regelung über die Zulassung zur Benutzung einer öffentlichen Einrichtung dient sowohl dem Gesamtinteresse, Einrichtungen für kulturelle,

---

6 Unproblematisch – deshalb so knapp. Ob tatsächlich ein Anspruch aus § 10 Abs. 2 Satz 2 i. V. m. § 10 Abs. 4 GemO besteht, braucht bei der gegebenen Fragestellung nicht untersucht zu werden.

7 Vgl. *Schweickhardt/Vondung*, Rn. 46.

8 Vgl. *Kock/Stüwe/Wolffgang/Zimmermann*, S. 383.

9 *Schweickhardt/Vondung*, Rn. 45.

sportliche und andere Zwecke des Gemeinwohls nutzen zu können, als auch den Individualinteressen des einzelnen Antragstellers. Die Interessentheorie bietet daher keine klare Abgrenzungsmöglichkeit.

2.2.3 Nach der neueren (modifizierten) **Subjektstheorie** (Sonderrechtstheorie) liegt öffentliches Recht vor, wenn der zu qualifizierende Rechtssatz ausschließlich einen Träger hoheitlicher Gewalt – also nicht jedermann – berechtigt oder verpflichtet, der Rechtssatz also ausschließlich dem Staat zuzuordnen ist (deswegen auch „Zuordnungstheorie“ genannt).[10]

Durch § 10 Abs. 2 Satz 2 GemO wird ausschließlich die Gemeinde verpflichtet, den Einwohnern die Benutzung öffentlicher Einrichtungen zu gestatten. Da die Gemeinde ein Träger hoheitlicher Gewalt ist, handelt es sich nach dieser Theorie um öffentliches Recht.

2.2.4 Auf die Möglichkeit, dass nach der Entscheidung über die Zulassung ein privatrechtlicher Vertrag gem. §§ 535 ff. BGB abgeschlossen wird und somit ein zweistufiges Rechtsverhältnis entsteht, braucht hier nicht eingegangen zu werden.[11]

2.3 Nachdem die Rechtsgrundlage, nach der über die Zulassung zu entscheiden ist, dem öffentlichen Recht zuzurechnen ist, ist die Entscheidung selbst eine öffentlich-rechtliche Maßnahme.[12, 13]

Ergebnis: Es trifft zwar zu, dass ein Widerspruch nur gegen öffentlich-rechtliche Maßnahmen (Verwaltungsakte) zulässig ist. Bei der Entscheidung über die Zulassung zur Benutzung einer gemeindlichen Sporthalle handelt es sich jedoch um eine öffentlich-rechtliche Maßnahme. Insofern ist die Auffassung des Bürgermeisters falsch.

---

10 *Schweickhardt/Vondung*, Rn. 47.

11 *Schweickhardt/Vondung*, Rn. 56; *Schweickhardt/Vond*ung, Rn. 219.

12 Ob die Maßnahme die übrigen Merkmale der VA-Definition erfüllt, ist bei der eingegrenzten Fragestellung unerheblich, im Übrigen unproblematisch zu bejahen.

13 Merke jedoch: Wenn die Handlungsform der Verwaltung eindeutig ist (Überschrift „Verwaltungsakt“, „Bescheid“ oder Rechtsbehelfsbelehrung angefügt ist), dann ist immer Widerspruch möglich. Wenn die Behörde dann tatsächlich nicht durch VA hätte entscheiden dürfen (z. B. Kündigung eines Pachtvertrages durch VA), ist der Widerspruch nicht nur zulässig, sondern auch – mangels Ermächtigungsgrundlage zum Erlass eines VA – begründet!

Fall 3: „Der verschuldete Bäcker“

(Gewerberecht, Vorbehalt des Gesetzes, Abgrenzung Spezialgesetz/Gewerbeordnung, Verfahren, unbestimmte Rechtsbegriffe, Ermessen, Eingriffsschema)

A. Sachverhalt

B betreibt seit 4 Jahren eine Bäckerei in der Großen Kreisstadt Lahr. Anfang 309
letzter Woche teilte das Finanzamt der Stadt Lahr mit, B habe erhebliche Steuerschulden. So habe sich seine Steuerschuld (Umsatz- und Einkommensteuer) vor 3 Jahren bereits auf 15 000 €, vor 2 Jahren auf 35 000 € und letztes Jahr auf 55 000 € belaufen. Seine derzeitige Steuerschuld betrage 70 000 €. Zahlungsaufforderungen an B hätten nichts gefruchtet. Nur unter Druck habe er in der Vergangenheit – dann allerdings nur geringe Beträge (jeweils ca. 300 €) – an Vollziehungsbeamte gezahlt. Das Finanzamt regte die Einleitung eines Gewerbeuntersagungsverfahrens an.

Daraufhin hörte die Stadt Lahr den B zu einer möglichen Gewerbeuntersagung an. In einem persönlichen Gespräch bestätigte B die Richtigkeit der Angaben des Finanzamts. Er trage an dieser Situation aber keine Schuld. Seine finanzielle Notsituation sei auf die allgemein schlechten wirtschaftlichen Rahmenbedingungen zurückzuführen. Im Übrigen dürfe die Stadt die Angaben des Finanzamts ihm gegenüber nicht verwerten. Eine Verwertung dieser Daten stelle einen unzulässigen Eingriff in das Steuergeheimnis dar. Im Falle einer Gewerbeuntersagung werde er sich nach einer anderen selbstständigen gewerblichen Betätigung umsehen.

B. Vorbemerkung zu Fall 3

Der Sachverhalt wirft keine konkrete Fragestellung auf. Dies entspricht der 310
Praxis. Eine Behörde muss von Amts wegen entscheiden, ob und ggf. mit welcher Zielrichtung sie ein Verwaltungsverfahren aufnimmt.

Hier geht die Stadt Lahr der Anregung des Finanzamts nach, ob gegen B eine Gewerbeuntersagung ausgesprochen wird. Als belastender Verwaltungsakt bedarf eine solche Maßnahme nach dem Vorbehalt des Gesetzes einer Rechtsgrundlage. Hier geht es um die Frage, ob spezielle Ermächtigungsgrundlagen aus dem Handwerksrecht möglicherweise die generelle Untersagungsnorm wegen Unzuverlässigkeit nach der Gewerbeordnung verdrängen.

Weiter sind die formellen Rechtmäßigkeitsvoraussetzungen für den Erlass eines solchen Verwaltungsakts zu prüfen, nämlich die Zuständigkeit, das

Verfahren und die Form. Die anschließend zu erfolgende Bekanntgabe der Entscheidung wird aus Praktikabilitätsgründen ebenfalls in diesem Zusammenhang abgehandelt.

Im Rahmen der materiellen Rechtmäßigkeitsvoraussetzungen ist streng zwischen Tatbestandsvoraussetzungen und dem daraus folgenden Ermessen zu unterscheiden. Erst wenn alle Tatbestandsvoraussetzungen für ein Einschreiten erfüllt sind, kann die Behörde einschreiten.

Auf Tatbestandsseite werden hier unbestimmte Rechtsbegriffe, wie der Begriff der Unzuverlässigkeit, zu klären sein. Dies geschieht durch Auslegung, in der Praxis ggf. unter Zuhilfenahme eines Kommentars und einschlägiger Gerichtsentscheidungen. Nicht ganz einfach ist im vorliegenden Fall auch die von B aufgeworfene Frage, ob die Daten des Finanzamts überhaupt im Gewerbeuntersagungsverfahren verwertet werden dürfen, zu beantworten. Auch in diesem Zusammenhang wird eine gründliche Gesetzeslektüre und die Auslegung unbestimmter Rechtsbegriffe erforderlich sein.

In der Niederschrift dürfen unproblematische Erörterungen im Urteilsstil abgefasst werden. Im Übrigen beachten Sie den Gutachtenstil („Fraglich ist, ob …“).

C. Lösungsvorschlag zu Fall 3

311 Die Untersagungsverfügung ist ein belastender Verwaltungsakt. Sie bedarf nach dem Vorbehalt des Gesetzes einer Rechtsgrundlage und die formellen und die materiellen Rechtmäßigkeitsvoraussetzungen müssen erfüllt sein.

1. Als **Rechtsgrundlage** für eine Gewerbeuntersagung kommt § 35 Abs. 1 GewO in Betracht. Dies setzt gemäß § 35 Abs. 8 GewO zunächst voraus, dass keine besonderen Untersagungs- oder Betriebsschließungsvorschriften bestehen, die auf die Unzuverlässigkeit des Gewerbetreibenden abstellen oder eine für das Gewerbe erteilte Zulassung wegen Unzuverlässigkeit des Gewerbetreibenden zurückgenommen oder widerrufen werden kann.[1] Eine solche Spezialvorschrift könnte § 16 Abs. 3 HwO sein. B betreibt zwar als Bäcker nach Anlage A Nr. 30 zur Handwerksordnung ein Handwerk. § 16 Abs. 3 HwO knüpft aber die Untersagung des Handwerksbetriebs nicht an die Unzuverlässigkeit des Handwerkers, sondern an einen Verstoß gegen die Handwerksordnung an. Auch kommt keine Rücknahme oder ein Widerruf einer Zulassung in Betracht. Denn ein Handwerk ist, wie sich aus § 16 Abs. 1 HwO i. V. m. § 14 Abs. 1 GewO ergibt, lediglich anzeigepflichtig.

1 *Landmann/Rohmer*, GewO, Bd. I, § 35 Rn. 195 m. w. N.

Damit kann auch bei einem Handwerksbetrieb § 35 GewO Rechtsgrundlage für die Gewerbeuntersagung wegen Unzuverlässigkeit sein.

Nach der Gesetzessystematik ist § 35 GewO nur auf das stehende Gewerbe anwendbar (für das Reisegewerbe gilt § 59, für den Marktverkehr § 70a GewO). Beim Bäckereibetrieb des B handelt es sich um ein stehendes Gewerbe.

2. Die **formellen Rechtmäßigkeitsvoraussetzungen** zum Erlass einer Untesagungsverfügung müssten erfüllt sein, bzw. noch erfüllt werden können. 312

2.1 Nach § 1 GewO-ZuVO ist die **untere Verwaltungsbehörde** zuständig. Dies ist nach § 15 Abs. 1 Nr. 1 LVG u. a. die Große Kreisstadt. Ein Ausschluss nach § 16 Abs. 1 LVG liegt nicht vor. Die örtliche Zuständigkeit der Stadt Lahr ergibt sich aus § 35 Abs. 7 GewO, der insoweit § 3 Abs. 1 Nr. 2 LVwVfG verdrängt.

2.2 Hinsichtlich des **Verfahrens** ist nach § 28 Abs. 1 LVwVfG eine Anhörung erforderlich. Diese wurde bereits durchgeführt. Eine Anhörung der Handwerkskammer sollte gem. § 35 Abs. 4 GewO noch erfolgen.

2.3 Die Gewerbeuntersagung sollte gem. § 37 Abs. 2 LVwVfG in schriftlicher **Form** erlassen werden. In diesem Fall ist sie gem. § 39 LVwVfG schriftlich zu begründen. Eine Rechtsbehelfsbelehrung sollte beigefügt werden.

2.4 Die **Bekanntgabe** sollte aus Beweissicherungsgründen gem. § 41 Abs. 5 LVwVfG i. V. m. § 3 LVwZG förmlich durch Zustellung mittels Postzustellungsurkunde erfolgen.

3. Die **materiellen Rechtmäßigkeitsvoraussetzungen** müssten vorliegen. 313

3.1 Zunächst müssten die **Tatbestandsvoraussetzungen** für ein Einschreiten nach § 35 Abs. 1 gegeben sein. Nach dieser Vorschrift müssten Tatsachen vorliegen, welche die Unzuverlässigkeit des Gewerbetreibenden in Bezug auf dieses Gewerbe dartun, und die Untersagung müsste zum Schutz der Allgemeinheit oder der im Betrieb Beschäftigten erforderlich sein.

3.1.1 **Unzuverlässig** ist ein Gewerbetreibender, der nach dem Gesamteindruck seines Verhaltens nicht die Gewähr dafür bietet, dass er sein Gewerbe künftig ordnungsgemäß betreibt.[2] Erforderlich ist demnach eine Prognoseentscheidung, die auf nachweisbaren Tatsachen beruht. Bloße Vermutungen reichen nicht. Da die Gewerbeuntersagung Gefahren für die Allgemeinheit abwehren soll, kommt es – im Gegensatz zur Auffassung des B – auf ein Verschulden des Gewerbetreibenden nicht an.[3]

---

2 BVerwG, GewArch. 1999, 72.

3 *Landmann/Rohmer*, Rn. 30 m. w. N.

Auch **Steuerrückstände** können die Unzuverlässigkeit begründen.[4] Dabei dürfen die Steuerrückstände in ihrer Höhe jedoch nicht ganz unerheblich sein. Auch die Zeitdauer, während derer der Gewerbetreibende seinen steuerlichen Verpflichtungen nicht nachgekommen ist, ist von Bedeutung. B hat inzwischen über einen Zeitraum von nunmehr fast 4 Jahren Steuerschulden in Höhe von 70 000 € auflaufen lassen. Dabei ist die Summe der Steuerschuld von Jahr zu Jahr gestiegen. Eine Änderung dieser Entwicklung ist nicht in Sicht. Er ist damit unzuverlässig.

Auch die **mangelnde wirtschaftliche Leistungsfähigkeit** kann zur Annahme der Unzuverlässigkeit führen.[5] Im Interesse des ordnungsgemäßen Wirtschaftsverkehrs muss von einem Gewerbetreibenden erwartet werden, dass er bei anhaltender wirtschaftlicher Leistungsunfähigkeit ohne Rücksicht auf die Ursachen seiner wirtschaftlichen Schwierigkeiten seinen Gewerbebetrieb aufgibt. Unterlässt er gleichwohl die Betriebsaufgabe, erweist er sich als unzuverlässig. B hat trotz mehrfacher Aufforderung seine Steuerschulden nicht begleichen können. Unter Druck war er lediglich in der Lage, geringe Beträge an Vollziehungsbeamte zu zahlen. Dies führt zur Annahme der wirtschaftlichen Leistungsunfähigkeit. Damit ist B auch aus diesem Grunde unzuverlässig i. S. v. § 35 Abs. 1 GewO.

Fraglich ist allerdings, ob die Stadt Lahr die Informationen des Finanzamts überhaupt verwerten darf. Nach § 11 Abs. 1 Satz 1 GewO darf die Behörde personenbezogene Daten erheben, soweit die Daten bei Durchführung gewerberechtlicher Vorschriften und Verfahren erforderlich sind. Erforderlich sein können vor allem Daten aus steuerrechtlichen Verfahren (§ 11 Abs. 1 Satz 2 Nr. 3 GewO). Bereichsspezifische Datenvorschriften bleiben aber nach § 11 Abs. 1 Satz 3 GewO dabei unberührt. Im Hinblick auf die von B gerügte Verletzung des Steuergeheimnisses könnte eine solche bereichsspezifische Vorschrift § 30 Abs. 4 Nr. 5 AO sein. Danach dürfen Daten, die dem Steuergeheimnis unterliegen, offenbart werden, wenn ein „zwingendes öffentliches Interesse" besteht. Ein solches Interesse ist gegeben, wenn Tatsachen übermittelt werden, die eine Gewerbeuntersagung nach § 35 GewO rechtfertigen können. Bei Steuerrückständen von gewisser Höhe und über einen längeren Zeitraum ist ein solches zwingendes öffentliches Interesse also zu bejahen.

Damit ist die Verwertung der vom Finanzamt übermittelten Daten zulässig. B ist unzuverlässig.

3.1.2 Die Gewerbeuntersagung müsste auch zum **Schutz der Allgemeinheit** oder der im Betrieb Beschäftigten **erforderlich** sein (§ 35 Abs. 1 Satz 1 a. E. GewO). Eine Teiluntersagung (z. B. Beschäftigungsverbot von Arbeitnehmern bei Nichtabführung von Sozialversicherungsbeiträgen) kommt hier nicht in Betracht.

---

4 BVerwG, GewArch. 1997, 151; *Buchholz*, 451.20 § 35 GewO Nr. 45.

5 BVerwG, *Buchholz* 451.20 § 35 GewO Nr. 45; BVerwGE 65, 1.

Da es kein milderes gleich effektives Mittel gibt, ist die Volluntersagung erforderlich.

3.2 Liegen die Voraussetzungen des § 35 Abs. 1 GewO vor, ergibt sich daraus, dass die Gewerbeausübung zu untersagen „ist“. Es handelt sich also um eine gebundene Entscheidung. Der Behörde steht kein Ermessen zu. **314**

Ermessen ist jedoch der Behörde gem. § 35 Abs. 1 Satz 2 GewO insoweit eingeräumt, als sie nur das konkrete Gewerbe untersagt oder sie die Gewerbeuntersagung auf alle Gewerbe erstreckt.

Die erweiterte Gewerbeuntersagung setzt zunächst voraus, dass der unzuverlässige Gewerbetreibende im Falle der endgültigen Verhinderung seines ausgeübten Gewerbes in ein anderes Gewerbe ausweichen wird. Dies ist hier nach den Angaben des B im Rahmen seiner Anhörung anzunehmen.

Die Erstreckung auf andere oder alle Gewerbe setzt weiter voraus, dass Tatsachen die Annahme rechtfertigen, dass der Gewerbetreibende auch für diese Gewerbe unzuverlässig ist. Dies ist i. d. R. bei wiederholter Verletzung steuerlicher Pflichten zu bejahen. Finanzielle Schwierigkeiten führen zumindest i. d. R. dazu, dass der Gewerbetreibende auch in einem anderen Gewerbe keine Gewähr für zuverlässige Gewerbeausübung bietet.

Diese Voraussetzungen liegen hier vor. B hat über einen Zeitraum von immerhin fast 4 Jahren nicht unerhebliche Steuerschulden auflaufen lassen. Er ist offenbar trotz mehrmaliger Aufforderung des Finanzamts und Vollstreckungsversuchen auch nicht in der Lage, diese Schulden zu begleichen.

Bei dieser Sachlage kann es nicht als ermessensfehlerhaft angesehen werden, wenn die Behörde in ihrer Prognose davon ausgeht, dass B aufgrund finanzieller Schwierigkeiten auch in einem anderen Gewerbe keine Gewähr für eine zuverlässige Gewerbeausübung bietet. Die zugunsten von B gewährte Berufswahlfreiheit (Art. 12 Abs. 1 GG) hat hier zugunsten der öffentlichen Haushaltsinteressen zurückzutreten.

Vermerk: Unter Umständen kommen noch die Anordnung der sofortigen Vollziehung nach § 80 Abs. 2 Satz 1 Nr. 4 VwGO und die Androhung unmittelbaren Zwangs gem. §§ 18, 20 Abs. 1, 26 Abs. 1 LVwVG in Betracht.

Fall 4: „Die Sperrzeitverkürzung“

(Gewerberecht, Anspruch des Bürgers, Vorrang des Gesetzes, Ermessen, Leistungsschema)

A. Sachverhalt

315 Gastwirt Nimmersatt (N) betreibt in O, einer Stadt mit ca. 12 000 Einwohnern und vereinzelt auftauchenden Urlaubsgästen in fast gleichbleibender Zahl, eine Gaststätte. Sie liegt in einem Gebiet des Stadtzentrums, in dem sich überwiegend Wohnhäuser befinden. Nach mehrfacher Bekundung der maßgebenden Stellen soll dieser Wohngebietscharakter auch erhalten bleiben.

In den vergangenen 2 Monaten hat N unter Einsatz beträchtlicher Geldmittel seiner Gaststätte das Gepräge eines Barbetriebs gegeben. Nunmehr richtet er an das zuständige Bürgermeisteramt O folgendes Schreiben:

Sehr geehrter Herr Bürgermeister!

Ich habe mit erheblichem finanziellem Aufwand meine Gaststätte zu einem Barbetrieb umgestaltet. Das habe ich im Interesse unserer Stadt getan, um sie endlich attraktiver für den Fremdenverkehr zu machen. Solange wir es bei den vorhandenen 3 Nachtbars belassen, wird sich bei uns nie ein richtiger Fremdenverkehr entwickeln.

Um einen Anreiz zum Besuch meiner Bar zu bieten und um überhaupt rentabel arbeiten zu können, ist es erforderlich, dass sich meine Gäste bis 3 Uhr nachts dort aufhalten können. Ich möchte Sie daher bitten, die Polizeistunde für mein Lokal auf 3 Uhr nachts festzusetzen.

Schon im Hinblick darauf, dass Sie Gleiches bei den nur ca. 2 km von meinem Lokal entfernten 3 vorhandenen Bars getan haben – obwohl die Gegend, in der sich diese Etablissements nahe beieinander befinden, schon lebhaft genug ist, weil dort die nachts stark befahrene B 27 vorbei führt und außerdem noch andere Gaststätten vorhanden sind –, bin ich der Auffassung, dass auch ich die Sperrzeitverkürzung erhalten muss. Bedenken Sie bitte auch, dass ich wegen der hohen Investitionen nur rentabel arbeiten kann, wenn sich die abendliche Öffnungszeit verlängert.

Mit freundlichem Gruß

(gez.) Nimmersatt

Kurz darauf geht beim Bürgermeister ein weiteres Schreiben ein:

Sehr geehrter Herr Bürgermeister!

Wir haben erfahren, dass Herr Nimmersatt eine Verkürzung der Sperrzeit für sein Lokal beantragt hat. Bitte lehnen Sie den Antrag ab. Wir sind Anwohner dieser „Gaststätte“ und halten es jetzt schon wegen des von dort ausgehenden Lärms nicht mehr aus. Deswegen sind wir auch schon mehrmals bei Ihnen vorstellig geworden. Wenn Herr Nimmersatt in Zukunft bis 3 Uhr nachts seinen Geschäften nachgehen darf, dann wird unsere Gesundheit ruiniert. Es kann doch nicht sein, dass ein Einzelner mit unserer Gesundheit so umgehen darf.

Mit freundlichem Gruß

(gez.) Müller, Meier, Moser

Der Bürgermeister hält es für zweckmäßig, dem Antrag des N nicht stattzugeben. Er beauftragt Inspektor Schlaule, ein Gutachten zu der Frage zu erstellen, ob die Verkürzung der Sperrfrist angesichts der vorgebrachten Argumente rechtsfehlerfrei abgelehnt werden kann. Dabei soll notfalls in einem Hilfsgutachten auf die verschiedenen Gesichtspunkte eingegangen werden. Auf Erörterungen zur prozessualen Seite legt er keinen Wert.

Er teilt Herrn Schlaule noch mit, es sei richtig, dass sich Anwohner schon häufig über den Lärm beklagt hätten. Die Angaben des N über die schon vorhandenen Bars seien ebenfalls zutreffend.

Versetzen Sie sich in die Rolle des Inspektors Schlaule!

B. Vorbemerkung zu Fall 4

Die Aufgabe des Bearbeiters ergibt sich aus dem Auftrag des Bürgermeisters an seinen Inspektor. Dabei ist zu berücksichtigen, dass es allein um die Verkürzung der Sperrfrist und nicht um die Zulässigkeit des Betriebs an sich geht. Ohne Bedeutung sind auch bauplanungsrechtliche (allgemeines Wohngebiet nach der BauNVO?) und bauordnungsrechtliche Aspekte (Genehmigungspflicht für den Umbau?). Hier ist besonders wichtig, dass Sie den Sachverhalt nochmals lesen, nachdem Sie sich die Fragestellung – nach einem Blick in die gaststättenrechtlichen Vorschriften – klar gemacht haben, und dass Sie die tatsächlichen Angaben nicht in Zweifel ziehen.[1] **316**

Für den richtigen Einstieg in die Lösung sollten Sie sich die Interessenlage der Beteiligten vergegenwärtigen: Ein Bürger macht einen Anspruch geltend (er möchte also eine Leistung der Verwaltung haben) und der Bürgermeister möchte diese Leistung verweigern. Sofern Sie die Bedeutung des Prinzips vom **Vorrang des Gesetzes**[2] erfasst haben, fällt der Einstieg nicht schwer. Wenn ein Gesetz die begehrte Leistung vorschreibt, darf sich nämlich die Verwaltung über diesen Gesetzesbefehl nicht hinwegsetzen. Sie handelt sonst rechtsfehlerhaft. Diese Überlegung zeigt den Weg zum weiteren Vorgehen. Sie können hier auch auf das in Teil 1 beschriebene **Leistungsschema**[3] zurückgreifen.

1 Vgl. dazu oben Rn. 29.
2 Vgl. *Schweickhardt/Vondung*, Rn. 152.
3 Oben Rn. 160.

Anhand der gesetzlichen Regelung und mit Hilfe der Kenntnisse vom **Ermessen**[4] und vom **unbestimmten Rechtsbegriff**[5] lässt sich der Fall lösen. Angesprochen sind der **Gleichheitsgrundsatz**[6] und der Grundsatz der **Verhältnismäßigkeit**[7]. Berücksichtigen Sie, dass man sich bei unbestimmten Rechtsbegriffen nicht mit der Behauptung begnügen darf, das Merkmal sei erfüllt – man muss sich vielmehr mit den Mitteln der **Auslegung** dem Sinngehalt des Begriffes nähern und die Übertragung des Sachverhalts auf den Begriff darstellen.[8] Sollte Ihre Lösung enden, ohne dass Sie dabei alle im Sachverhalt rechtlich relevanten Gesichtspunkte angesprochen haben, müssen Sie diese Gesichtspunkte in einem Hilfsgutachten in einen rechtlichen Bezug zur Fragestellung bringen und sie in diesem Zusammenhang erörtern.

Bei der Planung der Darstellung muss man sich vom Leistungsschema lösen und nur die Gesichtspunkte einbeziehen, die fallrelevant sind. Die Zulässigkeit eines Hilfsgutachtens[9] ergibt sich hier ausdrücklich aus den Bearbeitungshinweisen.

Wie Sie aus dem Lösungsvorschlag entnehmen werden, lässt sich die Niederschrift so formulieren, dass von dem Schema, mit dem man den Weg zur Lösung gesucht hat, nichts zu bemerken ist. Weggelassen wurden hier vor allem all diejenigen Gesichtspunkte des Schemas, die erst dann zu überprüfen sind, wenn feststeht, dass die geplante Ablehnung rechtlich zulässig ist.

C. Lösungsvorschlag zu Fall 4

I. Gutachten

317 1. Die Ablehnung der Sperrzeitverkürzung ist rechtswidrig, sofern N einen **Anspruch auf die Erteilung** hat (Vorrang des Gesetzes).[10]

Ein solcher Anspruch könnte sich aus § 12 der Verordnung der Landesregierung zur Ausführung des Gaststättengesetzes (Gaststättenverordnung) – GastVO – ergeben. Die Ermächtigung zu dieser Regelung in Form einer Rechtsverordnung (vgl. Art. 80 Abs. 1 GG) enthält § 18 Abs. 1 Satz 2 GastG.

§ 12 GastVO sieht jedoch nur vor, dass die allgemeine Sperrzeit (vgl. § 9 GastVO) unter bestimmten Voraussetzungen verkürzt werden „kann“.

4 *Schweickhardt/Vondung*, Rn. 174 ff
5 *Schweickhardt/Vondung*, Rn. 161 ff.
6 *Schweickhardt/Vondung*, Rn. 185.
7 *Schweickhardt/Vondung*, Rn. 186.
8 Zur Auslegung vgl. *Blasius/Büchner*, S. 152 ff.
9 Vgl. oben Rn. 45 ff.
10 Vgl. *Schweickhardt/Vondung*, Rn. 152 f.

Schon dem Wortlaut dieser Vorschrift ist daher zu entnehmen, dass es sich bei einer Entscheidung gem. § 12 GastVO nicht um eine gebundene, sondern um eine Ermessensentscheidung handelt.[11] Aus § 12 GastVO lässt sich somit kein Anspruch auf eine von der allgemeinen Sperrzeit abweichende Festsetzung ableiten, es sei denn, es liege ein Fall der Ermessensreduzierung auf Null vor.

2. Die Ablehnung der Sperrzeitverkürzung ist jedoch auch dann rechtswidrig, wenn das eingeräumte **Ermessen rechtsfehlerhaft** ausgeübt wird.[12] **318**

Auch wenn die Verkürzung der Sperrzeit ins Ermessen der zuständigen Behörde gestellt wird, heißt das nicht, dass die Behörde völlig frei in ihrer Entscheidung ist. Soweit Ermessen eingeräumt ist, bedeutet das stets, dass diese Ermächtigung pflichtgemäß, d. h. ohne Rechtsfehler wahrgenommen werden muss. Es bleibt also zu untersuchen, ob die Ausübung des Ermessens rechtsfehlerhaft ist, wenn dem Antrag nicht stattgegeben wird.

Die Behörde kann ihr Ermessen nur dann ausüben, wenn die tatbestandlichen Voraussetzungen vorliegen. Ist der Tatbestand nicht erfüllt, ist der Weg zu einer Ermessensentscheidung erst gar nicht eröffnet. Für den zu entscheidenden Fall bedeutet dies, dass es bei der allgemeinen Sperrzeit des § 9 GastVO bleiben muss, wenn die tatbestandlichen Voraussetzungen des § 12 GastVO nicht gegeben sind. Gem. § 12 GastVO kann die Sperrzeit nur verkürzt werden, wenn ein „öffentliches Bedürfnis" oder „besondere örtliche Verhältnisse" vorliegen. Bei den beiden Tatbestandsalternativen handelt es sich um typische auslegungs- und wertausfüllungsbedürftige Begriffe – um sogenannte unbestimmte Rechts- (Gesetzes-) Begriffe.[13] Dies könnte zu der Meinung verleiten, die Behörde könne bei der Rechtsanwendung zwischen mehreren vertretbaren Entscheidungsmöglichkeiten rechtsfehlerfrei wählen. Eine solche Auffassung würde sich jedoch in Widerspruch zu der in der Rechtsprechung vorherrschenden Meinung setzen, wonach es nur eine richtige Entscheidung bei der Rechtsanwendung gibt und nur in Ausnahmefällen, die hier ersichtlich nicht vorliegen, ein sogenannter Beurteilungsspielraum anerkannt werden kann.[14] Daher muss bei der Frage, ob die Ablehnung der Sperrzeitverkürzung rechtsfehlerhaft ist, der abstrakte Gesetzestext richtig ausgelegt und sodann geprüft werden, ob der konkrete Lebenssachverhalt unter die so ausgelegte Norm subsumiert werden kann.

Der Begriff „öffentliches Bedürfnis" bedarf demnach einer näheren Konkretisierung.[15] Ein öffentliches Bedürfnis kann nicht schon dann bejaht

---

11 Vgl. *Schweickhardt/Vondung*, Rn. 176.
12 Vgl. *Schweickhardt/Vondung*, Rn. 179 ff.
13 Vgl. *Schweickhardt/Vondung*, Rn. 161 ff.
14 Vgl. *Schweickhardt/Vondung*, Rn. 164 ff.
15 Der Lösungsvorschlag verzichtet bewusst darauf, die konkretisierten Formulierungen der Rspr. zu verwenden, die man in der Praxis einem Kommentar zum Gaststättenrecht entnehmen würde. Bei Klausuren kommt es häufig vor, dass den Bearbeitern die Auslegung der Gerichte nicht bekannt ist. Sie müssen dann die Begriffe selbst auslegen.

werden, wenn ein Privatmann Einzelinteressen verfolgt, die nur mittelbar auch der Allgemeinheit zugute kommen sollen. Das ergibt sich schon aus dem Wortlaut.[16] Von einem öffentlichen Bedürfnis wird man vielmehr nur dann sprechen können, wenn das Interesse der Allgemeinheit an einer Sperrzeitverkürzung im Vordergrund steht und dabei allenfalls mittelbar Privatinteressen gewahrt werden.

Daher reicht die Behauptung des N, er wolle den Fremdenverkehr in O ankurbeln, nicht für die Annahme aus, ein öffentliches Bedürfnis sei gegeben. Aus dem gleichen Grund scheidet eine Berücksichtigung der wirtschaftlichen Interessen des N aus. Dem geschilderten Sachverhalt sind dagegen Gesichtspunkte zu entnehmen, die das Vorliegen eines öffentlichen Bedürfnisses ausschließen. Dazu zählt die Tatsache, dass es in O bisher keine spürbare Entwicklung hin zum Fremdenverkehr gegeben hat. Außerdem erscheint unter diesen Voraussetzungen die Anzahl der vorhandenen Bars mit verkürzter Sperrzeit für eine Stadt in der Größenordnung von O unverhältnismäßig hoch. Hinzu kommt, dass sich diese Bars in nicht allzu weiter Entfernung von der Gaststätte des N befinden. Bei dieser Sachlage entspricht die Verkürzung der Sperrfrist allenfalls einem privaten, nicht aber einem öffentlichen Bedürfnis.

Als zweite alternative Tatbestandsvoraussetzung enthält § 12 GastVO den Begriff der „besonderen örtlichen Verhältnisse“. Nachdem die Gaststätte des N in einem Gebiet liegt, das als Wohngebiet[17] zu charakterisieren ist – also in einem besonders ruhigen Gebiet –, könnte man meinen, diese Voraussetzung sei erfüllt. Der Begriff „besondere örtliche Verhältnisse“ ist jedoch nach dem Sinn und Zweck des § 12 GastVO auszulegen,[18] der dahin geht, eine unzumutbare Störung der Nachtruhe auszuschließen. Demnach muss es gerade wegen der besonderen örtlichen Verhältnisse gerechtfertigt sein, die Sperrzeit zu verkürzen. Wenn jedoch, wie im vorliegenden Fall, die Umgebung besonders ruhig und störempfindlich ist, so spricht das gerade gegen eine zeitliche Ausdehnung der störenden Einflüsse. Besondere örtliche Verhältnisse i. S. d. § 12 GastVO sind also nicht gegeben.

Ergebnis: Die Absicht des Bürgermeisters, dem Antrag nicht stattzugeben, ist somit rechtmäßig, da schon die tatbestandlichen Voraussetzungen für die Sperrzeitverkürzung nicht vorliegen.

II. Hilfsgutachen

319 Folgt man dieser Auffassung nicht, bleibt zu untersuchen, ob einer Ablehnung der Sperrzeitverkürzung im Rahmen der Ermessensentscheidung Rechtsgründe entgegenstünden.

---

16 Zur Auslegung *Schweickhardt/Vondung*, Rn. 166 ff.

17 Die Einstufung nach der BauNVO spielt hier keine Rolle, s. dazu VGH BW, GewArch 1984, 69.

18 Vgl. *Kock/Stüwe/Wolffgang/Zimmermann*, S. 41 ff.

1. In Frage kommt insbesondere ein **Verstoß gegen den Gleichheitsgrundsatz** (Art. 3 Abs. 1 GG). 320

Indem sich N darauf beruft, in 3 Fällen sei bereits eine Verkürzung zugelassen worden, macht er einen Verstoß gegen Art. 3 Abs. 1 GG geltend, sofern er nicht ebenso behandelt würde.[19]

Voraussetzung für die Anwendung des Gleichheitsgrundsatzes ist stets, dass es sich bei den Berufungsfällen um vergleichbare Fälle, d. h. um im Wesentlichen gleiche Sachverhalte handelt. Vergleicht man die Lage der 3 vorhandenen Nachtbars (in einer lebhaften Gegend, an einer auch nachts stark befahrenen Straße, zusammen mit anderen Lokalen) mit der Lage der Bar des N, so zeigt sich, dass man die Sachverhalte nicht als im Wesentlichen gleich bezeichnen kann. Ein Verstoß gegen Art. 3 Abs. 1 GG ist daher nicht gegeben.

2. Auch ein Verstoß gegen den **Grundsatz der Verhältnismäßigkeit** könnte noch in Erwägung gezogen werden.[20] 321

N macht geltend, er habe erhebliche Investitionen getätigt, so dass er nicht rentabel wirtschaften könne, wenn er keine Sperrzeitverkürzung erhalte. Hierin könnte man einen unverhältnismäßigen Eingriff in die Berufsfreiheit (Art. 12 GG) und in Eigentumsrechte (Art. 14 GG) des N sehen.

Verhältnismäßigkeit bedeutet, dass das Mittel geeignet, erforderlich und angemessen sein muss.[21] Die Ablehnung ist geeignet, das Ruhebedürfnis zu befriedigen. Dass ein milderes Mittel als die Ablehnung dafür ausreicht, ist nicht ersichtlich. Bei der Wertung der vorgetragenen Argumente im Rahmen der Prüfung, ob die Ablehnung angemessen ist, ist zu berücksichtigen, dass die gewünschte berufliche Betätigung des N in Widerstreit zum Recht des Nachbarn auf Gesundheit (Art. 2 Abs. 2 Satz 1 GG) steht, das gerade auch durch die Sperrzeitregelung in der GastVO geschützt werden soll. Nachdem die Nachbarn bereits jetzt erheblich unter der Lärmbelästigung leiden, kann es nicht als unverhältnismäßig angesehen werden, wenn jedenfalls innerhalb der allgemeinen Sperrzeit eine dem Wohncharakter des Gebiets entsprechende Ruhezone geschaffen wird. Außer Betracht bleiben muss bei diesen Erwägungen insbesondere die Tatsache, dass N schon Investitionen im Hinblick auf die begehrte Sperrzeitverkürzung gemacht hat. Diese vorweggenommenen Investitionen hat N als eigenes Betriebsrisiko zu verantworten. Sie können zu keiner Bindung der Behörde führen.

Ergebnis des Hilfsgutachtens: Nachdem andere Gesichtspunkte, die eine Ablehnung der Sperrzeitverkürzung rechtsfehlerhaft erscheinen lassen könnten, nicht ersichtlich sind, ergibt sich insgesamt, dass der Antrag des N rechtsfehlerfrei abgelehnt werden kann.

19 Vgl. dazu *Stein/Frank*, § 49; *Pieroth/Schlink*, Grundrechte, Rn. 428 ff.
20 Vgl. *Schweickhardt/Vondung*, Rn. 186 ff.
21 Vgl. *Schweickhardt/Vondung*, Rn. 186.

Fall 5: „Birkenfall“

(Naturschutzrecht, förmliche und formlose Rechtsbehelfe, Zulässigkeitsvoraussetzungen, subjektives Recht – Rechtsreflex, Verbandsklagerecht)

A. Sachverhalt

322 Die Gemeinde L stellte durch Satzung eine eindrucksvolle, alte Birkengruppe auf dem Privatgrundstück des E gem. §§ 33 Abs. 1 und Abs. 2 Nr. 1c i. V. m. § 73 Abs. 7 Naturschutzgesetz Baden-Württemberg (NatschG) unter Schutz. Nach § 6 dieser Satzung darf eine Birke nur, und nur dann, auf Antrag gefällt werden, wenn die Gemeinde zuvor eine entsprechende Befreiung erteilt hat. Als E entdeckte, dass eine der Birken nicht mehr voll ausschlug und ihn diese Birke außerdem bei der Bewirtschaftung seines Grundstücks störte, beantragte er bei der Gemeinde L., ihm das Fällen der Birke zu erlauben (vgl. § 79 Abs. 1 und 2 Satz 2 NatschG).

Die Gemeinde ließ den Zustand der Birke durch ein botanisches Institut begutachten. Die Gutachter kamen zu dem Ergebnis, dass die Birke zwar noch zu retten sei, dafür jedoch 3 000,– Euro aufgewendet werden müssten.

Von dem Gutachten erfuhren Mitglieder der örtlichen „Bürgervereinigung Landschaftsschutz e. V.“ und verständigten ihren Vorsitzenden. Dieser richtete ein Schreiben an den Bürgermeister, in dem er heftig gegen die Absicht, die Birke zu fällen, protestierte. Nach seiner Auffassung und der seiner Vereinsmitglieder sei es durchaus angemessen, einen erheblichen Betrag für die Erhaltung der Birke zu investieren. Werde dieser Baum gefällt, so sei mit Wiederholungen zu rechnen. Der Verein werde jedenfalls alle rechtlichen und politischen Mittel ausnützen, um die Beseitigung der Birke zu verhindern.

Der Bürgermeister bittet den zuständigen Sachbearbeiter, ein Gutachten zu erstellen, mit welchen rechtlichen Maßnahmen durch den Verein zu rechnen sei und wie sich diese Maßnahmen auswirken könnten. Erfüllen Sie den Auftrag! Gehen Sie davon aus, dass die örtliche Bürgervereinigung kein anerkannter Naturschutzverein ist.

B. Vorbemerkung zu Fall 5

323 Bei der Lektüre des Sachverhalts fällt auf, dass über den Inhalt der Satzung im Einzelnen nichts ausgesagt ist.[1] Blickt man jedoch auf die Fragestellung,

1 Zur Zulässigkeit einer Baumschutzsatzung vgl. VGH BW, NVwZ-RR 2000, 772. Die Gemeinde ist auch für den Vollzug der Satzung zuständig, vgl. § 72 Satz 2 NatSchG BW.

in der es nur um die Rechtsschutzmöglichkeit geht, wird diese vermeintliche Lücke verständlich. Berücksichtigen Sie auch, dass nicht danach gefragt wird, wie auf politischem Wege auf die Entscheidung der Behörde Einfluss genommen werden kann, sondern dass sich der Bürgermeister nur nach den rechtlichen Möglichkeiten erkundigt.

Um den richtigen Einstieg in die Lösung finden zu können, muss man Grundkenntnisse von den förmlichen und formlosen Rechtsschutzmöglichkeiten besitzen.

In erster Linie wird daran zu denken sein, dass der Verein einen förmlichen Rechtsbehelf ergreift und zwar **Widerspruch** einlegt. Die Erfolgsaussichten hängen zunächst davon ab, ob der Widerspruch zulässig ist. Solange man sich zur Lösung hintastet, ist es legitim, sich für die Zulässigkeitsvoraussetzungen an den gängigen Schemata zu orientieren (vgl. Teil I, insb. Rn. 114, 119). Während die Beteiligungsfähigkeit der Bürgervereinigung wegen ihrer Rechtsform als juristische Person (eingetragener Verein) nach § 11 Nr. 1 LVwVfG wohl keine Probleme bereitet, liegt es bei einem Verein als Widersprechendem (auch bei eingetragenen) besonders nahe, die Widerspruchsbefugnis (Beschwer) nach § 42 Abs. 2 VwGO analog zu prüfen. In diesem Zusammenhang müssen Sie sich mit der Bedeutung und den Voraussetzungen des **subjektiven öffentlichen Rechts** auseinandersetzen. Wegen der Frage nach den Konsequenzen der möglichen Maßnahmen spielen auch die Rechtsfolgen der **Bekanntgabe** eines Verwaltungsaktes und die Auswirkungen des Widerspruchs (**aufschiebende Wirkung**) eine Rolle, wobei an die Besonderheiten beim Verwaltungsakt mit **Drittwirkung** zu denken ist. Neben oder statt des Widerspruchs kann der Verein auch **formlose Rechtsbehelfe** erwägen, weshalb auf diese Rechtsschutzmöglichkeiten ebenfalls eingegangen werden muss. Das **Normenkontrollverfahren** gem. § 47 VwGO muss außer Betracht bleiben, weil die damit beabsichtigte Feststellung der Ungültigkeit der Satzung nicht dem Interesse des Vereins entsprechen kann.

Für die Planung der Darstellung und der Niederschrift gibt es keine Besonderheiten zu beachten.

C. Lösungsvorschlag zu Fall 5

I. Förmliche Rechtsbehelfe

In erster Linie ist damit zu rechnen, dass der Verein den **förmlichen Rechtsbehelf des Widerspruchs** einlegen wird, falls die beantragte Befreiung erteilt wird. 324

1. Bedeutung und Folgen eines Widerspruchs

1.1 Wenn die Verwaltung dem Begehren des Vereins, nämlich einer Aufhebung der Befreiung nicht nachkommt, wird der Verein darauf abzielen, eine gerichtliche Klärung herbeizuführen. In diesem Falle müsste der Verein eine Anfechtungsklage gem. § 42 Abs. 1 VwGO erheben, da er die Aufhebung der Befreiung, die einen Verwaltungsakt i. S. d. § 35 LVwVfG darstellt, erstrebt. Damit diese Klage zulässig ist, bedarf es gem. § 68 Abs. 1 VwGO eines Vorverfahrens, das gem. § 69 VwGO mit der Erhebung des Widerspruchs beginnt. Versäumt es der Verein fristgerecht (vgl. §§ 70, 58 Abs. 1 und 2 VwGO) Widerspruch einzulegen, wird die spätere Klage unzulässig sein.[2] Hierbei ist zu berücksichtigen, dass für den Verein nur dann die Widerspruchsfrist von einem Monat gelten würde, wenn diesem die Befreiung mit einer ordnungsgemäßen Rechtsbehelfsbelehrung ebenfalls bekannt gegeben würde. Ohne amtliche Bekanntgabe des Verwaltungsaktes an den potentiellen Widersprechenden begänne die Frist nicht zu laufen (vgl. § 70 Abs. 1 VwGO); einer Einlegung des Widerspruchs erst nach längerer Zeit könnte allenfalls der Einwand der Verwirkung entgegengehalten werden (§ 242 BGB analog). Allerdings wäre bei einem Widerspruch des Vereins insbesondere zu prüfen, ob die Zulässigkeitsvoraussetzung der Beschwer, d. h. der Widerspruchsbefugnis gemäß § 42 Abs. 2 VwGO analog vorliegt.

1.2 Gem. § 80 Abs. 1 VwGO hätte der Widerspruch des Vereins grundsätzlich aufschiebende Wirkung, d. h. dass die Birke solange nicht gefällt werden dürfte, bis das Streitverfahren rechtskräftig abgeschlossen wäre.[3] § 80 Abs. 1 Satz 2 VwGO stellt klar, dass die aufschiebende Wirkung auch bei Verwaltungsakten mit Doppelwirkung eintritt.

Allerdings ist hier zu beachten, dass die aufschiebende Wirkung erst dann eintritt, wenn der Widerspruch bei der Gemeinde eingeht. Sobald die Befreiung dem E bekannt gegeben wird, ist sie wirksam, d. h. dass E von ihr Gebrauch machen kann (§ 43 Abs. 1 Satz 1 LVwVfG).[4] Da keine gesetzliche Verpflichtung besteht, dem Verein die Genehmigung bekannt zu geben, kann der Fall eintreten, dass die Birke schon gefällt ist, bis der Widerspruch bei der Gemeinde eingeht.

Außerdem ist zu berücksichtigen, dass nach einer weit verbreiteten Auffassung ein Widerspruch dann keine aufschiebende Wirkung auslöst, wenn er unzulässig bzw. offensichtlich unzulässig ist.[5]

1.3 Ein Eilverfahren nach § 123 VwGO wäre nicht zulässig, da im vorliegenden Fall grundsätzlich die Vorschriften der §§ 80, 80 a VwGO anwendbar sind, vgl. § 123 Abs. 5 VwGO.

2. Voraussetzungen für die Zulässigkeit des Widerspruchs

325 2.1 Der Widerspruch des Vereins ist nur dann statthaft, wenn er sich gegen einen Verwaltungsakt richtet, § 68 Abs. 1 VwGO.[6] Nicht Vorausset-

2 Vgl. *Büchner/Schlotterbeck*, Rn. 139.
3 Vgl. *Büchner/Schlotterbeck*, Rn. 555 ff.
4 Vgl. *Schweickhardt/Vondung*, Rn. 312; *Büchner/Schlotterbeck*, Rn. 555 f.
5 Vgl. *Büchner/Schlotterbeck*, Rn. 550.
6 Problem der Statthaftigkeit, vgl. *Büchner/Schlotterbeck*, Rn. 253.

zung ist jedoch, dass der Verwaltungsakt gerade dem Widersprechenden gegenüber bekannt gegeben wurde, was vor allem bei Verwaltungsakten mit Drittwirkung von Bedeutung ist. Die Bekanntgabe an den Widersprechenden hat lediglich Einfluss auf den Lauf der Widerspruchsfrist (siehe oben 1.1). Bei der im vorliegenden Fall strittigen Befreiung bestehen keine ernsthaften Zweifel, dass die Voraussetzungen des § 35 Satz 1 LVwVfG erfüllt sind und somit ein Verwaltungsakt Gegenstand des Widerspruchsverfahrens ist.

2.2 In Analogie zu § 42 Abs. 2 VwGO ist der Widerspruch darüber hinaus nur zulässig, wenn der Widersprechende geltend macht, durch den Verwaltungsakt in seinen Rechten verletzt zu sein (Beschwer, **Widerspruchsbefugnis**). Nach der herrschenden Möglichkeitstheorie folgt daraus, dass es nicht offensichtlich ausgeschlossen sein darf, dass der Widersprechende in einem subjektiv öffentlichen Recht verletzt ist.[7]

Es muss deshalb geprüft werden, ob die Befreiungsregelung der Satzung, die nach Auffassung des Vereins von der Behörde nicht richtig angewandt wurde, ein subjektiv öffentliches Recht des Vereins auf Beachtung dieser Rechtsnorm beinhaltet. Ein solches subjektives öffentliches Recht besteht dann, wenn die Vorschrift der Satzung (ausdrücklich oder ihrem Sinn nach) nicht nur ausschließlich dem Gemeinwohl – der Allgemeinheit – zu dienen bestimmt ist, sondern zumindest auch dem Individualinteresse dieses Vereins. Ist der Schutzzweck der Norm allein auf das Gemeinwohl gerichtet, tritt jedoch trotzdem eine hervorgehobene Begünstigung Einzelner ein, so handelt es sich lediglich um einen Rechtsreflex, dessen Nichtbeachtung für die Zulässigkeit des Widerspruchs nicht ausreicht.[8]

Im konkreten Fall werden die Interessen des Vereins dadurch geschützt, dass die Vorschriften der Satzung in ihrer Zielrichtung dem Vereinszweck entsprechen. Der Sinn und Zweck dieser Satzungen geht jedoch nicht dahin, die Interessen solcher Vereine zu wahren, sondern im Interesse der Allgemeinheit die freie und besiedelte Landschaft als Lebensgrundlage und Erholungsraum des Menschen zu schützen, zu pflegen, zu gestalten und zu entwickeln – wie sich auch aus § 1 des Naturschutzgesetzes ergibt. Die Regelungen der Schutzsatzung beinhalten demnach zwar objektives Recht, das von den Behörden einzuhalten ist; nachdem jedoch Individualinteressen in den Schutzbereich der Norm nicht miteinbezogen sind, fehlt es zunächst an dem Recht eines Einzelnen, die Beachtung dieser Rechtsnorm durchsetzen zu können und damit an einem subjektiv öffentlichen Recht.[9]

Auch § 79 Abs. 3 NatschG verschafft dem örtlichen Verein kein subjektiv-öffentliches Recht. In dieser Vorschrift räumt der Gesetzgeber zwar dem

7 Vgl. *Büchner/Schlotterbeck*, Rn. 267 ff.
8 Vgl. *Schweickhardt/Vondung*, Rn. 87; BVerfE 83, 182, 194.
9 Satzungsgemäße Aufgaben vermitteln dem Verband keine subjektiven Recht, VGH BW, NVwZ-RR 1995, 17. Nach der h. M. lässt sich auch aus der Verfassung (Art. 1 und 2 GG) kein Grundrecht auf „saubere" Umwelt ableiten, vgl. BVerfG, NJW 1983, 2931 f.; zum Streitstand: *Katz*, Rn. 700.

anerkannten Landesnaturschutzverband (vgl. § 66 Abs. 3 NatSchG) bei bestimmten Vorhaben ein Recht auf Anhörung vor der Befreiung von einer Satzung ein (sog. altruistisches Verbandsklagerecht[10]), dieses formale Recht steht jedoch nur dem Landesnaturschutzverband, nicht aber einer örtlichen Naturschutzvereinigung zu. Ein Recht auf Äußerung und Akteneinsicht nach § 67 Abs. 4 NatschG steht dem örtlichen Verein ebenfalls nicht zu, da ihm die Anerkennung nach § 67 Abs. 1 NatschG fehlt und zudem kein Fall des § 67 Abs. 4 NatschG vorliegt.

Es ist somit offensichtlich ausgeschlossen, dass der örtliche Verein in eigenen Rechten verletzt sein könnte; damit fehlt ihm die Beschwer und sein Widerspruch wäre unzulässig.

Nachdem das Erfordernis der Beschwer im Wege der Analogie in das Widerspruchsverfahren eingeführt wurde, gilt diese Voraussetzung natürlich erst recht gem. § 42 Abs. 2 VwGO unmittelbar für das nachfolgende Klageverfahren. Auch eine später nachfolgende Anfechtungsklage wäre daher unzulässig.

3. Zusammenfassung

326 Zusammenfassend lässt sich feststellen, dass der Verein keine Möglichkeit besitzt, die Entscheidung der Behörde „in der Sache" durch einen förmlichen Rechtsbehelf überprüfen zu lassen. Der Rechtsbehelf müsste mangels Beschwer als unzulässig zurückgewiesen werden. Folgt man der Auffassung, dass zumindest ein offensichtlich unzulässiger Rechtsbehelf keine aufschiebende Wirkung im Sinne des § 80 Abs. 1 VwGO erzielen kann, so kann ein derartiger Rechtsbehelf auch die Vollziehung des Verwaltungsaktes nicht hemmen. Das Ergebnis steht durchaus mit Art. 19 Abs. 4 GG (Rechtsschutzgarantie) im Einklang, da diese Vorschrift ebenfalls an die Verletzung subjektiver Rechte anknüpft.[11]

II. Formlose Rechtsbehelfe

327 Der Verein könnte jedoch außerdem oder stattdessen[12] **formlose Rechtsbehelfe** einlegen.

Diese Rechtsbehelfe hätten jedoch keine aufschiebende Wirkung, da diese nur bei Widerspruch und Anfechtungsklage gegen Verwaltungsakte eintritt (§ 80 Abs. 1 VwGO). Die Befreiung könnte trotz Einlegung eines solchen Rechtsbehelfs „vollzogen" und die Birke gefällt werden. Der Verein hätte zwar Anspruch auf einen Bescheid, aus dem sich ergibt, wie der formlose

10 Zur altruistischen Verbandsklage vgl. §§ 63, 64 BNatSchG, wonach ebenfalls eine Anerkennung des Verbands erforderlich ist; allgemein *Glater*, JuS 2010, 209.

11 Vgl. *Schweickhardt/Vondung*, Rn. 85.

12 Vgl. *Büchner/Schlotterbeck, Rn.* 22 ff.

Rechtsbehelf erledigt wurde. Die Richtigkeit der inhaltlichen Angaben in diesem Bescheid, insbesondere die Richtigkeit der Rechtsauffassung der Behörde, ließe sich jedoch nicht durch eine gerichtliche Entscheidung überprüfen.[13]

- Der Verein könnte **Gegenvorstellung**[14] bei der Gemeinde erheben und die Behörde ersuchen, die Befreiung aufzuheben.
- Der Verein könnte außerdem **Fach- oder Rechtsaufsichtsbeschwerde**[15] erheben, mit dem Ersuchen, die Gemeinde anzuweisen, die Befreiung aufzuheben. Der Erlass von Satzungen nach § 73 Abs. 7 NatSchG und deren Vollzug sind jedoch keine Weisungsangelegenheiten[16]. Eine Beschwerde zur Fachaufsichtsbehörde scheidet daher aus. Es verbleibt die Beschwerde zur Rechtsaufsichtsbehörde, vgl. § 119 GemO. Inhalt der Weisung der zuständigen Rechtsaufsichtsbehörde könnte aber nur eine Überprüfung der Rechtmäßigkeit der Befreiungsentscheidung sein; die Überprüfung der Zweckmäßigkeit der Entscheidung wäre der Rechtsaufsichtsbehörde versagt.
- Als weiterer formloser Rechtsbehelf kommt die **Petition**[17] an den Landtag in Frage mit dem Ersuchen, sich für die Aufhebung der Befreiung einzusetzen.

Bei allen drei formlosen Rechtsbehelfen ist darauf hinzuweisen, dass sie faktisch erfolglos sein werden, wenn sie erst erhoben werden, nachdem die Befreiung erteilt wurde. Die Gemeinde kann zwar von der Aufsichtsbehörde angewiesen werden, die Befreiung zurückzunehmen,[18] bis eine derartige Weisung kommt, dürfte die Befreiung jedoch vollzogen, d. h. die Birke gefällt sein. Nur wenn vor Erteilung der Befreiung ein derartiger formloser Rechtsbehelf erhoben würde, wäre damit zu rechnen, dass die Aufsichtsbehörde die Gemeinde anweist, vorläufig keine Befreiung zu erteilen, bis über die formlosen Rechtsbehelfe entschieden ist.

Ergebnis: Legt der Verein nach Erteilung der Befreiung Widerspruch ein, so kann der Widerspruch als unzulässig zurückgewiesen werden. Die Vollziehung der Befreiung würde dadurch nicht gehemmt.

Bedient sich der Verein eines formlosen Rechtsbehelfs nach Erteilung der Befreiung, tritt ebenfalls keine aufschiebende Wirkung ein. Bis zur Entscheidung über den Rechtsbehelf dürfte die Birke gefällt sein.

Wenn der Verein vor Erteilung der Befreiung einen formlosen Rechtsbehelf bei der vorgesetzten Behörde einlegt, besteht die Möglichkeit, dass durch Weisung angeordnet wird, die Befreiung vorläufig nicht zu erteilen.

---

13 Vgl. *Schweickhardt/Vondung*, Rn. 985.
14 Vgl. *Schweickhardt/Vondung*, Rn. 989; *Büchner/Schlotterbeck*, *Rn.* 23.
15 Vgl. *Schweickhardt/Vondung*, Rn. 990.
16 Vgl. VGH BW, NVwZ 1997, 1139.
17 Vgl. *Schweickhardt/Vondung*, Rn. 992.
18 Vgl. *Schweickhardt/Vondung*, Rn. 4.

Fall 6: „Erstattung von Sozialhilfeleistungen"

(Sozialhilferecht, Rücknahme nach SGB X, Zuständigkeit für die Rücknahme bestandskräftiger Verwaltungsakte, Widerspruchsverfahren nach §§ 78 ff. SGG, Ordnungsgemäße Rechtsbehelfsbelehrung, Unbeachtlichkeit von Formfehlern)

A. Sachverhalt

328 Der 60 Jahre alte ledige Simon Maier (M) lebte bis Ende März 2009 in Asperg (ca. 13 000 Einwohner), Kreis Ludwigsburg. Er bezog eine Rente wegen voller Erwerbsminderung auf Zeit von 300,– Euro monatlich, da seine Erwerbsminderung vom Rentenversicherungsträger als nur vorübergehend eingestuft worden war. Auf seinen Antrag gewährte ihm das zuständige Sozialamt des Landkreises Ludwigsburg für die Monate Januar bis März 2009 jeweils ergänzende laufende Hilfe zum Lebensunterhalt von 400,– Euro monatlich. Nach den Angaben von M verfügte er neben seiner Rente über kein weiteres Einkommen und über keinerlei Vermögen. M wurde, als er den Antrag auf Sozialhilfe beim Sozialamt stellte, schriftlich auf seine Mitwirkungspflichten gem. §§ 60 ff. SGB I und auf die Folgen der Nichtbeachtung dieser Pflichten hingewiesen.

Anfang März 2009 erfuhr das Kreissozialamt Ludwigsburg zufällig davon, dass M seit Januar 2009 auf Grund eines Erbfalles Eigentümer eines Flügels, Marke Steinway, im Verkehrswert von ca. 7 500,– Euro geworden war. Daraufhin forderte das Kreissozialamt M schriftlich auf, zu diesem Sachverhalt und einer möglichen Erstattung der gewährten Sozialhilfeleistungen innerhalb von drei Wochen Stellung zu nehmen. M erhielt dieses Schreiben, äußerte sich jedoch nicht gegenüber dem Kreissozialamt.

Zum 1.4.2009 gab M seine Wohnung in Asperg auf und zog zu seiner neuen Freundin nach Freiburg im Breisgau, ohne das Kreissozialamt davon zu informieren.

Mit Bescheid vom 8.5.2009 hob das Kreissozialamt Ludwigsburg die Bewilligungsbescheide für die Gewährung von Hilfe zum Lebensunterhalt für die Monate Januar bis März 2009 auf und forderte M auf, die erbrachten Leistungen von insgesamt 1 200,– Euro zurückzuzahlen.

Der Bescheid war mit Gründen versehen und enthielt folgende Rechtsbehelfsbelehrung:

„Gegen diesen Bescheid können Sie innerhalb eines Monats nach seiner Bekanntgabe schriftlich Widerspruch beim Landratsamt Ludwigsburg, Hindenburgstr. 40, 71638 Ludwigsburg, erheben."

Der Bescheid wurde durch einfachen Brief am 13.5.2009 bei der Post aufgegeben und am 16.5.2009 aufgrund eines Nachsendeantrags in den Briefkasten der Freiburger Wohnung von M geworfen.

Mit Schreiben vom 20.6.2009, beim Kreissozialamt in Ludwigsburg eingegangen am 23.6.2009, erhob M gegen die Rücknahme der Bewilligungsbescheide und die Rückforderung der Sozialhilfe Widerspruch. Diesen begründete er im Wesentlichen damit, er habe darauf vertraut, dass die Geldleistungen zu Recht gewährt wurden und habe diese auch verbraucht. Den Flügel habe er von seiner Großmutter Anfang Januar 2009 geerbt. Er wolle möglicherweise Klavierspielen lernen, zumindest aber diesen Vermögensgegenstand für schlechte Zeiten in der Hinterhand behalten. Im Übrigen sei für ihn jetzt nach seinem Umzug wohl nicht mehr das Kreissozialamt Ludwigsburg zuständig.

Aufgabe: Nehmen Sie zur Vorbereitung einer Entscheidung über den Widerspruch gutachtlich (gegebenenfalls hilfsgutachtlich) zu allen mit dem Widerspruch von M aufgeworfenen Rechtsfragen Stellung.

Bearbeitungshinweise: Gehen Sie davon aus, dass

1. die Bewilligungsbescheide für die Monate Januar–März formell rechtmäßig und unanfechtbar sind;
2. der Bescheid vom 8.5.2009 den Formvorschriften genügt und dass das Kreissozialamt Ludwigsburg im Bescheid Ermessen ausgeübt und Ermessenserwägungen angestellt hat, die nicht zu beanstanden sind;
3. M keinen Anspruch auf Leistungen nach SGB II hat, da er nicht erwerbsfähig i. S. d. § 8 SGB II ist.

B. Vorbemerkung zu Fall 6

Die Aufgabe im vorliegenden Fall ist klar, so dass auf das Prüfungsschema „Erfolgsprüfung bei Widersprüchen" zurückgegriffen werden kann (siehe Rn. 183). Als **Sachentscheidungsvoraussetzung** ist zunächst zu prüfen, welche Behörde für die Widerspruchsentscheidung zuständig ist. 329

Für die Prüfung der Zulässigkeit des Widerspruchs ist zu beachten, dass seit 1.1.2005 für Streitigkeiten im Sozialhilferecht die **Rechtswegzuweisung zu den Sozialgerichten** erfolgt ist, so dass sich auch das **Widerspruchsverfahren** nach den Regeln des **SGG** richtet. Dieses Verfahren unterscheidet sich indes nur geringfügig vom Vorverfahren nach der VwGO.

Der Bescheid des Landratsamtes enthält zwei Regelungen, so dass diese bei der Bearbeitung getrennt abgehandelt werden müssen. Ziel des Widersprechenden ist es, die erhaltenen Sozialhilfeleistungen nicht zurück erstatten zu müssen. Dazu ist es zunächst erforderlich, die Aufhebung der Sozialhilfebewilligungsbescheide zu verhindern, da nur nach Aufhebung dieser Bescheide eine Erstattung möglich ist. Ferner muss der Widerspruch auf die Aufhebung der Erstattungsregelung gerichtet sein.

Bei der Prüfung der **Zulässigkeit des Widerspruchs** ist ein besonderes Augenmerk auf die **Einhaltung der Frist** zu legen. In diesem Zusammenhang stellt sich die Frage, ob die im Sachverhalt abgedruckte **Rechtsbehelfsbelehrung** den gesetzlichen Anforderungen entspricht.

Bei der im Rahmen der **Begründetheit des Widerspruchs** zu prüfenden Rechtmäßigkeit der Regelungen muss sich der Bearbeiter klarmachen, dass er sich im Bereich des Sozialrechts befindet und demnach nicht das Landesverwaltungsrecht, sondern das **Sozialgesetzbuch X Anwendung** findet (vgl. § 2 Abs. 2 Nr. 3 LVwVfG). Das Verwaltungsverfahrensrecht des Sozialrechts entspricht zwar in weiten Bereichen dem des Landesverwaltungsverfahrensgesetz, sieht jedoch bei den Regelungen der Rücknahme und des Widerrufs von Verwaltungsakten einen anderen Gesetzesaufbau und auch teilweise abweichende Einzelregelungen vor, so dass bei der Fallbearbeitung das Gesetz sorgfältig zu lesen ist.[1]

Gegenstand der **formellen Rechtmäßigkeitsprüfung** der Rücknahmeverfügung und der Erstattungsforderung wird insbesondere sein, ob die **Zuständigkeit des Landkreises** Ludwigsburg auch nach dem Umzug von M noch gegeben ist.

Die Prüfung der materiellen Rechtmäßigkeit auf der Grundlage des § 45 SGB X verlangt vom Bearbeiter Grundkenntnisse des Sozialhilferechts. Kern der Prüfung der materiellen Rechtmäßigkeit des Aufhebungsbescheids ist die **Rechtswidrigkeit der Bewilligungsbescheide**. Die schwierige **Abgrenzung zwischen einer Leistungsberechtigung nach SGB II und nach SGB XII** wird dem Bearbeiter durch den Bearbeitungsvermerk Nr. 3 abgenommen. Im Übrigen wird im Rahmen des SGB XII weiter zu prüfen sein, ob M für die Gewährung von Hilfe zum Lebensunterhalt in **Abgrenzung zur Grundsicherung im Alter und bei Erwerbsminderung** grundsätzlich leistungsberechtigt war.

Ein weiterer Prüfungsgegenstand ist die **sozialhilferechtliche Frage**, ob M den wertvollen Flügel vorrangig als **Vermögen** hätte einsetzen müssen und damit seine Leistungsberechtigung für die Monate Januar bis März 2009 entfallen ist. Für die Prüfung des **Vertrauensschutzes im Rahmen der Rücknahmeverfügung** wird von Interesse sein, ob er dem Sozialamt den Erwerb des Flügels hätte mitteilen müssen.

Die Prüfung der Rechtmäßigkeit der Erstattungsforderung stellt keine Schwierigkeit dar.

---

1 Siehe zur Aufhebung von Verwaltungsakten nach SGB X *Schweickhardt/Vondung*, Rn. 534 ff.

C. Lösungsvorschlag zu Fall 6

Gutachten: Gutachtlich ist zunächst auf die Frage einzugehen, wer für die Entscheidung über den Widerspruch zuständig ist. Ferner muss geprüft werden, ob der Widerspruch des M Erfolg haben wird. Dies ist dann der Fall, wenn er zulässig und begründet ist. 330

I. Zuständigkeit zur Entscheidung über den Widerspruch

Die Zuständigkeit für die Entscheidungsbefugnis ergibt sich aus § 85 SGG. Danach hat die Ausgangsbehörde dem Widerspruch abzuhelfen, wenn sie den Widerspruch für begründet hält, § 85 Abs. 1 SGG. Ist dies nicht der Fall, hat sie gemäß § 85 Abs. 2 SGG den Widerspruch der Widerspruchsbehörde vorzulegen, die dann den Widerspruchsbescheid erlässt. Widerspruchsbehörde ist in Selbstverwaltungsangelegenheiten die Ausgangsbehörde selbst, § 85 Abs. 2 Nr. 4 SGG.

Bei Sozialhilfe handelt es sich nach § 1 Abs. 3 AGSGB XII BW um eine weisungsfreie Pflichtaufgabe, also um eine Selbstverwaltungsangelegenheit. Daraus ergibt sich, dass das Landratsamt selbst über den Widerspruch zu entscheiden hat. Sollte sich der Widerspruch des B als zulässig und begründet herausstellen, besteht die Pflicht zum Erlass eines Abhilfebescheids, § 85 Abs. 1 SGG.

II. Erfolgsaussichten des Widerspruchs

1. Zulässigkeit des Widerspruchs

1.1 Zulässigkeit des Sozialgerichtswegs

Nach § 40 Abs. 1 VwGO ist der Verwaltungsrechtsweg in allen öffentlich-rechtlichen Streitigkeiten nicht verfassungsrechtlicher Art gegeben, soweit die Streitigkeiten nicht durch Gesetz einem anderen Gericht ausdrücklich zugewiesen sind. Die hier strittigen Fragen – Aufhebung von Sozialhilfebewilligungsbescheiden und Erstattung von Sozialhilfe – sind im SGB X und SGB XII geregelt, die dem öffentlichen Recht zuzuordnen sind. Seit 1.1.2005 ist eine Zuweisung zum Sozialrechtsweg gem. § 51 Abs. 1 Nr. 6 a SGG erfolgt. Damit ist der Sozialrechtsweg eröffnet; die Vorschriften über das Vorverfahren finden sich danach im SGG (vgl. auch § 62 SGB X).

1.2 Statthaftigkeit und Notwendigkeit des Widerspruchs

Die Rücknahme der Bewilligungsbescheide und das Erstattungsverlangen im Bescheid vom 8.5.2009 sind belastende Verwaltungsakte i. S. d. § 31 Satz 1 SGB X. Der Widerspruch von M gegen die Rücknahmeverfügung verhindert deren Bestandskraft; nach ihrer Aufhebung existieren die Bewilligungsbescheide weiter. Es liegt daher ein (reiner) Anfechtungswiderspruch gern. § 62 Satz 1 Hbs 2 SGB X i. V. m. § 78 Abs. 1 Satz 1, § 54 Abs. 1 Satz 1 Alt. 1 SGG vor.[2]

Auch gegen die Erstattungsverfügung ist ein Anfechtungswiderspruch statthaft. Das Widerspruchsverfahren ist auch notwendig, vgl. § 78 Abs. 1 Satz 2 SGG.

1.3 Widerspruchsbefugnis (Beschwer)

Widerspruch kann nur erheben, wer durch einen Verwaltungsakt „beschwert" ist gem. § 54 Abs. 1 Satz 1 SGG. M muss geltend machen können, durch die Aufhebung der Bewilligungsbescheide und die Rückforderung von Sozialhilfe in seinen Rechten i. S. d. § 54 Abs. 1 Satz 1 SGG analog verletzt zu sein. Dies ist hier ohne Weiteres anzunehmen, da M als Adressat des belastenden Bescheids in seinem Grundrecht aus Art. 2 Abs. 1 GG verletzt sein kann (sog. Adressatentheorie).[3]

1.4 Widerspruchsfrist

Fraglich ist, ob M seinen Widerspruch auch innerhalb der gem. § 84 Abs. 1 Satz 1 SGG zu beachtenden Monatsfrist erhoben hat. Der Bescheid vom 8.5.2009 wurde durch die Post übermittelt gem. § 37 Abs. 2 SGB X. Diese Form der Bekanntgabe stand dem Landratsamt Ludwigsburg frei, da eine besondere Form der Bekanntgabe in Rechtsvorschriften nicht vorgesehen ist (§ 9 Satz 1 SGB X). Bei der gewählten Form der Bekanntgabe gilt der schriftliche Verwaltungsakt mit dem dritten Tage nach der Aufgabe zur Post als bekannt gegeben, also im vorliegenden Fall am 16.5.2009, einem Samstag. An diesem Tag ging der Bescheid auch tatsächlich zu. Ob der Verwaltungsakt nun in entsprechender Anwendung des § 26 Abs. 3 Satz 1 SGB X erst am nächsten Werktag, dem 18.5.2009 als bekannt gegeben gilt, kann hier dahinstehen.[4] Denn selbst wenn Letzteres angenommen würde, wäre die Monatsfrist für den erst am 23.6.2009 eingegangenen Widerspruch gem. § 26 Abs. 1 SGB X, §§ 187 Abs. 1, 188 Abs. 2 Alt. 1 BGB spätestens am 18.6.2009 um 24.00 Uhr abgelaufen.

Der Fristablauf ist jedoch im vorliegenden Fall unschädlich, da die gem. § 36 SGB X zwingend vorgeschriebene Rechtsbehelfsbelehrung fehlerhaft ist und daher gem. § 66 Abs. 2 SGG für die Erhebung des Widerspruchs die Jahresfrist gilt. Die Rechtsbehelfsbelehrung enthält nämlich lediglich den Hinweis, dass der Widerspruch „schriftlich" erhoben werden kann. Zwar sieht der für Fragen des Fristenlaufes ausschließlich beachtliche § 66 Abs. 1 SGG im Gegensatz zu § 36 SGB X keine Belehrungspflicht über das Formerfordernis vor. Wird aber über die Form belehrt, muss dieses vollständig geschehen. Ist insoweit ein irreführender oder unvollständiger Zusatz beigefügt, der generell geeignet ist, beim Betroffenen einen Irrtum über die

2 Zur kombinierten Anfechtungs-und Leistungsklage, BSG, NZA 1990, 705.
3 Zur Adressatentheorie *Büchner/Schlotterbeck*, Rn. 148.
4 Vgl. dazu *Schweickhardt/Vondung*, Rn. 310.

Voraussetzungen des in Betracht kommenden Rechtsbehelfs hervorzurufen und ihn dadurch abzuhalten, den Rechtsbehelf einzulegen bzw. rechtzeitig einzulegen, ist die Rechtsbehelfsbelehrung fehlerhaft.[5] Im vorliegenden Fall widerspricht der Hinweis allein auf die schriftliche Möglichkeit der Erhebung des Widerspruchs der Regelung des § 84 Abs. 1 SGG, wonach der Widerspruch auch zur Niederschrift bei der Behörde, die den Verwaltungsakt erlassen hat, erhoben werden kann. Die Verweisung auf die schriftliche Einlegung des Widerspruchs erschwert dem Betroffenen die Rechtsverfolgung in einer vom Gesetz nicht gewollten Weise. Es ist nämlich durchaus denkbar, dass sich ein Betroffener dem Erfordernis, den Widerspruch schriftlich einzureichen, nicht gewachsen fühlt, aber auch die mit der Hilfe durch Rechtskundige verbundenen Umständlichkeiten und Kosten scheut und deshalb von der Einlegung des Widerspruchs absieht.[6]

Somit wurde hier aufgrund der fehlerhaften Rechtsbehelfsbelehrung mit der Bekanntgabe des Bescheids die Monatsfrist gem. § 84 Abs. 1 SGG nicht in Gang gesetzt. Vielmehr gilt für M die Ausschlussfrist von einem Jahr gem. § 66 Abs. 2 SGG, die bei Einlegung seines Widerspruchs am 23.6.2009 jedoch noch lange nicht verstrichen war. Der Widerspruch ist demnach noch rechtzeitig erhoben.

Zwischenergebnis: Da sämtliche Zulässigkeitsvoraussetzungen erfüllt sind, ist der Widerspruch zulässig.

2. Begründetheit des Widerspruchs

Der Anfechtungswiderspruch ist begründet, wenn die angegriffenen Verwaltungsakte rechtswidrig sind (2.1) und M dadurch in seinen Rechten verletzt ist (2.2), bei Ermessensentscheidungen auch, wenn der angegriffene Verwaltungsakt unzweckmäßig, und das Ermessen zumindest auch im Interesse von M. eingeräumt ist (2.3). Die Rechtmäßigkeit der im Bescheid vom 8.5.2009 getroffenen Verfügungen ist einzeln zu prüfen. **331**

2.1 Rechtswidrigkeit der angefochtenen Verwaltungsakte

2.1.1 Rechtswidrigkeit der Rücknahme der Bewilligungsbescheide

Die Aufhebung der bestandskräftigen Bewilligungsbescheide für laufende Hilfe zum Lebensunterhalt für die Monate Januar–März könnte auf § 45 SGB X gestützt werden, wenn es sich um die Rücknahme rechtswidriger begünstigender Verwaltungsakte handelt. § 45 SGB X ist mangels abweichender Regelungen im SGB XII anwendbar (vgl. § 37 Satz 1 SGB I).

Bei der Prüfung der **formellen Rechtmäßigkeit** der Rücknahmeverfügung ist fraglich, ob das Kreissozialamt Ludwigsburg hierfür zuständig war.

Die Bewilligungsbescheide waren laut Bearbeitungshinweis zum Zeitpunkt ihrer Rücknahme unanfechtbar. Damit richtet sich die Zuständigkeit allein

---

5 Vgl. *Büchner/Schlotterbeck*, Rn. 652.
6 Vgl. *Büchner/Schlotterbeck*, Rn. 652 m. w. N.

nach § 45 Abs. 5 i. V. m. § 44 Abs. 3 Hbs. 2 SGB X. Über die Rücknahme unanfechtbarer Verwaltungsakte entscheidet danach die zuständige Behörde, die nicht mit der erlassenden Behörde identisch zu sein braucht. Die Rücknahmeentscheidung ist nämlich ein selbstständiges Verwaltungsverfahren.[7] Welche Behörde im Zeitpunkt des Erlasses der Rücknahmeverfügung zuständig war, ergibt sich ausschließlich aus den allgemeinen Bestimmungen des jeweiligen Fachgesetzes, hier also des Sozialhilferechts.

Die **sachliche Zuständigkeit** für die Rücknahmeverfügung liegt wie der Erlass des Bewilligungsbescheids beim örtlichen Träger gem. § 97 SGB XII, § 2 AGSGB XII BW, da es sich um laufende Hilfe zum Lebensunterhalt außerhalb von Einrichtungen gehandelt hat, vgl. § 8 Nr. 1 SGB XII. Örtliche Träger sind nach § 1 AGSGB XII BW die Stadtkreise und Landkreise.

Problematisch könnte die **örtliche Zuständigkeit** sein. Da M zum Zeitpunkt der Rücknahme der Bewilligungsbescheide seinen tatsächlichen Aufenthalt in Freiburg hatte, ist fraglich, ob die Zuständigkeit des Landratsamts Ludwigsburg gem. § 98 Abs. 1 Satz 3 SGB XII fortgedauert hat, oder ob gem. § 98 Abs. 1 Satz 1 SGB XII der Sozialhilfeträger örtlich zuständig war, in dessen Bereich sich der Hilfesuchende tatsächlich aufgehalten hat – also der Stadtkreis Freiburg (§§ 98 Abs. 1 Satz 1 SGB XII, 1 AGSGB XII BW, 12 Abs. 3 LVG BW).

Die Auslegung des § 98 Abs. 1 Satz 3 SGB XII ergibt, dass die Zuständigkeit des ursprünglichen Trägers nur dann fortbesteht, wenn dieser die Hilfeleistung außerhalb seines Bereichs veranlasst oder ihr zumindest zugestimmt hat.[8] Dies ist hier zu verneinen, da M das Kreissozialamt Ludwigsburg nicht einmal von seinem Umzug in Kenntnis gesetzt hat.

Da somit die Regelung des § 98 Abs. 1 Satz 3 SGB XII nicht greift, gilt die Grundsatzregelung des § 98 Abs. 1 Satz 1 SGB XII, nach der sich die örtliche Zuständigkeit nach dem tatsächlichen Aufenthalt des Hilfesuchenden richtet. Damit wäre der Stadtkreis Freiburg örtlich zuständig gewesen.

Sonstige formelle Bedenken bestehen nicht gegen die Rücknahmeverfügung vom 8.5.2009; insbesondere hat M gemäß § 24 Abs. 1 SGB X ausreichend Gelegenheit erhalten, zu der beabsichtigten Rückforderung Stellung zu nehmen. Auch ist der Bescheid vom 8.5.2009 laut Bearbeitungshinweis ausreichend begründet worden und genügt den Formvorschriften.

Die Rücknahmeverfügung vom 8.5.2009 ist also formell rechtswidrig.

Der Fehler der örtlichen Unzuständigkeit führt jedoch nicht zur Nichtigkeit des Bescheids, vgl. § 40 Abs. 3 Nr. 1 SGB X.

Eine **Heilung** kommt gem. § 41 Abs. 1 SGB X nicht in Betracht. Möglicherweise ist der Fehler jedoch unbeachtlich i. S. d. **§ 42 SGB X**, da diese Vorschrift die Aufhebung eines Verwaltungsakts allein wegen formeller Fehler ausschließt. Dies ist dann der Fall, wenn offensichtlich ist, dass die Verlet-

7 Vgl. BVerwG, NJW 2000, 1512; BVerwG, NDV-RD 1996, 81.
8 Vgl. VGH Hessen, FEVS 45, 335, 336.

zung die Entscheidung in der Sache nicht beeinflusst hat. Allein die Tatsache, dass die Entscheidung über die Rücknahme der Bewilligungsbescheide nach § 45 Abs. 1 SGB X im Ermessen der Behörde steht, macht § 42 SGB X nicht unanwendbar.[9] Es muss lediglich offensichtlich sein, dass die Behörde ohne den Fehler genauso entschieden hätte. Dies ist bei einem Fall, in dem eine andere örtlich zuständige Behörde im Rahmen des Ermessens hätte entscheiden müssen, jedenfalls nicht „offensichtlich" der Fall. Auch bei einer erschlichenen Sozialhilfeleistung können einer Aufhebung der Bewilligungsbescheide Umstände des Einzelfalles wie z. B. eine besondere Härte entgegenstehen, die im Rahmen der Ermessensentscheidung zu berücksichtigen sind. § 42 SGB X steht einer Aufhebung des Verwaltungsakts im Widerspruchsverfahren daher nicht entgegen (eine andere Auffassung ist bei guter Begründung vertretbar).

Eine **Umdeutung** gem. 43 Abs. 1 SGB X scheidet ebenfalls aus, weil das Kreissozialamt Ludwigsburg für den Erlass des Bescheids, in den umgedeutet werden soll, nicht zuständig ist.

Zwischenergebnis: Der Rücknahmebescheid ist damit formell rechtswidrig.

Hilfsweise ist auch die **materielle Rechtswidrigkeit** zu prüfen, da die Anwendbarkeit des § 42 SGB X auch anders beurteilt werden könnte. Die Rücknahmeverfügung ist materiell rechtmäßig, wenn der Tatbestand des § 45 Abs. 1 SGB X vorliegt und der Sozialhilfeträger sein Ermessen fehlerfrei ausgeübt hat. 332

Gem. § 45 Abs. 1 SGB X kommt eine Rücknahme der **Bewilligungsbescheide** nur in Betracht, wenn diese **zum Zeitpunkt ihres Erlasses rechtswidrig** gewesen sind. Dies wäre dann der Fall, wenn M für die Monate Januar–März 2009 keinen Anspruch auf laufende Hilfe zum Lebensunterhalt gehabt hätte.

Der grundsätzliche **Anspruch auf Hilfe zum Lebensunterhalt** von M ergibt sich aus §§ 19 Abs. 1, 27 ff. SGB XII. **Vorrangige Leistungen** nach dem SGB II (Grundsicherung für Arbeitssuchende) sind ausgeschlossen, da M nicht erwerbsfähig i. S. d. § 8 SGB II ist, vgl. § 21 Satz 1 SGB XII. Hierfür müsste er in der Lage sein, unter den üblichen Bedingungen des Arbeitsmarktes mindestens 3 Stunden täglich erwerbstätig zu sein. Diese Voraussetzung liegt laut Bearbeitungsvermerk Nr. 3 nicht vor. Da die ihm attestierte volle Erwerbsminderung (§ 43 Abs. 2 SGB VI) jedoch nur vorübergehend besteht (siehe im Sachverhalt: Rente wegen Erwerbsminderung auf Zeit), sind Leistungen nach §§ 19 Abs. 2, 41 SGB XII (Grundsicherung im Alter und bei Erwerbsminderung) ebenfalls nicht vorrangig, vgl. § 19 Abs. 2 Satz 3 SGB XII.

---

9 Dies war das eigentliche Anliegen der Neuregelung der Vorschrift, vgl. BT-Drucks. 13/3995 S. 8.

Hilfe zum Lebensunterhalt ist nach § 19 Abs. 1, 27 ff. SGB XII Personen zu leisten, die ihren notwendigen Lebensunterhalt nicht oder nicht ausreichend aus eigenen Kräften und Mitteln, insbesondere aus ihrem Einkommen und Vermögen, beschaffen können. M hätte also nach dem **Nachrangprinzip** (vgl. auch § 2 SGB XII) dann keinen Anspruch auf Hilfe zum Lebensunterhalt für die Monate Januar bis März 2009 gehabt, wenn sich der in seinem Eigentum befindliche Flügel als **verwertbares Vermögen** i. S. d. § 90 Abs. 1 SGB XII erweist, mit dem er seinen notwendigen Bedarf hätte abdecken können. Der Verwertbarkeit des Flügels steht § 90 Abs. 2 Nr. 6 SGB XII nicht entgegen, wonach Erbstücke, deren Veräußerung für den Hilfesuchenden eine besondere Härte bedeuten würde, zum sogenannten **Schonvermögen** zählen. Mit dem bloßen Hinweis auf die Erbschaft hat M keinen solch schwerwiegenden Umstand dargetan, dass eine Verwertung des Flügels zu einer besonderen Härte führen würde. Es ist nicht erkennbar, dass der persönliche (ideelle) Wert des Flügels aus Gründen der Familientradition oder des Andenkens an die verstorbene Großmutter den Verkehrswert des Musikinstruments übersteigt.[10] Vielmehr scheint M den Flügel lediglich als verwertbaren Vermögensgegenstand für sogenannte schwere Zeiten einzuschätzen. Der Hinweis, er wolle das Klavierspielen erlernen, greift ebenfalls nicht. Von Leistungsberechtigten müssen in Notzeiten auch Opfer im Freizeitverhalten hingenommen werden. Da M noch nicht Klavierspielen kann, wird auch nicht in die „Befriedigung geistiger Bedürfnisse" i. S. d. § 90 Abs. 2 Nr. 7 SGB XII eingegriffen, so dass mit der Verwertung des Flügels keine Verschlechterung seiner Lebensverhältnisse verbunden wäre.[11]

Auch § 90 Abs. 3 Satz 1 SGB XII steht einer Verwertung des Musikinstruments nicht entgegen, da dies für M keine **Härte** bedeuten würde. Allein der Wunsch, sich den geerbten Gegenstand zu erhalten, ist keine von der Norm abweichende Sachlage, die von § 90 Abs. 3 SGB XII als Auffangregelung verlangt wird.

Schließlich scheidet unter den Voraussetzungen des § 91 Satz 1 SGB XII auch eine **darlehensweise Gewährung der Sozialhilfe** aus. Weder ist M die sofortige Verwertung des Flügels unmöglich, noch bedeutet sie für ihn eine Härte.

Die **Bewilligungsbescheide** für die Monate Januar–März 2009 sind danach **materiell rechtswidrig**, da M vorrangig den Erlös aus dem Verkauf des Flügels hätte einsetzen müssen.

§ 45 Abs. 2 Satz 1 und 2 und Abs. 4 Satz 1 SGB X stehen einer Rücknahme nicht entgegen. Eine rückwirkende Aufhebung kommt nach § 45 Abs. 4 Satz 1 SGB XII nur im Fall von Absatz 2 Satz 3 in Frage. (Abs. 3 ist ohnehin nicht einschlägig, da Bewilligungsbescheide im Sozialhilferecht regelmäßig

10 Vgl. *Brühl*, in: LPK-SGB XII, § 90 Rn. 39.
11 Vgl. BVerwGE 32, 89.

keine Verwaltungsakte mit Dauerwirkung sind.[12] Anhaltspunkte dafür, dass die Behörde den Leistungsbezug von M für einen längeren Zeitraum als jeweils einen Monat regeln wollte, lassen sich dem Sachverhalt nicht entnehmen.

M kann sich auf ein **schutzwürdiges Vertrauen** wegen des Verbrauchs der Geldleistungen nicht berufen. Die Bewilligungsbescheide beruhen nämlich auf Vermögensangaben, die M jedenfalls **grobfahrlässig** in wesentlicher Beziehung unvollständig gemacht hat (§ 45 Abs. 2 Satz 3 Nr. 2 SGB X). Da M nach Antreten der Erbschaft die Änderung seiner Vermögensverhältnisse nicht angezeigt hat, hat er seiner Mitwirkungspflicht gem. § 60 Abs. 1 Nr. 1 SGB I nicht genügt. Nach dieser Vorschrift hat der Antragsteller oder Bezieher einer Sozialleistung alle Tatsachen anzugeben, die für die Leistung erheblich sind. Sollte M im Zweifel über die sozialhilferechtliche Relevanz der Erbschaft gewesen sein, so hätte er beim Kreissozialamt nachfragen müssen, welche Tatsachen i. S. d. § 60 Abs. 1 Nr. 1 SGB I erheblich sind. Wer wie M trotz des Hinweises auf die Folgen der Verletzung der Mitwirkungspflicht diese nicht ausreichend beachtet, verletzt die Sorgfalt in besonders schwerem Maße und handelt grobfahrlässig.

Da das Kreissozialamt Ludwigsburg auch die gem. § 45 Abs. 4 Satz 2 SGB X zu beachtende **Jahresfrist** bei der Rücknahmeverfügung eingehalten hat, liegen die tatbestandlichen Voraussetzungen der Rechtsgrundlage des § 45 SGB X vor. Insbesondere konnten die Bewilligungsbescheide mit **Wirkung für die Vergangenheit** gem. § 45 Abs. 4 Satz 1 SGB X zurückgenommen werden, weil sich M gem. § 45 Abs. 2 Satz 3 SGB X nicht auf Vertrauen berufen kann.

Laut Bearbeitungshinweis Nr. 2 sind dem Kreissozialamt Ludwigsburg bei der Aufhebung der Bewilligungsbescheide auch keine Ermessensfehler unterlaufen.

Zwischenergebnis: Der Rücknahmebescheid erweist sich damit als formell rechtswidrig, materiell sind jedoch keine Rechtsfehler zu erkennen.

2.1.2 Rechtwidrigkeit der Erstattungsforderung

Rechtsgrundlage für die Aufforderung, die zu Unrecht geleistete Sozialhilfe zurückzuzahlen, ist § 50 Abs. 1 Satz 1 SGB X. **333**

Danach entsteht ein öffentlich-rechtlicher Erstattungsanspruch und eine Erstattungspflicht als unmittelbare und zwingende Folge der Rücknahme der Bewilligungsbescheide. Gem. § 50 Abs. 3 Satz 1 SGB X ist die zu erstat-

12 Die Bewilligung von Hilfe zum Lebensunterhalt ist in der Regel kein Verwaltungsakt mit Dauerwirkung vgl. BVerwGE 25, 309; im Einzelfall bejahend BVerwGE 91, 13, 17; VGH BW 46, 222. Zur Frage von VAen mit Dauerwirkung im Sozialrecht *Schweickhardt/ Vondung*, Rn. 540.

tende Leistung durch schriftlichen Verwaltungsakt festzusetzen, wobei dieser gem. § 50 Abs. 3 Satz 2 SGB X mit der Rücknahme der Bewilligungsbescheide verbunden werden konnte. Dies ist im vorliegenden Fall auch geschehen.

Da die Erstattungsforderung nach § 50 Abs. 1 SGB X jedoch eine rechtmäßige Aufhebung der Bewilligungsbescheide voraussetzt, erstreckt sich die oben festgestellte (formelle) Rechtswidrigkeit des Rücknahmebescheids auch auf diese.

Zwischenergebnis: Beide im Bescheid vom 8.5.2005 getroffenen Verfügungen sind also rechtswidrig (mit guter Begründung wäre es auch vertretbar, die Anwendbarkeit des § 42 SGB X zu verneinen mit der Folge, dass beide Verfügungen rechtmäßig wären).

2.2 Rechtsverletzung

334 Durch diese rechtswidrigen Verwaltungsakte wird M auch in seinen eigenen Rechten verletzt. Dies gilt für die gebundene Entscheidung des Erstattungsverlangens ohne Weiteres. Durch den rechtswidrigen Rücknahmebescheid wird M in seinem subjektiv-öffentlichen Recht auf ermessensfehlerfreie Entscheidung – durch die zuständige Behörde – verletzt. Denn die Ermessensermächtigung des § 45 Abs. 1 SGB X dient auch dem Schutz des Einzelnen.

2.3 Zweckmäßigkeit der Entscheidungen

Im Widerspruchsverfahren ist die Rücknahmeverfügung neben der Rechtmäßigkeit auch auf ihre Zweckmäßigkeit hin zu überprüfen (§ 78 Abs. 1 Satz 1 SGG). Dem Sachverhalt sind indes keine Anhaltspunkte für einen Verstoß gegen Zweckmäßigkeitsüberlegungen zu entnehmen.

Ergebnis: Der Widerspruch von Herrn Maier gegen die Rücknahme der Bewilligungsbescheide und die Rückforderung der Sozialhilfeleistungen ist nach der hier vertretenen Auffassung zulässig und begründet. Das Sozialamt Ludwigsburg hat daher dem Widerspruch abzuhelfen, § 85 Abs. 1 SGG.

Fall 7: „Die Ausnahmegenehmigung“

(Straßenverkehrsrecht, Fehlerhafter Verwaltungsakt, Ermessen, Nebenbestimmung, Rücknahme und Widerruf, Verwaltungsvollstreckung)

A. Sachverhalt

Bürger A wohnt in einer Gemeinde mit 2 000 Einwohnern. Dort besitzt er **335**
im Außenbereich ein schönes Grundstück, in dem ein hübsches Gartenhaus steht. Auf dem Grundstück hält er sich mehrere Schafe; außerdem hat er einen Bienenstand aufgestellt. Die einzige Möglichkeit, motorisiert zum Grundstück zu gelangen, bietet ein asphaltierter Weg, der seinem Ausbauzustand nach Begegnungsverkehr zulässt.

Diesen Weg versah eines Tages die Gemeinde mit dem Zeichen 253 zu § 41 der Straßenverkehrsordnung – StVO – (Verbot für Kraftfahrzeuge mit einem zulässigen Gesamtgewicht über 3,5 t, einschließlich ihrer Anhänger und Zugmaschinen, ausgenommen Personenkraftwagen und Kraftomnibusse), um dadurch außerordentliche Schäden an der Fahrbahn zu verhüten. Über dieses Schild ärgerte sich A, weil er bisher öfters mit einem Fahrzeug, dessen zulässiges Gesamtgewicht 3,5 t übersteigt, zu seinem Grundstück fuhr.

Völlig „aus dem Häuschen“ geriet er, als er eines Tages feststellen musste, dass auf Anordnung des Landratsamtes das bisherige Schild gegen ein Schild mit dem Zeichen 250 (Verbot für Fahrzeuge aller Art) ausgewechselt worden war. Auf dem Landratsamt erfuhr er, dass der alleinige Grund für das Auswechseln des Schildes die Vorsorge sei, Schäden am Straßenkörper zu verhindern. Zwar lasse der Ausbau des Wegs das Befahren mit leichten Kraftfahrzeugen zu, man wolle aber aus Gleichheitsgründen alle Fahrzeuge ausschließen.

Um wenigstens mit seinem PKW an sein Grundstück heranfahren zu können, beantragte er daraufhin eine Ausnahmegenehmigung nach § 46 StVO. Sie wurde ihm für die Zeit vom 1.1.2009 bis 1.10.2010 mit der Maßgabe gewährt, dass nur er selbst und nähere Angehörige in dem Auto sitzen dürfen. Die Ausnahmegenehmigung samt Zusatz wurde bestandskräftig. Als das Landratsamt feststellte, dass er trotzdem mehrmals andere Personen mitgenommen hatte, drohte es ihm mit Schreiben vom 11.5.2009 an, es werde die Genehmigung entziehen, wenn sich dieser Vorgang wiederhole. Als dies mehrmals geschah, wurde A die Genehmigung wieder entzogen.

Aufgabe: Beantworten Sie folgende Fragen mit ausführlicher Begründung:

1. Musste A das Schild mit Zeichen 253 beachten?
2. Ist die Aufstellung des Verkehrszeichens 250 rechtmäßig erfolgt?

3. Um welche Nebenbestimmungen handelt es sich bei den Zusätzen zur Ausnahmegenehmigung? Sind sie rechtmäßig?
4. Handelt es sich bei dem Schreiben vom 11.5.2009 um eine Maßnahme der Verwaltungsvollstreckung?
5. Durfte die Ausnahmegenehmigung aufgehoben werden?

B. Vorbemerkung zu Fall 7

336 Es handelt sich um eine Vielzahl von Fragen, auf die im Gutachten in beliebiger Reihenfolge eingegangen werden kann. Zu empfehlen ist jedoch stets, sich nach Möglichkeit an die vom Aufgabensteller vorgegebene Reihenfolge zu halten, weil die Fragen manchmal aufeinander aufbauen.

Bei der **Aufgabe 1** findet man den richtigen Einstieg nur, wenn man sich die Besonderheiten in Erinnerung ruft, die den Verwaltungsakt gegenüber anderen Maßnahmen der Verwaltung auszeichnet. Dass außerdem die **Rechtsnatur** des Verkehrszeichens eine Rolle spielt, liegt auf der Hand. Wenn es sich um einen Verwaltungsakt handelt, stellt sich die Frage, ob er **fehlerhaft** ist und ob der Fehler zur **Unwirksamkeit** führt.

Die Aufgabe 2 lässt sich mit Hilfe des Eingriffsschemas II angehen (s. oben Rn. 119); der Sachverhalt bietet jedoch nur wenig Ansatzpunkte. Die Probleme sind durch genaue Subsumtion und mit Grundkenntnissen der Lehre vom **Ermessen** zu lösen.

In der **Aufgabe 3** geht es um zwei **Nebenbestimmungen** zur Ausnahmegenehmigung. Wenn ermittelt werden soll, um welche Art es sich handelt, muss man sich der **Abgrenzungsprobleme zwischen Nebenbestimmungen** bewusst sein. Bei der Frage nach der Rechtmäßigkeit der Nebenbestimmungen müssen Sie auch deren Zulässigkeit erörtern.

Das Schreiben in **Aufgabe 4** enthält eine Androhung. Da es eine Androhung auch in der **Verwaltungsvollstreckung** gibt, hängt die Beantwortung letztlich davon ab, welche Maßnahme angedroht wird.

Den Einstieg zur Beantwortung der **Frage 5** werden Sie unschwer finden, wenn Sie Grundkenntnisse von der **Rücknahme** und vom **Widerruf** von Verwaltungsakten besitzen. Angesichts der Fülle und Bandbreite der gestellten Fragen muss die Niederschrift so geplant werden, dass die Lösung sehr konzentriert zum Ergebnis führt. Beim Lösungsvorschlag wird Ihnen auffallen, dass, um sich kurz zu fassen, im Urteilsstil formuliert wurde.

C. Lösungsvorschlag zu Fall 7

Aufgabe 1: Pflicht zur Beachtung des Schilds 337

A muss das Schild mit Zeichen 253 dann beachten, wenn es sich um einen wirksamen Verwaltungsakt handelt.

1. Verwaltungsakt

Zunächst ist also zu prüfen, ob das Verkehrsschild einen Verwaltungsakt darstellt.

Während früher die Rechtsnatur von Verkehrszeichen umstritten war, werden sie heute überwiegend als Allgemeinverfügungen im Sinne des § 35 Satz 2 LVwVfG behandelt.[1] Gem. § 43 Abs. 1 Satz 1 LVwVfG wird das Verkehrszeichen nach der Aufstellung gegenüber dem Verkehrsteilnehmer wirksam, den es betrifft – d. h. dann, wenn der Verkehrsteilnehmer ihm erstmals begegnet.[2]

2. Wirksamkeit des Verwaltungsakts

Nach § 43 Abs. 2 LVwVfG bleibt ein fehlerhafter Verwaltungsakt wirksam, es sei denn, er wäre nichtig, vgl. § 43 Abs. 3 LVwVfG.

Als Fehler kommt im vorliegenden Fall ein Verstoß gegen die Regelung der sachlichen Zuständigkeit in Frage. Nach § 45 Abs. 1 und 4 Straßenverkehrsordnung (StVO) ist im Regelfall für die Aufstellung von Verkehrszeichen die Straßenverkehrsbehörde zuständig. Dies ist nach § 44 Abs. 1 StVO i. V. m. § 1 StVO-ZuG BW die nach Landesrecht zuständige untere Verwaltungsbehörde – hier also das Landratsamt (vgl. § 15 Abs. 1 Nr. 1 LVG). Eine Zuständigkeit der Gemeinde nach § 15 Abs. 1 Nr. 1 LVG ist nicht gegeben, da es sich nicht um eine Große Kreisstadt handelt. Letztlich kann auch keine Zuständigkeit der Gemeinde auf Antrag nach § 2 StVO-ZuG BW vorliegen, da die Gemeinde die hierfür erforderliche Mindestgröße von mehr als 5 000 Einwohner nicht hat. Somit ist der **Verwaltungsakt formell rechtswidrig.**

Der rechtswidrige Verwaltungsakt ist nur dann unbeachtlich, wenn ein **Nichtigkeitsgrund** nach § 44 LVwVfG vorliegt. Beim **Verstoß gegen die sachliche Zuständigkeit** handelt es sich weder um einen in § 44 Abs. 2 LVwVfG noch um einen in § 44 Abs. 3 LVwVfG genannten Fehler. Die Nichtigkeit beurteilt sich also nach § 44 Abs. 1 LVwVfG. Der Verstoß gegen die sachliche Zuständigkeit ist ein besonders schwerwiegender Fehler.[3] Zweifel bestehen jedoch, ob dieser Fehler offenkundig ist. Auch einem

1 Vgl. *Schweickhardt/Vondung*, Rn. 239.

2 BVerwGE 102, 316: „… gleichgültig, ob der Verkehrsteilnehmer das Zeichen tatsächlich wahrnimmt oder nicht."

3 Vgl. *Stelkens/Bonk/Sarks*, VwVFG, § 44 Rn. 111.

aufgeschlossenen Durchschnittsbetrachter dürfte bei einem Weg im Außenbereich, der zum Gemeindegebiet gehört, nicht ohne Weiteres gegenwärtig sein, dass die Gemeinde hierfür nicht zuständig war. Es fehlt also an der Offenkundigkeit des Fehlers, so dass keine Nichtigkeit eintritt.[4]

Als Fehler kommt weiter ein **Verstoß gegen die örtliche Zuständigkeit** in Betracht. Unter örtlicher Zuständigkeit versteht man die räumliche Erstreckung der sachlichen Zuständigkeit. Fehlt die sachliche Zuständigkeit, kann deshalb auch keine örtliche Zuständigkeit gegeben sein.[5]

Der Verwaltungsakt ist also rechtswidrig.

Der Verstoß führt dann zur Nichtigkeit, wenn er die Voraussetzungen des § 44 Abs. 2 Nr. 3 LVwVfG erfüllt. Mit dem Zeichen 253 wird die Benutzung von öffentlichen Wegen, die dem unbeweglichen Vermögen i. S. d. § 3 Abs. 1 Nr. 1 LVwVfG zuzurechnen sind, geregelt. Es liegt also ein absoluter Nichtigkeitsgrund vor.

Ergebnis: A musste das Schild mit Zeichen 253 nicht beachten.

Aufgabe 2: Rechtmäßigkeit des Verkehrszeichens

338 Das Schild mit Zeichen 250 ist dann nicht rechtmäßig, wenn bei seiner Aufstellung der Grundsatz vom Vorbehalt oder Vorrang des Gesetzes nicht beachtet wurde.[6]

Als **Rechtsgrundlage** für die Aufstellung des Schildes kommt § 45 Abs. 1 Satz 2 Nr. 2 i. V. m. Abs. 2 und 4 StVO in Frage. Danach können die Straßenverkehrsbehörden zur Verhütung außerordentlicher Schäden an den Straßen Verkehrsverbote und -beschränkungen anordnen. Dem Sachverhalt ist zu entnehmen, dass dieses Tatbestandsmerkmal erfüllt ist. Damit steht es im Ermessen der Straßenverkehrsbehörde, mit welchem Verkehrszeichen sie den Zweck (Verhütung von außerordentlichen Schäden) erreichen will.[7] Die Schranken des Ermessens ergeben sich u. a. aus § 40 LVwVfG, d. h. beim **Ermessen** ist der Vorrang und der Vorbehalt des Gesetzes zu beachten. Die Ermächtigungsnorm begrenzt in § 45 Abs. 9 StVO das Ermessen insoweit, als Verkehrszeichen und Verkehrseinrichtungen nur dort anzuordnen sind, wo dies aufgrund der besonderen Umstände zwingend geboten ist. Insbesondere dürfen Beschränkungen und Verbote des fließenden Verkehrs nur angeordnet werden, wenn auf Grund der besonde-

---

4 Vgl. *Schweickhardt/Vondung*, Rn. 401 f. Auf die Konsequenz, die sich aus der fehlenden sachlichen für die örtliche Zuständigkeit ergibt, wird in der Rechtsprechung allerdings meist nicht eingegangen.

5 In der 1. Auflage wurde auf die Problematik der örtlichen Zuständigkeit nicht eingegangen. Der Lösungsvorschlag endete deshalb mit dem Ergebnis, das Schild sei zu beachten. Der jetzige Lösungsansatz ist nicht unbestritten, aber nach der Rechtslage geboten. Zu berücksichtigen ist, dass das ungültige Verkehrszeichen wegen § 1 StVO trotzdem verkehrsrechtlich bedeutsam ist.

6 Vgl. *Schweickhardt/Vondung*, Rn. 15 ff.; *Schweickhardt/Vondung*, Rn. 339 f.

7 Das Ermessen lässt sich auch aus dem Wortlaut des § 45 Abs. 3 StVO ableiten.

ren örtlichen Verhältnisse eine Gefahrenlage besteht, die das allgemeine Risiko einer Beeinträchtigung der in den vorstehenden Absätzen genannten Rechtsgüter erheblich übersteigt. Diese Regelung, die das **Entschließungsermessens** einschränkt, lässt eine Beschränkung des fließenden Verkehrs durch Verkehrszeichen im vorliegenden Falle zu, da sich aus den allgemeinen und besonderen Verkehrsregelungen der StVO der Schutz des Weges vor außerordentlichen Schäden nicht ohne Weiteres ergibt.

Zu den gesetzlichen Grenzen des Ermessens zählt – neben den speziellen Grenzen der Ermächtigungsnorm – insbesondere auch der sich aus dem Rechtsstaatsprinzip ableitende **Verhältnismäßigkeitsgrundsatz.** Zwar ist die Aufstellung des Verkehrszeichens 250 zum Schutz des Straßenkörpers zweifellos tauglich, nicht jedoch erforderlich in dem Sinne, dass das mildeste Mittel ergriffen worden ist. Im vorliegenden Fall kann nämlich die Verhütung von außerordentlichen Schäden auch durch das Zeichen 253 – Verbot für Kraftfahrzeuge über 3,5 t – erreicht werden. Daraus folgt, dass die Behörde bei ihrem **Auswahlermessen** gegen den Grundsatz der Verhältnismäßigkeit verstoßen hat.[8]

Ergebnis: Die Aufstellung des Verkehrszeichens 250 ist rechtswidrig.

Aufgabe 3: Rechtmäßigkeit der Zusätze zur Ausnahmegenehmigung

1. Rechtmäßigkeit der Befristung

Bei der Beschränkung der Ausnahmegenehmigung nach § 46 StVO vom 339
1.1.2009 bis 1.10.2010 handelt es sich um eine **Befristung** im Sinne des § 36 Abs. 2 Nr. 1 LVwVfG. Die Zulässigkeit ergibt sich aus § 46 Abs. 3 Satz 1 StVO; im Übrigen wäre sie auch nach § 36 Abs. 2 LVwVfG zulässig, da die Ausnahmegenehmigung (vgl. § 46 Abs. 1 Nr. 11 StVO) im Ermessen der Behörde steht und somit auch eine Nebenbestimmung nach pflichtgemäßem Ermessen beigefügt werden kann.[9]

Gesichtspunkte, die gegen die Rechtmäßigkeit der Befristung sprechen, sind nicht ersichtlich.

Ergebnis: Die Befristung ist rechtmäßig.

2. Rechtmäßigkeit der Auflage

Der Zusatz, dass nur A selbst und nähere Angehörige in dem Auto sitzen dürfen, könnte eine Auflage im Sinne des § 36 Abs. 2 Nr. 4 LVwVfG sein. Die Zulässigkeit ergibt sich wiederum aus § 46 Abs. 3 Satz 1 StVO.

8 Vgl. *Schweickhardt/Vondung*, Rn. 186; *Schweickhardt/Vondung*, Rn. 430.
9 Neben einer Ausnahmegenehmigung nach § 46 StVO bedarf A nicht zusätzlich einer Sondernutzungserlaubnis für eine übermäßige Straßenbenutzung nach § 16 Abs. 6 StrG BW.

Es handelt sich um die Verpflichtung zu einem bestimmten Unterlassen. Diese Verpflichtung kann allerdings auch in die Form einer Bedingung gekleidet sein. Der Behördenwille ergibt sich im vorliegenden Fall nicht eindeutig aus dem Wortlaut. Rechtlich zulässig wäre sowohl eine Bedingung als auch eine Auflage. Entscheidend ist daher darauf abzustellen, welche Rechtsfolgen die Behörde mit der Nebenbestimmung erreichen wollte. Es ist hier nicht davon auszugehen, dass die Rechtswirkung der Ausnahmegenehmigung in der Weise mit dem Zusatz verknüpft sein sollte, dass sie bei Nichtbefolgen des Zusatzes automatisch erlischt. Auch unter Beachtung des Verhältnismäßigkeitsprinzips ist eine Auflage die weniger belastende Maßnahme. Danach handelt es sich somit um eine selbstständige, neben dem begünstigenden Verwaltungsakt (Ausnahmegenehmigung) stehende Auflage.[10]

Die Auflage ist aus den gleichen Gründen wie die Befristung grundsätzlich zulässig. Zu prüfen bleibt, ob sie aus sonstigen Gründen rechtswidrig ist.

Die Rechtswidrigkeit könnte sich aus einem Verstoß gegen § 37 Abs. 1 LVwVfG ergeben. Als Verwaltungsakt hat die Auflage dem **Bestimmtheitsgebot** zu entsprechen.[11] Wenn es jedoch in der Auflage heißt, dass nur nähere Angehörige im Auto sitzen dürfen, so kann A nicht erkennen, wen die Behörde im Einzelnen damit meint, da der Begriff „nähere Angehörige" nicht klar abgrenzbar ist. Die Auflage ist also mangels hinreichender inhaltlicher Bestimmtheit gemäß § 37 Abs. 1 LVwVfG rechtswidrig.

Die Auflage ist auch dann rechtswidrig, wenn das **Ermessen,** das für ihren Erlass eingeräumt ist, fehlerhaft ausgeübt wurde. Die Schranken des Ermessens ergeben sich u. a. aus § 40 LVwVfG.[12] Danach muss das Ermessen entsprechend dem Zweck der Ermächtigung ausgeübt werden. Es erscheint jedoch dem Zweck der Ermächtigung nicht angemessen, wenn zur Verhinderung von außerordentlichen Straßenschäden nur bestimmte Personen an einer an sich zulässigen Fahrt teilnehmen dürfen. Allenfalls eine Beschränkung der Personenzahl zur Reduzierung des auf der Straße lastenden Gewichts, nicht aber eine Beschränkung des Personenkreises könnte vom Zweck der Ermächtigung gedeckt sein. Auch aus diesem Grund ist die Auflage rechtswidrig.

Ergebnis: Die Auflage ist rechtswidrig.

---

10 Vgl. zur Abgrenzung Auflage Bedingung *Schweickhardt/Vondung*, Rn. 269 ff.

11 Vgl. *Schweickhardt/Vondung*, Rn. 289 f.

12 Vgl. *Schweickhardt/Vondung*, Rn. 279. Ob hier § 36 Abs. 3 LVwVfG Bedeutung erlangt, kann offenbleiben, dürfte aber wegen des Wortlauts des Abs. 3 zu verneinen sein. Die Auflage läuft dem Zweck nicht „zuwider", sie liegt nur außerhalb des Zwecks.

Aufgabe 4: Maßnahme der Verwaltungsvollstreckung

Bei dem Schreiben vom 11.5.2009 handelt es sich um eine Maßnahme der **Verwaltungsvollstreckung,** wenn in ihr eine Androhung im Sinne des § 20 Verwaltungsvollstreckungsgesetz Baden-Württemberg (LVwVG) zu sehen ist. 340

Die Androhung im Sinne des § 20 LVwVG ist bereits eine Maßnahme der Verwaltungsvollstreckung.[13] Auf den Gedanken, das Schreiben sei eine derartige Androhung, könnte man deshalb kommen, weil man mit der Androhung erzwingen will, dass ein vorher ergangener Verwaltungsakt (die Auflage zur Ausnahmegenehmigung) eingehalten wird. Um eine Androhung im Sinne des § 20 LVwVG handelt es sich jedoch nur dann, wenn mit ihr ein Zwangsmittel im Sinne des § 19 LVwVG angedroht wird.[14] Dies ist im Schreiben vom 11.5.2009 nicht geschehen, weil die „Entziehung" der Genehmigung kein derartiges Zwangsmittel ist.

Ergebnis: Es handelt sich nicht um eine Maßnahme der Verwaltungsvollstreckung.

Aufgabe 5: Rechtmäßigkeit der Aufhebung der Ausnahmegenehmigung

Nachdem die StVO keine spezialgesetzliche Regelung über die Aufhebung einer Ausnahmegenehmigung enthält, bestimmt sich deren Zulässigkeit nach den §§ 48 und 49 LVwVfG. 341

Bei der Ausnahmegenehmigung handelt es sich um einen begünstigenden Verwaltungsakt, der im Zeitpunkt seines Erlasses rechtmäßig war. Die Rechtswidrigkeit der Auflage wirkt sich auf die Rechtmäßigkeit des Hauptverwaltungsaktes (Ausnahmegenehmigung) nicht aus. Der **Widerruf** eines rechtmäßigen Verwaltungsaktes ist nach § 49 Abs. 2 Nr. 2 LVwVfG ausnahmsweise dann zulässig, wenn der Verwaltungsakt mit einer Auflage verbunden ist und der Begünstigte sie nicht oder nicht innerhalb einer ihm gesetzten Frist erfüllt. In diesem Zusammenhang ist auch zu berücksichtigen, dass im vorliegenden Fall ein Verstoß gegen eine rechtswidrige Auflage vorliegt. Grundsätzlich ist aber gleichwohl ein Widerruf möglich, da die Auflage bereits bestandskräftig ist.[15] Die Tatbestandsvoraussetzungen für einen Widerruf liegen damit vor.

Demnach stand es im **Ermessen der Behörde**, ob sie den Verwaltungsakt widerruft oder nicht. Ein Ermessensfehler könnte darin liegen, dass die Behörde nicht erwogen hat, dass es sich um eine rechtswidrige Auflage handelt, deren Befolgung sie verlangt.[16] So kann die Nichterfüllung von Aufla-

---

13 *Engelhardt/App*, § 13 Rn. 2; so VGH BW, BWVP 1978, 152 m. w. N.; s. auch VGH BW, VBlBW 1981, 14; 1983, 21; BVerwG, DVBl. 1989, 362.

14 Vgl. *Schweickhardt/Vondung*, Rn. 967.

15 Vgl. *Schweickhardt/Vondung*, Rn. 524.

16 Zur Frage, ob zuerst die Vollstreckung der Auflage hätte versucht werden müssen, vgl. *Kopp/Ramsauer*, VwVfG, § 49 Rn. 39.

gen, an deren Erfüllung nur ein geringes öffentliches Interesse besteht und die für die durch den Verwaltungsakt getroffenen Regelungen nur von untergeordneter Bedeutung sind, i. d. R. die Zurücknahme eines Verwaltungsakts nicht rechtfertigen.[17] Dies liegt nach Auffassung der Verfasser vor, da es kein öffentliches Interesse an der Erfüllung von rechtswidrigen Auflagen gibt und die Erfüllung der Auflage im vorliegenden Fall für den damit bezweckten Erfolg – nämlich den Schutz des Weges – relativ bedeutungslos ist.[18]

Ergebnis: Der Widerruf der Ausnahmegenehmigung war rechtswidrig; die Ausnahmegenehmigung durfte nicht aufgehoben werden.

Fall 8: „Der Kinderspielplatz"

(Baurecht, Widerspruchsverfahren, Begriff des Verwaltungsakts, Zustellung, Fristen, Klagearten, gerichtliche Sachentscheidungsvoraussetzungen)

A. Sachverhalt

342 Der Grundstückseigentümer Ärmlich erhielt eine inzwischen bestandskräftige Baugenehmigung für die Errichtung eines Vierfamilienhauses im nicht beplanten Innenbereich. In der Baugenehmigung war der Zusatz enthalten, auf der nicht überbaubaren Grundstücksfläche müsse ein 3,5 x 3,5 m großer Spielplatz nachgewiesen werden.

Als zwar das Wohnhaus, nicht aber der Spielplatz hergestellt wurde, sandte ihm das zuständige Baurechtsamt folgendes Schreiben:

Stadt ReutlingenReutlingen, den 15. Juni 2010
- Baurechtsamt -
Rathausgasse 13

Zustellung durch die Post gegen Empfangsbekenntnis

Errichtung eines Kinderspielplatzes auf dem Grundstück Beethovenstraße 20

Sehr geehrter Herr Ärmlich,

gemäß § 9 Abs. 2 Satz 1 der Landesbauordnung sind Sie verpflichtet, für ihr Wohngebäude auf dem Baugrundstück oder auf einem Grundstück in unmittelbarer Nähe einen ausreichend großen Spielplatz für Kleinkinder zu errichten.

---

17 Vgl. *Kopp/Ramsauer*, a. a. O.

18 A. A. die Vorauflagen; gegen einen Widerruf bei rechtswidriger Auflage: *Stelkens/Bonk/Sachs*, VwVfG, § 49 Rn. 49 m. w. N.; *Knack/Henneke*, § 49 Rn. 44.

Sie werden hiermit aufgefordert, Ihrer Pflicht in der Weise nachzukommen, dass Sie auf der nicht überbaubaren Grundstücksfläche ihres Baugrundstücks oder auf einem Grundstück in unmittelbarer Nähe, dessen dauerhafte Nutzung für diesen Zweck öffentlich-rechtlich gesichert sein muss, einen mindestens 2 x 3 m großen Sandkasten und eine 1/2 m breite wasserfeste Umrahmung herstellen.

Sollten Sie dieser Aufforderung nicht bis zum 14. Oktober 2010 nachkommen, wird gegen Sie ein Zwangsgeld i. H. v. 250,– Euro festgesetzt.

Rechtsbehelfsbelehrung

Gegen diesen Bescheid können Sie innerhalb eines Monats nach seiner Zustellung Widerspruch beim Bürgermeisteramt der Stadt Reutlingen in Reutlingen erheben.

Maier

Anl.: 1 Empfangsbekenntnis

Der Postbote warf den Brief am Donnerstag, den 17.6.2010 in den Briefkasten des Ärmlich. Ärmlich, ein reisender Möbel-Vertreter, kam erst am 18.6.2010 nach Hause, öffnete den Brief und sandte noch am selben Tag das mit Datum vom 18.6.2010 und Unterschrift versehene Empfangsbekenntnis an das Rathaus mit dem Hinweis zurück, er sei am 17.6.2010 ortsabwesend gewesen und könne deshalb erst heute das Empfangsbekenntnis absenden.

Am Montag, den 19.7.2010 ging dann bei der Stadt Reutlingen der Widerspruch des Ärmlich gegen den Bescheid vom 15.6.2010 ein. Das Bürgermeisteramt hält den Widerspruch für verspätet.

Als am 15.10.2010 der Kinderspielplatz immer noch nicht hergerichtet ist, setzt das Bürgermeisteramt mit Schreiben vom 21.10.2010 das Zwangsgeld von 250,–Euro fest. Dagegen legt Ärmlich ebenfalls form- und fristgerecht Widerspruch mit der Begründung ein, eine Verpflichtung zur Errichtung des Kinderspielplatzes könne nicht bestehen, da in unmittelbarer Nähe des Wohnhauses eine Gemeinschaftsanlage zum Spielen vorhanden sei. Außerdem sei die Festsetzung des Zwangsgeldes fehlerhaft, weil schon die Androhung nicht ordnungsgemäß gewesen sei.

Da Ärmlich meint, mit diesem Vorgehen der Behörden müssten sich auch die gewählten Volksvertreter beschäftigen, richtet er auch noch eine Petition an den Landtag von Baden-Württemberg. Darin bittet er darum, dafür zu sorgen, dass er weder den Spielplatz errichten noch das Zwangsgeld bezahlen müsse.

Aufgaben

1. Erstellen Sie ein Gutachten über die Erfolgsaussichten der beiden Widersprüche. Dabei ist davon auszugehen, dass die von Ärmlich benannte Gemeinschaftsanlage sich nicht in „unmittelbarer Nähe" befindet und die Größe und Art der Wohnungen sowie die Lage des Gebäudes einen Kinderspielplatz nicht entbehrlich machen, falls es auf diese Frage ankommen sollte.

2. Nachdem 6 Wochen verstreichen, ohne dass ein Bescheid über die Petition ergeht, will Ärmlich den Erlass eines Petitionsbescheides einklagen. Nehmen Sie Stellung zu der Frage, vor welchem Gericht er welche Klage erheben kann?

Bearbeitungsvermerk: Normative Vorgaben über die Ausgestaltung des Spielplatzes sind nicht zu berücksichtigen (etwa: § 9 Abs. 2 Satz 3 LBO sowie § 1 Abs. 1 und 2 der allgemeinen Ausführungsverordnung des Innenministeriums zur Landesbauordnung – LBO AVO – v. 5.2.2010 – GBl. S. 24).

B. Vorbemerkung zu Fall 8

343 Bei der ersten Lektüre kann sich der im theoretischen Teil der Fallanleitung (siehe Teil 1 Rn. 27) beschriebene Schock einstellen. Es handelt sich um eine schwierige Klausur, bei der vielseitige Kenntnisse, auch des Prozessrechts, vorausgesetzt werden. Unser Rat: Beherzigen Sie die in Rn. 23 ff. gegebenen Ratschläge.

Um **Aufgabe 1** zu erfassen, ist zunächst wichtig, dass Sie erkennen, wogegen sich die Widersprüche im Einzelnen richten:

Der erste Widerspruch erfasst sowohl die Herstellungsverpflichtung als auch die Zwangsgeldandrohung; da für beide Maßnahmen unterschiedliche Maßstäbe gelten können, müssen sie auch getrennt untersucht werden. Bei der Prüfung des ersten Widerspruchs müssen Sie sich klarmachen, dass sich Ärmlich gegen die Herstellungsverpflichtung vom 15.6.2010 wendet und nicht gegen die in der Baugenehmigung gleichlautende Auflage, die bereits bestandskräftig ist. Der zweite Widerspruch bezieht sich auf die Zwangsgeldfestsetzung.

Ist nach den Erfolgsaussichten eines Rechtsbehelfes gefragt, fällt der Einstieg in die Lösung nicht schwer: Zu prüfen sind die Zulässigkeit und (evtl. im Hilfsgutachten) die Begründetheit. Dabei darf für die gedankliche Aufarbeitung das Schema zu Hilfe genommen werden (vgl. oben Rn. 183).

Wenn Sie die **Zulässigkeit** des Widerspruchs gegen die Herstellungsverpflichtung prüfen, stellt sich die Frage nach der **fristgerechten** Einlegung. Damit verbunden ist die Problematik der **Zustellung**, insbesondere der Heilung von Zustellungsmängeln. Die gleichen Probleme stellen sich beim Widerspruch gegen die Zwangsgeldandrohung. Hinzu kommt hier die Frage nach der **Verwaltungsaktsqualität** als Zulässigkeitsvoraussetzung.

Die Begründetheitsprüfung beim Widerspruch gegen die Herstellungsverpflichtung macht keine besonderen Schwierigkeiten, da im Sachverhalt nur wenige Angaben hierzu enthalten sind. Allenfalls ist die richtige Ermächtigungsgrundlage zu erkennen. Beim Widerspruch gegen die Zwangsgeldandrohung gibt es hingegen Bedenken, die sich aus der Anwendung des § 2

LVwVG ableiten und bei denen auch die Grundsätze vom **Wiederaufgreifen** des Verfahrens (Zweitbescheid) eine Rolle spielen.

Der Widerspruch gegen die **Zwangsgeldfestsetzung** ist problemlos, wenn der erste Widerspruch richtig durchgeprüft und aufgearbeitet wurde. Ansatzpunkt bei der Begründetheit ist auch hier § 2 LVwVG.

Bei der **Aufgabe 2** stehen prozessrechtliche Fragen im Vordergrund. Nachdem es um eine Petition an den Landtag geht, muss geklärt werden, ob überhaupt der **Verwaltungsrechtsweg** gegeben ist. Welches Gericht zuständig ist, lässt sich der VwGO entnehmen. Für die Bestimmung der örtlichen Zuständigkeit des Gerichts nach § 52 VwGO ist auch zu entscheiden, welche Klageart zu wählen ist. Dabei kommt es auf die **Rechtsnatur des Petitionsbescheids** an.

Wenn Sie die Darstellung planen, müssen Sie sich um eine Gliederung bemühen, bei der die einzelnen Stationen der Prüfung und die Unterschiedlichkeit des Prüfungsgegenstandes deutlich wird. In der Niederschrift sollen die angesprochenen Probleme kurz und knapp erörtert werden.

C. Lösungsvorschlag zu Fall 8

Aufgabe 1: Widerspruch gegen den Bescheid vom 15.6.2010

I. Widerspruch gegen die Herstellungsverpflichtung

1. Zulässigkeit des Widerspruchs

1.1 Statthaftigkeit des Widerspruchs

Der Widerspruch ist nur dann statthaft, wenn er sich gegen einen Verwal- 344
tungsakt richtet, § 68 VwGO.[1] Die Herstellungsverpflichtung vom 15.6.2010 erfüllt alle Merkmale der Verwaltungsaktsdefinition in § 35 LVwVfG; der Widerspruch ist also statthaft. Dabei handelt es sich um einen Zweitbescheid, mit dem die Behörde zum Ausdruck gebracht hat, dass sie die gleichlautende bereits bestandskräftige Auflage in der Baugenehmigung durch die Herstellungsverpflichtung ersetzen wollte.

1.2 Fristeinhaltung

Der Widerspruch muss fristgerecht erhoben sein. Er ist innerhalb eines Monats nach Bekanntgabe des Verwaltungsaktes zu erheben, vgl. § 70 Abs. 1 VwGO, sofern die Rechtsbehelfsbelehrung in Ordnung ist, vgl. § 58 Abs. 1 VwGO.

---

1 Vgl. *Büchner/Schlotterbeck*, Rn. 253.

Die Belehrung entspricht den von der Rechtsprechung konkretisierten Anforderungen des § 58 Abs. 1 VwGO. Insbesondere ist es unschädlich, dass die Rechtsbehelfsbelehrung keinen Hinweis über Form und Inhalt des Rechtsbehelfs,[2] über die Fristwahrung durch die Erhebung des Rechtsbehelfs bei der Widerspruchsbehörde[3] sowie über die Anschrift der Verwaltungsbehörde enthält.[4] Maßgebend ist somit die Monatsfrist.

Sie wird durch die Bekanntgabe in Lauf gesetzt. Der Zeitpunkt der Bekanntgabe hängt von der Art der Bekanntgabe und ihrer Fehlerfreiheit ab. Nachdem sich die Behörde – wie aus dem Briefkopf ersichtlich – für die Zustellung entschieden hat, ergeben sich die maßgeblichen Regeln aus dem Landesverwaltungszustellungsgesetz (vgl. § 1 Abs. 2 LVwZG).[5]

Untersucht man anhand des Landesverwaltungszustellungsgesetzes, ob es die von der Behörde gewollte „Zustellung durch die Post gegen Empfangsbekenntnis" gibt, stellt man fest, dass eine derartige Zustellung – ohne Aushändigung des Briefs durch den Behördenvertreter – allenfalls nach § 5 Abs. 4 LVwZG möglich sein könnte. Ein Möbelvertreter gehört jedoch nicht zu dem in dieser Vorschrift angesprochenen Adressatenkreis. Wird ihm trotzdem in dieser Zustellungsart bekannt gegeben, so missachtet die Behörde die zwingenden Voraussetzungen des § 5 Abs. 4 LVwZG. Die Zustellung ist also fehlerhaft.

Dieser Zustellungsmangel kann jedoch nach § 9 LVwZG geheilt werden.[6] Die **Heilung** tritt mit dem tatsächlichen Erhalt des Schriftstücks ein. Tatsächlich erhalten hat Ärmlich das Schriftstück am 18.6.2010.[7] Demnach endet die Frist des § 70 Abs. 1 VwGO gem. § 57 Abs. 2 VwGO[8] i. V. m. § 222 Abs. 1 ZPO und § 188 Abs. 2 BGB erste Alternative mit Ablauf des 18.7.2010, einem Sonntag. Deshalb endet die Frist gem. § 222 Abs. 2 ZPO erst mit Ablauf des nächsten Werktages, d. h. mit Ablauf des 19.7.2010. Da der Widerspruch zu diesem Zeitpunkt bei der Stadt Reutlingen eingegangen war, war er fristgerecht.

---

2 Vgl. *Büchner/Schlotterbeck*, Rn. 639.
3 Vgl. *Büchner/Schlotterbeck*, Rn. 641.
4 Vgl. *Büchner/Schlotterbeck*, Rn. 640.
5 Vgl. *Schweickhardt/Vondung*, Rn. 318 f.
6 Vgl. zur Heilung *Schweickhardt/Vondung*, Rn. 333 f.
7 Vertretbar wäre es auch, für den Zeitpunkt des Erhalts auf die allgemeinen Regeln der Bekanntgabe abzustellen – hier also auf § 41 Abs. 2 LVwVfG. Man wird dem Sinn und Zweck der Heilungsregelung jedoch eher gerecht, wenn man als Anknüpfungspunkt die tatsächliche Kenntnisnahme wählt.
8 Wegen § 79 LVwVfG ist eigentlich § 31 LVwVfG und nicht § 57 VwGO maßgebend (str.). So: *Kopp/Ramsauer*, § 31 Rn. 3. In der Rspr. scheint jedoch der Weg über § 57 VwGO üblich, vgl. *Büchner/Schlotterbeck*, Rn. 258 m. w. N. Im Ergebnis besteht kein Unterschied, aber in der Begründung.

1.3 Widerspruchsbefugnis

Ärmlich ist auch widerspruchbefugt nach § 42 Abs. 2 VwGO analog; da er möglicherweise in seinen Rechten, nämlich als Adressat eines belastenden Verwaltungsakts in seinem Grundrecht aus Art. 2 Abs. 1 GG verletzt ist (sog. Adressatentheorie).

1.4 Weitere Zulässigkeitsvoraussetzungen

Sonstige Bedenken gegen die Zulässigkeit des Widerspruchs sind nicht ersichtlich.

2. Begründetheit des Widerspruchs

Der Anfechtungswiderspruch ist begründet, wenn die Herstellungsverpflichtung rechtswidrig ist und der Widersprechende dadurch in seinem Recht verletzt wird, vgl. § 113 Abs. 1 Satz 1 VwGO analog. Bei Ermessensentscheidungen ist der Widerspruch nach § 68 VwGO auch begründet, wenn der Verwaltungsakt unzweckmäßig ist und die Ermessensvorschrift auch den Interessen des Widersprechenden zu dienen bestimmt ist. 345

2.1 Rechtmäßigkeit der Herstellungsverpflichtung

Bei der Herstellungsverpflichtung handelt es sich möglicherweise um eine baurechtliche Anordnung gem. § 47 Abs. 1 Satz 2 LBO. Sie ist rechtswidrig, wenn sie die formellen und materiellen Voraussetzungen nicht erfüllt.[9]

In **formeller Hinsicht** bestehen Bedenken, weil im Sachverhalt kein Hinweis enthalten ist, dass Ärmlich gem. § 28 Abs. 1 LVwVfG angehört wurde. Außerdem verweist die Begründung zwar auf § 9 Abs. 2 LBO als Rechtsgrundlage; dort befindet sich aber nur eine Gebotsnorm für den Bauherrn, keine Ermächtigungsnorm für die Verwaltung. Die eigentliche Rechtsgrundlage fehlt also; ebenso fehlen Ausführungen zum Ermessen. Hierin ist ein Verstoß gegen § 39 Abs. 1 LVwVfG zu sehen. Nach der Rechtsprechung wird die fehlende Anhörung durch die Einlegung des Widerspruchs geheilt i. S. d. § 45 Abs. 1 Nr. 3 LVwVfG.[10] Die anderen Fehler können im Rahmen der Widerspruchsentscheidung geheilt werden (vgl. § 45 Abs. 1 und 2 LVwVfG).

Es kann also unterstellt werden, dass der Widerspruchsbescheid – nachdem die Fehler bekannt sind – ordnungsgemäß begründet wird, so dass diese formellen Fehler keine Auswirkungen auf die Begründetheit des Widerspruchs haben. Sonstige formelle Fehler sind nicht erkennbar.

Materiell-rechtlich ist zunächst zu untersuchen, ob die Tatbestandsvoraussetzungen des § 47 Abs. 1 Satz 2 LBO erfüllt sind.

---

9 Hier vollzieht sich der Übergang in das Schema zur Rechtmäßigkeitsprüfung eines bereits erlassenen VA, vgl. oben Rn. 119.

10 *Schweickhardt/Vondung*, Rn. 414.

Zu den Aufgaben der Baurechtsbehörde i. S. d. § 47 Abs. 1 Satz 1 LBO gehört es, darauf zu achten, dass baurechtliche Vorschriften und Anordnungen eingehalten werden. Hier liegt ein Verstoß gegen § 9 Abs. 2 LBO und gegen den der Baugenehmigung beigefügten Zusatz vor, weil der vorgeschriebene Kinderspielplatz noch nicht hergestellt wurde. Die Baurechtsbehörde ist somit berechtigt einzuschreiten.

Ärmlich ist als Verhaltensstörer (durch Unterlassen) gem. § 6 PolG richtiger Adressat.[11] Die Anordnung entspricht auch den Bestimmtheitsanforderungen des § 37 Abs. 1 LVwVfG.

Aus der Begründung des Bescheids ist jedoch nicht erkennbar, dass die Behörde ihr Ermessen erkannt hat. Es könnte also ein Fall der Ermessensunterschreitung vorliegen.[12]

Nach herrschender Meinung ist die Widerspruchsbehörde berechtigt, auch materielle (inhaltliche) Fehler zu „heilen" (argumentum e § 68 VwGO).[13] Die Widerspruchsbehörde kann demnach an Stelle der Ausgangsbehörde Ermessen ausüben. Die fehlende Ermessensausübung im Ausgangsbescheid führt daher nicht zur Begründetheit des Widerspruchs.

Die Herstellungsverpflichtung leidet also an keinem unheilbaren Fehler. Nach Heilung der ursprünglichen Fehler der Herstellungsverpflichtung ist diese rechtmäßig.

2.2 Rechtsverletzung

Die rechtmäßige Herstellungsverpflichtung verletzt Ärmlich nicht in seinen Rechten.

2.3 Prüfung der Zweckmäßigkeit

Gesichtspunkte, die gegen die Zweckmäßigkeit der Herstellungsverpflichtung sprechen, sind nicht ersichtlich.[14]

Ergebnis: Der Widerspruch gegen die Herstellungsverpflichtung ist zwar zulässig, aber nicht begründet.

---

11 Die öffentlich-rechtliche Handlungspflicht ergibt sich aus § 9 Abs. 2 LBO. § 66 LBO verdrängt § 6 PolG als lex specialis nur für die in den 42 ff. LBO genannten Wirkungskreise (anders noch 2. Aufl.). Zur Störerlehre vgl. *Belz/Mußmann*, § 6 Rn. 4 ff.

12 Vgl. *Schweickhardt/Vondung*, Rn. 181 ff.

13 Vgl. *Büchner/Schlotterbeck*, Rn. 235; zum Maßstab der Begründetheit Rn. 284 ff.

14 Es müsste sich um „außerrechtliche" Gesichtspunkte handeln, vgl. *Schweickhardt/Vondung*, Rn. 1015; *Büchner/Schlotterbeck*, Rn. 286.

II. Widerspruch gegen die Zwangsgeldandrohung

1. Zulässigkeit des Widerspruchs

1.1 Statthaftigkeit

Bei der Androhung eines Zwangsmittels nach den Verwaltungsvollstreckungsgesetzen handelt es sich nach überwiegender Auffassung[15] um einen Verwaltungsakt, der mit einem Widerspruch angefochten werden kann. 346

1.2 Sonstige Zulässigkeitsvoraussetzungen

Die weiteren Zulässigkeitsvoraussetzungen (Frist und Widerspruchsbefugnis nach § 70 VwGO) sind gegeben. Es kann auf die Ausführungen zur Zulässigkeit des Widerspruchs gegen die Herstellungsverpflichtung (oben I. 1.1 und 1.2) verwiesen werden.

2. Begründetheit des Widerspruchs

Der Widerspruch ist begründet, wenn die Zwangsgeldandrohung rechtswidrig ist und der Widersprechende dadurch in seinen Rechten verletzt wird (§ 113 Abs. 1 VwGO analog). Bei Ermessensentscheidungen ist der Widerspruch zusätzlich auch dann begründet, wenn die Entscheidung unzweckmäßig ist und die Ermessensvorschrift auch den Interessen des Widersprechenden dienen soll (§ 68 VwGO). 347

2.1 Rechtwidrigkeit des Verwaltungsakts

Rechtsgrundlage für die Androhung eines Zwangsmittels ist § 20 LVwVG. Als Maßnahme der Verwaltungsvollstreckung setzt die Androhung voraus, dass die durchzusetzende Maßnahme einen Verwaltungsakt darstellt. Dass die Herstellungsverpflichtung vom 15.6.2010 diese Voraussetzung erfüllt, wurde bereits oben ausgeführt.

Außerdem müssen auch für die Androhung eines Zwangsmittels die tatbestandsmäßigen Voraussetzungen des § 2 LVwVG als allgemeine Vollstreckungsvoraussetzungen vorliegen.[16] Die Herstellungsverpflichtung ist jedoch im vorliegenden Fall weder unanfechtbar geworden (vgl. § 2 Nr. 1 LVwVG) noch ist die aufschiebende Wirkung des Widerspruchs kraft Gesetzes oder durch behördliche Anordnung entfallen (vgl. § 2 Nr. 2 LVwVG i. V. m. § 80 Abs. 1 und Abs. 2 VwGO); sie ist also noch kein vollstreckungsfähiger Verwaltungsakt.

---

15 Vgl. *Schweickhardt/Vondung*, Rn. 967; BVerwG, DVBl. 1998, 230.

16 Dies gilt auch für die hier vorliegende sog. „unselbstständige Androhung", *Schweickhardt/Vondung*, Rn. 967; *Sadler*, § 13 Rn. 1; vgl. VGH BW, BWVP 1978, 152; VBlBW 1983, 21.

Als zu vollstreckender Verwaltungsakt kommt jedoch auch noch der ursprüngliche, bestandskräftige Zusatz zur Baugenehmigung in Frage, in dem ebenfalls die Herstellungsverpflichtung enthalten ist.

Bei diesem Zusatz handelt es sich um eine bestandskräftige Auflage im Sinne des § 36 Abs. 2 Nr. 4 LVwVfG. Sie erfüllt die Voraussetzungen des § 2 Nr. 1 LVwVG. Allerdings ist hier zu berücksichtigen, dass die Behörde durch den Erlass des Bescheids vom 15.6.2010 zu erkennen gegeben hat, dass sie die frühere Auflage durch diesen neuen Bescheid (Zweitbescheid) ersetzen wollte und damit die Möglichkeit der Anfechtung wieder eröffnet ist.[17] Die frühere Auflage kann daher nicht mehr zur Grundlage einer Verwaltungsvollstreckung gemacht werden.

2.2 Rechtsverletzung

Die Zwangsgeldandrohung ist also rechtswidrig und verletzt den Widersprechenden als Adressaten dieser Regelung auch in seinem Grundrecht aus Art. 2 Abs. 1 GG (sog. Adressatentheorie).

2.3 Zweckmäßigkeitsprüfung

Die Zweckmäßigkeit braucht hier nicht zusätzlich geprüft zu werden, weil keine Anhaltspunkte hierfür im Sachverhalt erkennbar sind.

Ergebnis: Der Widerspruch gegen die Zwangsgeldandrohung hat Erfolg, weil er zulässig und begründet ist.

III. Widerspruch gegen die Zwangsgeldfestsetzung

1. Zulässigkeit des Widerspruchs

348 Auch die Festsetzung eines Zwangsgeldes ist nach überwiegender Auffassung ein Verwaltungsakt und ein Widerspruch dagegen zulässig.[18] Gesichtspunkte, die ansonsten gegen die Zulässigkeit des Widerspruchs sprechen könnten, sind aus dem Sachverhalt nicht ersichtlich.

2. Begründetheit des Widerspruchs

349 Der Widerspruch ist begründet, wenn die Zwangsgeldfestsetzung rechtswidrig ist und der Widersprechende dadurch in seinen Rechten verletzt wird, § 113 Abs. 1 Satz 1 VwGO analog. Bei Ermessensentscheidungen ist der Widerspruch zusätzlich nach § 68 VwGO auch dann begründet, wenn die Entscheidung unzweckmäßig ist und die Ermessensvorschrift auch den Interessen des Widersprechenden dienen soll.

---

17 Vgl. *Schweickhardt/Vondung*, Rn. 449, 452.
18 BVerwGE 49, 169; 84, 353, 360.

2.1 Rechtwidrigkeit des Verwaltungsakts

Da die Zwangsgeldfestsetzung gemäß § 19 Abs. 1 Nr. 1, § 23 LVwVG eine Maßnahme der Verwaltungsvollstreckung ist, ist sie rechtswidrig, wenn die Voraussetzungen des § 2 LVwVG nicht gegeben sind. Danach müsste der Grundverwaltungsakt (die Herstellungsverpflichtung) bestandskräftig oder sofort vollziehbar sein. Beides ist nicht der Fall (s. o.). Nachdem auch die Androhung des Zwangsmittels noch nicht bestandskräftig geworden ist, kann sich außerdem deren Rechtswidrigkeit auf die Zwangsgeldfestsetzung auswirken.[19] Wie oben ausgeführt, ist die Zwangsgeldandrohung nicht rechtmäßig gewesen und außerdem angefochten worden. Sie ist deshalb im Widerspruchsverfahren aufzuheben und entfällt als notwendige Vollstreckungsvoraussetzung für die Festsetzung. Daraus folgt, dass auch die Zwangsgeldfestsetzung rechtsfehlerhaft ist.

2.2 Rechtsverletzung des Widersprechenden

Die Zwangsgeldfestsetzung ist also rechtswidrig und verletzt den Widersprechenden als Adressaten dieser Regelung auch in seinen Rechten (Art. 2 Abs. 1 GG).

2.3 Zweckmäßigkeitsprüfung

Auch hier erübrigt sich eine Prüfung der Zweckmäßigkeit.

Ergebnis: Der Widerspruch gegen die Zwangsgeldfestsetzung ist demnach zulässig und begründet.

Aufgabe 2: Klage auf Erlass des Bescheids 350

In Frage kommt eine **allgemeine Leistungsklage** vor dem Verwaltungsgericht Stuttgart.

1. Zulässigkeit des allgemeinen Verwaltungsrechtswegs[20]

Nachdem spezialgesetzlich keine Rechtswegzuständigkeit begründet ist, hängt die Zulässigkeit des allgemeinen Verwaltungsrechtswegs nach der Generalklausel des § 40 Abs. 1 VwGO davon ab, ob es sich um eine öffentlich-rechtliche Streitigkeit nichtverfassungsrechtlicher Art handelt. Art. 17 GG – die für die Entscheidung des Rechtsstreits maßgebende Norm – ist eindeutig dem öffentlichen Recht zuzuordnen; somit ist eine öffentlich-rechtliche Streitigkeit gegeben. Verfassungsrechtlicher Art wäre die Streitigkeit dann, wenn das streitige Rechtsverhältnis entscheidend vom Verfassungsrecht geformt wäre, d. h. wenn an der Streitigkeit nur Personen und/oder Institutionen beteiligt sind, die am Verfassungsleben auf oberster Ebene teilnehmen und wenn für die Sachentscheidung unmittelbar geschriebene oder ungeschriebene Rechtssätze des Verfassungsrechts maßgebend

19 Vgl. dazu VGH BW, VBIBW 1991, 299.; a. A. VGH Kassel, NVwZ-RR 1996, 715.
20 Vgl. *Büchner/Schlotterbeck*, Rn. 98 ff.

sind.[21] Die vorliegende Streitigkeit zwischen Bürger und Staat (Parlament) zählt demnach nicht zu den verfassungsrechtlichen Streitigkeiten, weil der „einfache" Bürger nicht auf oberster Ebene am Verfassungsleben beteiligt ist, und unterliegt damit der Rechtswegzuständigkeit der allgemeinen Verwaltungsgerichtsbarkeit.

2. Statthaftigkeit der allgemeinen Leistungsklage

Die allgemeine Leistungsklage, welche nicht ausdrücklich in der VwGO geregelt ist, ist dann die **richtige Klageart, also statthaft,** wenn das Begehren des Ärmlich sich nicht auf den Erlass eines Verwaltungsaktes richtet.[22]

Letztendlich kommt es also darauf an, ob die Entscheidung über die Petition einen Verwaltungsakt darstellt. Nach h. M. gewährt das Petitionsrecht aus Art. 17 GG keinen Anspruch des Petenten auf eine bestimmte Entscheidung in der Sache. Daraus folgt, dass die Erledigungspflicht des Landtags sich auf die Entgegennahme, sachliche Prüfung und auf die Beantwortung der Petition beschränkt.[23] Das Begehren des Klägers kann sich dann ebenfalls nur auf den Erlass eines Bescheids richten, dessen Inhalt sich darauf beschränkt, Auskunft über die Art der Erledigung zu geben. Einem Bescheid mit diesem Inhalt fehlt der Regelungscharakter, der für die Existenz eines Verwaltungsaktes Voraussetzung ist (vgl. § 35 LVwVfG). Richtige Klageart ist demnach die allgemeine Leistungsklage.[24]

3. Sachliche Zuständigkeit

Diese bestimmt sich nach § 45 VwGO. Danach ist das Verwaltungsgericht erstinstanzlich zuständig.

4. Örtliche Zuständigkeit

Sie bestimmt sich nach § 52 VwGO. Nachdem sich aus den Nummern 1 bis 4 kein Gerichtsstand ergibt, ist nach Nr. 5 das Verwaltungsgericht zuständig, in dessen Bezirk der Beklagte seinen Sitz hat. Beklagter ist hier das Land Baden-Württemberg, repräsentiert durch den Landtag von Baden-Württemberg. Richtiger Anknüpfungspunkt ist der Sitz des Landtags.[25] Da der Landtag seinen Sitz in Stuttgart hat, ist nach § 52 Nr. 5 VwGO i. V. m. § 1 Abs. 2 AGVwGO das Verwaltungsgericht Stuttgart zuständig.

Ergebnis: Ärmlich kann allgemeine Leistungsklage vor dem Verwaltungsgericht Stuttgart erheben.

---

21 Vgl. BVerwG, NJW 1976, 637, 638; s. auch *Büchner/Schlotterbeck*, Rn. 105 f.
22 Vgl. *Büchne/Schlotterbeck*, Rn. 30 f.
23 Vgl. *Schweickhardt/Vondung*, Rn. 995.
24 Vgl. *Schweickhardt/Vondung*, Rn. 1001.
25 Dies ergibt sich nicht eindeutig aus dem Wortlaut des § 52 VwGO. Bei einem Streit um eine Petition muss jedoch der Sitz derjenigen Institution maßgebend sein, die über die Petition zu entscheiden hat.

Fall 9: „Die Gaststättenplage“[1]

(Gaststättenrecht/Polizeirecht, Zuständigkeit, Störer, Ermessen, Nebenbestimmungen, Auswechseln der Ermächtigungsgrundlage, Unmöglichkeit, subjektives Recht)

A. Sachverhalt

Detlev Klein (DK) ist Pächter der Gaststätte „Zur wilden Maus“ in Stuttgart, Heißestraße 8. Das Lokal, für das DK eine Gaststättenerlaubnis besitzt, wird überwiegend von Motorrad-Freaks besucht, die ihre schweren Maschinen zumeist unmittelbar vor dem Eingang abstellen. 351

Im Laufe der Zeit mehren sich die Klagen der Anwohner. Sie beschweren sich beim Amt für öffentliche Ordnung vor allem über den Lärm der an- und abfahrenden Fahrzeuge und über das lautstarke Gehabe der Gäste vor dem Lokal. Beides führe zu einer erheblichen Beeinträchtigung ihrer Nachtruhe.

Eine vom Amt für öffentliche Ordnung durchgeführte Schallpegelmessung ergibt, dass die nächtlichen Geräusche erheblich über den Immissionsrichtwerten der TA-Lärm liegen.

Bei einem Ortstermin der Vertreter der Stadt mit DK, bei dem über die „ins Auge zu fassenden“ Maßnahmen gesprochen wurde, wird außerdem festgestellt, dass die im Fluchtweg liegende Eingangstür des Lokals nur nach innen zu öffnen ist.

Wenig später erhält DK ein Schreiben des Amts für öffentliche Ordnung mit folgendem Inhalt:

1. *Die Sperrzeit für Ihr Lokal „Zur wilden Maus“ in Stuttgart, Heißestraße 8, wird an allen Tagen der Woche auf 21 Uhr vorverlegt.*
2. *Die im Fluchtweg liegende Eingangstür an der Nordseite des Lokals muss so verändert werden, dass sie nach außen aufschlägt.*

Begründung: …

Hiergegen macht DK – wie schon in seiner vorhergehenden Anhörung – geltend, das Verhalten der Gäste vor dem Lokal könne ihm nicht zugerechnet werden, auf jeden Fall treffe ihn kein Verschulden. Im Übrigen könne die Behörde die Straße zur Anliegerstraße erklären, für den Kraftfahrzeugverkehr ganz sperren oder Halteverbotszeichen aufstellen, womit das Problem beseitigt sei. Wenn schließlich sein Lokal um 21 Uhr schließen müsse, lohne sich der Betrieb nicht mehr. Die Anordnung hinsichtlich des Fluchtweges könne er schon deswegen nicht befolgen, weil er nach dem Pachtvertrag mit dem Eigentümer E nicht befugt sei, An- oder Umbauten ohne

---

1 Die Aufgabe wurde von Prof. Eike Mußmann, Ludwigsburg, gestellt; sein Lösungsvorschlag wurde von uns aktualisiert.

dessen Genehmigung vorzunehmen, und dieser sei dagegen. Schließlich verursache die Änderung der Tür erhebliche Kosten, die ihm in der heutigen schwierigen Situation des Gaststättengewerbes nicht zugemutet werden könnten. Selbst wenn eine entsprechende Verpflichtung bestehe, müsse hier eine Ausnahme gemacht werden.

Aufgaben

Erstellen Sie ein Gutachten zu folgenden Fragen:

1. Sind die Anordnungen der Behörde rechtmäßig? (Bei der Anordnung Nr. 2 ist nur die materielle Rechtmäßigkeit zu prüfen).
2. Nehmen Sie an, die Behörde hätte auf die Beschwerden der Nachbarn hin nichts veranlasst. Hätten diese einen Anspruch auf Vorverlegung der Sperrzeit?

Bearbeitungshinweise

1. Bauplanungsrechtliche und spezielle bauordnungsrechtliche Fragen sind nicht zu beantworten.
2. Die an die Heißestraße angrenzenden Straßen weisen den gleichen Charakter wie diese auf.
3. Die zulässigen Richtwerte der Nr. 6.1 c TA Lärm für Mischgebiete, welche auch für nicht genehmigungsbedürftige Anlagen im Sinne des Immissionsschutzrechts gelten, liegen nachts bei 45 dB (A) und tagsüber bei 60 dB (A). Nach ihnen wird in der Praxis beurteilt, ob eine Überschreitung der zumutbaren Geräuscheinwirkungen vorliegt.
4. Gehen Sie davon aus, dass in der Stadt Stuttgart die allgemeine Sperrzeit gilt.
5. Die Angaben des DK zum Pachtvertrag und zur Einstellung des E sind zutreffend.
6. Der Betrieb der „Wilden Maus" wurde im Januar 2001 aufgenommen; es existiert für den Betrieb eine inzwischen bestandskräftige Baugenehmigung.

B. Vorbemerkung zu Fall 9

352 Der Fall wurde an der ehemaligen Fachhochschule für öffentliche Verwaltung Ludwigsburg (nun Hochschule für öffentliche Verwaltung und Finanzen) als **Leistungsnachweis-Klausur** für das Fachgebiet „Polizeirecht unter Einbeziehung des allgemeinen Verwaltungsrechts und des Verwaltungsgerichtsverfahrensrechts" vom Kollegen Prof. Eike Mußmann gestellt und musste innerhalb von **2 Stunden** gelöst werden. Schon jetzt sei darauf hingewiesen, dass der Lösungsvorschlag im Umfang nicht dem entspricht, was

man von einer 2-stündigen Klausurlösung erwarten kann – er ist aus didaktischen Gründen umfangreicher.

Vom Einstieg her enthält der Fall keine besonderen Schwierigkeiten. Die Fragestellungen sind klar, die für den Einstieg wichtigen Obersätze naheliegend („dann rechtswidrig, wenn ...“ bzw. „Anspruch dann, wenn ...“).

Die Lösung zur **Aufgabe 1** lässt sich anhand des Eingriffsschemas (vgl. oben Rn. 119) entwickeln. Spezielle gaststättenrechtliche Kenntnisse sind nicht erforderlich. Dass dort jedoch der „Aufhänger“ des Falles zu suchen ist, drängt sich auf. Um den Fall in den Griff zu bekommen, muss man mit dem **unbestimmten Rechtsbegriff** umgehen können, die Lehre vom **Störer** als dem richtigen Adressaten beherrschen und die Schranken des **Ermessens** überprüfen können. Bei der Anordnung Nr. 2 müssen Sie sich bewusst machen, dass hier ein Zusammenhang zur Gaststättenerlaubnis besteht, weshalb Sie Kenntnisse über das Recht der **Nebenbestimmungen** benötigen. Wichtig ist bei diesem Fall noch, dass Sie sich der **lex-specialis-Regel** erinnern und deshalb die Vorschriften des GastG und der GastVO querlesen, bevor Sie eine Auffangnorm (z. B. §§ 6, 7 PolG) anwenden.

Hinter der **Aufgabe 2** steckt die Frage, unter welchen Voraussetzungen aus objektivem Recht ein **subjektives Recht** folgt und welche Bedeutung das subjektive Recht bei Ermessensvorschriften hat.

Bereits beim Hintasten zur Lösung werden Sie feststellen, dass Sie nicht zu allen Problemkreisen Stellung nehmen können, zu denen Sie das schematische Vorgehen führt. Dafür reicht die Zeit nicht aus. Sie müssen deshalb Ihre Zeit gut einteilen (2/3 der Zeit für die gedankliche Ausarbeitung, 1/3 für die Niederschrift – als grobe Richtschnur) und Unproblematisches weglassen oder allenfalls im Urteilsstil abhandeln.

C. Lösungsvorschlag zu Fall 9

Aufgabe 1: Rechtmäßigkeit der Anordnungen

I. Rechtmäßigkeit der Vorverlegung der Sperrzeit

Die Vorverlegung der allgemeinen Sperrzeit (vgl. § 9 GastVO) bedeutet, dass DK sein Lokal eher schließen muss. Es handelt sich um eine belastende Maßnahme, die aufgrund des Vorbehalts des Gesetzes einer Ermächtigungsgrundlage bedarf und die allen formellen und weiteren materiellen Anforderungen genügen muss. 353

1. Ermächtigungsgrundlage

354 § 18 GastG allein kommt nicht in Betracht, da diese Norm nur bestimmt, dass die Landesregierungen Rechtsverordnungen über Sperrzeiten erlassen kann. § 11 GastVO scheidet aus, weil diese Bestimmung allgemeine Ausnahmen von der Sperrzeit regelt, hier jedoch nur für den Betrieb des DK eine Regelung ergeht. Als Rechtsgrundlage kommt daher § 12 GastVO, der Ausnahmen für einzelne Betriebe zulässt, in Frage. Diese Bestimmung ist lex specialis gegenüber § 5 GastG. Die Vorschriften des Bundesimmissionsschutzgesetzes (insbesondere §§ 22 ff.) sind gegenüber den Normen des Gaststätten subsidiär, da das GastG und die GastVO selbst die hier anstehenden Fragen des Immissionsschutzes regeln, wie sich z. B. aus § 5 Abs. 1 Nr. 3, der allgemeinen Norm gegenüber § 18 GastG, und § 9 GastVO ergibt.

2. Formelle Rechtmäßigkeitsanforderungen

2.1 Zuständigkeit

355 Sachlich und instanziell zuständig ist die Stadt Stuttgart als Gemeinde gem. § 1 Abs. 6 GastVO. Mangels umfassender Regelungen in der GastVO zur örtlichen Zuständigkeit (§ 2 GastVO erfasst nur einen Spezialfall) gilt hier § 68 Abs. 1 PolG, denn das Amt für öffentliche Ordnung handelt zur Gefahrenabwehr und damit für die Ortspolizeibehörde. Da die polizeiliche Aufgabe im Dienstbezirk (= Gemeindegebiet, § 7 GemO) der Stadt Stuttgart wahrzunehmen ist, ist diese auch örtlich zuständig.

2.2 Verfahren

Da besondere Verfahrensanordnungen nicht bestehen, gilt hier das LVwVfG (vgl. §§ 1, 9 LVwVfG). Die nach § 28 LVwVfG erforderliche Anhörung ist lt. Sachverhalt erfolgt, die Anordnung wurde begründet, sonstige Verfahrensmängel bestehen nicht.

2.3 Form

Die nach § 3 Abs. 4 Satz 2 GastVO notwendige Schriftform wurde gewahrt.

3. Materielle Rechtmäßigkeitsanforderungen

3.1 Ermächtigungsgrundlage

356 Voraussetzung für die Zulässigkeit der Vorverlegung der Sperrzeit ist nach § 12 GastVO:

3.1.1 Das Vorliegen eines öffentlichen Bedürfnisses

Es muss also ein Bedürfnis der Allgemeinheit oder ein öffentliches Interesse an der Verlängerung der Sperrzeit bestehen. Weil einerseits ein öffentliches

Bedürfnis für das Vorhandensein von Gaststätten besteht, muss das öffentliche Interesse an der Verlängerung der Sperrzeit das öffentliche Interesse an der Öffnung des Lokals während der üblichen Sperrzeit überwiegen.[2]

Hier sind verschiedene Interessen gegeneinander abzuwägen: Das Interesse des DK, Umsatz zu erzielen und das Interesse der Nachbarn an ungestörter Nachtruhe. Eine schematische Anwendung der TA Lärm, insbesondere die Verwendung der Richtwerte als Grenzwerte verbietet sich. Das Maß des zumutbaren Lärms ist unter Berücksichtigung der konkreten Situation wertend zu bestimmen. Bei der Beurteilung der Zumutbarkeit spielt auch eine Rolle, ob es sich um sozial adäquate Geräusche handelt.[3] Da jedoch die zulässigen Richtwerte hier drastisch überschritten werden (siehe Sachverhalt und Bearbeitungshinweis Nr. 3), liegen sicherlich keine sozial adäquaten Geräusche vor. Vielmehr können sie zu erheblichen Gesundheitsstörungen führen. Die Gesundheit der Bürger ist ein höheres Rechtsgut als das Gewinninteresse eines Einzelnen, so dass – zumindest bei der Frage der grundsätzlichen Zulässigkeit der Vorverlegung – das Argument des DK, sein Betrieb sei bei einer derartigen Anordnung nicht mehr rentabel, nicht durchschlägt.

Auch bei einer Abwägung zwischen dem Bedürfnis der Allgemeinheit am Vorhandensein der Gaststätte und dem Interesse der Allgemeinheit an der Gesundheit seiner Bürger überwiegt letzteres, zumal das Lokal durch eine Vorverlegung der Sperrzeit erhalten bleibt und weiterhin die Möglichkeit besteht, andere länger geöffnete Lokale aufzusuchen.

Ein öffentliches Bedürfnis an der Vorverlegung der Sperrzeit ist also zu bejahen. Hilfsweise ist zusätzlich im Folgenden die weitere alternative Voraussetzung in § 12 GastVO zu prüfen.

3.1.2 Das Vorliegen besonderer örtlicher Verhältnisse

Besondere örtliche Verhältnisse liegen vor, wenn die Verhältnisse im örtlichen Bereich sich so von den Verhältnissen anderer örtlicher Bereiche unterscheiden, dass deswegen eine Abweichung von der allgemeinen Sperrzeit gerechtfertigt erscheint.[4] Ob das im vorliegenden Fall gegeben ist, lässt sich anhand des Sachverhalts nicht feststellen.

3.1.3 DK als möglicher Adressat

Wie sich aus dem gesetzlichen Gesamtzusammenhang ergibt, kommt als Adressat einer Anordnung nach § 12 GastVO nur der Betreiber der Gaststätte, also DK, in Betracht. Die §§ 6, 7 PolG sind also nicht anzuwenden.

Da aber die Regelungen über die Sperrzeit dem materiellen Polizeirecht zuzuordnen sind, müssen die Grundsätze der Störerverantwortlichkeit, vor

---

2 Vgl. *Michel/Kienzle/Pauly*, § 18 Rn. 15, 19; s. auch VGH BW, NVwZ 1989, 574.

3 BVerwG, NVwZ 1996, 1001.

4 *Michel/Kienzle/Pauly*, § 18 Rn. 21.

allem die Kausalität, auch hier gelten. Das bedeutet, es muss ein Kausalzusammenhang zwischen der Gefahr bzw. Störung (Lärmbelästigung) und dem Betrieb der Gaststätte bestehen.[5] Von Dritten verursachte Störungen können grundsätzlich nicht Anlass von Maßnahmen nach § 12 GastVO sein.

Hier macht DK geltend, das Verhalten der Gäste vor dem Lokal könne ihm nicht zugerechnet werden, sein Betrieb sei also nicht kausal für die Störungen. Zur Bestimmung des rechtlich maßgeblichen Kausalzusammenhanges wird im Polizeirecht überwiegend die **Theorie der unmittelbaren Verursachung** angewendet.[6]

Rechtlich relevant sind danach zur Begründung der Kausalität nur solche Bedingungen, die selbst unmittelbar die Gefahr oder Störung herbeiführen. Die strikte Anwendung dieser Theorie bedeutet, dass DK nicht als verantwortlich angesehen werden kann, da der Lärm von den Gästen ausgeht. Eine Verantwortlichkeit des DK als Betreiber der Gaststätte ist nur denkbar, wenn man ihn als **Zweckveranlasser** ansieht, als eine Person also, die das polizeiwidrige Verhalten der Gäste objektiv bezweckt oder zumindest billigend in Kauf nimmt. Anders ausgedrückt: Wenn der Lärm der Gäste und der Betrieb der Gaststätte eine Handlungseinheit bilden, wenn beides gleichsam unvermeidbar miteinander verknüpft ist. Eine solche Handlungseinheit muss im vorliegenden Fall mit der herrschenden Meinung und Rechtsprechung bejaht werden.[7] Da dem DK also der Lärm der Besucher vor dem Lokal zuzurechnen ist, ist er möglicher Adressat. Dass ihn, wie er sagt, ein Verschulden nicht trifft, ändert nichts an seiner Verantwortlichkeit, da diese stets **verschuldensunabhängig** ist.[8]

3.1.4 Bestimmtheit

An der Bestimmtheit der Anordnung bestehen keine Zweifel.

3.1.5 Ermessen

§ 12 GastVO räumt der Behörde Ermessen ein, ob und bis zu welchem Zeitpunkt sie die Sperrzeit vorverlegt.

Typische Ermessensfehler (wie z. B. Ermessensnichtgebrauch) sind nach dem Sachverhalt nicht erkennbar.

Die Prüfung des **Verhältnismäßigkeitsgrundsatzes** ergibt, dass die Sperrzeitverlängerung auch geeignet ist, die nächtlichen Ruhestörungen zu beseitigen. Fraglich ist jedoch, ob der Grundsatz des geringsten Eingriffs, § 5 Abs. 1 PolG, gewahrt ist, denn die von DK vorgeschlagenen Lösungen (Anliegerstraße, Sperrung für den Kraftfahrzeugverkehr, Halteverbotszei-

---

5 VGH BW, GewArch 1974, 133; *Jarass*, NJW 1981, 721, 724.
6 Vgl. *Belz/Mußmann*, § 6 Rn. 11.
7 Vgl. BVerwG, NVwZ-RR 1992, 68; *Kienzle*, GewArch 1983, 281, 286 m. w. N.; vgl. auch VGH BW, NVwZ 1989, 574.
8 Vgl. VG Berlin, NJW 2001, 2489 f.; *Götz*, Rn. 195.

chen) sind sicherlich für DK weniger belastende Eingriffe. Die Verpflichtung, das mildere Mittel zu wählen, besteht jedoch nur dann, wenn dieses ebenso geeignet ist. Für die Einrichtung einer Anliegerstraße ist dies zu verneinen, weil die Gäste als Anlieger die Straße weiterhin befahren dürfen. Die Sperrung der Straße für den gesamten Kraftfahrzeugverkehr ist ebenso nicht geeignet, weil hierdurch die Lärmbelästigungen in die benachbarten Straßen, die einen ähnlichen Charakter wie die Heißestraße aufweisen, verlagert würden.[9] Ebenso wäre das Aufstellen von Halteverbotszeichen nicht geeignet, da diese erfahrungsgemäß missachtet werden und eine polizeiliche Kontrolle sich nur auf Stichproben beschränken könnte. Außerdem könnte durch ein Verkehrszeichen der Lärm der Besucher selbst nicht abgestellt werden.

Bedenken bestehen jedoch hinsichtlich der Vorverlegung der Sperrzeit auf 21 Uhr. Da mit der Sperrzeit die Nachtruhe der Anwohner geschützt werden soll, kann sie nur für diese Zeit angeordnet werden. Als Zeit der Nachtruhe wird man die Zeit ab 22 Uhr und an Samstagen die Zeit ab 23 Uhr ansehen können. Eine generelle Sperrzeitverlängerung, beginnend ab 21 Uhr dürfte somit rechtswidrig, da unverhältnismäßig sein.

Ergebnis: Die Vorverlegung der Sperrzeit auf 21 Uhr ist nicht rechtmäßig.

II. Die Rechtmäßigkeit der Anordnung, die im Fluchtweg liegende Eingangstür zu verändern (nur materielle Rechtmäßigkeitsprüfung)

1. Ermächtigungsgrundlage

Als Ermächtigungsgrundlage kommt § 5 Nr. 1 GastG in Betracht. Die 357
Anordnung Nr. 2 muss dann eine Auflage sein.[10] Nach § 36 Abs. 2 Nr. 4 LVwVfG ist eine Auflage eine Nebenbestimmung zu einem begünstigenden Verwaltungsakt, durch die dem Begünstigten ein Tun, Dulden oder Unterlassen vorgeschrieben wird. Begünstigender Verwaltungsakt ist hier die Gaststättenerlaubnis; ferner wird DK ein Tun (Veränderung der Tür) vorgeschrieben. Es handelt sich also um eine Auflage zur Gaststättenerlaubnis. Dass diese nicht als solche bezeichnet ist, spielt keine Rolle, denn maßgeblich ist der materielle Gehalt.

---

9 So auch OVG Lüneburg, GewArch 1983, 164, 166.

10 *Michel/Kienzle/Pauly*, § 5 Rn. 2 hält die Anordnungen nach § 5 GastG nicht für Nebenbestimmungen, sondern für sog. „selbstständige Anordnungen“, wenn keine Gaststättenerlaubnis vorliegt; ebenso *Metzner*, § 5 Rn. 2.

2. Zulässigkeitsvoraussetzungen

358 Unter welchen Voraussetzungen eine Auflage zulässig ist, bestimmt § 36 LVwVfG. Maßgeblich ist zunächst, ob der Hauptverwaltungsakt ein gebundener oder in das Ermessen der Behörde gestellter Verwaltungsakt ist.

Die Gaststättenerlaubnis (§ 2 GastG) ist ein gebundener Verwaltungsakt; auf sie besteht ein Rechtsanspruch, soweit nicht Versagungsgründe (§ 4 GastG) entgegenstehen. Nach der demnach maßgeblichen Vorschrift des § 36 Abs. 1 LVwVfG ist eine Auflage nur unter zwei alternativen Voraussetzungen zulässig.

2.1 Zulassung durch Rechtsvorschrift

Eine solche Vorschrift ist § 5 Nr. 1 GastG. Die Auflage dient dem Schutz der Gäste gegen Gefahren für Leib und Gesundheit, denn eine nach außen aufschlagende Tür hat den Zweck, den Gästen eine schnelle Flucht aus dem Lokal, z. B. bei Bränden, zu ermöglichen.

2.2 Zulassung, wenn die Auflage sicherstellen soll, dass die gesetzlichen Voraussetzungen des Verwaltungsakts erfüllt sind

Nach § 4 Abs. 1 Nr. 2 GastG ist die Gaststättenerlaubnis zu versagen, wenn die Räume bestimmten Anforderungen, die durch Rechtsverordnung näher bestimmt werden können (§ 4 Abs. 3 GastG), nicht genügen. Zwar enthält die GastVO seit 1991 keine ausdrückliche Vorschrift mehr, wonach im Fluchtweg liegende Türen nach außen aufschlagen müssen. Stattdessen verweist § 4 GastVO u. a. auf die Anforderungen der §§ 1–42 LBO. Dort gebietet § 3 Abs. 1 LBO den Schutz vor Gefahren für das Leben und die Gesundheit der Gäste und der Beschäftigten. Die nach außen aufschlagende Fluchttüre ist eine solche Schutzvorkehrung. Die Auflage räumt also einen Versagungsgrund aus.

2.3 Zulässigkeit einer nachträglichen Auflage

Grundsätzlich ist eine nachträgliche Anordnung von Nebenbestimmungen, also nach Erlass des Hauptverwaltungsaktes, nur unter den Voraussetzungen der §§ 48, 49 LVwVfG zulässig, da der Hauptverwaltungsakt insoweit eingeschränkt wird. Eine Ausnahme gilt aber dann, wenn das Gesetz den nachträglichen Erlass von Nebenbestimmungen ausdrücklich zulässt.[11] § 5 GastG sieht eine nachträgliche Anordnung ausdrücklich vor, da Auflagen „jederzeit" erteilt werden können.

3. Bestimmtheit

359 An der Bestimmtheit der Auflage bestehen keine Zweifel. Es genügt, wenn das Ziel (nach außen aufschlagen) angegeben wird, die Angabe des Mittels ist nicht erforderlich.

---

11 Vgl. *Kopp/Ramsauer*, § 36 Rn. 50.

4. Ermessen

Die Erteilung der Auflage steht nach § 5 GastG im Ermessen der Behörde. 360
Es ist nur dann rechtmäßig ausgeübt, wenn seine normativen Schranken eingehalten sind.

Bedenken ergeben sich zunächst hinsichtlich des Verbots, etwas **Unmögliches** anzuordnen, weil DK bauliche Maßnahmen treffen soll, die vorzunehmen er aber aufgrund seiner privatrechtlichen Bindungen gegenüber dem Eigentümer E gehindert ist. Dieser Umstand führt jedoch nach einhelliger Auffassung zunächst nicht automatisch zur Rechtswidrigkeit oder Nichtigkeit der Anordnung, sondern stellt lediglich ein Vollstreckungshindernis dar.[12]

Fraglich ist aber, ob die angestrebte gaststättenrechtliche Auflage nicht die Bindung an die dem Eigentümer des Grundstücks erteilte und inzwischen bestandskräftige Baugenehmigung (vgl. Bearbeitungsvermerk Nr. 6) außer Acht lässt und damit **ermessensfehlerhaft** ist. Die Baugenehmigung entfaltet nämlich, solange sie besteht und die Verhältnisse sich nicht rechtserheblich ändern, Bindungswirkung insoweit, dass die Gaststättenbehörde keine dem entgegenstehenden baurechtlichen Auflagen erlassen kann.[13] Eine rechtserhebliche Änderung der Verhältnisse lässt sich aus dem Sachverhalt jedoch nicht entnehmen.

Möglicherweise könnte die Auflage aber auf §§ 47 Abs. 1, 58 Abs. 6 Landesbauordnung Baden-Württemberg (LBO) gestützt werden.

Auch bei Ermessensentscheidungen besteht z. B. für die Widerspruchsbehörde die Möglichkeit, die Entscheidung auf eine im Ausgangsbescheid nicht genannte Ermächtigungsgrundlage zu stützen,[14] wenn die zu treffenden Erwägungen dieselben bleiben. Die Stadt Stuttgart wäre als Stadtkreis (§ 12 Abs. 1 LVG) auch zuständige Baubehörde gemäß § 46 Abs. 1 Nr. 3 LBO i. V. m. § 15 Abs. 1 Nr. 2 LVG. Die Anordnung Nr. 2 ist aber eine Regelung, die den Inhalt der bereits bestandskräftigen Baugenehmigung verändert. Adressat einer solchen Anordnung könnte jedoch nur der Grundstückseigentümer als dinglich Berechtigter und Inhaber der Baugenehmigung sein und nicht DK als Pächter.

Es liegt demnach ein Ermessensfehler insoweit vor, als Anordnung Nr. 2 gegen die Feststellungswirkung der bestandskräftigen Baugenehmigung verstößt. § 47 Abs. 1 i. V. m. § 58 Abs. 6 LBO kann nicht als Rechtsgrundlage für die Anordnung herangezogen werden, da DK nicht Adressat der Verfügung sein könnte.

Ergebnis: Die Anordnung Nr. 2 ist daher nicht rechtmäßig.

---

12 Vgl. *Schweickhardt/Vondung*, Rn. 951.

13 Vgl. BVerwGE 80, 259; VGH BW, GewArch 2001, 432 ff.; vgl. allgemein zum Verhältnis Baugenehmigung/Gaststättenrecht *Michel/Kienzle/Pauly*, § 4 Rn. 64 ff.

14 *Eyermann/Fröhler*, § 68 Rn. 14.

Aufgabe 2: Anspruch der Nachbarn auf Vorverlegung der Sperrzeit

361 Wie oben bei Aufgabe 1 unter I. dargelegt, ist die Behörde berechtigt, gem. § 12 GastVO die Sperrzeit vorzuverlegen. Ob daraus auch ein Anspruch der Nachbarn auf ein Einschreiten resultiert, hängt davon ab, ob sich aus § 12 GastVO ein subjektiv öffentliches Recht für die Nachbarn ergibt. Ein **subjektiv öffentliches Recht** liegt vor, wenn die Norm neben Allgemeininteressen auch Individualinteressen schützt und dieses auch bezweckt ist, was durch Auslegung zu ermitteln ist.[15]

Sperrzeiten schützen in erster Linie die Bewohner des Betriebsgrundstücks und der Nachbargrundstücke vor Störungen, die von einer Gaststätte ausgehen, weil damit Zeiträume der Betriebsruhe festgelegt werden. Dieser Schutz ist auch bezweckt, wie sich aus einer Gesamtschau der Bestimmungen des Gaststättengesetzes ergibt (z. B. § 4 Abs. 1 Nr. 3, § 5 Abs. 1 Nr. 3 GastG).[16] Für die Nachbarn folgt aus § 12 GastVO daher ein subjektiv öffentliches Recht.

Hinsichtlich der Reichweite des Anspruchs ist zu bedenken, dass § 12 GastVO eine Ermessensnorm darstellt. § 12 GastVO gewährt also grundsätzlich nur einen Anspruch auf fehlerfreie Ermessensentscheidung. Nur im Fall der Ermessensreduzierung auf Null besteht ein Rechtsanspruch auf Einschreiten. Eine Ermessensreduzierung auf Null wird dann gegeben sein, wenn höchste Rechtsgüter gefährdet sind.[17] Die Gesundheit und die körperliche Unversehrtheit zählen hierzu. Da sie durch den nächtlichen Betrieb gefährdet sind, ist ein Rechtsanspruch der Nachbarn auf Vorverlegung der Sperrzeit zu bejahen.

Ergebnis: Die Nachbarn haben einen Anspruch auf Vorverlegung der Sperrzeit.

---

15 *Schweickhardt/Vondung*, Rn. 86 ff.
16 BVerwGE 101, 157.
17 *Belz/Mußmann*, § 3 Rn. 33.

Fall 10: „Der Notanbau" (Staatsprüfungsklausur)

(Baurecht, Rücknahme eines Verwaltungsakts, Widerspruchsverfahren, aufschiebende Wirkung, § 80 Abs. 5 VwGO)

A. Sachverhalt

Anton Alber (A) ist Alleineigentümer eines Grundstücks mit einem kleinen eingeschossigen Wohngebäude im Geltungsbereich des Bebauungsplans „Wiesäcker" der Stadt Künzelsau (ca. 15 000 Einwohner) im Hohenlohekreis. Der seit 11.8.2004 rechtsverbindliche Bebauungsplan setzt für das Grundstück des A und gleichlaufend bei sämtlichen Nachbargrundstücken genau entlang der nördlichen Gebäudegrenze eine Baulinie fest. Ausnahmen davon sind im Bebauungsplan nicht vorgesehen. 362

A ist verheiratet und hat zwei Kinder. Als sich herausstellte, dass statt des erwarteten dritten Kindes Zwillinge eintreffen werden, beschloss A, sein Wohngebäude auf der Nordseite durch einen Anbau (4 x 8m) zu erweitern, um auf diese Weise zwei zusätzliche Zimmer zu erhalten. Weil er davon ausging, dass das Baugenehmigungsverfahren bis zur Entbindung ohnehin nicht abgeschlossen sein werde, begann er im Juli 2009 ohne Baugenehmigung zu bauen.

Als die Außenwände des Anbaus schon standen, beantragte A doch noch beim Bürgermeisteramt Künzelsau als zuständiger Baurechtsbehörde die Baugenehmigung. Sie wurde ihm am 1.10.2009 vom Bürgermeisteramt Künzelsau unter ausdrücklicher Befreiung von der die Baulinie betreffenden Festsetzung des Bebauungsplans erteilt. Als Begründung gab das Bürgermeisteramt Künzelsau zutreffend an, dass zwar ein Anbau an der Ostseite bautechnisch und ohne Befreiung auch baurechtlich möglich gewesen wäre, dass man aber – aus Rücksicht auf die familiäre Notlage – für den Anbau auf der Nordseite von der Befreiungsmöglichkeit Gebrauch gemacht habe.

Dem nördlichen Angrenzer Bernhard Behr (B), der nach § 55 LBO Einwendungen gegen das Vorhaben vorgebracht hatte, wurde die Baugenehmigung samt Befreiung am 4.10.2009 zugestellt. B legte zwar keinen Widerspruch ein, wollte aber das Vorhaben dennoch verhindern. Er ging deshalb zum Landratsamt Hohenlohekreis und bat mündlich darum, das Landratsamt möge das Vorhaben unterbinden. Am 4.11.2009 wies der Erste Landesbeamte des Landratsamts Hohenlohekreis das Bürgermeisteramt Künzelsau an, die Baugenehmigung samt Befreiung zurückzunehmen und die Einstellung der Bauarbeiten anzuordnen.

Als auch noch das Regierungspräsidium Stuttgart eine Weisung gleichen Inhalts an das Bürgermeisteramt Künzelsau erließ, nahm das Bürgermeisteramt Künzelsau in einem Bescheid vom 16.11.2009 die Baugenehmigung samt Befreiung zurück und ordnete darin zugleich die Einstellung der Bauarbeiten an. Zuvor war A ordnungsgemäß angehört worden. Der Bescheid vom 16.11.2009 wies auch eine Begründung und eine ordnungsgemäße Rechtsbehelfsbelehrung auf. Er wurde A am 18.11.2009 zugestellt. Die sofortige Vollziehung des Bescheids vom 16.11.2009 ist nicht angeordnet worden.

Am 23.11.2009 ging beim Bürgermeisteramt Künzelsau ein von A eigenhändig unterzeichnetes Schreiben ein, in dem er Widerspruch gegen den gesamten Bescheid vom 16.11.2009 erhob.

Um den teilweise errichteten Anbau vor den Witterungseinflüssen des Winters zu schützen, stellte ihn A im Dezember 2009 fertig. Daraufhin wurde A am 22.1.2010 folgendes Schreiben des Bürgermeisteramts Künzelsau zugestellt:

Bürgermeisteramt
74653 Künzelsau
Geschäftszeichen …

Künzelsau, den 20.1.2010
Stuttgarter Straße 7, Postfach 12 59
Tel. 0 79 40/129–414

Herrn
Anton Alber
Langenburgerstraße 6
74653 Künzelsau

Zustellung durch die Post
mit Zustellungsurkunde

Anbau auf Ihrem Grundstück Langenburgerstraße 6 in Künzelsau

Sehr geehrter Herr Alber,

entgegen unserem Bescheid vom 16. November 2009 haben Sie den Anbau fertiggestellt. Wir sehen uns daher gemäß § 65 Satz 1 der Landesbauordnung für Baden-Württemberg (LBO) und § 80 Abs. 2 Satz 1 Nr. 4 der Verwaltungsgerichtsordnung (VwGO) veranlasst, folgende Entscheidungen zu treffen:

1. *Der Anbau ist bis spätestens 7.9.2010 abzubrechen.*
2. *Die vorstehende Abbruchsanordnung wird hiermit wegen überwiegendem öffentlichen Interesse für sofort vollziehbar erklärt*

Mit freundlichem Gruß

Müller
Bürgermeister

(Dienstsiegel
des Bürgermeisteramts
Künzelsau)

Bevor der Bescheid vom 20.1.2010 erging, war A ordnungsgemäß angehört worden. Gegen die Nr. 1 des Bescheids vom 20.1.2010 erhob A ebenfalls form- und fristgerecht Widerspruch. Auf die beiden Widersprüche, denen das Bürgermeisteramt Künzelsau nicht abhilft, ist bis heute kein Widerspruchsbescheid ergangen.

Aufgabe

Nehmen Sie gutachtlich zu folgenden Fragen Stellung:

1. Welche Erfolgsaussichten hat der Widerspruch gegen den Bescheid vom 16.10.2009?
2. Bei welchem Gericht könnte A vorläufigen Rechtsschutz gegen die sofortige Vollziehbarkeit der Abbruchsanordnung beantragen und

welche Erfolgsaussichten hätte ein solcher Antrag? Sollten Sie der Auffassung sein, dass hierbei die Erfolgsaussichten des Widerspruchs gegen die Nr. 1 des Bescheids vom 20.1.2010 unerheblich sind, ist auf die Erfolgsaussichten des Widerspruchs gegen die Nr. 1 des Bescheids vom 20.1.2010 hilfsgutachtlich einzugehen!

3. War die Weisung des Landratsamts Hohenlohekreis gegenüber dem Bürgermeisteramt Künzelsau vom 4.11.2009 rechtmäßig?

B. Vorbemerkung zu Fall 10

Als Fall 10 wird Ihnen ein Sachverhalt geschildert, der von Studierenden 363
der Hochschulen für öffentliche Verwaltung Ludwigsburg und Kehl als dreistündige Staatsprüfungsklausur gemeistert werden musste. Er ist umfangreich und wird von Ihnen zweckmäßigerweise mehrmals gelesen.

Die **Aufgabe 1** enthält die vom Lösungsansatz her einfache Fragestellung nach den **Erfolgsaussichten eines Rechtsbehelfs.** Der Griff nach dem Schema bietet sich wieder an (vgl. oben Rn. 183). Bald werden Sie aber feststellen, dass der Sachverhalt für die Zulässigkeitsstation nichts hergibt. Zu einer guten Lösung werden Sie nur dann kommen, wenn Sie erkennen, dass in dem Bescheid vom 16.11.2009 zwei Regelungen enthalten sind, gegen die sich der Widerspruch richtet und die getrennt zu untersuchen sind. Die **Rücknahme** der Baugenehmigung und die **Baueinstellung.** Beide bedürfen einer gesetzlichen **Ermächtigungsgrundlage,**[1] die hier zunächst im Baurecht zu suchen ist. Bei der Anwendung der Rechtsnormen dürfen keine Subsumtionsfehler unterlaufen. Wenn Sie die Rechtmäßigkeit der Baueinstellung überprüfen, müssen Sie bedenken, dass es beim Widerspruch auf die **Rechtslage im Zeitpunkt der Entscheidung** über den **Widerspruch** ankommt[2] und dass die aufschiebende Wirkung des Widerspruchs **rückwirkende Kraft** auf den Zeitpunkt des Erlasses des Verwaltungsakts besitzt.[3]

Bei **Aufgabe 2** wird Ihnen auffallen, dass es um den Problembereich des § 80 VwGO geht: Die Erfolgsaussichten eines Antrags nach **§ 80 Abs. 5 VwGO** sind zu prüfen. Dabei kommt es zum einen darauf an, ob der Widerspruch gegen die Abbruchsanordnung offensichtlich erfolglos oder erfolgreich ist und zum anderen, ob die formellen Anforderungen des § 80 Abs. 3 Satz 1 VwGO für die Anordnung der sofortigen Vollziehung nach § 80 Abs. 2 Satz 1 Nr. 4 VwGO erfüllt sind.[4] Die Erfolgsaussichten des Widerspruchs gegen die Abbruchsanordnung hängen ebenfalls von den Folgen des Widerspruchs gegen die Rücknahme der Baugenehmigung ab.

1 Vgl. *Schweickhardt/Vondung*, Rn. 154 ff.
2 Vgl. *Büchner/Schlotterbeck*, Rn. 235.
3 *Büchner/Schlotterbeck*, Rn. 555.
4 Vgl. *Büchner/Schlotterbeck*, Rn. 600.

Die **Aufgabe 3** lässt sich ohne Schwierigkeiten lösen, wenn man der Frage nach dem Aufbau der Baurechtsbehörden nachgeht.

Für die Planung der Darstellung und die Niederschrift müssen Sie mindestens 1/3 der Zeit vorsehen. Es kommt dabei darauf an, nur das Wesentliche auszuführen und in knappen prägnanten Sätzen logisch zum Ergebnis zu kommen.

C. Lösungsvorschlag zu Fall 10

Aufgabe 1: Erfolgsaussichten Widerspruch

1. Der Widerspruch gegen die Rücknahme der Baugenehmigung samt Befreiung

364 Bei dem Widerspruch gegen den Bescheid vom 16. November 2009 ist zu beachten, dass in diesem Bescheid zwei Regelungen enthalten sind: die Rücknahme und die Baueinstellung. Die Rücknahme ist logisch vorrangig zu prüfen.

1.1 Bedenken gegen die **Zulässigkeit** sind nicht ersichtlich.

1.2 Der Anfechtungswiderspruch ist **begründet,** wenn die Rücknahme rechtswidrig ist und der Widersprechende dadurch in seinen Rechten verletzt wird (§ 113 Abs. 1 Satz 1 VwGO analog). Als Rechtsgrundlage für die Rücknahme der Baugenehmigung bietet sich § 48 Abs. 1 Satz 1 LVwVfG an, da es im Baurecht keine speziellen Rücknahmevorschriften gibt.

1.2.1 In **formeller** Hinsicht bestehen keine Bedenken, dass die Rücknahme rechtmäßig ist. Laut Sachverhalt wurden die gesetzlichen Anforderungen insoweit erfüllt. Ein evtl. Verstoß gegen die Anhörungspflicht gemäß § 28 Abs. 1 LVwVfG kann durch das Widerspruchsverfahren geheilt werden (§ 45 Abs. 1 Nr. 3 LVwVfG).[5]

1.2.2 In **materieller** Hinsicht sind zunächst die **Tatbestandsvoraussetzungen** des § 48 Abs. 1 Satz 1 LVwVfG zu prüfen.

Danach müsste es sich um eine rechtswidrige Baugenehmigung handeln. Die Rechtswidrigkeit könnte sich daraus ergeben, dass das genehmigte Bauvorhaben nicht mit der im Bebauungsplan festgesetzten Baulinie übereinstimmt. Gemäß § 23 Abs. 2 BauNVO bedeutet eine Baulinie, dass auf sie gebaut werden muss; mit anderen Worten: dass sie auch nicht überschritten werden darf. Zwar sieht § 23 Abs. 5 BauNVO vor, dass auf den nicht überbaubaren Grundstücksflächen bestimmte Anlagen zugelassen werden können. Ein solcher Fall kommt jedoch bei dem im Sachverhalt beschriebenen Anbau nicht in Betracht. Somit verstößt die Baugenehmigung gegen eine Festsetzung des Bebauungsplans.

---

5 *Schweickhardt/Vondung*, Rn. 411 ff.

Der Verstoß entfällt jedoch, wenn von den Festsetzungen gem. § 31 Abs. 2 BauGB rechtmäßig befreit wurde. Als Befreiungsgrund kommt § 31 Abs. 2 Nr. 3 BauGB in Betracht, falls eine „offenbar nicht beabsichtigte Härte" besteht, wenn man an der Baulinie festhält. Diese Härteregelung bezieht sich auf die Grundstückssituation und nicht auf soziale Belange und persönliche Bedürfnisse.[6] Demnach scheidet die Härteklausel als Befreiungstatbestand aus. Gründe des Wohls der Allgemeinheit i. S. d. § 31 Abs. 2 Nr. 1 BauGB „erfordern" ebenfalls keine Befreiung, nachdem der Anbau an der Ostseite möglich gewesen wäre.

Eine Befreiung könnte jedoch noch nach § 31 Abs. 2 Nr. 2 BauGB in Betracht kommen. Danach kann von den Festsetzungen des Bebauungsplans befreit werden, wenn u. a. die Abweichung städtebaulich vertretbar ist. Vertretbar ist die Abweichung schon dann, wenn sie sich als ein zulässiger Inhalt eines Bebauungsplans darstellt. Eine atypische Situation ist nach Wegfall des Einzelfallerfordernisses mit Wirkung vom 1.1.1998 durch das Bau- und Raumordnungsgesetz 1998 nicht mehr erforderlich.[7] Allerdings darf diese weitgehende Befreiungsmöglichkeit die normative Verbindlichkeit von Bebauungsplänen nicht aushöhlen. Dies wird insbesondere dadurch sichergestellt, dass nach § 31 Abs. 2 BauGB durch eine Befreiung generell die Grundzüge der Planung nicht berührt werden dürfen und die Abweichung auch unter Würdigung nachbarlicher Interessen mit den öffentlichen Belangen vereinbar sein muss. Hier würden durch die Befreiung die Grundzüge der Planung berührt. Denn auf den Nachbargrundstücken könnte mit derselben Berechtigung eine Befreiung erfolgen wie auf dem Grundstück des A. Dadurch würde durch die Befreiung nicht nur eine bloße (zulässige) „Randkorrektur" der Planung erfolgen. Vielmehr würde die Befreiung zum Regelfall werden. Dies würde eine neue planerische Abwägungsentscheidung mit vorheriger Bürgerbeteiligung umgehen. Eine solche Befreiung ist unzulässig. Darüber hinaus dürfte die Befreiung der von § 31 Abs. 2 BauGB geforderten angemessenen Würdigung nachbarlicher Interessen zuwiderlaufen. Durch die Festsetzung einer Baulinie im Bebauungsplan ist gleichzeitig eine maximal zulässige Bebauung des Grundstücks nach Norden festgelegt. Die Würdigung nachbarlicher Interessen hat hierbei unabhängig davon zu erfolgen, ob der Festsetzung dieser Baulinie nachbarschützende Funktion zukommt. Durch die Befreiung dürfte, wie auch die Einwendungen des B zeigen, erheblich in den durch den Bebauungsplan bewirkten Interessenausgleich eingegriffen werden. Deswegen dürfte die Befreiung auch aus diesem Grund rechtswidrig sein.

Damit war und ist die Befreiung zumindest deswegen, weil sie die Grundzüge der Planung berührt, rechtswidrig.

Die grundsätzliche Rücknahmemöglichkeit rechtswidriger Verwaltungsakte wird bei **begünstigenden rechtswidrigen Verwaltungsakten,** wie hier die Baugenehmigung und Befreiung, durch § 48 Abs. 1 Satz 2 LVwVfG eingeschränkt. Danach kann ein begünstigender rechtswidriger Verwaltungs-

---

6 BVerwG, NVwZ 1991, 265; *Dürr*, Rn. 105 m. w. N.
7 VGH BW, VBl BW 2003, 438 f.

akt nur unter den Voraussetzungen der Abs. 2 bis 4 zurückgenommen werden. Absatz 2 bezieht sich auf Verwaltungsakte, die eine Geld- oder teilbare Sachleistung gewähren. Dies ist bei einer Baugenehmigung nicht der Fall. Absatz 3 bezieht sich auf einen sonstigen rechtswidrigen begünstigenden Verwaltungsakt. Die Erteilung einer Baugenehmigung ist ein solcher Verwaltungsakt. Dessen Rücknahme ist nicht an besondere Voraussetzungen geknüpft. Ausreichend ist vielmehr, dass es sich um einen rechtswidrigen Verwaltungsakt handelt.[8]

Die in § 48 Abs. 4 Satz 1 LVwVfG normierte Rücknahmefrist von einem Jahr seit Kenntnis der Behörde von den Tatsachen, welche die Rücknahme rechtfertigen, wurde gewahrt.

Es ist aber zu beachten, dass die auf der Tatbestandsseite grundsätzlich mögliche Rücknahme im Einzelfall wegen eines Ermessensfehlers dennoch rechtswidrig sein kann. Fehlerhaft wäre die Ermessensausübung dann, wenn das Interesse des Begünstigten am Fortbestand des Verwaltungsakts auch im Blick auf eine mögliche Entschädigung überwiegt. Auf ein schutzwürdiges Vertrauen kann sich A jedoch nicht berufen, nachdem er die Bauarbeiten bereits weitgehend durchgeführt hatte, ehe er sich überhaupt um eine Baugenehmigung bemühte und sogar noch nach Erlass der Baueinstellungsverfügung vom 16.11.2009 den Anbau fertig stellte.[9]

1.2.3 Da auch sonst keine Zweifel an der Rechtmäßigkeit der Rücknahme bestehen, kann A auch nicht in seinen Rechten verletzt sein.

1.3 Gesichtspunkte, die gegen die Zweckmäßigkeit der Entscheidung sprechen, sind nicht ersichtlich. Deshalb erübrigt sich insoweit eine Prüfung der Begründetheit.

Ergebnis: Der Widerspruch gegen die Rücknahme der Baugenehmigung ist zulässig, aber unbegründet.

2. Der Widerspruch gegen die Baueinstellung

365 2.1 Bedenken gegen die **Zulässigkeit** sind nicht ersichtlich.

2.2 Der Anfechtungswiderspruch ist **begründet,** wenn die Baueinstellung rechtswidrig ist und der Widersprechende dadurch in seinen Rechten verletzt wird (§ 113 Abs. 1 Satz 1 VwGO analog). Als Rechtsgrundlage für die Baueinstellung kommt § 64 Abs. 1 Satz 2 Nr. 1 LBO in Frage.

2.2.1 Zur **formellen** Rechtmäßigkeit kann auf die Ausführungen bei der Rücknahme verwiesen werden.

2.2.2 Bei den **materiellen** Voraussetzungen kommt es zunächst auf die **Tatbestandsmäßigkeit** an.

---

8 Die Frage der möglichen Entschädigung ist ausschließlich auf Rechtsfolgenseite zu berücksichtigen.

9 Aus demselben Grund hätte A auch keinen Anspruch auf Ausgleich des Vermögensnachteils gem. § 48 Abs. 3 LVwVfG.

Der Anbau ist ein nach § 49 LBO genehmigungspflichtiges, zumindest aber nach § 51 LBO kenntnisgabebedürftiges Bauvorhaben. Ein Kenntnisgabeverfahren wurde jedoch nicht durchgeführt. A war zwar zunächst Inhaber einer Baugenehmigung; sie wurde allerdings zurückgenommen. Die Voraussetzungen für eine Baueinstellung scheinen also gegeben zu sein.

Hier wirkt sich jedoch aus, dass gegen die Rücknahme der Baugenehmigung Widerspruch eingelegt wurde. Da es sich um einen Anfechtungswiderspruch handelt, hat er gem. § 80 Abs. 1 VwGO aufschiebende Wirkung; und zwar rückwirkend auf den Zeitpunkt, als der Verwaltungsakt erlassen wurde. D. h., dass von dem angefochtenen Verwaltungsakt (der Rücknahme) weder von A noch von der Behörde noch von sonst jemand Gebrauch gemacht werden darf und durfte.[10] Daraus folgt, dass A so gestellt ist, als ob die Rücknahme nicht erfolgt wäre. Er ist also im Zeitpunkt der Widerspruchsentscheidung – dem hier maßgebenden Augenblick[11] – immer noch Inhaber der Baugenehmigung. Damit ist die Errichtung der baulichen Anlage von einer Baugenehmigung gedeckt, weshalb die Baueinstellung gem. § 64 LBO nicht hätte verfügt werden dürfen. Um rechtmäßig den Bau einstellen zu können, hätte die Behörde die sofortige Vollziehung nach § 80 Abs. 2 Satz 1 Nr. 4 VwGO anordnen müssen.

2.2.3 Nachdem die tatbestandsmäßigen Voraussetzungen des § 64 LBO nicht vorliegen, ist die Baueinstellung rechtswidrig und A dadurch in seinen Rechten (Art. 14 GG) verletzt.

Ergebnis: Der Widerspruch ist also insoweit zulässig und begründet.

Aufgabe 2: Vorläufiger Rechtsschutz

Die Möglichkeiten des vorläufigen Rechtsschutzes ergeben sich im vorliegenden Fall aus § 80 Abs. 5 Satz 1 VwGO. Ein entsprechender Antrag müsste beim Verwaltungsgericht Stuttgart als dem Gericht der Hauptsache gestellt werden.[12] 366

Das Verwaltungsgericht würde die Anordnung der sofortigen Vollziehbarkeit aufheben, wenn die Anordnung nicht dem Begründungserfordernis des § 80 Abs. 3 Satz 1 VwGO entspricht. Danach ist das besondere Interesse an der sofortigen Vollziehung schriftlich zu begründen. Die Behörde müsste also darlegen, warum das öffentliche Interesse daran, nicht bis zu einer Entscheidung im Hauptsacheverfahren abzuwarten, gewichtiger ist als das Interesse des Bürgers an der aufschiebenden Wirkung seines Rechtsbehelfs. Eine bloße formelhafte, den Wortlaut des § 80 Abs. 2 Satz 1 Nr. 4 VwGO wiederholende, nicht auf den Einzelfall und nicht auf das Interesse einer sofortigen Vollziehung bezogene Begründung genügt insoweit nicht.

10 *Hufen*, Verwaltungsprozessrecht, § 32 Rn. 1 ff. m. w. N.
11 *Derselbe*, a. a. O., § 24 Rn. 8 m. w. N.
12 Eines vorhergehenden Antrags bei der Ausgangs- oder Widerspruchsbehörde bedarf es nicht.

Aus dem Bescheid vom 20.1.2010 sind keinerlei Gesichtspunkte ersichtlich, die das besondere Interesse an der sofortigen Vollziehung erkennen lassen. Die Begründung genügt daher nicht den Anforderungen des § 80 Abs. 3 Satz 1 VwGO. Dieser Fehler führt allerdings nicht zur Wiederherstellung der aufschiebenden Wirkung des Widerspruchs. Er führt vielmehr zur **Aufhebung der Anordnung der sofortigen Vollziehbarkeit ohne weitere Sachprüfung** durch das Gericht.[13]

Im Folgenden soll – lediglich **hilfsweise** – geprüft werden, ob der Antrag **in der Sache** Aussicht auf Erfolg hat. Hierbei trifft das Gericht eine eigene Ermessensentscheidung. Bei dieser Interessenabwägung werden als erstes Kriterium die Erfolgsaussichten des eingelegten Rechtsbehelfs überprüft. Lässt sich schon bei summarischer Prüfung **eindeutig** feststellen, dass der Widerspruch oder die Klage Erfolg haben wird, so kann kein öffentliches Interesse an der sofortigen Vollziehung des Verwaltungsakts bestehen. Auch wenn **keine eindeutige** Antwort auf die Frage nach der Rechtmäßigkeit des Verwaltungsakts gegeben werden kann, können die Erfolgsaussichten des Rechtsbehelfs bei der Entscheidung nach § 80 Abs. 5 VwGO berücksichtigt werden. Ist der **Ausgang** des Verfahrens **offen,** nimmt das Gericht eine reine Interessenabwägung vor.

Hier könnte der Widerspruch des A dann offensichtlich erfolgreich sein, wenn die Voraussetzungen des § 65 Satz 1 LBO eindeutig nicht vorliegen. Nach § 65 Satz 1 LBO kann der Abbruch einer baulichen Anlage nur dann angeordnet werden, wenn die Anlage im Widerspruch zu öffentlich-rechtlichen Vorschriften errichtet wurde. Dies bedeutet, dass sie fortdauernd seit ihrem Bestehen gegen materielles Recht verstoßen haben muss und von keiner Baugenehmigung gedeckt sein darf. Nachdem A gegen die Rücknahme der Genehmigung Widerspruch eingelegt hatte, trat nach § 80 Abs. 1 VwGO die aufschiebende Wirkung ein, d. h. A blieb Inhaber der Baugenehmigung (s. o.). Damit liegen die Voraussetzungen des § 65 Satz 1 LBO eindeutig nicht vor und der Widerspruch gegen die Abbruchsanordnung wird offensichtlich erfolgreich sein. Somit wird auch der Antrag auf Wiederherstellung der aufschiebenden Wirkung des Widerspruchs nach § 80 Abs. 5 in der Sache erfolgreich sein.

Ergebnis: Das Verwaltungsgericht Stuttgart würde die Anordnung der sofortigen Vollziehbarkeit aufheben.

Aufgabe 3: Weisung Landratsamt

367 Bedenken ergeben sich neben den aus Aufgabe 1 ersichtlichen Gründen insoweit, als das Landratsamt gegenüber der Stadt Künzelsau zwar allgemeine Rechtsaufsichtsbehörde (Kommunalaufsicht) ist, aber nicht Fachaufsichtsbehörde in baurechtlichen Angelegenheiten. Insoweit geht die Regelung des § 46 LBO vor (vgl. §§ 118 Abs. 2 und 129 Abs. 1 GemO). Weisungsbefugt ist also nur das Regierungspräsidium.

---

13 Vgl. *Bosch/Schmidt*, § 49 II 2b m. w. N.

Dritter Teil: Fälle und Lösungen zur Methodik der Bescheidfertigung

Fall 11: „Die Wiedererteilung einer Fahrerlaubnis"[1]

(Straßenverkehrsrecht, Erstbescheid, schriftlicher Verwaltungsakt, Auslegung, Subsumtion, Kostenentscheidung, Rechtsbehelfsbelehrung, Begleitverfügung)

A. Sachverhalt

Anton Aller (A) ist 62 Jahre alt. Er wohnt in Ammerbuch, Landkreis Tübingen, Höflestraße 16. Ihm war vor 2 1/2 Jahren die Fahrerlaubnis der Klasse 3 zum zweiten Mal wegen fahrlässiger Straßenverkehrsgefährdung (Trunkenheit) – § 315c StGB – entzogen worden. Nunmehr stellt er beim Landratsamt Tübingen, Wilhelm-Keil-Str. 50, den Antrag, ihm erneut die Fahrerlaubnis der Klasse 3 zu erteilen. Als die Behörde anordnet, ein medizinisch-psychologisches Gutachten beizubringen, lässt er sich von der vom Amt vorgeschlagenen, amtlich anerkannten Untersuchungsstelle untersuchen, nachdem er zuvor die Kosten der Untersuchung an die Untersuchungsstelle überwiesen hat. Die Gutachter kommen zum Ergebnis, dass der Antragsteller aus medizinischen und psychologischen Gründen ungeeignet zum Führen von Kraftfahrzeugen ist; es wird außerdem bezweifelt, dass er überhaupt in der Lage sei, die theoretische und praktische Prüfung zu bestehen. 368

Der Sachbearbeiter bespricht das Ergebnis des Gutachtens mit A.[2] Er äußert sich, er habe zwar wegen seines Alters kaum Chancen, die theoretische Prüfung zu bestehen. Fahren könne er aber noch besser als mancher jugendliche Draufgänger, der unangefochten am Straßenverkehr teilnehme. Immerhin habe er – was zutrifft – noch niemanden verletzt. Schließlich würden auch genügend Leute Auto fahren, die älter als er seien und weniger gut

1 Der Sachverhalt und die gutachtlichen Vorüberlegungen beruhen weitgehend auf Übungsmaterial, das uns freundlicherweise Kollege Heinz-Joachim Peters, Hochschule für öffentliche Verwaltung, Kehl, zur Verfügung gestellt hat.

2 Ohne sein Einverständnis darf die Untersuchungsstelle ihr Gutachten nicht der Fahrerlaubnisbehörde, sondern nur dem Besteller des Gutachtens aushändigen, vgl. *Jagusch/Hentschel*, § 11 FEV, Rn. 20. Es liegt am Bürger, ob er das Gutachten der Behörde vorlegt. Weigert er sich, es der Behörde zu eröffnen, wird er behandelt, wie wenn er sich geweigert hätte, sich untersuchen zu lassen.

fahren könnten. Dort würden auch keine Untersuchungen verlangt. Er bestehe auf einer Entscheidung der Behörde – gleich wie sie ausfalle. Jetzt wolle er doch endlich einmal sehen, was es mit dem Gerede von der Bürgerfreundlichkeit auf sich habe.

Aufgabe: Fertigen Sie die zu treffende Entscheidung und die dazu gehörenden Geschäftsgangvermerke!

B. Vorüberlegungen zu Fall 11

369 Dieser erste Fall zur Bescheidtechnik ist rechtlich einfach. Sie sollen daran üben, welche Überlegungen vor Erlass eines Verwaltungsakts anzustellen sind und wie Sie Ihre Gedanken in einen „guten" Bescheid umsetzen.

I. Was wollen die Beteiligten?

Die Interessenlage ist eindeutig: A will eine Entscheidung über seinen Antrag auf Wiedererteilung der Fahrerlaubnis. Dabei geht er davon aus, dass der Bescheid positiv für ihn ausfallen muss.

370 Dass die Behörde über den Antrag entscheiden muss, ist ebenfalls klar (§ 22 Nr. 1 LVwVfG i. V. m. § 2 Abs. 1 Satz 1 StVG). Wie die Entscheidung ausfällt, hängt von den normativen Vorgaben ab.

II. Welche gesetzlichen Möglichkeiten und Vorgaben bestehen für die Entscheidung?

1. Verfahren vor der Entscheidung

371 Vor einer Entscheidung muss sich die Behörde sicher sein, dass sie **zuständig** ist. Das Landratsamt ist untere Verwaltungsbehörde und somit gem. § 73 Abs. 1 FeV i. V. m. § 15 Abs. 1 Nr. 1 und § 19 Abs. 1 Nr. 1e LVG für die Erteilung und Versagung einer Fahrerlaubnis sachlich und gem. § 73 Abs. 2 FeV örtlich zuständig. Weiter hat die Behörde zu bedenken, dass sie die Anhörungspflicht gem. § 28 Abs. 1 LVwVfG erfüllen muss, wenn sie eine negative Entscheidung treffen will. Nachdem jedoch mit A laut Sachverhalt das wesentliche Ergebnis des medizinisch-psychologischen Gutachtens besprochen wurde, bestehen keine Bedenken, eine negative Entscheidung ohne weitere Anhörung zu treffen, weil A zu den erheblichen Tatsachen Stellung nehmen konnte.

2. Inhalt des Bescheids

A macht mit seinem Antrag einen **Leistungsanspruch** (Erteilen der Fahrerlaubnis) geltend. Die Behörde muss dem Antrag entsprechen, wenn A einen gesetzlichen Anspruch hat (Vorrang des Gesetzes). Sie muss den Antrag **ablehnen,** wenn der Gesetzgeber die Voraussetzungen für die Leistung abschließend geregelt hat, diese Voraussetzungen aber nicht erfüllt sind.

Gemäß § 2 Abs. 2 Nr. 3 des StVG ist die Fahrerlaubnis für die jeweilige Klasse unter anderem dann zu erteilen, wenn der Bewerber zum Führen von Kraftfahrzeugen geeignet ist. Gemäß Abs. 4 Satz 1 dieser Vorschrift ist geeignet zum Führen von Kraftfahrzeugen, wer die notwendigen körperlichen und geistigen Anforderungen erfüllt und nicht erheblich oder nicht wiederholt gegen verkehrsrechtliche Vorschriften oder gegen Strafgesetze verstoßen hat.

Das Nähere über das Führen von Kraftfahrzeugen, insbesondere die Voraussetzungen für die Erteilung bzw. Neuerteilung einer Fahrerlaubnis, regelt die Verordnung über die Zulassung von Personen zum Straßenverkehr (Fahrerlaubnis-Verordnung – FeV).

Bei Eignungszweifeln darf die zuständige Behörde in Fällen wie dem vorliegenden nach § 11 FeV i. V. m. § 13 Satz 1 Nr. 2b und d FeV ein medizinisch-psychologisches Gutachten verlangen. Dies ist hier geschehen mit dem Ergebnis, dass A zum Führen von Kraftfahrzeugen ungeeignet ist. Es gibt keine Anhaltspunkte, an dessen Richtigkeit zu zweifeln. Da somit seine Ungeeignetheit feststeht, ist A die Fahrerlaubnis zu versagen.

Die Bestandskraft der Entziehung der Fahrerlaubnis schließt eine Entscheidung über die Wiedererteilung auch nicht aus.

3. Sind Nebenentscheidungen erforderlich?

3.1 Kosten

§ 6a Abs. 1 Nr. 1a, Abs. 2 StVG ist zu entnehmen, dass die Versagung der **372**
Fahrerlaubnis **kostenpflichtig** ist, wenn sie in einer Verordnung des Bundesministers für Verkehr als gebührenpflichtiger Tatbestand erfasst ist. Dies ist in § 1 der Gebührenordnung für Maßnahmen im Straßenverkehr (GebOSt) geschehen. In der Anlage zu § 1 GebOSt ist in Abschnitt 2 Nr. 202.3 des Gebührentarifs für Maßnahmen im Straßenverkehr (GebTSt) zu der Gebührenordnung für Maßnahmen im Straßenverkehr des Bundesministers für Verkehr ein Gebührenrahmen von 33, 20 bis 256,– Euro festgesetzt. § 6 GebOSt schreibt die Anwendung des Verwaltungskostengesetzes (VwKostG) vor. Unter Berücksichtigung des § 9 Abs. 1 VwKostG i. V. m. § 1 Abs. 1 Nr. 2 VwKostG, § 6a StVG und § 6 GebOSt erscheint eine Gebühr von 60,– Euro angemessen. A ist gem. § 4 Abs. 1 Nr. 1 GebOSt Kostenschuldner und hat deshalb die Kosten zu tragen.[3]

---

3 Vgl. zu den Verwaltungskosten allgemein *Schweickhardt/Vondung*, Rn. 839 ff.

3.2 Rechtsbehelfsbelehrung

373 Um den Bürger über seine Rechtsschutzmöglichkeiten aufzuklären und um die Frist des § 70 VwGO in Lauf zu setzen, ist außerdem eine **Rechtsbehelfsbelehrung** beizufügen. Der nach § 58 Abs. 1 VwGO notwendige Inhalt der Rechtsbehelfsbelehrung lässt sich den §§ 68 und 69 VwGO (Art des Rechtsbehelfs), § 70 VwGO (Frist und Behörde, bei welcher der Rechtsbehelf anzubringen ist) entnehmen. Der Sitz der Behörde ergibt sich – wie im Regelfall – aus dem Sachverhalt.

3.3 Anordnung der sofortigen Vollziehung

374 Die Anordnung der sofortigen Vollziehung nach § 80 Abs. 2 Nr. 4 VwGO kommt in diesem Fall nicht in Betracht. Es ist zwar denkbar, dass gegen die Versagung der Fahrerlaubnis Widerspruch eingelegt wird; weil es sich aber dabei um einen Verpflichtungswiderspruch (§ 68 Abs. 2 VwGO) handelt, hätte er nach § 80 Abs. 1 VwGO keine aufschiebende Wirkung.

3.4 Androhung von Zwangsmitteln

375 Auch die Androhung von Zwangsmitteln (§ 20 LVwVG) entfällt, weil die Ablehnung des Antrags nicht vollstreckt werden kann. Es wird kein Tun, Dulden oder Unterlassen verlangt, es handelt sich vielmehr um einen gestaltenden Verwaltungsakt, der nicht vollstreckungsfähig ist.[4]

3.5 Zustellung

376 Eine Zustellung der Verfügung ist zwar nicht vorgeschrieben, aber hier empfehlenswert (vgl. § 1 LVwVG). Bei der Verfügung muss die Zustellungsart festgelegt werden. Von der Versagung der Fahrerlaubnis ist – entsprechend den geltenden Verwaltungsvorschriften – das Kraftfahrtbundesamt zu benachrichtigen.

3.6 Interne Führerscheinstelle

Sofern eine interne Führerscheinkartei bei der Führerscheinstelle geführt wird, ist diese zu ergänzen. Um den Gebühreneingang zu überwachen, muss auch die Kreiskasse benachrichtigt werden.

4. Umsetzung der Überlegungen

377 Das Landratsamt wird – nachdem A auf einen förmlichen Bescheid besteht und es kaum möglich sein wird, ihn noch mündlich von der Aussichtslosigkeit seines Antrags zu überzeugen – einen schriftlichen Verwaltungsakt erlassen, in dem der Antrag auf Erteilung der Fahrerlaubnis abgelehnt wird (zur Schriftform vgl. § 37 Abs. 3 LVwVfG). Der Tenor bereitet keine Schwierigkeiten. Bedenken müssen Sie, dass auf der Reinschrift die Zustel-

4 Siehe dazu *Schweickhardt/Vondung*, Rn. 926.

lungsart zu vermerken ist. Da der Sachverhalt bekannt und unstrittig ist, kann hier die **tatsächliche** Begründung entfallen.

Bevor Sie mit der Begründung beginnen, müssen Sie sich bewusst machen, dass sich Ihr Schreiben beim Adressaten in seinem persönlichen, alltäglichen Lebensbereich auswirkt, so dass er besonders empfindlich reagiert. Um so mehr Einfühlungsvermögen müssen Sie aufbringen, ohne dabei den Eindruck zu erwecken, dass Sie Ihre Entscheidung selbst nicht für richtig halten. Sollte dies aber der Fall sein, so besteht Anlass genug, die Entscheidung nochmals zu überdenken. Der Bürger wird vor allem erwarten, dass Sie auf die Argumente eingehen, die er selbst gegenüber der Behörde vorgetragen hat, und zwar auch dann, wenn sie – aus der Sicht von Rechtskundigen – rechtlich nicht erheblich sind. Deswegen sollten Sie als Bescheidverfasser/in auch noch kurz auf den Einwand eingehen, dass ungeeignetere Personen noch fahren dürften und dass Bürgerfreundlichkeit eine Erteilung der Fahrerlaubnis verlange.

C. Lösungsvorschlag zu Fall 11

I. Schreiben an: **378**

Herrn
Anton Aller
Höflestr. 16
PLZ A.

Zustellung durch die
Post mit Zustellungsurkunde

Ihr Antrag auf Wiedererteilung der Fahrerlaubnis vom ...

Anlage: 1 Zahlschein

Sehr geehrter Herr Aller,
wir haben Ihren Antrag geprüft, Ihnen wieder die Fahrerlaubnis zu erteilen. Wir können ihm nicht entsprechen und erlassen folgende

Verfügung:

1. Ihr Antrag auf Wiedererteilung der Fahrerlaubnis der Klasse 3 wird abgelehnt.
2. Für diese Entscheidung wird eine Gebühr von 60,– Euro festgesetzt.

Gründe:

Nach § 2 Abs. 1 Satz 2 des Straßenverkehrsgesetzes darf eine Fahrerlaubnis unter anderem nur dann erteilt werden, wenn keine begründeten Bedenken wegen der Eignung bestehen. Das bereits mit Ihnen besprochene medizinisch-psychologische Gutachten spricht Ihnen diese Eignung ab. Sie selbst haben nicht vorgebracht, dass das Gutachten falsch sei. Auch wir sahen keinen Grund, an der Richtigkeit des Gutachtens zu zweifeln. Mangels Eignung dürfen wir Ihnen daher die Fahrerlaubnis nicht wieder erteilen.

Wir waren nach § 11 i. V. m. § 13 Nr. 2b und d Fahrerlaubnisverordnung (FeV) auch befugt, das Gutachten von Ihnen zu verlangen. Danach können wir ein solches vor einer erneuten Erteilung der Fahrerlaubnis dann verlangen, wenn die Fahrerlaubnis wiederholt entzogen worden ist bzw. wenn wiederholt Zuwiderhandlungen im Straßenverkehr unter Alkoholeinfluss begangen worden sind. Beides war bei Ihnen der Fall.

Nicht nur bei Ihnen, sondern auch bei allen anderen Verkehrsteilnehmern, ob jung oder alt, schreiten wir ein, wenn dies erforderlich ist. Voraussetzung dafür ist aber, dass wir konkrete Anhaltspunkte dafür haben, dass die Eignung zum Autoführen fehlt.

Wir empfinden nach, dass für Sie die Versagung der Fahrerlaubnis hart ist. Zum Schutz der übrigen Verkehrsteilnehmer ist unsere Entscheidung jedoch notwendig. Wir hoffen, dass Sie dafür Verständnis aufbringen können, dass Bürgerfreundlichkeit nicht so weit gehen darf, dass sich Bürger und Behörden über Recht und Gesetz hinwegsetzen dürfen.

Nach § 6a Straßenverkehrsgesetz und § 4 Abs. 1 Nr. 1 der Gebührenordnung für Maßnahmen im Straßenverkehr des Bundesministers für Verkehr vom 26.6.1970 (Bundesgesetzblatt – BGBl. I S. 865 – zuletzt geändert durch Verordnung vom 21.4.2009, BGBl. I S. 872) sowie Abschnitt 2 Nr. 202.3 des dazu ergangenen Gebührentarifs sind Sie verpflichtet, eine Gebühr zu zahlen. Wir haben bei einem Gebührenrahmen von 33,20 bis 256,– Euro eine Gebühr von 60,– Euro für angemessen erachtet. Bitte überweisen Sie diesen Betrag innerhalb von zwei Wochen mit dem beiliegenden Zahlschein.

Rechtsbehelfsbelehrung

Gegen diesen Bescheid können Sie innerhalb eines Monats nach seiner Zustellung schriftlich oder mündlich zur Niederschrift beim Landratsamt Tübingen in PLZ Tübingen Widerspruch erheben. Die Frist wird auch gewahrt, wenn der Widerspruch beim Regierungspräsidium Tübingen in PLZ Tübingen, eingelegt wird.

Mit freundlichen Grüßen
(gez.) *Müller*

379 **II. Geschäftsgangvermerke:**

1. Reinschrift zustellen mit Postzustellungsurkunde
2. Gebührenbescheid – Annahmeanordnung
3. Mitteilung an KBA mit Formblatt nach Rechtsbeständigkeit
4. Eingabe in EDV
5. Wv …

Fall 12: „Die Gaststättennachbarn"

(Gaststättenrecht, Bescheidtechnik bei Erstbescheiden, Anordnung einer Auflage, Ermessen, Grundsatz der Verhältnismäßigkeit, Bestimmtheit, Unmöglichkeitsverbot)

A. Sachverhalt

Herr Hans Alt (A) ist Inhaber der Schank- und Speisewirtschaft „Bären" in der 2000 Einwohner zählenden Gemeinde Dußlingen des Landkreises Tübingen. Den Hauptumsatz erzielt er durch Jugendliche. Sie kommen überwiegend mit Motorrädern angefahren und stellen sie so auf dem Gehweg vor der Gastwirtschaft ab, dass Passanten gezwungen sind, auf die Fahrstraße auszuweichen. Die Jugendlichen kommen auch wegen der hier neuerdings gespielten Musik, die auch noch in der Nachbarschaft zu hören ist. Es ist oft bis abends 24 Uhr um die Gaststätte herum sehr laut. Sie liegt in einem Gebiet, für das kein Bebauungsplan aufgestellt ist. Die vorhandene Bebauung entspricht einem allgemeinen Wohngebiet. **380**

Empörte Nachbarn wenden sich wegen der falsch abgestellten Fahrzeuge und des „Musik-Lärms" an den Bürgermeister und tragen ihm vor, dass es schon zu gefährlichen Situationen auf der Fahrbahn gekommen sei, weil die Fußgänger dorthin ausweichen mussten. Außerdem könne man vor 24 Uhr nicht schlafen. Der Bürgermeister vergewissert sich an Ort und Stelle, dass die Angaben der Beschwerdeführer zutreffen. In einem persönlichen Gespräch versucht er, den Wirt zu bewegen, die Störungen zu beseitigen. Der Wirt behauptet jedoch, seine Nachbarn seien lediglich überempfindlich und neidisch; er werde keinesfalls etwas unternehmen. Als einige Nachbarn erfahren, dass der Wirt sie gegenüber Gästen übel beschimpft, wenden sie sich auf Anraten des Bürgermeisters, der sich für unzuständig hält, weil seine Gemeinde keine eigene Baurechtszuständigkeit besitzt, an das Landratsamt Tübingen, Wilhelm-Keil-Straße 50, mit folgendem Schreiben:

Sehr geehrte Damen und Herren,

wir sind Nachbarn der Gaststätte „Bären" in Dußlingen, Mühlstr. 16. Diese Gaststätte hat sich zum Jugendtreff der Gemeinde entwickelt, worunter wir Nachbarn sehr zu leiden haben. Die Jugendlichen stellen ihre Fahrzeuge auf dem Gehweg ab. Die im Lokal gespielte Musik ist so laut, dass wir nachts nicht mehr schlafen können. Dass dies zu gesundheitlichen Schäden führt, dürfte Ihnen bekannt sein.

Obwohl wir auf den Wirt eingewirkt haben, er möge diese Missstände abstellen, lässt er alles so weiterlaufen; im Gegenteil, er beschimpft uns noch gegenüber Gästen.

Wir sehen jetzt keinen anderen Weg mehr als zu beantragen, dem Wirt seine Konzession für die Gaststätte zu entziehen, sofern Sie nicht sonst auf geeignete Art und Weise dafür sorgen können, dass wir wieder in Ruhe in unseren Häusern wohnen können.

(gez.) Meier, Müller, Rettich
Mühlstraße 18

(gez.) Kunze, Hipp, Brodbeck
Mühlstraße 14

Mitarbeiter des Landratsamts – Gewerbeaufsichtsamt – führen daraufhin entsprechend der von der Bundesregierung mit Zustimmung des Bundesrats aufgrund des § 48 BImSchG erlassenen Verwaltungsvorschrift TA Lärm an mehreren Tagen Lärmmessungen durch. Die Messungen nach 22 Uhr ergeben Immissionswerte zwischen 50 und 55 dB (A).

Die TA Lärm ist als normkonkretisierende Verwaltungsvorschrift anzusehen. Sie geht davon aus, dass in einem allgemeinen Wohngebiet eine Gefährdung, erhebliche Benachteiligung oder erhebliche Belästigung der Nachbarschaft dann vorliegt, wenn der Immissionswert nachts (22 bis 6 Uhr) über 40 dB (A) und tags über 55 dB (A) liegt. Gemessen wird am Einwirkungsort außen.

Der Sachbearbeiter des Landratsamts informiert den Wirt über die Ergebnisse der Messungen und macht ihm Vorhaltungen, die A aber barsch von sich weist. Daraufhin erklärt ihm der Sachbearbeiter, dass er nun etwas unternehmen werde, um die Missstände zu beseitigen.

Aufgabe: Versetzen Sie sich in die Lage des Sachbearbeiters. Was würden Sie – auch im Hinblick auf die Anträge der Nachbarn – tun? Entwerfen Sie die nötigen Schreiben!

B. Vorüberlegungen zu Fall 12

I. Was wollen die Beteiligten?

381 Der Wirt ist offensichtlich an keiner Änderung des bisherigen Zustands interessiert, da er seine Kundschaft im bisherigen Umfang behalten und vermutlich kein Geld in Lärmschutzmaßnahmen investieren möchte. Die lärmgeplagten Nachbarn möchten ein Ende der Ruhestörung erreichen, notfalls durch Konzessionsentzug. Außerdem wollen sie über das weitere Verfahren auf dem Laufenden gehalten werden.

Der Bürgermeister der Gemeinde möchte offenbar das berechtigte Anliegen der gestörten Nachbarn unterstützen. Das Landratsamt wird – falls zuständig – eine zweck- und rechtmäßige Entscheidung herbeiführen wollen, nachdem eine gütliche Einigung mit dem Wirt offensichtlich nicht erreichbar ist. Schließlich ist die Polizei insofern gefordert, als sie gegen Falschparker bei der Wirtschaft vorgehen sollte.

II. Welche gesetzlichen Möglichkeiten und Vorgaben bestehen für die Entscheidung?

1. Antrag auf Entzug der Konzession

Es liegt nahe, sich zuerst über diese Möglichkeit Gedanken zu machen, **382**
nachdem die Bürger in ihrem Antrag vorrangig dieses Ziel verfolgen.

Als belastende Maßnahme bedarf die Entziehung der Gaststättenerlaubnis einer gesetzlichen Grundlage (Vorbehalt des Gesetzes). Da die ursprüngliche Gaststättenerlaubnis rechtmäßig war, kommt allenfalls ein **Widerruf** nach § 15 Abs. 2 oder 3 GastG und nicht eine Rücknahme nach § 15 Abs. 1 GastG (Spezialvorschrift zu § 48 Abs. 1 LVwVfG) in Betracht.

1.1 Formelle Rechtmäßigkeitsvoraussetzungen

Das Landratsamt Tübingen wäre gem. § 1 Abs. 1 GastVO i. V. m. § 15 **383**
Abs. 1 Nr. 1 LVG als untere Verwaltungsbehörde sachlich und nach § 3 Abs. 1 Nr. 1 bzw. 2 LVwVfG auch örtlich zuständig.

1.2 Materielle Rechtmäßigkeitsvoraussetzungen

Die **Tatbestandsvoraussetzungen** für einen zwingenden Widerruf wegen Unzuverlässigkeit des A nach § 15 Abs. 2 GastG i. V. m. § 4 Abs. 1 Nr. 1 GastG liegen nicht vor.

Ein Widerruf nach § 15 Abs. 3 GastG, der im Ermessen der Behörde liegt, könnte sich allenfalls auf dessen Nr. 1 stützen. Dies setzt eine Änderung der Betriebsart voraus. Das neuerdings eingeführte Musikspielen und die Entwicklung zum Jugendtreff stellen jedoch keine derartige Änderung der Betriebsart dar. Die Tatbestandsvoraussetzungen für einen Widerruf liegen damit nicht vor. Im Übrigen wäre ein Widerruf zum jetzigen Zeitpunkt (wohl) **unverhältnismäßig.** Die Behörde müsste zuvor als milderes Mittel versuchen, durch nachträgliche Anordnungen Abhilfe zu schaffen.

2. Lärmreduzierende Maßnahmen im Hinblick auf die Musik

Als lärmreduzierende Maßnahme käme hier eine nachträgliche Auflage in **384**
Betracht.

2.1 Rechtsgrundlage

Rechtsgrundlage für eine solche Auflage könnte § 5 Abs. 1 Nr. 3 GastG sein.

2.2 Formelle Rechtmäßigkeitsvoraussetzungen

Das Landratsamt ist zuständig (s. o.). Die gem. § 28 Abs. 1 LVwVfG erforderliche Anhörung wurde durchgeführt (siehe Sachverhalt letzter Absatz).

2.3 Materielle Rechtmäßigkeitsvoraussetzungen

2.3.1 Tatbestandsvoraussetzungen

385 Nach § 5 Abs. 1 Nr. 3 GastG können einem Gewerbetreibenden **jederzeit** Auflagen zum Schutz gegen schädliche Umwelteinwirkungen i. S. d. BImSchG oder sonst erhebliche Nachteile, Gefahren oder Belästigungen erteilt werden.[1]

Auflagen zum Schutz vor Lärmbelästigungen sind laut Bundesverwaltungsgericht[2] gerechtfertigt, wenn Geräusche das unter Berücksichtigung der Lage der Gaststätte den Anwohnern zumutbare Maß übersteigen. Was als zumutbar hinzunehmen ist, bestimmt sich einerseits nach der Lärmart und der Intensität der Geräusche, andererseits nach der gegebenen Situation, in der sich Lärmquelle und Immissionsort befinden; die Schutzwürdigkeit richtet sich nach der materiellen baurechtlichen Lage. Hierfür ist die TA Lärm als Maßstab anzulegen. Bei den Geräuschen durch die Musik handelt es sich um schädliche Umwelteinwirkungen i. S. d. § 3 Abs. 1 und Abs. 2 BImSchG für die Nachbarschaft, da die in der TA Lärm für die Nachtzeit festgesetzten Werte in einem allgemeinen Wohngebiet weit überschritten werden. Somit liegen die Tatbestandsvoraussetzungen des § 5 Abs. 1 Nr. 3 GastG vor.

2.3.2 Ermessen

Demnach **kann** gegenüber A eingeschritten werden. Das Landratsamt hat **Ermessen,** welches es ordnungsgemäß nach § 40 LVwVfG auszuüben hat.

Bei der Entscheidung, ob und welche Auflage verhängt werden soll, sind sowohl **Zweck-** als auch **Rechtmäßigkeitsüberlegungen** anzustellen. Dies gilt hier um so mehr, als § 5 Abs. 1 GastG zumindest auch den Schutz des Nachbarn bezweckt und somit dem Nachbarn ein Klagerecht ermöglicht. Bei den Rechtmäßigkeitsüberlegungen ist vor allem das **Verhältnismäßigkeitsprinzip** zu beachten. Danach muss die Maßnahme zunächst zur Behebung der schädlichen Umwelteinwirkungen **geeignet** sein.

Um das Ziel zu erreichen, dass die Nachbarn nicht mehr von unerträglichem Lärm belästigt werden, gibt es grundsätzlich viele geeignete Möglichkeiten: Maßnahmen zur Schallisolierung, Verschließen aller Fenster, Beseitigung der Musikanlage, Einschalten der Musikanlage nur zu bestimmten Zeiten, Gaststättenverbot für junge Gäste, Reduzierung der Lautstärke

1 Die allgemeine Zulässigkeit einer Auflage ergibt sich aus § 36 Abs. 1 LVwVfG, wonach ein VA, auf den ein (Rechts-) Anspruch besteht, nur dann mit einer Nebenbestimmung versehen werden darf, wenn eine Rechtsvorschrift dies vorsieht. Aus §§ 2 ff. GastG ergibt sich, dass auf die Erteilung einer Gaststättenerlaubnis ein Rechtsanspruch besteht, wenn keiner der im Gesetz aufgeführten Versagungsgründe vorliegt. Damit handelt es sich um eine gebundene Entscheidung. § 5 Abs. 1 Nr. 3 GastG ist demnach eine Vorschrift, die eine Auflage nach § 36 Abs. 1 LVwVfG allgemein zulässt.

2 BVerwGE 101, 157.

usw. Bei diesen Überlegungen muss jedoch berücksichtigt werden, dass die geeignete Maßnahme auch **erforderlich und angemessen** sein muss. Wird ein ganz bestimmtes Mittel zur Lärmdämmung angeordnet und stellt sich später heraus, dass es ein milderes Mittel gibt, so wäre die Anordnung rechtswidrig. Deshalb bietet es sich an, die Auflage so zu gestalten, dass der Wirt genau weiß, bis zu welcher Schwelle er den Lärm aus seiner Musikanlage reduzieren muss, dass es ihm jedoch noch freisteht, auf welche Art und Weise er diese Reduzierung erreichen will. Dieses Vorgehen kann jedoch gegen das Bestimmtheitsgebot (§ 37 Abs. 1 LVwVfG) verstoßen. Die Anordnung muss so bestimmt sein, dass der Bürger weiß, was er zu tun hat, und dass sie eine Grundlage für die zwangsweise Durchsetzung darstellen kann. Im vorliegenden Fall bietet es sich an, dem Wirt eine Auflage zu erteilen, wonach ihm untersagt wird, mehr als die nach der TA Lärm zulässigen Lärmwerte, gemessen am nächst gelegenen Nachbarhaus, zu verursachen.

3. Maßnahmen im Hinblick auf die auf dem Gehweg abgestellten Fahrzeuge

Denkbar wäre eine Anordnung an A, dafür – in noch näher zu untersuchender Weise – Sorge zu tragen, dass seine Besucher nicht auf dem Gehweg parken. **386**

3.1 Rechtsgrundlage

Mögliche Rechtsgrundlage wäre auch hier allein § 5 Abs. 1 Nr. 3 GastG. **387**

3.2 Formelle Rechtmäßigkeitsvoraussetzungen

Die formellen Voraussetzungen sind erfüllt (s. o.).

3.3 Materielle Rechtmäßigkeitsvoraussetzungen

3.3.1 Tatbestandsvoraussetzungen

Durch das Abstellen der Fahrzeuge auf dem Gehweg kommt es zu erheblichen Gefahren für die Bewohner der Nachbargrundstücke sowie der Allgemeinheit. Diese Gefahren müssten, um eine Berechtigung zum Einschreiten gegen den Gastwirt nach § 5 Abs. 1 Nr. 3 GastG zu begründen, in ursächlich adäquater Weise mit dem Gaststättenbetrieb zusammenhängen. Dem Gastwirt ist das Verhalten der Gäste als Verhaltensstörer (sog. Zweckveranlasser) zuzurechnen, da er mit dem Gaststättenbetrieb eine erhöhte potentielle Gefahr für Störungen eröffnet hat. Dies ist insbesondere – wie hier – der Fall, wenn die Gefahr durch das Verhalten der Gäste bei der An- und Abfahrt oder durch rechtswidriges Parken während ihres Gaststättenaufenthalts verursacht wird. **388**

Die tatbestandlichen Voraussetzungen für ein Einschreiten liegen also auch insoweit vor.

3.3.2 Ermessen

Das Landratsamt hat Ermessen (vgl. § 40 LVwVfG), ob und ggf. wie es einschreitet. Um das Ziel zu erreichen, dass keine Fahrzeuge mehr auf dem Gehweg abgestellt werden, sind verschiedene Maßnahmen denkbar: die Verpflichtung des Wirtes, die Fahrzeuge abzuschleppen; die Verpflichtung des Wirtes, einen Bediensteten mit der Überwachung zu beauftragen; die Verpflichtung des Wirtes, keine Gäste einzulassen, die falsch geparkt haben; usw. Auch hier ist zunächst zu berücksichtigen, dass der Grundsatz der **Verhältnismäßigkeit** nicht verletzt sein darf. Deshalb könnte es sich auch hier empfehlen, nur anzugeben, welches Ergebnis die Behörde mit ihrer Auflage erstrebt, welches Ziel also zu erreichen ist (Freihalten des Gehwegs). Teilweise wird jedoch die Auffassung vertreten, dass eine derartige Angabe zu unbestimmt sei, um dem **Bestimmtheitsgebot** zu genügen. Sobald man jedoch versucht, bestimmte Mittel in der Ausgestaltung der Auflage mit einzubeziehen, muss man vor allem beachten, dass nicht **rechtlich** oder **tatsächlich Unmögliches** angeordnet wird. So wäre z. B. die Anordnung, zu verhindern, dass der Gehweg zugeparkt wird, etwas rechtlich Unmögliches, weil einem Privatmann für die Erfüllung dieser Verpflichtung die rechtlichen Mittel fehlen würden. Um diesen rechtlichen Bedenken zu begegnen, kann man im vorliegenden Fall an folgende Auflage denken: Der Wirt wird verpflichtet, sich jede Stunde zu vergewissern, ob Fahrzeuge vor seiner Gaststätte auf dem Gehweg parken. Wenn dies zutrifft, ist er verpflichtet, seine Gäste vernehmlich aufzufordern, den Gehweg zu räumen.

Es ist zumindest zweifelhaft, ob es sich hier noch um eine **geeignete Maßnahme** handelt, denn der Wirt kann nicht verhindern, dass die Gäste ihre Fahrzeuge auf dem Gehweg abstellen und hat außer Appellen keine Möglichkeit, seine Gäste zu veranlassen, geparkte Fahrzeuge zu entfernen.

III. Sind Nebenentscheidungen erforderlich?

389 1. Da mit der Auflage vom Wirt ein bestimmtes Tun, Dulden oder Unterlassen verlangt wird, dem er vielleicht nicht freiwillig nachkommt, muss man sich Gedanken machen, ob man nicht jetzt schon gem. § 20 Abs. 2 LVwVG **Zwangsmittel** androhen und gem. § 80 Abs. 2 Satz 1 Nr. 4 VwGO die **sofortige Vollziehung** anordnen will und kann. Im vorliegenden Fall erscheint es unter Zweckmäßigkeitsgesichtspunkten vertretbar, die Widerspruchsfrist abzuwarten, um zu sehen, ob der Wirt den Auflagen nachkommt. Damit nicht von vornherein das Verhältnis Behörde – Wirt durch die Maßnahmen noch mehr belastet wird, empfiehlt es sich, zum jetzigen Zeitpunkt auf diese Nebenentscheidungen zu verzichten und sie erforderlichenfalls als selbstständige Anordnungen später zu erlassen.

390 2. Es ist eine **Kostenentscheidung** zu treffen; auf die Entscheidung des Landratsamts ist das Landesgebührengesetz anwendbar gemäß § 1 LGebG. Die Behörde hat eine öffentliche Leistung i. S. d. § 2 Abs. 2 Satz 1 LGebG

erbracht; der Wirt hat deswegen die Kosten zu tragen, da ihm als Störer die öffentliche Leistung nach § 5 Abs. 1 Nr. 1 LGebG zuzurechnen ist. Die Höhe der Kosten ergibt sich aus § 4 Abs. 3 LGebG und der Gebührenverordnungvo des Landratsamts Tübingen vom … i. V. m. Nr. … der Anlage zu dieser VO.

3. Es ist angezeigt, den Wirt über die Möglichkeiten des **Widerspruchs** zu **belehren,** damit die Frist des § 70 Abs. 1 VwGO in Lauf gesetzt wird. 391

IV. Umsetzung der Überlegungen im Bescheid

1. Bescheid an den Wirt

Man sollte sich die allgemeinen Grundsätze der Bescheidtechnik in Erinnerung rufen (siehe Rn. 186 ff.). Der Bescheid soll die übliche **Einleitung** enthalten. Hier bereits sind Überlegungen erforderlich, ob der Bescheid zugestellt werden soll, da dann ein entsprechender Vermerk gemacht werden muss. 392

Der **Tenor** muss so bestimmt sein, dass der Betroffene weiß, was man von ihm erwartet. Im vorliegenden Fall hat er den Entscheidungssatz sowie die Kostenentscheidung zu enthalten.

Bei der nach § 39 Abs. 1 LVwVfG erforderlichen **Begründung** ist zwischen **Sachverhalt** und **rechtlichen Gründen** zu trennen. Bei der rechtlichen Begründung muss vor allem beachtet werden, dass § 5 GastG der Behörde Ermessen einräumt und deshalb gem. § 39 Abs. 1 Satz 3 LVwVfG auch erkennbar sein muss, dass und wie das Ermessen ausgeübt wurde.

Nicht vergessen werden darf die **Unterschrift** (§ 37 Abs. 3 LVwVfG).

2. Bescheid an die Antragsteller

Nachdem mehrere Bürger einen Antrag an die Behörde gerichtet haben, muss auf diesen Antrag geantwortet werden. Welchen Inhalt der Bescheid haben wird, hängt allerdings davon ab, ob man in dem Antrag lediglich eine Verfahrensanregung sieht oder ob man davon ausgehen muss, der Antragsteller habe mit dem Antrag ein weitergehendes subjektives Recht geltend machen wollen. Im ersten Fall bestünde nur ein Anspruch auf Auskunft über die **Art der Erledigung**, während im zweiten Fall eine **inhaltliche Auseinandersetzung** mit dem Antrag erforderlich wäre. Soweit in dem Antrag Lärmschutz für die Nachbarn verlangt wird, bezieht sich der Antrag auf ein materielles subjektives Recht aus § 5 Abs. 1 Nr. 3 GastG. Soweit allerdings verlangt wird, die Begehbarkeit des Gehwegs sicherzustellen, ist dies fraglich, weil es sich bei der Begehbarkeit des Gehwegs um eine Nutzung im Rahmen des Gemeingebrauchs handelt. Nach h. M. steht dem Einzelnen zwar ein subjektives Recht auf Teilnahme am Gemeingebrauch zu; dies gilt erst recht für den gesteigerten Gemeingebrauch von Anliegern (sog. Anlie- 393 gergebrauch).[3] Allerdings wird durch das Parken auf dem Gehweg der Gemeingebrauch nicht grundsätzlich eingeschränkt, vielmehr handelt es sich hier lediglich um eine straßenverkehrsrechtlich unzulässige Nutzung, die den abstrakten Gemeingebrauch am Gehweg in der Regel nicht tangiert.[4]

Soweit die Auflagen, die gegenüber dem Wirt ergehen, den individuellen Schutzzweck des § 5 GastG verwirklichen, sind sie wie Verwaltungsakte mit Drittwirkung zugunsten der Antragsteller zu behandeln. Soweit die Auflagen den Anträgen der Nachbarn nicht entsprechen, können sie belastende Drittwirkung zu Ungunsten der Antragsteller beinhalten oder sie aber in ihrem Rechtskreis gar nicht berühren.

Weil hier schwer zu differenzieren ist, empfiehlt es sich, den Antragstellern eine **Abschrift** des für den Wirt bestimmten Bescheids zuzusenden. Von einer Zustellung kann hier abgesehen werden, da daraus weder Vor- noch Nachteile entstehen können. Die Bekanntgabe muss jedoch an jeden Antragsteller getrennt erfolgen, weil die Voraussetzungen für ein sog. **Massenverfahren** gem. §§ 17 oder 18 LVwVfG schon wegen der geringen Anzahl der beteiligten Personen nicht gegeben sind.

Es empfiehlt sich außerdem, dem Bescheid ein **Begleitschreiben** beizufügen, in dem die Antragsteller darauf hingewiesen werden, dass man versucht hat, ihrem Anliegen mit der beiliegenden Anordnung gerecht zu werden, und dass für einen Widerruf der Konzession die gesetzlichen Voraussetzungen in der augenblicklichen Situation nicht vorliegen. Auf diesem Begleitschreiben könnte man auch eine **Rechtsbehelfsbelehrung** für die Antragsteller anbringen. Weil aber hier gerade fraglich ist, inwieweit der einzelne Antragsteller belastet wird und somit widerspruchsbefugt ist, empfiehlt es sich, von der Rechtsbehelfsbelehrung abzusehen – zumal weder die Antragsteller noch die Behörde einen Nachteil erleiden, wenn die einjährige Frist statt der Monatsfrist in Lauf gesetzt wird (vgl. § 58 Abs. 1 und 2 VwGO).

V. Geschäftsgangvermerke

394 Im Rahmen der **Geschäftsgangvermerke** ist zu beachten, dass die vielen verschiedenen Beteiligten mit den richtigen Schreiben versehen werden. Mit einer Durchschrift sollte außerdem das Bürgermeisteramt Dußlingen sowie der Wirtschaftskontrolldienst im Hause informiert werden mit der Bitte, zu überwachen, ob die Auflagen eingehalten werden. Wegen der Kosten ist die Kasse zu benachrichtigen, da nur von Kassen oder Zahlstellen Zahlungen angenommen werden dürfen (Annahmeanordnung nach § 32 Haushaltsgrundsätzegesetz).

---

3 Vgl. *Schweickhardt/ Vondung*, Rn. 1038 und 1040.
4 Vgl. *Schweickhardt/ Vondung*, Rn. 1036.

C. Lösungsvorschlag zu Fall 12

I. Schreiben an: 395

Herrn
Hans Alt
Mühlstraße 16
PLZ Dußlingen

Zustellung durch die Post
mit Zustellungsurkunde

Auflage für das Betreiben Ihrer Musikanlage im „Bären“

Sehr geehrter Herr Alt,
wir treffen für den weiteren Betrieb Ihrer Gaststätte folgende

Verfügung: 396

1. Sie erhalten die Auflage, die Musikanlage in ihrer Gaststätte, Bären, Dußlingen, Mühlstraße 16, so einzustellen, dass auf die Bewohner der Nachbargrundstücke kein höherer Lärm einwirkt als
   55 Dezibel – dB (A) – von 6.00–22.00 Uhr,
   40 Dezibel – dB (A) – von 22.00–6.00 Uhr,
   gemessen am nächst gelegenen Gebäude (genaue Bezeichnung) zu Ihrer Gaststätte.
2. Für diese Entscheidung wird eine Gebühr von 150,– Euro festgesetzt.

Gründe: 397

Seitdem sich Ihre Gaststätte Bären, welche in einem allgemeinen Wohngebiet liegt, zum Treffpunkt der Jugendlichen der Gemeinde Dußlingen entwickelt hat, mehren sich die Klagen der Nachbarn, dass unerlaubterweise Fahrzeuge auf dem Gehweg vor Ihrer Gaststätte abgestellt werden, so dass die Passanten gezwungen seien, auf die Fahrbahn auszuweichen. Außerdem verursache Ihre Musikanlage, so wie sie zur Zeit eingestellt sei, Lärm, der die Bewohner der Nachbargrundstücke nicht zur Ruhe kommen lasse und sogar zu gesundheitlichen Schäden führe.

Bei einer Ortsbesichtigung an vier verschiedenen Tagen haben sich Vertreter des Landratsamts vergewissert, dass die Angaben der Nachbarn zutreffen. Insbesondere haben Lärmmessungen nach der technischen Anleitung zum Schutz gegen Lärm (TA Lärm) ergeben, dass durch Ihre Musikanlage noch nach 22 Uhr ein Lärmpegel zwischen 50 und 55 dB (A) erreicht wird. Sie selbst haben es abgelehnt, diesem Missstand abzuhelfen.

Die Auflage beruht auf § 5 Abs. 1 Nr. 3 des Gaststättengesetzes (GastG). Danach können Gewerbetreibenden, die einer Erlaubnis bedürfen, jederzeit Auflagen zum Schutz gegen schädliche Umwelteinwirkungen i. S. d. Bundes-Immissionsschutzgesetzes (BImSchG) und sonst gegen erhebliche Nachteile, Gefahren oder Belästigungen für die Bewohner des Betriebsgrundstücks oder der Nachbargrundstücke sowie der Allgemeinheit erteilt werden.

Der an vier Tagen nach 22 Uhr gemessene, von ihrer Gaststätte ausgehende Lärm übersteigt die Grenze des unschädlichen Geräuschs und ist deshalb eine die Nachbarn erheblich belästigende und sie schädigende Umwelteinwirkung i. S. d. § 3 Abs. 1 BImSchG. Nach der Rechtsprechung des Bundesverwaltungsgerichts (BVerwGE 101, 157) kann für die Frage der Schädlichkeit von Umwelteinwirkungen die Technische Anleitung (TA Lärm), eine normkonkretisierende Verwaltungsvorschrift des Bundes auf der Grundlage des § 48 BImSchG, angewandt werden. Diese geht davon aus, dass die Zulässigkeitsschwelle für Lärmimmissionen in einem allgemeinen Wohngebiet nachts bei 40 dB (A) und tags bei 55 dB (A) liegt.

Bei unserer Auflage haben wir berücksichtigt, dass Sie ein gesteigertes Interesse daran besitzen, Ihre bisherige Kundschaft zu erhalten, die Wert darauf legt, Musik bei größerer Lautstärke zu genießen. Wir mussten aber bedenken, dass die Gaststätte in einem allgemeinen Wohngebiet liegt, in dem das Wohn- und Ruhebedürfnis der Bewohner besonders gewichtig ist. Durch die Auflage soll versucht werden, einen angemessenen Ausgleich zwischen den widerstreitenden Interessen zu finden. Sofern Sie es wünschen, sind wir gerne bereit, Ihnen behilflich zu sein, wenn es darum geht, geeignete Mittel für die Lärmeindämmung zu finden.

Die Kostenentscheidung stützt sich auf §§ 4 Abs. 1 und 3, 5 Abs. 1 Nr. 1 Landesgebührengesetz; der Gebührenansatz auf § 1 Abs. 1 der Verordnung des Landratsamts Tübingen vom... i. V. m. Nr. ... der Anlage zu dieser VO. Die Gebühr wird mit der Bekanntgabe dieses Bescheids fällig.

398 **Rechtsbehelfsbelehrung**

Gegen diesen Bescheid können Sie innerhalb eines Monats nach seiner Zustellung schriftlich oder mündlich zur Niederschrift beim Landratsamt Tübingen in (PLZ) Tübingen, Wilhelm-Keil-Straße 50, Widerspruch erheben. Die Frist wird auch gewahrt, wenn der Widerspruch innerhalb dieser Zeit beim Regierungspräsidium Tübingen (Adresse) eingeht.

Mit freundlichen Grüßen

(gez.) Metzger

399 **II. Schreiben an:**

Herren
Meier, Müller, Rettich
Mühlstraße 18
PLZ Dußlingen

Herren
Kunze, Hipp, Brodbeck
Mühlstraße 14
PLZ Dußlingen

Gastwirtschaft „Bären", Dußlingen, Mühlstraße 16

Ihr Antrag vom ...

Anlagen: 1 Kopie des Bescheids an Herrn Alt

Sehr geehrte Herren,

wir haben Ihren Antrag vom ... geprüft und sind dabei zum Ergebnis gekommen, dass bei der augenblicklichen Situation der Widerruf der Gaststättenerlaubnis für den Betrieb des „Bären" aus Rechtsgründen nicht möglich ist. Wir haben jedoch Verständnis für Ihr Verlangen, dass Ihr Ruhebedürfnis nicht unangemessen durch den Betrieb der Gaststätte beeinträchtigt wird.

Um Ihrem Interesse und dem Interesse der Allgemeinheit gerecht zu werden, haben wir deswegen mit dem beiliegenden Schreiben dem Wirt der Gaststätte

„Bären“ eine Auflage erteilt, die sicherstellen soll, dass die Lärmbelastung beim Betrieb der Gaststätte in vertretbaren Grenzen bleibt.

Weil der Wirt das Falschparken auf dem Gehweg selbst nicht verhindern kann, haben wir keine Möglichkeit gesehen, ihm hierzu eine Auflage zu erteilen. Wir haben jedoch bei der Polizei verstärkte Kontrollen angeregt.

Wir hoffen, damit einen Weg gefunden zu haben, den widerstreitenden Interessen gerecht zu werden.

Mit freundlichen Grüßen

(gez.) Metzger

III. Geschäftsgangvermerke 400

1. Von Ziff. I 9 Kopien.
2. Von Ziff. II 7 Kopien.
3. Ziff. I (Original) zustellen an Herrn Alt durch die Post mit Postzustellungsurkunde.
4. Ziff. II absenden mit einfachem Brief an jeden einzelnen Adressaten; jeweils Ziff. I (Kopie) beifügen.
5. Auf eine Kopie von Ziff. I ist unter Beifügung einer Kopie von Ziff. II zu setzen: Dem Bürgermeisteramt Dußlingen, Rathaus, zur gfl. Kenntnis m. d. B. zu berichten, falls die Auflagen nicht eingehalten werden.
6. Auf eine weitere Kopie von Ziff. I ist zu setzen: Der Polizeidirektion Tübingen, (PLZ) Tübingen zur gfl. Kenntnis m. d. B. zu überwachen, ob die Auflage eingehalten wird, und häufigere Kontrollen wegen des Falschparkens zu veranlassen.
7. Eine Kopie von Ziff. I an Kasse (Annahmeanordnung).
8. Wv.: (Datum): Wenn keine weiteren Beschwerden, „z. d. A.“ schreiben.

Fall 13: „Die Versetzung"

(Öffentliches Dienstrecht, Zweitbescheid, Bestandskraft, Wiederaufgreifen des Verfahrens, Rücknahme, Widerruf)

A. Sachverhalt

401 Der ledige Regierungsoberinspektor Anton Brand (B) ist beim Regierungspräsidium Karlsruhe im Kommunalreferat beschäftigt. Er wohnt in Karlsruhe. Eines Tages teilt ihm der Personalreferent des Regierungspräsidiums mit, dass man im Kommunalreferat des Innenministeriums Baden-Württemberg in Stuttgart dringend einen Sachbearbeiter brauche und er in die engere Wahl gezogen worden sei. Herr Brand erklärt seine Bereitschaft, sich zum Innenministerium versetzen zu lassen, weil er sich eine interessante Tätigkeit und Beförderungschancen erhofft.

Mit Bescheid vom 16.10.2009 versetzt ihn das Regierungspräsidium im Einverständnis mit dem Innenministerium mit Wirkung vom 1.2.2010 ans Ministerium. Der Bescheid wird B gegen Empfangsbekenntnis am 21.10.2009 zugestellt. Der Bescheid ist mit einer ordnungsgemäßen Rechtsbehelfsbelehrung versehen.

Anfang November verlobt sich Herr Brand mit einer jungen Frau aus Karlsruhe. Er will sie noch Ende Dezember 2009 heiraten. Seine künftige Ehefrau arbeitet in Karlsruhe in der X-Klinik und wohnt bei ihrer Mutter in Karlsruhe, die alleinstehend und schwerbehindert ist. Sie wird von ihrer Tochter nach Dienstschluss gepflegt. Nun ist es B nicht mehr recht, dass er nach Stuttgart versetzt worden ist. Er richtet deswegen am 7.12.2009 folgendes Schreiben an das Regierungspräsidium Karlsruhe:

„Mit Bescheid vom 16.10.2009 haben Sie mich zum 1.2.2010 zum Innenministerium nach Stuttgart versetzt. Damals ging ich davon aus, dass es keine Gesichtspunkte gibt, die gegen einen Umzug nach Stuttgart sprechen.

Inzwischen hat sich jedoch die Situation für mich grundlegend geändert. Ich werde am 20.12. diesen Jahres Carola Winter aus Karlsruhe standesamtlich heiraten. Anschließend werden wir gemeinsam im Hause meiner künftigen Schwiegermutter in Karlsruhe wohnen. Ein Umzug nach Stuttgart kommt für mich nicht mehr in Betracht, da meine Frau in Karlsruhe in der X-Klinik beschäftigt ist und nach Dienstschluss ihre schwerbehinderte Mutter betreuen muss.

Ich bitte Sie daher dringend, meine Versetzung aufzuheben. Gerade in der Anfangszeit einer Ehe muss ich meine Frau bei der Gründung des Hausstands unterstützen. Außerdem möchte ich meiner künftigen Frau bei der Betreuung ihrer Mutter beistehen. …"

Sie sind Personalsachbearbeiter/in beim Regierungspräsidium Karlsruhe. Auf telefonische Rückfrage erfahren Sie vom Innenministerium, dass die Stelle zum 1.2.2010 unbedingt besetzt werden muss, weil unaufschiebbare Arbeiten zu erledigen sind. Es erscheint auch unmöglich, kurzfristig zum

1.2. für B Ersatz zu finden. Das Innenministerium erklärt sich aber bereit, eine spätere Rückversetzung nach Karlsruhe zu erwägen.

Aufgabe: Entwerfen Sie die nach Ihrer Auffassung notwendigen Entscheidungen. Gehen Sie bitte davon aus, dass B auf einer schriftlichen Entscheidung besteht.

Bearbeitungshinweis: Gehen Sie davon aus, dass das Amt beim Innenministerium Baden-Württemberg derselben Laufbahn angehört und mit mindestens demselben Endgrundgehalt verbunden ist wie das Amt beim Regierungspräsidium.

B. Vorüberlegungen zu Fall 13

I. Was wollen die Beteiligten? 402

1. Was will der Antragsteller ?

Es ist nur sehr allgemein nach einer Entscheidung gefragt. Sie sollen sich daher zunächst überlegen, welche Interessen im Sachverhalt angesprochen sind.

1.1 Widerspruch

B's Brief könnte so verstanden werden, dass er **Widerspruch**[1] einlegen will, um dadurch die Versetzungsentscheidung aufheben zu lassen. Obwohl für die Einlegung eines Widerspruchs nicht erforderlich ist, dass er als solcher bezeichnet wird, spricht vom **Wortlaut** her gleichwohl wenig dafür, dass B Widerspruch einlegen wollte. Da die Versetzungsverfügung eine ordnungsgemäße Rechtsbehelfsbelehrung enthalten hatte und außerdem ordnungsgemäß zugestellt wurde, wäre ein Rechtsbehelf auch verspätet eingelegt, und damit unzulässig.

1.2 Aussetzung der Vollziehung nach § 80 Abs. 4 VwGO

Da das Schreiben von B nicht als Widerspruch gewertet wird, kommt im Ergebnis auch kein Antrag auf Aussetzung der Vollziehung der wegen § 80 Abs. 3 Nr. 3 VwGO i. V. m. § 54 Abs. 4 BeamtStG sofort vollziehbaren Versetzung in Betracht. Weil die Versetzung im Übrigen bereits bestandskräftig ist, könnte die Vollziehbarkeit der Versetzung auch nicht mehr nach § 80 Abs. 4 VwGO ausgesetzt werden. Ein solcher Rechtsbehelf wäre also

---

1 § 15 Abs. 1 Nr. 3 AGVwGO sieht als Ausnahme ein Widerspruchsverfahren vor Klagen von Beamten u. a. vor, auch wenn das Regierungspräsidium den Verwaltungsakt erlassen hat.

unzulässig und damit erfolglos. In B's Schreiben gibt es auch keine Anhaltspunkte dafür, dass er einen solchen Antrag verfolgt.

1.3 Antrag auf Wiederaufgreifen des Verfahrens nach § 51 LVwVfG

Weil die Versetzung ein bestandskräftiger Verwaltungsakt ist, liegt es nahe, B's Schreiben als einen **Antrag auf Wiederaufgreifen des Verfahrens** zu verstehen. Einen Rechtsanspruch auf Wiederaufgreifen hätte B nur dann, wenn die Voraussetzungen des § 51 LVwVfG vorlägen. Ist dies nicht der Fall, steht es im Ermessen der Behörde, ob sie das Verfahren wiederaufgreift oder sich auf die Bestandskraft der früheren Entscheidung beruft.

B's Wille ist also auf ein Wiederaufgreifen des Verfahrens mit dem Ziel einer für ihn günstigeren neuen Sachentscheidung gerichtet.

2. Was will die Behörde

403 Das vom Regierungspräsidium zu berücksichtigende Interesse des Dienstherrn – des Landes Baden-Württemberg – ist, dass die vakante Stelle ab Februar 2010 besetzt wird, weil unaufschiebbare Aufgaben anstehen und kurzfristig kein personeller Ersatz zu finden ist. Dieses Ziel würde am einfachsten dadurch erreicht, dass das Regierungspräsidium an B's Versetzung zumindest vorläufig festhält. Laut Sachverhalt verbietet es sich, auf B's Mitarbeit in Stuttgart gänzlich zu verzichten. Wenn B einen Anspruch auf ein Wiederaufgreifen des Verfahrens hat, muss das Regierungspräsidium über die Versetzung (vgl. § 36 LBG)[2] erneut, jedoch unter Berücksichtigung der neuen Sachlage, befinden.

Dazu gehört bei der Prüfung des in § 36 LBG eingeräumten Ermessens wegen der Fürsorgepflicht des Dienstherrn, dass auch die Interessen des Mitarbeiters berücksichtigt werden. Zur Wahrung der Interessen des Dienstherrn ist zu überlegen, ob als Zweitbescheid nicht eine weniger belastende **Abordnung auf höchstens ein Jahr** (vgl. § 37 LBG) **statt** einer **Versetzung** ergehen kann. Nach Ablauf der Abordnungszeit wäre B wieder automatisch beim Regierungspräsidium. Das Interesse des Innenministeriums erscheint ausreichend gewahrt, wenn eine Abordnung auf ein Jahr oder eventuell sogar für einen kürzeren Zeitraum erfolgt. Dabei ist zu beachten, dass das Innenministerium einige Zeit benötigt, um einen Ersatz für B zu finden und es auch unter dem Aspekt der Einarbeitung nicht sinnvoll wäre, B beispielsweise nur für ein Vierteljahr nach Stuttgart zu schicken.

---

2 §§ 14, 15 BeamtStG regeln die Versetzung bzw. Abordnung in den Bereich eines Dienstherrn eines anderen Landes oder des Bundes und sind damit im vorliegenden Fall nicht verwendbar. Zum Beamtenstatusgesetz als neues Beamtenbundesrecht allgemein vgl. *Dillenburger*, NJW 2009, 1115.

II. Welche gesetzlichen Möglichkeiten und Vorgaben bestehen?

1. Widerspruch

Nachdem im Sachverhalt kaum Anzeichen dafür vorhanden sind, B's Antrag als Widerspruch aufzufassen, braucht die Behörde auf die entfernte Möglichkeit nicht einzugehen. 404

2. Antrag auf Wiederaufgreifen des Verfahrens

Das Regierungspräsidium könnte sich auf die **Bestandskraft der Versetzung** berufen und eine sog. **wiederholende Verfügung** erlassen. Es sei denn, die Voraussetzungen des § 51 LVwVfG treffen zu. Hier kommt § 51 Abs. 1 Nr. 1 LVwVfG in Frage.[3] Dem Sachverhalt zufolge hat sich die Sachlage geändert. Die persönlichen Verhältnisse sind tatsächliche Umstände, die bei einer Versetzungsentscheidung gemäß § 36 LBG im Rahmen des Ermessens rechtlich bedeutsam sind. Sie können sich auch zugunsten des Antragstellers auswirken, weil sie für eine Aufhebung der Versetzung sprechen. Gemäß § 51 Abs. 1 Nr. 1 LVwVfG besteht demnach eine Pflicht, das Verfahren wieder aufzugreifen, nachdem auch die Voraussetzungen des Absatzes 2 (unverschuldetes Unterlassen des Widerspruchs) und des Absatzes 3 (Antragsfrist von drei Monaten) erfüllt sind. Das Regierungspräsidium ist **verpflichtet,** einen **Zweitbescheid** zu erlassen. 405

Wenn die Behörde verpflichtet ist, das Verfahren wieder aufzugreifen, muss sie von Amts wegen (vgl. § 24 LVwVfG) untersuchen, ob die Voraussetzungen für eine **Versetzung** auch nach Beachtung der neuen Sachlage noch vorliegen.[4] Allerdings darf die neue Entscheidung den Antragsteller nicht weitergehend als der Erstbescheid belasten.[5] 406

Rechtsgrundlage für eine Versetzung ist § 36 LBG. Nach neuer Sachlage – ohne Antrag des B – könnte seine Versetzung nur dann erfolgen, wenn ein dienstliches Bedürfnis hierfür besteht. Dieses liegt angesichts der unaufschiebbaren Arbeiten im Innenministerium auch zum neuen Entscheidungszeitpunkt noch vor. Eine Versetzung wäre auch ohne Zustimmung von B nach § 36 Abs. 1 Satz 2 LBG möglich, da das Amt beim Innenministerium ebenso wie sein bisheriges Amt beim Regierungspräsidium Karlsruhe zum Bereich des Dienstherrn Land Baden-Württemberg zählt, derselben Laufbahn angehört und mit mindestens demselben Endgrundgehalt verbunden ist (siehe Bearbeitungshinweis).

3 Zum zweistufigen Prüfungsaufbau bei § 51 Abs. 1 LVwVfG vgl. *Schweickhardt/Vondung*, Rn. 447 ff.
4 Vgl. *Schweickhardt/Vondung*, Rn. 450; strittig.
5 Vgl. *Stelkens/Bonk/Sachs*, § 51 Rn. 42 ff.

Fraglich ist, ob auch unter Berücksichtigung der neuen Lebenssituation von B eine Versetzung nach Stuttgart noch ermessensfehlerfrei möglich ist. Eine Versetzung würde von B zeitlich unbegrenzt ein ständiges Pendeln zwischen Karlsruhe und Stuttgart verlangen. Dies dürfte angesichts seiner häuslichen Situation ohne Verstoß gegen die Fürsorgepflicht des Dienstherrn nicht ermessensfehlerfrei möglich sein, auch wenn die dienstliche Aufgabenerfüllung verlangt, dass die Stelle im Innenministerium besetzt wird.

Zu prüfen ist also, ob ein **Zweitbescheid** in Gestalt einer Abordnung für ein Jahr anstelle einer Versetzung in Frage kommt. Eine Abordnung gemäß § 37 Abs. 1 LBG verlangt ebenfalls ein dienstliches Bedürfnis, das ohne Weiteres zu bejahen wäre.

Im Rahmen des Ermessens ist hier ebenfalls zu prüfen, ob das dienstliche Bedürfnis an der Besetzung der Stelle im Innenministerium die privaten Belange von B überwiegt.

Dies ist zu bejahen. Ein Jahr lang zu pendeln ist B zumutbar, da die Zugverbindungen zwischen Karlsruhe und Stuttgart gut sind und der dafür notwendige Zeitaufwand noch üblich ist. Es erscheint daher angemessen, in Abstimmung mit dem Ministerium eine einjährige Abordnung zu verfügen. Mit dieser Zeitspanne ist auch den dienstlichen Belangen hinreichend Rechnung getragen. Die Dauer eines Jahres ist gerechtfertigt, weil so für die Ersatzbeschaffung für B die nötige Zeit gegeben ist. Auch die Notwendigkeit einer gewissen Einarbeitung spricht dafür, B nicht schon wieder nach kürzerer Zeit zum Regierungspräsidium zurückkehren zu lassen.

Der neue Verwaltungsakt tritt an die Stelle des ursprünglichen Verwaltungsakts. Eine ausdrückliche Aufhebung des ursprünglichen Verwaltungsakts ist nicht erforderlich, jedoch aus Gründen der Rechtsklarheit zweckmäßig.[6]

3. Sind Nebenentscheidungen zu treffen?

3.1 Anordnung der sofortigen Vollziehung

407 Nachdem der Zweitbescheid den Rechtsweg wieder eröffnet und B möglicherweise einen Rechtsbehelf einlegt, liegt es nahe, die **Anordnung der sofortigen Vollziehung** nach § 80 Abs. 2 Nr. 4 VwGO zu überprüfen. Eine Anordnung der sofortigen Vollziehung erübrigt sich jedoch, da § 80 Abs. 2 Nr. 3 VwGO i. V. m. § 54 Abs. 4 BeamtStG bei Rechtsbehelfen gegen Abordnungen kraft Gesetzes die aufschiebende Wirkung entfallen lässt.

3.2 Androhung von Zwangsmitteln

408 Da die Abordnungsverfügung auch bei Einlegung eines Rechtsbehelfs wegen § 80 Abs. 2 Nr. 3 VwGO i. V. m. § 54 Abs. 4 BeamtStG sofort vollziehbar ist, wäre es möglich, die Abordnungsverfügung mit einer Androhung von Zwangsmitteln nach dem LVwVG zu versehen. § 2 LVwVG steht dem nicht

6 Vgl. *Kopp/Ramsauer*, § 51 Rn. 22.

entgegen. Es wäre jedoch unzweckmäßig, mit Zwangsmitteln zu drohen. Es gibt keine Anzeichen dafür, dass B sich einer Abordnung nicht fügt. Die Leistungsbereitschaft würde durch eine solche Drohung wohl kaum gefördert. Folgt B der Abordnungsanordnung nicht, stehen dienstrechtliche Möglichkeiten zur Verfügung (vgl. § 95 LBG bzw. § 47 BeamtStG).

3.3 Kostenentscheidung

Nach § 9 Abs. 1 Nr. 2 LGebG besteht für Amtshandlungen, die das Dienst- 409
verhältnis des Beamten betreffen, Gebührenfreiheit. Im Bescheid braucht dies nicht ausdrücklich erwähnt zu werden.

4. Ist eine Rechtsbehelfsbelehrung zu erteilen?

Gegen die Abordnung könnte B Widerspruch einlegen. Dem steht auch 410
nicht § 15 AGVwGO entgegen, der ein Vorverfahren gegen Verwaltungsakte des Regierungspräsidiums im Grundsatz ausschließt, da hier eine Ausnahme nach § 15 Abs. 1 Nr. 3 AGVwGO vorliegt.

Eine Belehrung über den Rechtsbehelf gegen den gesetzlich vorgesehenen Wegfall der aufschiebenden Wirkung nach § 54 Abs. 4 BeamtStG ist nicht vorgeschrieben. Auch würde die Behörde, wenn sie nicht über den Rechtsbehelf belehrt, keine Nachteile erleiden. Allerdings sollte der Bürger aus Gründen eines fairen Verfahrens auch über die Rechtsbehelfe gegen die Vollziehbarkeit von Verwaltungsakten nach § 80 Abs. 2 VwGO informiert werden.

5. Welche Geschäftsgangverfügungen sind zu treffen

Der Bescheid ist nach § 119 LBG förmlich zuzustellen. Hier kommt die 411
Zustellung gegen Empfangsbekenntnis in Betracht (vgl. § 5 Abs. 1 LVwZG). Dem Innenministerium wird eine Mehrfertigung des Bescheids zur Kenntnis zu schicken sein.

C. Lösungsvorschlag zu Fall 13

412

Schreiben an:

Herrn Anton Brand

Datum

Zustellung gegen Empfangsbekenntnis

Ihr Antrag auf Aufhebung der Versetzung zum Innenministerium

Sehr geehrter Herr Brand,

auf Ihre Bitte, die am 16.10.2009 verfügte Versetzung zum Innenministerium zum 1.2.2010 aufzuheben, erlassen wir folgende

413 **Entscheidung:**

1. Die Versetzungsverfügung vom 16.10.2009 wird aufgehoben.
2. Sie werden zum 1.2.2010 zum Innenministerium Baden-Württemberg auf ein Jahr abgeordnet.

414 **Gründe:**

Sie wurden zum 1.2.2010 mit Ihrer Zustimmung zum Innenministerium Baden-Württemberg versetzt. Dort sollten Sie im Kommunalreferat eine Stelle übernehmen, die wegen unaufschiebbarer Arbeiten dringend besetzt werden muss. Die Versetzungsverfügung, gegen die Sie keinen Rechtsbehelf eingelegt haben, wurde bestandskräftig.

Mit Schreiben vom 7.12.2009 baten Sie uns, die Versetzung wieder aufzuheben, weil Sie demnächst zu heiraten beabsichtigen und in Karlsruhe in das Haus der Schwiegermutter ziehen wollen, da Ihre zukünftige Frau weiterhin ihre schwerbehinderte Mutter pflegen muss. Außerdem hat Ihre künftige Frau einen festen Arbeitsplatz in Karlsruhe, den sie nicht aufgeben möchte.

Wir haben unsere bestandskräftige Versetzungsverfügung überprüft. Da eine Veränderung Ihrer persönlichen Lebensverhältnisse eine Änderung der Sachlage im Sinn des § 51 Abs. 1 Nr. 1 LVwVfG darstellt, haben wir uns entschieden, das Verfahren wieder aufzugreifen und einen neuen Bescheid in Form einer Abordnung zu erlassen. Damit tritt der neue Bescheid an die Stelle der Versetzungsverfügung.

Da das Innenministerium kurzfristig keinen Ersatz für Sie finden kann, ist zumindest eine Abordnung auf ein Jahr unumgänglich. Die Voraussetzungen für eine Abordnung nach § 37 Abs. 1 LBG liegen vor. Es besteht ein dienstliches Bedürfnis für die Abordnung, und die neue Tätigkeit entspricht Ihrem jetzigen Amt. Die Abordnung liegt im dienstlichen Interesse und ist auch ohne Ihre Zustimmung möglich, da Sie mit der Abordnung Ihren Dienstherrn, das Land Baden-Württemberg, nicht wechseln, vgl. § 37 Abs. 3 Satz 1 LBG.

Bei unserem Ermessen, ob wir Sie abordnen, haben wir bedacht, dass andere geeignete Bewerber nicht vorhanden sind. Sie können bei der Entfernung Karlsruhe-Stuttgart Ihre Wohnung im Haus der künftigen Schwiegermutter durchaus beziehen und von Karlsruhe täglich mit öffentlichen Verkehrsmitteln an Ihren Arbeitsplatz gelangen und zurückkehren. Es ist Ihnen auch zuzumuten, ein Jahr lang zwischen Karlsruhe und Stuttgart zu pendeln. Ein kürzerer Zeitraum als ein Jahr wäre unzweckmäßig, weil nicht sicher ist, dass vor Ablauf eines Jahres Ersatz für Sie gefunden werden kann. Außerdem rechtfertigt die erforderliche Einarbeitung, dass Sie mindestens ein Jahr am neuen Arbeitsplatz verbleiben.

Wir machen Sie darauf aufmerksam, dass Sie der Abordnung zum 1.2.2010 gemäß § 80 Abs. 3 Nr. 3 VwGO i. V. m. § 54 Abs. 4 BeamtStG Folge zu leisten haben, auch wenn Sie Widerspruch dagegen erheben sollten.

415 **Rechtsbehelfsbelehrung**

Gegen diesen Bescheid können Sie innerhalb eines Monats nach Zustellung schriftlich oder zur Niederschrift Widerspruch beim Regierungspräsidium in Karlsruhe erheben.

Gegen den Wegfall der aufschiebenden Wirkung Ihres Widerspruchs gegen die Abordnung können Sie Aussetzung beim Regierungspräsidium Karlsruhe nach § 80 Abs. 4 VwGO beantragen oder aber beim Verwaltungsgericht Karlsruhe einen Antrag auf Anordnung der aufschiebenden Wirkung Ihres Widerspruchs nach § 80 Abs. 5 VwGO stellen.

Mit freundlichen Grüßen

…

(Unterschrift)

II. Geschäftsgangvermerke 416

1. Zustellen gegen Empfangsbekenntnis (§ 5 Abs. 1 LVwZG)
2. Dem Innenministerium Baden-Württemberg (Adresse) auf den Erlass vom … Aktenzeichen … mit der Bitte um Kenntnisnahme
3. Wv. am … Dienst angetreten?

Fall 14: „Die Ausweisung“

(Ausländerrecht, Erstbescheid, Anordnung der sofortigen Vollziehung, Ermessen, Zuständigkeit, Abschiebungsandrohung)

A. Sachverhalt

Der syrische Staatsangehörige A reiste vor 15 Jahren im Alter von 10 Jahren 417 im Wege der Familienzusammenführung ins Bundesgebiet. Die Grund- und Hauptschule verließ er nach der 6. Klasse. Er arbeitete jeweils kurzfristig bei verschiedenen Firmen. Über längere Zeiten war er arbeitslos. Er wohnte während dieser Zeit im Haus seiner Eltern und fand immer wieder Freundinnen, die ihn finanziell unterstützten. Im Sommer vor 3 Jahren heiratete er eine deutsche Staatsangehörige, nachdem diese von ihm ein Kind bekommen hatte. Eine bei seinem Schwiegervater begonnene Bäckerlehre brach er nach 6 Wochen ab. Danach ließ er sich von seiner Frau und seinen Schwiegereltern finanziell unterhalten. A ist im Besitz einer unbefristeten Aufenthaltserlaubnis.

Im Frühjahr und Sommer letzten Jahres hat er wiederholt ein, mit seinen Eltern im Bundesgebiet lebendes, gerade 13-jähriges syrisches Mädchen vergewaltigt und missbraucht. Mit rechtskräftigem Urteil des Landgerichts Offenburg vom 18.12. letzten Jahres wurde er wegen fortgesetzter Vergewaltigung in Tateinheit mit sexuellem Missbrauch eines Kindes im besonders schweren Fall zu einer Freiheitsstrafe von 2 Jahren und 10 Monaten verurteilt. Im Strafurteil wird hervorgehoben, dass er erhebliche Gewalt gegenüber einem Kind angewendet und für ihn günstige Situationen rücksichtslos ausgenutzt habe. Seit Januar diesen Jahres sitzt er in der Vollzugsanstalt Offenburg in Haft.

Während des Ermittlungsverfahrens stellte sich heraus, dass bei ihm eine HIV-Infizierung vorliegt. Obwohl ihm die Gefahr der Übertragung des Aids-Virus bekannt war, hatte er nach eigenen Angaben im Strafverfahren noch wiederholt ungeschützten Geschlechtsverkehr mit seiner Frau und zumindest einer früheren Freundin.

Vor 2 Wochen wurde Herr A im Beisein seines durch Vorlage einer schriftlichen Vollmacht legitimierten Rechtsanwalts Dieter Dürig, Rathausgasse 20, 77654 Offenburg beim Regierungspräsidium Freiburg zu einer beabsichtigten Ausweisung mit Anordnung der sofortigen Vollziehung und Abschiebungsandrohung angehört.

Rechtsanwalt Dürig machte geltend, A sei schon als Kind in die Bundesrepublik gekommen. Er sei mit einer deutschen Staatsangehörigen verheiratet, mit der er auch ein Kind habe. Seine Frau halte bislang noch an der Ehe fest. Durch eine Ausweisung würde die Ehe zerstört. Von der Infizierung mit dem HIV-Virus gehe keine Gefahr mehr aus. Herr A habe ihm versprochen, künftig sexuell enthaltsam zu leben. In Syrien wäre A möglichen Racheakten der Familie der von ihm vergewaltigten syrischen Staatsangehörigen schutzlos ausgesetzt.

Aufgabe: Entwerfen Sie den vollständigen Bescheid. Die Darstellung des Sachverhalts, eine Entscheidung über mögliche Gebühren und Geschäftsgangvermerke können unterbleiben.

B. Vorüberlegungen zu Fall 14

418 Häufig wird bei Klausuren die Aufgabenstellung auf die Lösung bestimmter Teilbereiche beschränkt (Bescheid **ohne** Sachverhalt). Deswegen ist es wichtig, nicht nur den Sachverhalt, sondern auch die Aufgabe genau zu lesen!

I. Was will die Behörde?

Das Regierungspräsidium möchte, dass A unmittelbar im Anschluss an eine – möglicherweise vorzeitige – Haftentlassung das Bundesgebiet verlässt. Dieses Ziel möchte die Behörde mit Zwangsmitteln (Abschiebung) durchsetzen.

II. Welche gesetzlichen Möglichkeiten und Vorgaben bestehen?

Zur Beendigung des rechtmäßigen Aufenthalts im Bundesgebiet müsste eine **Ausweisungsverfügung** (1.) erlassen werden. Um einem möglichen Rechtsbehelf die aufschiebende Wirkung zu nehmen, müsste die **sofortige Vollziehung** angeordnet werden (2.). Schließlich müsste, um die Ausweisung vollstrecken zu können, die **Abschiebung angedroht** werden (3.). Alle drei Maßnahmen bedürfen, da sie in Rechte des Beteiligten eingreifen, einer

Rechtsgrundlage. Die formellen und materiellen Rechtmäßigkeitsvoraussetzungen müssen erfüllt sein.

1. Ausweisungsverfügung

1.1 Rechtsgrundlage

Als Rechtsgrundlage für die Ausweisung des A kommen sowohl § 54 Abs. 1 Nr. 1[1] wie auch § 55 Abs. 1 i. V. m. Abs. 2 Nr. 5 AufenthG in Betracht. Das Aufenthaltsgesetz findet Anwendung, da A Ausländer im Sinne dieses Gesetzes ist (vgl. § 1 Abs. 1, Abs. 2; § 2 Abs. 1 AufenthG). 419

1.2 Formelle Rechtmäßigkeitsvoraussetzungen

1.2.1 Zuständigkeit

Das Regierungspräsidium Freiburg ist gem. § 6 Abs. 1 Nr. 1 Ausländer- und Asyl-Zuständigkeitsverordnung (AAZuVO) sachlich und gem. § 3 Abs. 1 dieser Verordnung auch örtlich zuständig, da sich A in der Vollzugsanstalt Offenburg in Haft befindet. 420

1.2.2 Verfahren

Die gemäß § 28 Abs. 1 LVwVfG erforderliche Anhörung wurde durchgeführt.

1.2.3 Form

Die Ausweisungsverfügung bedarf gem. § 77 Abs. 1 Satz 1 AufenthG der Schriftform. Sie muss gem. § 39 Abs. 1 LVwVfG schriftlich begründet werden. Eine Rechtsbehelfsbelehrung, die die Anforderungen des § 58 Abs. 1 VwGO erfüllt, sollte beigefügt werden. Dabei ist zu beachten, dass hier gegen den Bescheid unmittelbar ohne Durchführung eines Vorverfahrens verwaltungsgerichtliche Klage erhoben werden kann (§ 15 Satz 1 Ausführungsgesetz zur VwGO).

1.2.4 Bekanntgabe

Die Bekanntgabe sollte gem. § 41 Abs. 5 LVwVfG förmlich durch Zustellung nach dem LVwZG erfolgen. Da Rechtsanwalt Dürig eine schriftliche Vollmacht vorgelegt hat, darf der Verwaltungsakt nach § 7 Abs. 1 Satz 2 LVwZG **nur** an den Bevollmächtigten übermittelt werden. Eine Versendung an den Adressaten selbst setzt die Klagefrist nicht in Lauf (vgl. zur Heilungsmöglichkeit § 9 LVwZG). Die Zustellung an Rechtsanwalt Dürig sollte gem. § 5 Abs. 1 LVwZG gegen Empfangsbekenntnis erfolgen.

---

1 Die Voraussetzungen des § 53 AufenthG (zwingende Ausweisung) liegen nicht vor.

1.3 Materielle Rechtmäßigkeitsvoraussetzungen

1.3.1 Tatbestandsvoraussetzungen des § 54 Abs. 1 Nr. 1 AufenthG

421 Eine **Regelausweisung** nach § 54 Abs. 1 Nr. 1 AufenthG setzt u. a. voraus, dass der Ausländer wegen einer oder mehrerer Straftaten rechtskräftig zu einer Freiheitsstrafe ohne Bewährung verurteilt wurde. A wurde durch rechtskräftiges Urteil des Landgerichts Offenburg wegen fortgesetzter Vergewaltigung in Tateinheit mit sexuellem Missbrauch eines Kindes im besonders schweren Fall zu einer Freiheitsstrafe von 2 Jahren und 10 Monaten ohne Bewährung verurteilt. Die Tatbestandsvoraussetzungen des § 54 Abs. 1 Nr. 1 AufenthG liegen damit vor.

422 Eine Einschränkung gilt jedoch nach § 56 Abs. 1 AufenthG, wenn der Ausländer **besonderen Ausweisungsschutz** genießt.

Nach § 56 Abs. 1 Nr. 1 AufenthG genießt ein Ausländer besonderen Ausweisungsschutz, der eine Niederlassungserlaubnis besitzt und sich seit mindestens 5 Jahren rechtmäßig im Bundesgebiet aufgehalten hat. A ist im Besitz einer unbefristeten Aufenthaltserlaubnis. Diese gilt gem. § 101 Abs. 1 Satz 1 AufenthG als Niederlassungserlaubnis fort. A hat sich auch mindestens 5 Jahre rechtmäßig im Bundesgebiet aufgehalten. Er genießt damit besonderen Ausweisungsschutz nach § 56 Abs. 1 Satz 1 Nr. 1 AufenthG.

Dieser besondere Schutz ergibt sich zusätzlich aus § 56 Abs. 1 Satz 1 Nr. 2 AufenthG, da A eine Aufenthaltserlaubnis besitzt, als Minderjähriger ins Bundesgebiet eingereist ist und sich mindestens 5 Jahre rechtmäßig im Bundesgebiet aufgehalten hat.

Ein weiterer Grund für seinen besonderen Ausweisungsschutz folgt aus § 56 Abs. 1 Satz 1 Nr. 4 AufenthG. Danach genießen Ausländer den besonderen Schutz, die mit einem deutschen Familienangehörigen in familiärer Lebensgemeinschaft leben. A lebt sowohl mit seiner deutschen Ehefrau als auch mit seinem deutschen Kind (vgl. § 4 Abs. 1 Satz 1 StAG) in familiärer Lebensgemeinschaft. Die unfreiwillige vorübergehende Trennung durch die Haft hebt diese familiäre Lebensgemeinschaft nicht auf.

423 Der besondere Ausweisungsschutz hat auf Tatbestandsseite zur Folge, dass der Ausländer nur aus **schwerwiegenden Gründen der öffentlichen Sicherheit und Ordnung** ausgewiesen werden kann (§ 56 Abs. 1 Satz 2 AufenthG). Schwerwiegende Ausweisungsgründe liegen vor, wenn das öffentliche Interesse an der Erhaltung der öffentlichen Sicherheit und Ordnung im Vergleich zu dem vom Gesetz bezweckten Schutz des Ausländers ein deutliches Übergewicht hat.[2] Diese Feststellung erfordert eine Güter- und Interessenabwägung. Nach § 56 Abs. 1 Satz 3 AufenthG liegen solche schwerwiegenden Gründe „in der Regel" vor in den Fällen der zwingenden

---

2 *Welte*, Teil 1, 16.8.1 m. w. N.; VGH BW, Inf AuslR 2002, 26.

Ausweisung (§ 53 AufenthG) und bestimmten – hier nicht einschlägigen – Fällen der Regelausweisung (§ 54 Nr. 5 bis 5b und 7 AufenthG). Auch außerhalb dieser Regelfälle können schwerwiegende Gründe vorliegen. Im Rahmen einer Wiederholungsgefahr (**Spezialprävention**) muss ein Ausweisungsanlass von besonderem Gewicht sein und eine gesteigerte Wiederholungsgefahr vorliegen.[3] Hinsichtlich des Ausweisungsanlasses von besonderem Gewicht ergibt sich dies bei Straftaten aus ihrer Art, Schwere und Häufigkeit. Diese Voraussetzungen sind in Fällen mittlerer und schwerer Kriminalität in der Regel zu bejahen. A hat sich durch die von ihm begangene fortgesetzte Vergewaltigung in Tateinheit mit sexuellem Missbrauch eines Kindes im besonders schweren Fall erheblich strafbar gemacht. Wiederholungsgefahr ist ebenfalls zu bejahen. Bei einem Ausländer, der wegen fortgesetzter Vergewaltigung und Missbrauch eines Kindes strafrechtlich in Erscheinung getreten ist, liegt ein spezialpräventiver Ausweisungsgrund vor, wenn er sein gravierendes Fehlverhalten nicht in einer Weise verarbeitet hat, die eine Wiederholung hinreichend sicher ausschließt. Solche Ausschlussgründe hat A nicht dargelegt.

Ausweisungsgründe können – ausnahmsweise – auch im Bereich der **Generalprävention** (Abschreckung anderer im Bundesgebiet lebender Ausländer) schwerwiegend sein. Das ist dann der Fall, wenn die Straftat besonders schwer wiegt und deshalb ein dringendes Bedürfnis dafür besteht, dass durch die Ausweisung andere Ausländer von Straftaten ähnlicher Art und Schwere abgehalten werden sollen.[4] Bei der von A begangenen schweren Sexualstraftat sind diese Voraussetzungen erfüllt. 424

1.3.2 Tatbestandsvoraussetzungen des § 55 Abs. 1 i. V. m. Abs. 2 Nr. 5 AufenthG

Nach § 55 Abs. 1 AufenthG kann ein Ausländer ausgewiesen werden, wenn sein Aufenthalt die öffentliche Sicherheit und Ordnung oder sonstige erhebliche Interessen der Bundesrepublik Deutschland beeinträchtigt. Dies ist nach § 55 Abs. 2 Nr. 5 AufenthG u. a. der Fall, wenn er durch sein Verhalten die öffentliche Gesundheit gefährdet. Eine solche Gefährdung kann insbesondere dann eintreten, wenn der Ausländer an einer ansteckungsfähigen Geschlechtskrankheit leidet und dadurch die Gefährdung der öffentlichen Gesundheit verursacht wird. A hatte trotz Kenntnis seiner Erkrankung ungeschützten Geschlechtsverkehr mit seiner Ehefrau und zumindest in einem Fall auch noch mit einer früheren Freundin. Seine bloße Behauptung, er wolle in Zukunft sexuell enthaltsam leben, ist im Hinblick auf sein bisheriges sexuelles Verhalten nicht glaubhaft. Damit gefährdet er durch sein Verhalten die Gesundheit anderer. 425

3 BVerwGE 101, 247; BVerwG Inf AuslR 2005, 49, 51 jeweils m. w. N.
4 BVerwG, Inf AuslR 2005, 49, 51; NVwZ 1999, 303; NVwZ 1997, 1119 f.

Zu beachten ist, dass A auch hier besonderen Ausweisungsschutz nach § 56 Abs. 1 Satz 1 Nr. 1, 2 und 4 AufenthG genießt. Das hat auf Tatbestandsseite zur Folge, dass er nur aus schwerwiegenden Gründen der öffentlichen Sicherheit und Ordnung ausgewiesen werden kann (§ 56 Abs. 1 Satz 2 AufenthG). Die erhebliche Gesundheitsgefährdung für andere durch das Verhalten des A stellt einen solchen schwerwiegenden Ausweisungsgrund dar.

1.3.3 Ermessen

426 § 54 AufenthG sieht vor, dass der Ausländer „in der Regel“ ausgewiesen wird. Die Behörde hat also grundsätzlich kein Ermessen (Ausnahme: atypischer Fall). Etwas anderes gilt aber, wenn der Ausländer besonderen Ausweisungsschutz nach § 56 Abs. 1 AufenthG genießt. Dann wird nämlich gem. § 56 Abs. 1 Satz 5 AufenthG aus der **Regelausweisung** eine **Ermessensausweisung.** Demnach ist über beide Ausweisungsgründe einheitlich nach pflichtgemäßem Ermessen (§ 40 LVwVfG) zu entscheiden.

Die Ermessensausübung erfordert die Abwägung aller für und gegen die Ausweisung sprechenden Gründe. Es hat eine sachgerechte Abwägung der öffentlichen Interessen an einer Ausreise des Ausländers mit den Interessen des Ausländers an einem weiteren Aufenthalt im Bundesgebiet zu erfolgen. § 55 Abs. 3 AufenthG verpflichtet die Behörde bei der Ausübung des Ermessens, die dort genannten Gesichtspunkte zu berücksichtigen.

Zweck der Ausweisung kann spezial- (Gefahrenabwehr) und generalpräventiver Natur (Abschreckung) sein. Hier sollte die Ausweisung zunächst **spezialpräventiv** begründet werden. Dies entspricht dem ordnungsrechtlichen Zweck der Ausweisungsermächtigung. Sowohl durch sein zur Verurteilung führendes Verhalten wie auch durch die von A begangene Gesundheitsgefährdung in Kenntnis seiner Erkrankung hat er gezeigt, dass er auch in Zukunft eine erhebliche Gefahr für andere Personen darstellen wird.

Die Ausweisung sollte darüber hinaus auch auf **generalpräventive** Gründe gestützt werden. Sowohl die von A begangenen schweren Sexualstraftaten wie auch die Gefährdung der öffentlichen Gesundheit stellen besonders schwerwiegende Ausweisungsgründe dar, die ein dringendes Bedürfnis dafür begründen, andere Ausländer von Verstößen ähnlicher Art und Schwere abzuhalten.

427 Weiter sind bei der Ermessensentscheidung die in **§ 55 Abs. 3 AufenthG** genannten Gesichtspunkte sowie die gesamte Situation des Ausländers zu berücksichtigen. A hält sich nunmehr bereits ca. 15 Jahre rechtmäßig im Bundesgebiet auf (vgl. zu diesem Gesichtspunkt § 55 Abs. 3 Nr. 1 AufenthG). Dieser lange Aufenthalt hat aber nicht zu einer gelungenen Integration geführt.

Nach § 55 Abs. 3 Nr. 2 AufenthG sind auch die Folgen der Ausweisung für Familienangehörige zu beachten. Der grundrechtlich durch Art. 6 GG gewährte Schutz von Ehe und Familie hat hier im Hinblick auf die Schwere der Ausweisungsgründe zurückzutreten.

Nach § 55 Abs. 3 Nr. 3 AufenthG sind bei der Ausweisung auch die in § 60a Abs. 2 AufenthG genannten **Duldungsgründe** zu berücksichtigen. Solche Gründe liegen vor, wenn die Abschiebung tatsächlich oder rechtlich unmöglich ist. Hier käme nur ein fakultatives Abschiebungshindernis nach § 60 Abs. 7 AufenthG in Betracht. Dann müsste für A in seinem Heimatstaat eine erhebliche konkrete Gefahr für Leib, Leben oder Freiheit bestehen. A macht insoweit mögliche Racheakte der Familie der von ihm vergewaltigten syrischen Staatsangehörigen geltend. Es ist schon fraglich, ob solche „privaten" Risiken im Heimatland die Ausweisung überhaupt ausschließen. Zumindest müssten konkrete und ernsthafte Anhaltspunkte für eine solche Gefährdung vorliegen. A hat nicht darlegen können, inwieweit er in Syrien Racheakten der in Deutschland lebenden Familie des vergewaltigten Mädchens mehr ausgesetzt sein soll als in der Bundesrepublik.

1.3.4 Bestimmtheit

Die Verfügung muss gemäß § 37 Abs. 1 LVwVfG bestimmt genug formuliert sein.

2. Anordnung der sofortigen Vollziehung

2.1 Rechtsgrundlage

Rechtliche Grundlage für die Anordnung der sofortigen Vollziehung ist **428**
§ 80 Abs. 2 Satz 1 Nr. 4 VwGO.

2.2 Formelle Rechtmäßigkeitsvoraussetzungen

2.2.1 Zuständigkeit

Die sofortige Vollziehung kann nach § 80 Abs. 2 Satz 1 Nr. 4 VwGO von **429**
der Behörde, die den Verwaltungsakt (hier: Ausweisungsverfügung) erlässt, angeordnet werden. Das Regierungspräsidium Freiburg ist also zuständig.

2.2.2 Verfahren

Falls man nach § 28 Abs. 1 LVwVfG eine Anhörung für erforderlich hält, wurde diese bereits durchgeführt.

2.2.3 Form

Nach § 80 Abs. 3 Satz 1 VwGO ist das besondere Interesse an der sofortigen Vollziehung des Verwaltungsakts **schriftlich** zu begründen.

2.2.4 Bekanntgabe

Die Bekanntgabe kann zusammen mit dem Grundverwaltungsakt erfolgen.

2.3 Materielle Rechtmäßigkeitsvoraussetzungen

Die Anordnung der sofortigen Vollziehung setzt voraus, dass das öffent- **430**
liche Interesse an der Vollziehung des Verwaltungsakts schon vor dessen

Bestandskraft das private Interesse an der aufschiebenden Wirkung eines Rechtsbehelfs (siehe § 80 Abs. 1 VwGO) überwiegt. Wenn A nicht unmittelbar nach der Haftentlassung aus dem Bundesgebiet abgeschoben werden könnte, besteht die Gefahr, dass er noch vor Bestandskraft der Ausweisungsverfügung erneut straffällig wird oder aufgrund seiner HIV-Infektion die Gesundheit anderer gefährdet. Dabei ist zu berücksichtigen, dass A bereits vor der vollständigen Verbüßung seiner Freiheitsstrafe aus der Haft entlassen werden kann. Dies ergibt sich zum einen aus § 57 StGB, wonach das Gericht unter dort näher umschriebenen Voraussetzungen die Vollstreckung des Rests einer zeitigen Freiheitsstrafe zur Bewährung aussetzen kann. Zum anderen hat die Staatsanwaltschaft im Falle der Abschiebung gem. § 456a StPO die Möglichkeit, von der weiteren Vollstreckung der Restfreiheitsstrafe abzusehen. Gegenüber diesen öffentlichen Interessen an der sofortigen Vollziehung haben die Interessen des A, den Ausgang eines möglichen Rechtsbehelfsverfahrens im Bundesgebiet abzuwarten und nach Haftentlassung vorübergehend zu seiner Familie zurückzukehren, zurückzutreten.[5]

3. Androhung der Abschiebung

3.1 Rechtsgrundlage

431 Mögliche Rechtsgrundlage für die Androhung der Abschiebung sind §§ 59, 58 AufenthG.

3.2 Formelle Rechtmäßigkeitsvoraussetzungen

3.2.1 Zuständigkeit

Für die Androhung der Abschiebung ist ebenfalls das Regierungspräsidium Freiburg zuständig (s. o.).

3.2.2 Verfahren

Die – eigentlich gem. § 28 Abs. 2 Nr. 5 LVwVfG entbehrliche – Anhörung wurde durchgeführt.

3.2.3 Form

Die Androhung soll gem. § 59 Abs. 1 AufenthG schriftlich erfolgen. Die weiteren Voraussetzungen des § 59 Abs. 2 AufenthG „sollen“ erfüllt werden (Bezeichnung des Zielstaats und Hinweis nach § 59 Abs. 2, Hbs. 2 AufenthG).

---

5 Vertretbar erscheint auch, im Hinblick auf die Dauer der verhängten Freiheitsstrafe, (derzeit noch) von der Anordnung der sofortigen Vollziehung abzusehen.

3.3 Materielle Rechtmäßigkeitsvoraussetzungen

3.3.1 Tatbestandsvoraussetzungen

§§ 59, 58 AufenthG stellen eine spezialgesetzliche Vollstreckungsmaßnahme dar. Die Abschiebung besteht in der zwangsweisen Verbringung des Ausländers aus der Bundesrepublik durch unmittelbaren Zwang. **432**

Voraussetzung für den Erlass der Abschiebungsandrohung ist das Vorliegen einer vollziehbaren (strittig) Ausreisepflicht sowie die Erforderlichkeit der Überwachung der Ausreise.

Ein Ausländer ist gem. § 50 Abs. 1 AufenthG **zur Ausreise verpflichtet,** wenn er einen erforderlichen Aufenthaltstitel nicht (mehr) besitzt. Nach § 51 Abs. 1 Nr. 5 AufenthG erlischt der Aufenthaltstitel im Falle der Ausweisung. A ist also ausreisepflichtig.

Die Ausreisepflicht ist nach § 58 Abs. 2 Satz 2 AufenthG **vollziehbar,** wenn der „sonstige Verwaltungsakt“ (Ausweisung), durch den der Ausländer ausreisepflichtig wird, vollziehbar ist. Dies ist durch die Anordnung der sofortigen Vollziehung der Ausweisungsverfügung der Fall (siehe § 80 Abs. 2 Satz 1 Nr. 4 VwGO).

Die **Überwachung der Ausreise** ist gem. § 58 Abs. 3 Nr. 1 AufenthG **erforderlich,** da sich A auf richterliche Anordnung in Haft befindet.

3.3.2 Gebundene Entscheidung

Der Erlass einer Abschiebungsandrohung ist grundsätzlich nach § 59 Abs. 1 AufenthG eine gebundene Entscheidung, soweit kein atypischer Ausnahmefall vorliegt („soll“). Die Abschiebungsandrohung „soll“ eine Ausreisefrist enthalten. Die Setzung einer solchen Ausreisefrist ist aber entbehrlich, wenn sich – wie hier – der Ausländer auf richterliche Anordnung in Haft befindet. Dies ergibt sich aus dem Zweck der Abschiebungsandrohung, der Ausreisepflicht freiwillig nachzukommen. Die freiwillige Ausreise aus der Haft ist aber nicht möglich. Die Androhung kann vorliegend nur den Zweck verfolgen, dem A zu ermöglichen, um Rechtsschutz nachzusuchen und ggf. mit Hilfe seiner Familie oder sozialer Dienste vor der Abschiebung seine Angelegenheiten zu regeln. **433**

C. Lösungsvorschlag zu Fall 14

434 Regierungspräsidium Freiburg
- Ref. 14 -
Bissierstr. 1
79100 Freiburg

Freiburg, den ....

Gegen Empfangsbekenntnis

Herrn
Rechtsanwalt Dieter Dürig
Rathausgasse 20
77654 Offenburg

Unser Zeichen:	Sachbearbeiter:	Telefon:
...	Herr T	0761/882- ...

Ausweisung und Abschiebung des syrischen Staatsangehörigen A

Sehr geehrter Herr Dürig,
es ergeht folgender

435 **Bescheid:**

1. Herr A wird aus dem Gebiet der Bundesrepublik Deutschland ausgewiesen.
2. Die sofortige Vollziehung der Verfügung wird angeordnet.
3. Nach Verbüßen der Freiheitsstrafe wird Herr A nach Syrien abgeschoben. Er kann auch in einen anderen Staat abgeschoben werden, in den er einreisen darf oder der zu seiner Übernahme verpflichtet ist.

436 **Gründe:**

I. (Sachverhalt)

II.

1. Die Ausweisungsverfügung findet ihre Ermächtigung zunächst in § 54 Abs. 1 Nr. 1 Aufenthaltsgesetz (AufenthG). Danach wird ein Ausländer in der Regel ausgewiesen, wenn er u. a. wegen einer oder mehrerer vorsätzlicher Straftaten rechtskräftig zu einer Freiheitsstrafe verurteilt und die Vollstreckung der Strafe nicht zur Bewährung ausgesetzt worden ist. Durch – rechtskräftiges – Urteil des Landgerichts Offenburg vom 18.12. letzten Jahres wurde Herr A wegen fortgesetzter Vergewaltigung in Tateinheit mit sexuellem Missbrauch eines Kindes im besonders schweren Fall zu einer Freiheitsstrafe von 2 Jahren und 10 Monaten ohne Bewährung verurteilt.

Eine weitere Ermächtigungsgrundlage bildet § 55 Abs. 1 i. V. m. Abs. 2 Nr. 5 AufentG, wonach ein Ausländer ausgewiesen werden kann, wenn er durch sein Verhalten die öffentliche Gesundheit gefährdet. Wie sich im Laufe des Ermittlungsverfahrens herausgestellt hat, ist Herr A mit dem Aids-Virus infiziert. Aids ist eine lebensgefährliche übertragbare Krankheit. Obwohl Herr A über die Infizierung und die damit verbundenen Ansteckungsgefahren für andere Personen Bescheid wusste, hat er nach seinen eigenen Angaben im Strafverfahren ungeschützten Sexualverkehr nicht nur mit seiner Ehefrau, sondern zumindest in einem Fall auch noch mit einer früheren Freundin gehabt. Er hat damit durch sein Verhalten die Gesundheit anderer gefährdet.

Es wird nicht verkannt, dass Herr A besonderen Ausweisungsschutz genießt. **437**
Dieser ergibt sich aus § 56 Abs. 1 Satz 1 Nr. 1, 2 und 4 AufenthG. Nach § 56 Abs. 1 Satz 1 Nr. 1 genießt ein Ausländer besonderen Ausweisungsschutz, der eine Niederlassungserlaubnis besitzt und sich seit mindestens 5 Jahren rechtmäßig im Bundesgebiet aufgehalten hat. Die Herrn A vor dem 1.1.2005 erteilte unbefristete Aufenthaltserlaubnis gilt nach § 101 Abs. 1 Satz 1 AufenthG als Niederlassungserlaubnis fort. Ihr Mandant genießt auch nach § 56 Abs. 1 Satz 1 Nr. 2 AufenthG besonderen Ausweisungsschutz, da er als Minderjähriger in das Bundesgebiet eingereist ist und sich mindestens 5 Jahre rechtmäßig im Bundesgebiet aufgehalten hat. Derselbe Schutz ergibt sich aus § 56 Abs. 1 Satz 1 Nr. 4 AufenthG, da Herr A mit einer deutschen Staatsangehörigen in familiärer Lebensgemeinschaft lebt. Seine Ehefrau und sein Kind besitzen die deutsche Staatsangehörigkeit. Die Haft hebt als unfreiwillige vorübergehende Trennung die familiäre Lebensgemeinschaft nicht auf. Dies gilt um so mehr, weil die Ausweisung erst bei Haftentlassung vollzogen wird, zu einem Zeitpunkt also, in dem die familiäre Lebensgemeinschaft wieder aufgenommen würde.

Die Schutzwirkung des § 56 Abs. 1 AufenthG besteht zunächst darin, dass die Ausweisung nur aus schwerwiegenden Gründen der öffentlichen Sicherheit und Ordnung zulässig ist. Schwerwiegende Gründe der öffentlichen Sicherheit und Ordnung liegen vor, wenn das öffentliche Interesse an der Erhaltung öffentlicher Sicherheit und Ordnung im Vergleich zu dem vom Gesetz bezweckten Schutz des Ausländers ein deutliches Übergewicht hat. Für die Annahme schwerwiegender Gründe i. S. d. § 56 Abs. 1 AufenthG muss zum einen dem Ausweisungsanlass ein besonderes Gewicht zukommen, das sich bei Straftaten insbesondere aus deren Art, Schwere und Häufigkeit ergibt. Danach können die Fälle mittlerer und schwerer Kriminalität einen schwerwiegenden Ausweisungsgrund darstellen, nicht jedoch die mehr lästigen als gefährlichen oder schädlichen Unkorrektheiten des Alltags, Ordnungswidrigkeiten, Bagatellkriminalität und ganz allgemein die minder bedeutsamen Verstöße gegen Strafgesetze. Zum anderen müssen Anhaltspunkte dafür bestehen, dass in Zukunft eine schwere Gefährdung der öffentlichen Sicherheit und Ordnung durch neue Verfehlungen des Ausländers ernsthaft droht und damit von dem Ausländer eine bedeutsame Gefahr für ein wichtiges Schutzgut ausgeht. Besteht lediglich eine entfernte Möglichkeit weiterer Störungen, weil nicht ausgeschlossen werden kann, dass der Ausländer seine bisherigen Straftaten wiederholt, sind die Ausweisungsgründe nicht „schwerwiegend".

Ausweisungsgründe können auch im Hinblick auf den generalpräventiven **438**
Gesetzeszweck der §§ 54, 55 AufenthG schwerwiegend sein. Diese Voraussetzung ist erfüllt, wenn die Straftat oder das sonstige Fehlverhalten besonders schwer wiegt und deshalb ein dringendes Bedürfnis dafür besteht, über eine etwaige strafrechtliche Sanktion hinaus durch Ausweisung andere Ausländer von Straftaten ähnlicher Art und Schwere abzuhalten. Bei der Entscheidung sind alle wesentlichen Umstände des Einzelfalls in die Beurteilung einzubeziehen. Das Gewicht der Straftat ist nicht abstrakt, sondern konkret nach den Umständen der Tatbegehung zu bestimmen.

Unter Berücksichtigung dieser Gesichtspunkte stellt das Fehlverhalten Ihres Mandanten einen schwerwiegenden Ausweisungsanlass dar. Nach den entsprechenden strafrichterlichen Feststellungen hat Herr A erhebliche Gewalt gegenüber einem Kind angewendet und für ihn günstige Situationen rücksichtslos ausgenutzt. Darüber hinaus hatte er trotz Kenntnis der Gefahr der Übertragung des Aids-Virus nach seinen eigenen Angaben im Strafverfahren noch wiederholt ungeschützten Geschlechtsverkehr mit seiner Frau und zumindest einer früheren Freundin. Die rücksichtslose Gefährdung der Gesundheit und Verletzung der sexuellen Entwicklung eines Kindes machen dabei die Tragweite und das Gewicht seines Fehlverhaltens deutlich.

Dem Ausweisungsanlass kommt damit ein besonderes Gewicht zu.

439 Auch die erforderliche Wiederholungsgefahr ist gegeben. Die fortgesetzte Vergewaltigung eines Kindes und die wiederholte Inkaufnahme der Übertragung des Aids-Virus durch ungeschützten Geschlechtsverkehr lassen auch gerade im Hinblick auf die hochwertigen zu schützenden Rechtsgüter eine Wiederholung derartiger Taten wahrscheinlich erscheinen. Daran ändert auch die Behauptung von Herrn A, künftig sexuell enthaltsam leben zu wollen, nichts. Diese Beteuerung ist nicht glaubhaft. Das bisherige Verhalten (häufig wechselnder Geschlechtsverkehr, fortgesetzte Vergewaltigung und Missbrauch eines Kindes, ungeschützter Sexualverkehr in Kenntnis der HIV-Infektion) zeigt vielmehr, dass er seinen Sexualtrieb nicht beherrscht.

Abgesehen davon kann eine Ausweisung auch zur Abschreckung anderer Ausländer, also aus generalpräventiven Gründen, erfolgen. Die Wirkung der Generalprävention soll vor allem dadurch erreicht werden, dass in einer kontinuierlichen Ausweisungspraxis bei bestimmten Fallgruppen regelmäßig die Ausweisung verfügt wird. Dies gilt insbesondere bei Sexualstraftaten wie Vergewaltigung und bei schwerem sexuellem Missbrauch von Kindern. Die von Herrn A begangene Straftat und sein gesundheitsgefährdendes Verhalten durch ungeschützten Geschlechtsverkehr trotz HIV-Infektion wiegen besonders schwer und begründen ein dringendes Bedürfnis, durch die Ausweisung andere Ausländer von Straftaten und Gesundheitsgefährdungen ähnlicher Art und Schwere abzuhalten.

Eine weitere Folge des besonderen Ausweisungsschutzes nach § 56 Abs. 1 AufenthG ist, dass die Regel-Ausweisung gem. § 56 Abs. 1 Satz 5 AufenthG zur Kann-Ausweisung herabgestuft wird. Es ist deshalb über beide Ausweisungsgründe einheitlich nach pflichtgemäßem Ermessen zu entscheiden. Die Behörde hat unter Abwägung der für und gegen die Maßnahme sprechenden Umstände zu prüfen, ob die Ausweisung geboten ist. Sie muss dabei von ihrem Ermessen in einer dem Zweck der Ermächtigung entsprechenden Weise Gebrauch machen und die Grenzen des Ermessens beachten (§ 40 Landesverwaltungsverfahrensgesetz).

Der Zweck der Ausweisungsermächtigung des § 54 Abs. 2 Nr. 1 und des § 55 Abs. 1 i. V. m. Abs. 2 Nr. 5 AufenthG ist ordnungsrechtlicher Natur. Die Ausweisung soll einer künftigen Störung der öffentlichen Sicherheit und Ordnung vorbeugen. Durch die Ausweisung soll zunächst einer Wiederholungsgefahr vorgebeugt werden. Diese spezialpräventive Überlegung entspricht dem Zweck der Ermächtigung. Die den § 54 Abs. 2 Nr. 1 AufenthG ausfüllenden Straftaten sind von hohem Unrechtsgehalt und offenbaren zusammen mit dem übrigen Verhalten des Ausländers eine starke sexuelle Enthemmung, verbunden mit hoher Gewaltbereitschaft und Rücksichtslosigkeit. Eine Ausweisung aus spezialpräventiven Gründen ist daher gerechtfertigt. Gleiches gilt für die Gesundheitsgefährdung. Herr A hat dadurch, dass er in Kenntnis seiner HIV-Infektion ungeschützten Geschlechtsverkehr unter Verschweigen der Infektion in mehreren Fällen hatte, gezeigt, dass ein Schutz der Bevölkerung allein durch Mittel zur Verhinderung der Weiterverbreitung übertragbarer Krankheiten (vgl. Infektionsschutzgesetz) nicht zu erreichen sein wird. Es kann, wie bereits dargelegt, auch nicht davon ausgegangen werden, dass weitere Gefährdungen ausgeschlossen sind.

Die Ausweisung erfolgt zugleich zur Abschreckung anderer Ausländer. Eine generalpräventiv motivierte Ausweisung entspricht dem Gesetzeszweck, wenn die Ausweisung nach der Lebenserfahrung dazu dienen kann, andere Ausländer zur Vermeidung der ihnen sonst drohenden Ausweisung zu einem ordnungsgemäßen Verhalten während ihres Aufenthalts im Geltungsbereich des Aufenthaltsgesetzes anzuhalten. Sowohl schwere Sexualstraftaten als auch Gefährdungen der öffentlichen Gesundheit durch unvorsichtigen Umgang mit der HIV-Infektion sind Verhaltensweisen, die bei Ausländern in besonderer Weise der Gegensteuerung bedürfen und bei denen in der Regel von der Ausweisung eine abschreckende Wirkung auf andere potentielle ausländische Täter ausgeht.

Grenzen werden der Möglichkeit der Ausweisung dabei insbesondere durch die Anforderungen des § 55 Abs. 3 AufenthG sowie durch den aus dem Rechtsstaatsprinzip herzuleitenden Grundsatz der Verhältnismäßigkeit gesetzt. 440

Es besteht ein erhebliches öffentliches Interesse daran, Ihren Mandanten dem Bundesgebiet fernzuhalten. Für seine Ausweisung spricht vor allem, dass er erhebliche Straftaten begangen hat, die von der kriminellen Energie, der Rücksichtslosigkeit und den Folgen für das Opfer hier in besonderem Maße verabscheuungswürdig sind. Das Strafurteil hebt hervor, dass er erhebliche Gewalt gegenüber einem Kind angewendet und für ihn günstige Situationen rücksichtslos ausgenutzt hat. Ebenso verlangt die große Gefahr einer Weiterübertragung der HIV-Infektion zum Schutz der Bevölkerung der Bundesrepublik Deutschland die Ausweisung. Angesichts der deutlich gewordenen Gewaltbereitschaft und Rücksichtslosigkeit ist die Zukunftsprognose sehr schlecht. Negativ zu berücksichtigen sind auch die mangelnde Beständigkeit in Schule und Beruf, das Fehlen einer eigenen finanziellen Basis und die Verletzung der ehelichen Gemeinschaft.

Dem stehen kaum schutzwürdige Interessen an der weiteren Anwesenheit des Ausländers im Inland entgegen. Nach § 55 Abs. 3 Nr. 1 AufenthG ist zunächst die Dauer des rechtmäßigen Aufenthalts zu berücksichtigen. Herr A hält sich zwar bereits rund 15 Jahre im Bundesgebiet auf. Der Aufenthalt hat aber nicht zu einer gelungenen Integration geführt. Die gem. § 55 Abs. 3 Nr. 1 AufenthG ausschlaggebenden schutzwürdigen persönlichen, wirtschaftlichen und sonstigen Bindungen im Bundesgebiet sind sehr gering. Herr A hat weder eine abgeschlossene Schul- oder Berufsausbildung noch eine feste Arbeitsstelle. Nachdem er erst als 10-Jähriger nach Deutschland gekommen ist, kann davon ausgegangen werden, dass er der syrischen Sprache mächtig ist, bzw. sie sich wieder aneignen kann. In seinem Alter ist es ihm auch noch möglich, sich in Syrien eine Lebensgrundlage aufzubauen.

Auch die nach § 55 Abs. 3 Nr. 2 AufenthG bei der Interessenabwägung zu berücksichtigenden Folgen der Ausweisung für die Familienangehörigen schließen im vorliegenden Fall die Ausweisung nicht aus. Zwar genießen ausländische Ehegatten Deutscher mit Rücksicht auf Art. 6 Abs. 1 GG, nachdem Ehe und Familie unter dem besonderen Schutz der staatlichen Ordnung stehen, einen weitreichenden aufenthaltsrechtlichen Schutz. Dabei können sich diese gegen die Ausweisung sprechenden Gründe durch das in Art. 6 Abs. 2 GG garantierte Elternrecht verstärken, wenn aus der Ehe ein Kind deutscher Staatsangehörigkeit hervorgegangen ist. Im vorliegenden Fall wiegen die Ausweisungsgründe aber so schwer, dass auch unter Beachtung des Verhältnismäßigkeitsprinzips der Aufenthalt Ihres Mandanten im Inland trotz der Ehe nicht weiter hingenommen werden kann.

441 Das öffentliche Interesse daran, Herrn A dem Bundesgebiet fernzuhalten, ist aus den dargelegten spezialpräventiven und generalpräventiven Gründen außerordentlich hoch. Nur durch seine Ausweisung kann die große Gefahr der Begehung weiterer Sittlichkeitsdelikte und der Übertragung des HIV-Virus abgewehrt werden. Gleichzeitig ist das Interesse am Erhalt von Ehe und Familie geringer zu werten, als es üblicherweise der Fall ist. So sind finanzielle Nachteile für die anderen Familienmitglieder durch die Ausweisung nicht zu befürchten. Herr A hat bislang nichts zum Familienunterhalt beigetragen, sich vielmehr aushalten lassen. Es gibt keine Anhaltspunkte dafür, dass sich an dieser Situation in absehbarer Zeit etwas ändern sollte.

Der Ausweisung steht auch nicht entgegen, dass die syrische Familie des vergewaltigten Mädchens Rache angedroht haben soll. Zwar sind nach § 55 Abs. 3 Nr. 3 AufenthG die in § 60a Abs. 2 AufenthG genannten Duldungsgründe zu berücksichtigen. Ein solcher Duldungsgrund wurde aber nicht belegt. In Betracht kommt nur das fakultative Abschiebungshindernis des § 60 Abs. 7 AufenthG. Danach kann von der Abschiebung eines Ausländers in einen anderen Staat abgesehen werden, wenn dort für diesen Ausländer eine erhebliche konkrete Gefahr für Leib, Leben oder Freiheit besteht. Es ist bereits sehr zweifelhaft, ob danach „private" Risiken im Heimatland die Ausweisung überhaupt ausschließen. Erforderlich sind auf jeden Fall konkrete und ernsthafte Anhaltspunkte dafür, dass im Heimatland eine Gefahr für Leib oder Leben besteht. Zumindest ist hier nicht erkennbar, warum eine solche Gefahr gerade und ausschließlich in Syrien bestehen soll. Da das Opfer und wohl auch seine Familie in Deutschland leben, würde Herr A in der Bundesrepublik Deutschland vor eventuellen Racheakten ebenso wenig sicher sein wie in Syrien.

442 **2.** Die Anordnung der sofortigen Vollziehung beruht auf § 80 Abs. 2 Satz 1 Nr. 4 Verwaltungsgerichtsordnung (VwGO). Danach kann einem möglichen Rechtsbehelf die aufschiebende Wirkung genommen werden, wenn das öffentliche Interesse an der sofortigen Vollziehung der Verfügung gewichtiger ist als das entgegenstehende Interesse des Betroffenen an der aufschiebenden Wirkung seines Rechtsbehelfs. Wenn die Ausweisung nicht unmittelbar im Anschluss an die Haftentlassung vollzogen werden könnte, bestünde die Gefahr, dass Herr A wiederum während eines dann möglicherweise noch nicht abgeschlossenen Rechtsbehelfsverfahrens erhebliche Straftaten begeht und durch seine HIV-Infektion die Gesundheit anderer gefährdet. Diese Gefährdung kann auch nicht für einen Übergangszeitraum hingenommen werden. Dem gegenüber haben die Interessen Ihres Mandanten, den Ausgang eines möglichen Rechtsbehelfsverfahrens im Bundesgebiet abwarten und nach Haftentlassung (vorübergehend) zu seiner Familie zurückkehren zu können, zurückzutreten.

443 **3.** Die Abschiebungsandrohung beruht auf §§ 59, 58 AufenthG. Aufgrund der Ausweisung ist Herr A gem. § 50 Abs. 1 i. V. m. § 51 Abs. 1 Nr. 5 AufenthG ausreisepflichtig. Ein Abschiebungsgrund ergibt sich aus § 58 Abs. 3 Nr. 1 AufentG. Herr A befindet sich auf richterliche Anordnung in Haft. In diesem Fall bedarf es keiner Fristsetzung. Der Ausländer wird aus der Haft abgeschoben. Die Androhung der Abschiebung ist bei dieser Fallgestaltung nicht etwa deshalb

sinnlos, weil keine Möglichkeit zur freiwilligen Ausreise eröffnet wird. Die Androhung hat hier den Charakter einer Ankündigung einer Zwangsmaßnahme, wobei die Ankündigung dazu dient, dass der Ausländer sich auf die Abschiebung einstellen, ggf. Rechtsbehelfe einlegen, Abschiebungshindernisse geltend machen und seine Angelegenheiten in der Bundesrepublik Deutschland regeln kann. Die Tatsache, dass Ihr Mandant aus der Haft abgeschoben wird, stellt keine unzumutbare Belastung dar. Es entspricht vielmehr der gesetzlich festgelegten Verfahrensweise. Um seine Angelegenheiten in der Bundesrepublik Deutschland regeln zu können, muss der Ausländer nicht unbedingt auf freien Fuß gesetzt werden. Er kann sich dazu vielmehr der Mithilfe von Angehörigen, Verfahrensbevollmächtigten und Sozialen Diensten bedienen.

Auch der Kontakt mit der Familie ist in der Haft möglich. Die sich aus der Haft ergebenden Einschränkungen hat der Ausländer hinzunehmen. Eine Abweichung von der gesetzlich bestimmten Abschiebung aus der Haft ist in Sonderfällen zwar möglich. Wegen der von Herrn A ausgehenden besonderen Gefahren kommt sie im vorliegenden Fall aber selbst mit Rücksicht auf die sich aus Art. 6 Abs. 1 und 2 GG ergebenden Schutzpflichten nicht in Betracht. Abschiebungshindernisse und Duldungsgründe liegen, wie bereits dargelegt, bei Herrn A nicht vor.

Rechtsbehelfsbelehrung **444**

Gegen diesen Bescheid ist Klage zlässig. Die Klage muss innerhalb eines Monats nach Bekanntgabe dieser Entscheidung beim Verwaltungsgericht Freiburg, … schriftlich oder zur Niederschrift des Urkundsbeamten der Geschäftsstelle erhoben werden. Die Klage muss den Kläger, den Beklagten sowie die angefochtene Entscheidung bezeichnen.

Gegen die Anordnung der sofortigen Vollziehung und die Androhung der Abschiebung kann beim Verwaltungsgericht Freiburg … die Wiederherstellung bzw. die Anordnung der aufschiebenden Wirkung der Klage beantragt werden.[6]

Mit freundlichen Grüßen

…

(Unterschrift)

6 Die VwGO sieht die Erteilung einer Rechtsbehelfsbelehrung für den Fall der Anordnung der sofortigen Vollziehung nicht vor. Es ist deswegen nicht falsch, über die Möglichkeit des einstweiligen Rechtsschutzes nicht aufzuklären. Siehe dazu auch oben (Rn. 248).

Fall 15: „Der Bedenkenerlass“

(Straßenverkehrsrecht, Bedenkenerlass an Widersprechenden, Anordnung einer nervenfachärztlichen Untersuchung, Begriff des Verwaltungsakts, Verfahrenshandlungsfähigkeit, Vertreter von Amts wegen, Widerspruchsverfahren)

A. Sachverhalt

445 Bei der Führerscheinstelle des Landratsamtes Tübingen geht ein Schreiben des Bürgermeisteramtes Nehren (Landkreis Tübingen) ein, wonach sich Herr Franz Niller (N) sehr auffällig benehme, indem er wirrblickend die Straßen auf und ab gehe und von irrealen Dingen rede. In Gesprächen mit Passanten mache er deutlich, dass er sich für ein überirdisches Wesen halte, das gekommen sei, die Welt auf ihre Ungerechtigkeiten aufmerksam zu machen. Der Bürgermeister teilt mit, dass N noch Inhaber einer Fahrerlaubnis der Klasse B sei. Nach seiner Auffassung sei es aber nicht mehr zu verantworten, dass N weiterhin am Straßenverkehr teilnehme. Er räumt allerdings ein, dass dieses auffallende Verhalten nur „schubweise“ auftrete; die übrige Zeit verhalte sich N unauffällig.

Der Sachbearbeiter der Führerscheinstelle entnimmt den Führerscheinakten, dass schon bei Erteilung der Fahrerlaubnis Zweifel an der Eignung des Herrn N bestanden. Die Zweifel wurden aber durch ein nervenfachärztliches Gutachten der Universitätsklinik Tübingen ausgeräumt. In diesem Gutachten wurde erklärt, dass Herr N zwar Ansätze einer Nervenkrankheit besitze, dass das jetzige Stadium den Probanden aber nicht als ungeeignet zum Führen von Kraftfahrzeugen erscheinen lasse. Mit einer Verschlechterung sei auch auf längere Zeit nicht zu rechnen. Sollte der Proband aber in irgendeiner Weise auffällig werden, sei eine Nachuntersuchung dringend angezeigt.

Daraufhin schickt der Sachbearbeiter an Herrn Niller folgendes Schreiben:

Landratsamt Tübingen	*PLZ Tübingen, den 22.11.*
- Führerscheinstelle –	*Doblerstraße 13*
Nr. 62/134.22	*Telefon 207*
	Nebenstellendurchwahl 396

Herrn
Franz Niller
Im Wasen 13
PLZ Nehren

Nachuntersuchung Ihrer Eignung zum Führen von Kraftfahrzeugen

Sehr geehrter Herr Niller,

vor ca. 3 Jahren waren Sie zu einer nervenfachärztlichen Untersuchung in der Universitätsnervenklinik, um begutachten zu lassen, ob Sie geeignet zum Führen von Kraftfahrzeugen sind. In dem Gutachten der Klinik wurde eine Nachuntersuchung angeregt, sobald irgendwelche Auffälligkeiten eintreten. Wie uns das Bür-

germeisteramt Nehren mitgeteilt hat, sind Sie in letzter Zeit dadurch aufgefallen, dass Sie sich mit außerirdischen Wesen identifizieren.

Dies gibt uns Anlass, in Ihrem wohlverstandenen eigenen Interesse und im Interesse der Allgemeinheit eine Nachuntersuchung anzuordnen. Für die Durchführung dieser Untersuchung kommt die Universitäts-Nervenklinik in Tübingen in Betracht. Sie werden aufgefordert, sich bis spätestens 14 Tage nach Zugang dieses Schreibens mit dieser Stelle oder einer anderen anerkannten und qualifizierten Begutachtungsstelle wegen eines Termins zur Durchführung der Untersuchung in Verbindung zu setzen. Wir weisen darauf hin, dass der begutachtende Arzt nicht zugleich der Sie behandelnde Arzt sein soll. Sie sind verpflichtet, den konkret von Ihnen beauftragten Arzt uns spätestens bis zum o. g. Zeitpunkt mitzuteilen.

Wir werden dann Ihre Führerscheinakten umgehend an die von Ihnen zur Durchführung der Untersuchung beauftragte Stelle übersenden. Sie haben die Möglichkeit, Ihre Akten bei uns zuvor zu den allgemeinen Öffnungszeiten einzusehen.

Wir stützen uns dabei auf die gesetzliche Ermächtigung der §§ 46 Abs. 3, 11 Abs. 2 Fahrerlaubnis-Verordnung (FeV). Danach kann die Verwaltungsbehörde zur Vorbereitung der Entscheidung, ob die Fahrerlaubnis zu entziehen ist, die Beibringung eines fachärztlichen Zeugnisses anordnen. Die Kosten der Untersuchung haben Sie zu tragen.

Wir weisen Sie darauf hin, dass wir auf Ihre Nichteignung zum Führen eines Kraftfahrzeugs schließen können, wenn Sie dieser Anordnung nicht innerhalb des genannten Zeitraums nachkommen.

Mit freundlichen Grüßen

(gez.) Pflug

Zehn Tage nach Versendung des Briefs geht beim Landratsamt folgendes Antwortschreiben des Herrn N ein:

Sehr geehrte Herren!

Sie wollen das Unrecht fortsetzen, das auf dieser Welt geschieht. Es ist mein Auftrag, dies zu verhindern.

Gegen Ihre Entscheidung erhebe ich entschiedensten Widerspruch.

Hochachtungsvoll

(gez.) Niller

Aufgabe: Fertigen Sie das Schreiben und die Entscheidungen, die Sie als Sachbearbeiter im Hinblick auf den Widerspruch veranlassen würden.

B. Vorüberlegungen zu Fall 15

I. Wonach ist gefragt?

Der Bearbeiter muss hier beachten, dass sich die Fragestellung gezielt auf den **Widerspruch** bezieht. Deshalb braucht nicht dargestellt zu werden, ob es sinnvoll ist, zunächst von Amts wegen die Fahrerlaubnis zu entziehen und die sofortige Vollziehung anzuordnen, um zu verhindern, dass irreparable Schäden eintreten. 446

II. Was will der Bürger?

447 Auf den ersten Blick erscheint es eindeutig, dass Niller Widerspruch einlegen will. Der Wortlaut des Schreibens weist in diese Richtung. Allerdings sollte man sich für die gutachtlichen Überlegungen vormerken, dass im allgemeinen Sprachgebrauch der Begriff Widerspruch nicht voll identisch ist mit dem engeren Begriff des Widerspruchs in der Rechtssprache, sondern auch die „Gegenvorstellung“ mit umfasst! Sollte sich herausstellen, dass der Widerspruch nach der Verwaltungsgerichtsordnung unstatthaft ist, empfiehlt es sich, bei Niller nachzufragen, ob er auf einem förmlichen Widerspruchsbescheid besteht.

III. Was muss oder kann die Behörde tun?

448 1. Zweifel bestehen zunächst, ob sie überhaupt etwas tun muss. Sie könnte dann untätig bleiben, wenn – unterstellt, Niller wollte Widerspruch einlegen – dies rechtlich **unbeachtlich** wäre.

Einem Umkehrschluss aus § 12 LVwVfG ist zu entnehmen, dass solche Personen nicht fähig sind, Verfahrenshandlungen wirksam vorzunehmen, die nach bürgerlichem Recht **geschäftsunfähig** sind.[1] Diese Regelung gilt gem. § 79 LVwVfG auch für das Widerspruchsverfahren. Bei Niller muss man sich fragen, ob nicht die Voraussetzungen der §§ 104 Nr. 2 bzw. 105 Abs. 2 BGB vorliegen. Die bestehenden Zweifel können jedoch offen bleiben, weil die fehlende Verfahrenshandlungsfähigkeit allenfalls zur Unzulässigkeit des Widerspruchs, nicht aber zu dessen Unwirksamkeit führt.[2] Der Widerspruch bleibt existent, und es muss über ihn entschieden werden. Solange die Handlungsunfähigkeit eines Widerspruchsführers nicht verbindlich festgestellt ist, ist davon auszugehen, dass er einen wirksamen Rechtsbehelf eingelegt hat; denn andernfalls wäre ein wirkungsvoller Rechtsschutz nicht gewährleistet.

449 2. Die Zweifel an der Geschäftsfähigkeit geben aber Anlass zu überlegen, ob die Behörde nicht gem. § 16 Abs. 1 Nr. 4 LVwVfG von Amts wegen die **Bestellung** eines **Vertreters** für das Entziehungsverfahren und das Widerspruchsverfahren (vgl. § 79 LVwVfG) einleiten sollte. Ein Bescheid, mit dem die Fahrerlaubnis entzogen wird, kann einem Geschäftsunfähigen – gleichgültig, ob sie der Behörde bekannt ist oder nicht – nicht rechtswirksam bekannt gegeben (zugestellt) werden. Dieser Vertreter könnte sich dann zu den bisherigen Verfahrenshandlungen des Niller erklären und in der Zukunft für Niller tätig werden.

Nachdem aber dessen erste Reaktion durchaus erkennen lässt, dass er in der Lage ist, seine Rechte zu vertreten und es ja gerade Sinn der Untersu-

---

1 Vgl. *Schweickhardt/Vondung*, Rn. 842.
2 Vgl. *Büchner/Schlotterbeck*, Rn. 275.

chungsanordnung beim Nervenfacharzt ist, festzustellen, ob die Zweifel an der Eignung (die bei ihm auch Zweifel an der Geschäftsfähigkeit sind) berechtigt sind, sollte beim jetzigen Verfahrensstand die zeitaufwändige Bestellung eines Vertreters von Amts wegen nicht betrieben werden. Sollte es aber zu einer Entziehung der Fahrerlaubnis oder zu einer förmlichen Widerspruchsentscheidung kommen, müsste geklärt werden, ob Niller geschäftsfähig ist, denn nur, wenn er es ist, hätte er wirksam Widerspruch einlegen können und könnte ihm die Widerspruchsentscheidung wirksam zugestellt werden.

3. Wenn davon auszugehen ist, dass Niller wirksam Widerspruch eingelegt **450**
hat, muss die Behörde nun zunächst im Rahmen des **Abhilfeverfahrens** gem. § 72 VwGO überprüfen, ob der Widerspruch zulässig und begründet ist.

Außer den Zweifeln wegen der Verfahrenshandlungsfähigkeit ergeben sich noch weitere Bedenken bei der **Zulässigkeit.** Mit dem Widerspruch soll die Aufhebung einer behördlichen Maßnahme erreicht werden; es handelt sich also um einen Anfechtungswiderspruch. Dieser ist nur statthaft, wenn er sich gegen einen Verwaltungsakt richtet.[3] Nach ständiger Rechtsprechung fehlt es der Anordnung, sich fachärztlich untersuchen zu lassen, an dem Definitionsmerkmal „Regelung", das nach § 35 LVwVfG Bestandteil der Legaldefinition eines Verwaltungsaktes ist. Die „Auflage", ein Gutachten beizubringen und sich untersuchen zu lassen, ist – so das Bundesverwaltungsgericht – eine sogenannte Aufklärungsanordnung, eine unselbstständige Maßnahme der Beweiserhebung. Daran hat sich auch nichts durch die 1998 in Kraft getretene FeV geändert.[4]

Weigert sich ein Bürger, ein von ihm gefordertes Gutachten beizubringen, kann er dazu nicht gezwungen werden. Die Behörde darf dann aber bei ihrer Entscheidung auf die Nichteignung des Betroffenen schließen (§ 46 Abs. 3 i. V. m. § 11 Abs. 8 S. 1 FeV). Ein Widerspruch gegen die Aufklärungsanordnung ist unzulässig, weil sie kein VA ist.

Dahingestellt bleiben kann und muss die nicht eindeutig zu klärende Frage, ob Niller verfahrenshandlungsfähig i. S. d. § 12 LVwVfG ist. Der Sachverhalt lässt insoweit keine verbindliche Entscheidung zu.

4. Nachdem der Widerspruch unzulässig ist, wird ihm die Behörde gem. **451**
§ 72 VwGO nicht abhelfen. Gem. § 73 Abs. 1 Nr. 1 VwGO müsste sie ihn nun an die Widerspruchsbehörde (Regierungspräsidium)[5] mit einem Vorlagebericht abgeben und dem Widersprechenden einen **Zwischenbescheid** zukommen lassen.

---

3 Vgl. *Büchner/Schlotterbeck*, Rn. 253.

4 Vgl. OVG NRW, NJW 2001, 3427 ff.; OVG Sachsen-Anhalt, Beschluss vom 14.9.2007 – 10 190/07.

5 Vgl. § 73 Abs. 1 Satz 1 FeV und §§ 13 Abs. 1 Nr. 1, 16 Abs. 1 Nr. 16, 22 Nr. 2 LVG.

Wenn aber – wie im vorliegenden Fall – der Widerspruch so eindeutig aussichtslos ist, sollte bereits die Ausgangsbehörde dem Widersprechenden entgegenkommen und ihn in einem **Bedenkenerlass** auf die fehlenden Erfolgsaussichten hinweisen. Das ist nicht vorgeschrieben, aber bürgerfreundlich. Nicht Bürgerorientierte werden einfach das Schreiben an die Widerspruchsbehörde zur Entscheidung mit einer kurzen Stellungnahme weiterleiten. Durch den Bedenkenerlass kann man den vorgesetzten Behörden eventuell Arbeit und vor allem dem Bürger Kosten ersparen. In einem solchen Bedenkenerlass sollte man auch darauf hinweisen, dass der Widerspruch keine aufschiebende Wirkung nach sich zieht, weil er sich nicht gegen einen Verwaltungsakt richtet. Der Bedenkenerlass sollte aber nicht so formuliert werden, dass der Empfänger glaubt, es solle Druck auf ihn ausgeübt werden, den Widerspruch zurückzunehmen, um den Behörden Arbeit zu ersparen.

452 5. Auch wenn der Widerspruch unzulässig ist, ist die Behörde nicht gehindert, ihre eigene Entscheidung von Amts wegen zu überprüfen bzw. den Widerspruch als formlose **Gegenvorstellung** zu behandeln. Wenn es keine gewichtigen übergeordneten Gesichtspunkte gibt, wird es vom Bürger kaum verstanden werden, wenn sich die Behörde hinter Formalien versteckt, um eine eigene Entscheidung nicht in Frage stellen zu müssen.

Deshalb sollte das Landratsamt seine Untersuchungsanordnung nochmals überprüfen. Um keine Missverständnisse aufkommen zu lassen, muss aus dem Widerspruchsbescheid selbst aber klar erkennbar sein, dass der Widerspruch unzulässig ist. Dort dürfen zur Begründetheit keine Ausführungen gemacht werden. Auch aus diesem Grund empfiehlt es sich, einen Bedenkenerlass zu fertigen, in dem der Bürger auf die Unzulässigkeit des Widerspruchs hingewiesen und trotzdem zum Ausdruck gebracht wird, dass die Behörde ihre Entscheidung erneut überprüft hat, aber keinen Anlass sieht, von der Entscheidung abzuweichen. Bei der gegebenen Sachlage kann von einer Nachuntersuchung nicht abgesehen werden.

Rechtsgrundlage für die Aufforderung zur Untersuchung sind § 46 Abs. 3 i. V. m. § 11 Abs. 2 FeV.

IV. Sind Nebenentscheidungen erforderlich?

453 Nachdem die Falllösung durch ein Schreiben enden wird, das keinen Verwaltungsakt zum Gegenstand hat, braucht man die Nebenentscheidungen, die bei einem Verwaltungsakt immer in Frage kommen, nicht schematisch durchzuprüfen. Hier könnte man allein daran denken, auch für den Bedenkenerlass **Kosten** festzusetzen. Für eine derartige Amtshandlung fehlt es an einem Gebührenansatz im Gebührenverzeichnis. Eine Gebühr zu erheben käme daher nur nach § 4 Abs. 4 LGebG in Betracht. Es würde dem Sinn eines Bedenkenerlasses aber gerade widersprechen, für ihn Kosten zu erheben, da er darauf gerichtet ist, dem Bürger Kosten zu ersparen. So ist die bloße Ankündigung, dass bei Aufrechterhaltung des Widerspruchs ein Widerspruchsbescheid ergehen werde, keine gebührenpflichtige Leistung i. S. d. § 4 Abs. 4 LGebG. Sie ist lediglich „Vorbotin“ eines solchen u. U. folgenden gebührenpflichtigen behördlichen Handelns.

V. Umsetzung der Vorüberlegungen

Es ist ein Bedenkenerlass zu fertigen, in dem Niller zunächst gebeten wird, 454
sich eindeutig zu erklären, ob er sein Schreiben als förmlichen Widerspruch behandelt wissen will. Außerdem ist er über die Aussichtslosigkeit des Widerspruchs und über die Kosten, die entstehen, wenn der Widerspruch zurückgewiesen wird, aufzuklären. Für die Beantwortung des Bedenkenerlasses muss ihm eine kurze Frist gesetzt werden, damit das eigentliche Entziehungsverfahren nicht unnötig verzögert wird. Sofern Niller an dem Widerspruch festhält oder keine Reaktion zeigt, ist der Widerspruch unverzüglich der Widerspruchsbehörde vorzulegen.

VI. Geschäftsgangvermerke

Für die Bekanntgabe genügt Versendung durch einfachen Brief (§ 41 455
LVwVfG). Um sicherzugehen, dass keine zeitliche Verzögerung eintritt, sollte bei der Nervenklinik nachgefragt werden, ob bereits ein Termin festgesetzt ist. Für die Wiedervorlage empfiehlt es sich, den Ablauf der Frist als Zeitpunkt festzusetzen, damit das Verfahren unverzüglich weiterbetrieben werden kann.

Da das Bürgermeisteramt Nehren den Anstoß zur Überprüfung der Eignung gegeben hat, sollte es über die Entscheidung des Landratsamtes informiert werden, am einfachsten durch eine Mehrfertigung des Bedenkenerlasses.

C. Lösungsvorschlag zu Fall 15

I. Schreiben an: 456

Herrn
Franz Niller
Im Wasen 13
PLZ Nehren

Ihr Widerspruch gegen die Anordnung einer nervenfachärztlichen Untersuchung vom ...

Sehr geehrter Herr Niller,

auf Ihr Schreiben vom … haben wir geprüft, ob Ihr Widerspruch gegen unsere Anordnung, sich nervenfachärztlich untersuchen zu lassen, nach der Verwaltungsgerichtsordnung zulässig ist. Voraussetzung für die Zulässigkeit eines Widerspruchs ist nach § 68 der Verwaltungsgerichtsordnung, dass eine Behörde einen „Verwaltungsakt" erlassen hat. Ein Verwaltungsakt läge nur dann vor, wenn unsere Aufforderung, dass Sie sich untersuchen lassen sollen, rechtlich Ihnen gegenüber etwas **regeln** würde. Das ist jedoch nicht der Fall. Unsere Anordnung ist keine Regelung, sondern nur ein Maßnahme der Beweiserhebung, um Ihre Fahreignung zu klären; sie soll die Entscheidung, ob Ihnen die Fahrerlaubnis zu entziehen ist, vorbereiten. Hiergegen ist jedoch Widerspruch nach der Verwaltungsgerichtsordnung unzulässig.

Falls Sie sich weigern, eine geeignete Begutachtungsstelle zu benennen oder sich untersuchen zu lassen, können wir diese Handlungen nicht erzwingen. Wir sind aber gem. §§ 46 Abs. 3, 11 Abs. 8 Satz 1 Fahrerlaubnis-Verordnung (FeV) berechtigt, bei unserer Entscheidung auf Ihre Nichteignung zu schließen und Ihnen dementsprechend die Fahrerlaubnis zu entziehen. Gegen die Entscheidung, dass Ihnen die Fahrerlaubnis entzogen wird, wäre dann Widerspruch und Klage zulässig.

Da wir der Meinung sind, dass das Regierungspräsidium als zuständige Widerspruchsbehörde – wie wir – Ihren jetzigen Widerspruch als unzulässig beurteilen und ihn daher voraussichtlich kostenpflichtig zurückweisen wird – die Kosten dürften ca. 200,– € betragen – geben wir Ihnen noch bis … Gelegenheit, uns mitzuteilen, ob Sie Ihren Widerspruch aufrechterhalten wollen. Sollten wir bis dann nichts von Ihnen hören, werden wir Ihr Schreiben an das Regierungspräsidium … weiterleiten, das dann einen Widerspruchsbescheid erlassen wird.

Bei Ihrer Entscheidung, ob Sie eine ärztliche Untersuchung verweigern, bitten wir zu bedenken, dass das Untersuchungsergebnis noch offen ist und auch zu Ihren Gunsten ausfallen kann. Wir halten die ärztliche Untersuchung auch nach nochmaliger Prüfung in Ihrem eigenen Interesse und dem der übrigen Verkehrsteilnehmer für unverzichtbar. Unsere Untersuchungsanordnung ist nach §§ 46 Abs. 3, 11 Abs. 2 FeV auch rechtmäßig.

Wir bitten, Ihre Entscheidung nochmals zu überdenken.

Mit freundlichen Grüßen

gez. Pflug

457 **II. Geschäftsgangvermerke**

1. Bekanntgabe von I. durch einfachen Brief (§ 41 LVwVfG)
2. Eine Abschrift an das Bürgermeisteramt Nehren, z. Hd. von Herrn Bürgermeister …
3. Telefonische Rückfrage, ob Untersuchungstermin von der Nervenklinik schon Herrn N. mitgeteilt worden ist.
4. Wv.: Datum des Endes der Frist zur Stellungnahme (Entziehung der Fahrerlaubnis? – Sofortige Vollziehung? – Vorlagebericht ans Regierungspräsidium? – Abgabenachricht?).

Fall 16: „Die Ausräumungsaktion"

(Verwaltungsvollstreckungsrecht, Vorlagebericht an Widerspruchsbehörde, Leistungsbescheid, Bevollmächtigung im Widerspruchsverfahren, Fristen, Vollstreckungsverfahren)

A. Sachverhalt

Durch Beschwerden von Nachbarn wurde das Bürgermeisteramt der Stadt Blaubeuren (keine Große Kreisstadt, Landkreis Alb-Donau-Kreis; LRA in Ulm, Postfach 596) darauf aufmerksam, dass sich die Wohnung des Fritz Schreiner (S) in Blaubeuren, Lazarettgasse 5, zu einem Lagerplatz für Müll entwickelt. Er sammelt Abfälle und Altmaterialien aller Art und deponiert sie in den Räumen seiner 2-Zimmer-Wohnung. Die mehrmalige Aufforderung des Bürgermeisteramts, die Wohnung wieder in Ordnung zu bringen, ließ er unbeachtet. Daraufhin erließ die Stadt am 19.4.2010 eine auf § 3 in Verbindung mit § 1 PolG gestützte Anordnung, wonach S als Bewohner und Eigentümer der Wohnung aufgefordert wird, bis Freitag 30.4.2010 sämtliche Abfälle, Altmaterialien und brennbaren Gegenstände, die nicht als Brennmaterial gelten, aus seiner Wohnung zu räumen. In dieser Verfügung wurde außerdem gemäß § 80 Abs. 2 Satz 1 Nr. 4 VwGO die sofortige Vollziehung angeordnet. Zusätzlich wurde die Ersatzvornahme angedroht, wenn die Verpflichtung nicht bis zu dem genannten Zeitpunkt erfüllt werde. Die voraussichtlichen Kosten waren mit ca. 500,– € veranschlagt. 458

Dieser Bescheid, der eine ordnungsgemäße Begründung und Rechtsbehelfsbelehrung enthielt, wurde S am 20.4.2010 ordnungsgemäß zugestellt.

Bei einer Besichtigung am Montag, den 3.5.2010 durch Vertreter der Stadt und des Landratsamts (Gesundheitsamt) stellte sich heraus, dass sich die Zustände nicht gebessert hatten. Daraufhin verschickte das Bürgermeisteramt am 6.5. mit einfachem Brief durch die Post folgendes Schreiben:

Sehr geehrter Herr Schreiner,

die mit Verfügung vom 19.4.2010 ergangenen Auflagen sind bis zu dem von uns festgesetzten Termin nicht erfüllt worden. Eine Besichtigung am 3.5.2010 hat ergeben, dass sich die Zustände in Ihrem Haus nicht geändert haben.

Gemäß §§ 18, 19 und 25 des Landesverwaltungsvollstreckungsgesetzes wird daher die in der Verfügung vom 19.4.2010 angedrohte Ersatzvornahme auf Montag, den 10. Mai 2010 festgesetzt. An diesem Tag wird die Firma Heinemann die Abfälle und Altmaterialien mit unserer Unterstützung auf Ihre Kosten zwangsweise aus dem Haus entfernen.

(gez.)

Schnell

Zum angegebenen Zeitpunkt räumte dann – im Beisein eines Vertreters der Stadt – die Firma Heinemann die Wohnung aus. Dafür stellte sie der Stadt Blaubeuren den Betrag von 700,– € in Rechnung. Den gleichen Betrag forderte die Stadt mit folgendem Schreiben vom 20.5.2010 von Herrn Schreiner an:

Sehr geehrter Herr Schreiner,

mit Verfügung des Bürgermeisteramtes der Stadt Blaubeuren vom 19.4.2010 wurde Ihnen zur Auflage gemacht, Ihre Unterkunft zu entrümpeln. Wir haben Ihnen angedroht, dass diese Maßnahme auf Ihre Kosten durch Dritte (Ersatzvornahme) vorgenommen wird, wenn Sie die Auflage nicht erfüllen. Als Kostenvoranschlag wurden 500,– € angegeben.

Nachdem Sie unsere Verfügung nicht beachtet haben, setzten wir mit Schreiben vom 6.5.2010 die Ersatzvornahme fest. Die Ausräumungsarbeiten fanden am 11.5.2010 durch die Firma Heinemann statt. Die Firma hat uns dafür den Betrag von 700,– € in Rechnung gestellt, wie Sie aus der beiliegenden Kopie entnehmen können.

Gemäß §§ 25 und 31 Abs. 3 Landesverwaltungsvollstreckungsgesetz in Verbindung mit § 8 Abs. 1 Nr. 6 der Vollstreckungskostenordnung sind Sie verpflichtet, diese Kosten zu bezahlen. Sollte der Betrag nicht bis spätestens 12.5.2010 bei uns eingegangen sein, sehen wir uns leider gezwungen, erneut die Verwaltungsvollstreckung gegen Sie einzuleiten.

Rechtsbehelfsbelehrung

Gegen diesen Bescheid können Sie innerhalb eines Monats nach seiner Bekanntgabe schriftlich oder zur Niederschrift beim Bürgermeisteramt Blaubeuren, Hauptstr. 16, Widerspruch einlegen.

Mit freundlichen Grüßen

(gez.) Lange

(Bürgermeister)

Das Schreiben wurde, wie in einem Aktenvermerk festgehalten, am Freitag, dem 21.5.2010 mit einfachem Brief zur Post gegeben und am Samstag, den 22.5.2010 vom Postboten in den Briefkasten des S eingeworfen. Weil S vom 22.5. bis Montag, den 24.5.2010 – einem Feiertag – verreist war, nahm er erst am 25.5. von dem Schreiben Kenntnis.

Am Freitag, den 25.6. ging beim Bürgermeisteramt der Stadt Blaubeuren das Schreiben eines Neffen des Herrn Schreiner ein, eines Herrn Karl Metzger aus Blaubeuren, Schulstraße 16, in dem dieser namens und im Auftrag des S, aber ohne Vorlage einer Vollmacht gegen die Zahlungsaufforderung Widerspruch einlegte. Zur Begründung trug er vor, die Stadt sei für die Ausräumung gar nicht zuständig gewesen, weil es sich hier um eine Maßnahme der Müllbeseitigung gehandelt habe, die in den Zuständigkeitsbereich der Abfallrechtsbehörde falle. Außerdem habe die Behörde nicht beachtet, dass die Festsetzung der Ersatzvornahme ohne eine Anordnung der sofortigen Vollziehung und ohne Rechtsbehelfsbelehrung erfolgt sei. Die Ersatzvornahme hätte wegen § 58 Abs. 2 VwGO und § 2 LVwVG nicht vor Ablauf eines Jahres durchgeführt werden dürfen. Im Übrigen bestritt er der Stadt das Recht, den Kostenersatz durch Leistungsbescheid geltend machen zu dürfen.

Aufgabe: Sie sind der zuständige Sachbearbeiter beim Amt für öffentliche Ordnung der Stadt Blaubeuren. Entwerfen Sie die zur Erledigung des Widerspruchs notwendigen Bescheide!

B. Vorüberlegungen zu Fall 16

I. Was will Herr Schreiner?

Schreiner erhebt durch seinen Neffen **Widerspruch** gemäß § 69 VwGO, um **459** zu verhindern, dass er zur Zahlung der Kosten für die Ersatzvornahme herangezogen wird. Dem Wortlaut nach richtet sich der Widerspruch nur gegen die Zahlungsaufforderung. Aus der Begründung lässt sich jedoch entnehmen, dass sich S auch gegen die vorangegangenen Maßnahmen wendet, soweit sie Voraussetzung für die Zahlungsaufforderung sind. Sofern es dem Begehren von S dient, ist es deshalb angebracht, den Widerspruch so auszulegen, dass er sich auch auf die übrigen Maßnahmen erstreckt.

II. Was will/muss die Behörde tun?

Gemäß § 72 VwGO muss die Ausgangsbehörde zunächst überprüfen, ob **460** sie den Widerspruch für zulässig und begründet hält.[1] Ist er nach ihrer Auffassung zulässig und begründet, so hilft sie ihm ab. Meint sie dagegen, er sei unzulässig oder unbegründet, so entscheidet die gemäß § 73 VwGO zuständige Behörde. Das bedeutet, dass die Stadt Blaubeuren dann unter Abgabe der Akten einen **Vorlagebericht** an die Widerspruchsbehörde zu fertigen hat und den Widersprechenden von der Abgabe **benachrichtigen** sollte.

III. Normative Vorgaben für die Zulässigkeit

Von den erforderlichen Zulässigkeitsvoraussetzungen (Sachentscheidungs- **461** voraussetzungen) erscheinen lediglich drei problematisch: die ordnungsgemäße Vertretung, das Vorliegen eines Verwaltungsaktes und die Fristwahrung.

1 Vgl. *Büchner/Schlotterbeck*, Rn. 226.

462 1. Nachdem der Neffe als rechtsgeschäftlicher Vertreter für S ohne Vollmachtsurkunde auftritt, ist zu untersuchen, ob eine derartige **Vertretung ordnungsgemäß** ist. Fragen der gewillkürten Vertretung sind sowohl in § 14 LVwVfG als auch in § 67 VwGO geregelt. Nachdem § 67 VwGO allenfalls analog angewendet werden könnte, ist es geboten, über § 79 LVwVfG den § 14 LVwVfG unmittelbar heranzuziehen.[2] Nach dieser Vorschrift ist die Vollmacht nur auf Verlangen schriftlich nachzuweisen, d. h. auch ohne Vollmachtsurkunde ist eine ordnungsgemäße Vertretung möglich. Der Widerspruch ist allein wegen der fehlenden schriftlichen Vollmacht also nicht unzulässig; es kann jedoch von der Behörde verlangt werden, dass der Vertreter des Widersprechenden eine Vollmachtsurkunde vorlegt (vgl. § 14 Abs. 1 Satz 3 LVwVfG).

463 2. Aus § 68 Abs. 1 Satz 1 und § 68 Abs. 2 VwGO ergibt sich, dass ein Widerspruch nur statthaft und somit zulässig ist, wenn er sich gegen einen **Verwaltungsakt** (Anfechtungswiderspruch) oder auf Vornahme eines Verwaltungsaktes (Verpflichtungswiderspruch) richtet.[3] Dabei genügt es allerdings, wenn die Maßnahme dem äußeren Erscheinungsbild nach typische Merkmale des Verwaltungsaktes aufweist.[4] Davon zu unterscheiden ist die Frage, ob die Befugnis bestand, durch Verwaltungsakt handeln zu dürfen.[5] Dieses Problem gehört nicht in den Bereich der Zulässigkeit, sondern der Begründetheit.

Inhaltlich ist das Schreiben vom 20.5.2005 entweder eine unverbindliche Zahlungsaufforderung (also kein Verwaltungsakt) oder ein Leistungsbescheid (Verwaltungsakt). Im Wege der Auslegung lässt sich über das äußere Erscheinungsbild (Androhung von Verwaltungszwang, Rechtsbehelfsbelehrung) ermitteln, dass hier ein **Leistungsbescheid** ergangen ist, bei dem verbindlich die Leistungspflicht des Adressaten geregelt werden sollte. Es handelt sich also um eine Regelung durch Verwaltungsakt, gegen die der Widerspruch statthaft ist.

Die Entrümpelungsanordnung und die Androhung der Ersatzvornahme[6] im Schreiben vom 19.4.2010 sind ebenfalls Verwaltungsakte. Gleiches wird man von der Festsetzung der Ersatzvornahme annehmen müssen, nachdem sie S mitgeteilt wurde und damit Außenwirkung erlangt hat.[7] Sollte es also sinnvoll sein, den Widerspruch auch auf die früheren Maßnahmen auszudehnen, bestehen wegen der Rechtsnatur der beanstandeten Maßnahmen keine Bedenken, dass der Widerspruch zulässig ist.

---

2 Vgl. *Büchner/Schlotterbeck*, Rn. 223, 276.
3 Vgl. *Büchner/Schlotterbeck*, Rn. 253.
4 Vgl. *Schweickhardt/Vondung*, Rn. 247.
5 Vgl. *Schweickhardt/Vondung*, Rn. 222 ff.
6 Vgl. dazu *Schweickhardt/Vondung*, Rn. 1072.
7 Vgl. *Schweickhardt/Vondung*, Rn. 1073.

3. Der **Leistungsbescheid** ist mit einer Rechtsbehelfsbelehrung versehen, die den Anforderungen des § 58 Abs. 1 VwGO entspricht,[8] so dass die **Monatsfrist** des § 70 Abs. 1 VwGO für die Frage maßgebend ist, ob der Widerspruch rechtzeitig eingelegt wurde. Laut Sachverhalt wurde der Leistungsbescheid dem Empfänger durch die Post mit einfachem Brief übermittelt. Gemäß § 41 Abs. 2 LVwVfG gilt er daher mit dem dritten Tage nach der Aufgabe zur Post als bekannt gegeben. Die Aufgabe zur Post erfolgte am Freitag, den 21.5.2010, der dritte Tag danach ist der 24.5.2010 – ein **Feiertag.** Es ist umstritten, ob dieser dritte Tag auch ein Samstag, Sonntag oder gesetzlicher Feiertag sein kann oder ob hier die Regelung des § 31 Abs. 3 Satz 1 LVwVfG eingreift.[9] Wir folgen hier der überwiegenden Auffassung, dass der dritte Tag nach Aufgabe zur Post auch ein gesetzlicher Feiertag (hier Pfingstmontag) sein kann. Demnach gilt die Verfügung am 24.5.2010 als zugegangen, auch wenn sie tatsächlich bereits am Samstag, den 22.5. bei S eingeworfen wurde (vgl. § 41 Abs. 2 LVwVfG). Damit ist der Widerspruch des S zu spät, 1 Tag nach Fristablauf, eingegangen. Der Widerspruch ist somit unzulässig. Das bedeutet aber nicht, dass die Widerspruchsbehörde ihn deswegen abweisen muss, denn die Widerspruchsbehörde kann sich über die Verfristung hinwegsetzen und sachlich entscheiden.[10] Da hier die Einhaltung der Widerspruchsfrist ganz knapp verfehlt worden ist, ist es naheliegend und vertretbar, trotz Fristablaufs in der Sache zu entscheiden und den Widerspruch nicht als unzulässig abzuweisen. Ist der Widerspruch auch unbegründet, ist es überzeugender, ihn deswegen zurückzuweisen. Unter arbeitsökonomischen Aspekten allerdings wäre eine Abweisung wegen Unzulässigkeit am einfachsten. 464

Im Unterschied zum Leistungsbescheid enthält die **Festsetzung der Ersatzvornahme** keine Rechtsbehelfsbelehrung. Demnach läuft gemäß § 58 Abs. 1 VwGO die Monatsfrist des § 70 VwGO nicht – statt dessen aber die Jahresfrist des § 58 Abs. 2 VwGO. Diese Frist ist noch nicht verstrichen.

Die Entrümpelungsanordnung und die **Androhung der Ersatzvornahme** waren hingegen mit einer ordnungsgemäßen Rechtsbehelfsbelehrung versehen. Die gemäß § 70 Abs. 1 VwGO somit maßgebende Frist ist aber eindeutig verstrichen; ein gegen diese Maßnahmen eingelegter Widerspruch wäre demnach unzulässig.

IV. Normative Vorgaben für die Begründetheit

Der Widerspruch ist dann begründet, wenn der Verwaltungsakt (Leistungsbescheid) rechtswidrig ist und den Widersprechenden in seinen Rechten verletzt.[11] 465

---

8 Vgl. dazu *Büchner/Schlotterbeck*, Rn. 333 ff., 637 ff.
9 Vgl. dazu *Schweickhardt/Vondung*, Rn. 394.
10 Vgl. *Büchner/Schlotterbeck*, Rn. 242.
11 § 113 Abs. 1 Satz 1 VwGO analog – vgl. *Büchner/Schlotterbeck*, Rn. 284.

466 1. Rechtswidrig ist der Leistungsbescheid dann, wenn der darin geltend gemachte Anspruch nicht besteht.

Als Anspruchsgrundlage für die Forderung auf Ersatz der Kosten der Ersatzvornahme kommen hier die §§ 25 und 31 Abs. 2 und 4 Landesverwaltungsvollstreckungsgesetz (LVwVG) i. V. m. § 8 Abs. 1 Nr. 8 Vollstreckungskostenordnung (LVwVGKO) in Frage. S ist Adressat der Entrümpelungsanordnung; er ist auch Schuldner der mit der zwangsweisen Durchsetzung verbundenen Auslagen. Wegen der Höhe des geltend gemachten Anspruchs bestehen keine Bedenken. Zwar wurden die voraussichtlichen Kosten mit 500,– € angegeben; tatsächlich sind jedoch Kosten von 700,– € angefallen. Der Begriff „voraussichtlich" in § 20 Abs. 5 LVwVG verdeutlicht, dass dies nicht die tatsächlich entstandenen Kosten sein müssen. Vielmehr hat die Behörde Anspruch auf Erstattung der – im Rahmen der Festsetzung – tatsächlich entstandenen Kosten der Ersatzvornahme auch bei wesentlicher Überschreitung des im Androhungsbescheid vorläufig veranschlagten Kostenbetrags.

467 2. Bedenken, ob der Leistungsbescheid rechtmäßig ist, bestehen jedoch wegen der von der Behörde gewählten **Rechtsform des Handelns.** Die Verwaltung bedient sich hier der Form des Verwaltungsaktes und macht ihren vermeintlichen Anspruch nicht – wie im „normalen" Rechtsverkehr – im Wege der Leistungsklage geltend. Das Handeln in der Form des Verwaltungsakts ist jedoch aus mehreren Gründen statthaft. § 31 LVwVG, die Rechtsgrundlage, auf die das Erstattungsbegehren gestützt wird, spricht von „Erheben". Darin kann die Ermächtigung zu einem einseitigen Setzen von Rechtsfolgen durch Verwaltungsakt gesehen werden. In den §§ 31 Abs. 6 LVwVG, 4 ff. LGebG kommt zwar der Begriff „Verwaltungsakt" nicht ausdrücklich vor. Die Rede ist jedoch von Festsetzung (§ 4 Abs. 1 LGebG), von Entscheidung (§ 16 LGebG) und von Bekanntgabe als Voraussetzung für die Fälligkeit (§ 18 LGebG). Dies sind Begriffe, die auf das Wesen des Verwaltungsakts zugeschnitten sind. Darüber hinaus ist der Verwaltungsakt nach gewohnheitsrechtlich geltenden Grundsätzen als typische Handlungsform zur Regelung aller Rechtsverhältnisse, die sich in einem Verhältnis der Über- und Unterordnung abspielen, zulässig.[12] Das Vollstreckungsrecht gehört zu den Rechtsgebieten, die durchweg durch ein Über- und Unterordnungsverhältnis gekennzeichnet sind. In einem solchen Rechtsverhältnis ist der Erstattungsanspruch nach § 31 LVwVG entstanden.

468 3. In der Begründung des Widerspruchs stellt S außerdem auf Fehler ab, die in dem **Verfahren** unterlaufen sein sollen, das dem Leistungsbescheid voranging. Soweit sich S aber darauf beruft, die Stadt Blaubeuren sei für die **Entrümpelungsanordnung** nicht zuständig gewesen, kann er mit diesem Einwand nicht mehr gehört werden, wenngleich er teilweise berechtigt ist

---

12 Vgl. *Schweickhardt/Vondung*, Rn. 222 ff.

(vgl. § 20 Abs. 1 Satz 2 und § 28 Abs. 3 und 2 Landesabfallgesetz), weil der Grundverwaltungsakt unanfechtbar, d. h. **bestandskräftig** geworden ist und Einwendungen jeweils nur in dem Verfahrensabschnitt geltend gemacht werden können, in dem der angebliche Fehler unterlaufen ist. Etwas anderes würde nur dann gelten, wenn es sich um einen Fehler handeln würde, der zur Nichtigkeit gem. § 44 Abs. 2 oder 1 LVwVfG führt.[13] Davon kann aber hier nicht ausgegangen werden. Wie schon dargestellt, wäre ein Widerspruch gegen die Entrümpelungsanordnung im jetzigen Zeitpunkt unzulässig, deshalb wäre es auch sachwidrig, den Widerspruch in diese Richtung umzudeuten.

Soweit sich S allerdings darauf beruft, die **Anwendung der Ersatzvornahme** sei rechtswidrig gewesen, ist dieser Einwand grundsätzlich beachtlich, weil für eine rechtswidrige Ersatzvornahme keine Kostenerstattung verlangt werden kann. Dieser Einwand ist auch nicht formal ausgeschlossen, gleichgültig ob man in der Anwendung der Ersatzvornahme einen Verwaltungsakt sieht oder nicht.[14] Selbst wenn man die Anwendung als Verwaltungsakt ansieht, sind keine Fristen verstrichen, die diese Maßnahme hätten bestandskräftig werden lassen. Es ist deshalb erforderlich, inhaltlich auf die Einwendungen des S einzugehen. S übersieht bei seinen Einwendungen, dass ein Zwangsmittel nicht nur dann angewendet werden kann, wenn es unanfechtbar geworden ist. **469**

Zwar entfaltet der Widerspruch gegen einen Verwaltungsakt grundsätzlich aufschiebende Wirkung, so dass die Behörde von der angefochtenen Maßnahme keinen Gebrauch machen darf (das bedeutet, dass nach dieser allgemeinen Regel des § 80 Abs. 1 VwGO eine Anwendung nicht erfolgen könnte bzw. hinterher rechtswidrig würde, wenn jemand Widerspruch einlegt); dies gilt aber dann nicht, wenn die aufschiebende Wirkung entfällt.[15] Das ist bei der hier strittigen Festsetzung der Ersatzvornahme gemäß § 80 Abs. 2 Satz 1 Nr. 3 VwGO i. V. m. § 12 Satz 1 LVwVG der Fall, weil es sich um eine Maßnahme der Verwaltungsvollstreckung handelt. Die Anwendung einer festgesetzten Vollstreckungshandlung ist somit auch dann nicht rechtswidrig, wenn gegen die Festsetzung selbst oder die vorangegangene Androhung der Maßnahme Widerspruch eingelegt wurde.

Selbst wenn man also davon ausgehen würde, dass sich der Widerspruch des S auch gegen die Festsetzung bzw. die Anwendung der Ersatzvornahme richtet, ändert das an der Kostentragung und an der Rechtmäßigkeit des Leistungsbescheids nichts. Es ist deshalb angebracht, dass die Behörde den Widerspruch lediglich auf den Leistungsbescheid bezieht.

---

13 Zur Nichtigkeit vgl. *Schweickhardt/Vondung*, Rn. 472 ff.
14 Vgl. dazu *Schweickhardt/Vondung*, Rn. 1075.
15 Vgl. dazu *Büchner/Schlotterbeck*, Rn. 555 f.

V. Normative Vorgaben für das weitere Verfahren

470 Nachdem sich nun herausgestellt hat, dass der Leistungsbescheid rechtmäßig ist, wird die Stadt Blaubeuren dem Widerspruch nicht gemäß § 72 VwGO abhelfen. Sie muss den Widerspruch dann gemäß § 73 Abs. 1 VwGO der Widerspruchsbehörde vorlegen. Konkret ist daraus zu folgern, dass die Stadt Blaubeuren die Akten mit einem **Vorlagebericht an die zuständige Widerspruchsbehörde** weiterleiten muss.[16] Als Widerspruchsbehörde kommt gem. § 73 Abs. 1 Nr. 1 VwGO das Landratsamt Alb-Donau-Kreis in Ulm a. D. als die nächsthöhere Behörde in Frage. Etwas anderes würde nur dann gelten, wenn der Kostenersatz für eine Ersatzvornahme eine Selbstverwaltungsangelegenheit i. S. d. § 73 Abs. 1 Nr. 3 VwGO darstellen würde. Bei Maßnahmen nach dem Polizeigesetz handelt es sich jedoch um keine Selbstverwaltungsangelegenheiten, vgl. § 62 Abs. 4 Satz 2 PolG. Die Kostenentscheidung als Annex zu solchen Maßnahmen ist der gleichen Kategorie zuzurechnen wie die Maßnahme selbst. Im Übrigen wäre auch dann, wenn es sich um eine Selbstverwaltungsangelegenheit handeln würde, das Landratsamt im Rahmen des § 8 Abs. 1 AGVwGO zuständige Widerspruchsbehörde.

Die Stadt Blaubeuren hat demnach die Akten dem Landratsamt Alb-Donau-Kreis zur Entscheidung über den Widerspruch zuzuleiten.

VI. Nebenentscheidungen

471 Nachdem der Widersprechende beim Bürgermeisteramt der Stadt Blaubeuren Widerspruch eingelegt hat, sollte er davon unterrichtet werden, dass die Akten samt seinem Widerspruch an die zuständige Widerspruchsbehörde weitergeleitet wurden (**Abgabenachricht**).

Sonstige Nebenentscheidungen, die sich an Personen außerhalb der Verwaltung richten, sind nicht erforderlich. In einem **Geschäftsgangvermerk** ist jedoch anzuordnen, dass der Vorlagebericht unter Beifügung der Akten an das Landratsamt zu übermitteln ist und dass die Abgabenachricht nach Vordruck erteilt werden kann.

VII. Umsetzung der Vorüberlegungen

472 Bei der Umsetzung der Vorüberlegungen darf man sich nicht an das Schema klammern, das für Bescheide dargestellt wurde, die einen Verwaltungsakt enthalten. Hier ist vielmehr vom Sinn und Zweck des Bescheids auf die richtige Gestaltung zu schließen.

Insoweit ist es angebracht, den **Vorlagebericht** mit einer kurzen Sachverhaltsschilderung zu beginnen, damit die Widerspruchsbehörde im Bilde ist,

16 Vgl. dazu *Büchner/Schlotterbeck*, Rn. 226.

worum es in dem Widerspruchsverfahren geht. Ein derartiger Sachbericht erübrigt sich, wenn sich die maßgeblichen Umstände bereits aus dem angefochtenen Verwaltungsakt ergeben. Darüber hinaus sollte der Vorlagebericht enthalten, weshalb die Ausgangsbehörde dem Widerspruch nicht abgeholfen hat. Dabei darf man aber nicht in den in der Praxis häufig anzutreffenden Fehler verfallen, dass man in einem Gutachten nochmals die gesamten rechtlichen Gesichtspunkte durchprüft und darstellt. Eine Wiederholung der bereits im angefochtenen Verwaltungsakt enthaltenen Begründung ist überflüssig. Im Vorlagebericht ist lediglich auf die rechtlichen und tatsächlichen Argumente einzugehen, die der Widersprechende in seinem Widerspruch neu vorgetragen hat.

In der **Abgabenachricht** an den Widersprechenden braucht man sich mit dem Widerspruch inhaltlich nicht auseinander zu setzen. Vielfach werden für derartige Abgabenachrichten Vordrucke oder gespeicherte Textbausteine verwendet. Die Widerspruchsbehörde ist im Vorlagebericht davon zu unterrichten, dass Abgabenachricht erteilt wurde.

C. Lösungsvorschlag zu Fall 16

I. Schreiben an: 473

Landratsamt
Alb-Donau-Kreis
Postfach 596
PLZ Ulm

Betr.: Widerspruch des Herrn Fritz Schreiner, Blaubeuren, Lazarettgasse 5 gegen den Bescheid des Bürgermeisteramts Blaubeuren vom 20.5.2010, AZ …

Anl.: 1 Bund Akten des Bürgermeisteramts (1–23) u. R.

Herr Fritz Schreiner hat – durch seinen Neffen vertreten – gegen den Leistungsbescheid unseres Bürgermeisteramtes vom 20.5.2010, in dem verlangt wurde, die Kosten für eine Ersatzvornahme zu erstatten, Widerspruch eingelegt. Wir halten den Widerspruch für unzulässig und unbegründet und legen ihn deshalb Ihnen zur Entscheidung vor.

Wir haben mit Bescheid vom 19.4.2010 angeordnet, dass Herr Schreiner seine Wohnung zu entrümpeln habe (3). Im gleichen Bescheid wurde die Ersatzvornahme angedroht und die sofortige Vollziehung angeordnet. Der Bescheid wurde inzwischen bestandskräftig. Als Herr Schreiner innerhalb der angegebenen Frist der Anordnung nicht nachkam, haben wir mit Bescheid vom 6.5.2010 die Ersatzvornahme festgesetzt (6). Am Montag, den 10.5. räumte die Firma Heinemann in unserem Auftrag alle Abfälle und Altmaterialien aus der Wohnung (9). Die dafür bei uns geltend gemachten Kosten forderten wir in einem Bescheid vom 20.5.2010 von Herrn Schreiner an (12). Dieser Leistungsbescheid wurde am 21.5.2010 als einfacher Brief zur Post aufgegeben.

Gegen den Leistungsbescheid richtet sich der Widerspruch des Herrn Schreiner (14), der am Freitag, den 25.6.2010 beim Bürgermeisteramt Blaubeuren einging. Der Widerspruch stützt sich in erster Linie darauf, dass die Stadt Blaubeuren für die Polizeiverfügung zur Entrümpelung der Wohnung gar nicht zuständig gewesen sei, weil es sich um eine Maßnahme der Müllbeseitigung gehandelt habe. Außerdem habe die Behörde nicht beachtet, dass die Festsetzung der Ersatzvornahme ohne sofortige Vollziehung und Rechtsbehelfsbelehrung erfolgt sei. Im Übrigen bestreitet Herr Schreiner der Stadt das Recht, den Kostenersatz durch Leistungsbescheid anzufordern.

Der Widerspruch ist wegen Fristablaufs unzulässig (§ 70 Abs. 1 VwGO). Dennoch sollte unseres Erachtens zur Sache entschieden werden.

Der Widerspruch ist auch nicht begründet. Das Bürgermeisteramt hat seine Entscheidung überprüft und konnte keinen Rechtsfehler erkennen. Insbesondere trifft es nicht zu, dass das Bürgermeisteramt nicht berechtigt sei, die Kosten der Ersatzvornahme durch Leistungsbescheid anzufordern. Diese Möglichkeit ergibt sich schon aus dem Verhältnis der Über- und Unterordnung, das zwischen dem Polizeipflichtigen und der Behörde besteht.

Soweit sich Herr Schreiner darauf beruft, wir seien unzuständig gewesen, sieht er nicht, dass unsere Entscheidung inzwischen bestandskräftig geworden ist. Auch sein Einwand, dass die Festsetzung der Ersatzvornahme noch nicht bestandskräftig geworden sei, verkennt die Bedeutung des § 12 LVwVG. Danach kommt einem Widerspruch keine aufschiebende Wirkung zu, so dass trotz eines Widerspruchs das Vollstreckungsverfahren fortgeführt, d. h. das Zwangsmittel angewendet werden darf.

Nach unserer Auffassung hat der Widerspruch daher keinen Erfolg. Dem Vertreter von Herrn Schreiner haben wir Abgabenachricht erteilt.

(gez.)
Schnell

474 **II. Geschäftsgangvermerke**

1. Abgabenachricht an Herrn Karl Metzger, Schulstr. 16, Blaubeuren, nach Vordruck.
2. Die Akten des Bürgermeisteramtes (1–23) der Ziff. I beifügen und absenden.
3. Wv.: … (Stand des Verfahrens?)

Fall 17: „Das Bienenhaus"

(Baurecht, Widerspruchsbescheid, Ermessen, Anhörung, Zusage)

A. Sachverhalt

Der Nebenerwerbslandwirt Fritz Kleiner (im Hauptberuf ist er Heizungsmonteur und wohnt in Hausen o. U., Benzstr. 16) ist Eigentümer des außerhalb der Ortschaft gelegenen, landwirtschaftlich genutzten Grundstücks (Flst. 7312) auf der Gemarkung Hausen o. U. im Landkreis Alb-Donau-Kreis. Auf diesem Grundstück begann er im Juli 2009 ohne baurechtliche Genehmigung ein Gebäude zu errichten. Gerade als der Rohbau fertiggestellt war, erhielt er vom zuständigen Landratsamt Alb-Donau-Kreis ein Schreiben, das auf den 20.8.2009 datiert war und am 27.8.2009 bei ihm einging. In diesem Schreiben wurde verfügt, dass die Bauarbeiten sofort einzustellen seien, und es wurde die sofortige Vollziehung dieses Bescheids angeordnet. Am 14.9.2009 erhielt er von der gleichen Behörde ein Schreiben vom 10.9.2009, in dem der vollständige Abbruch des Gebäudes angeordnet wurde. Das Schreiben enthielt folgende Begründung: 475

„Sie haben auf der Parzelle Nr. 7312 der Gemarkung Hausen o. U. ohne baurechtliche Genehmigung ein Gebäude errichtet, das bis zum Rohbau fertiggestellt ist. Dieses Gebäude steht in Widerspruch zu § 35 Baugesetzbuch und kann deswegen auch nicht genehmigt werden. Einer der Fälle, in denen nach § 35 Baugesetzbuch ausnahmsweise ein Vorhaben im Außenbereich zulässig ist, liegt eindeutig nicht vor. Unter diesen Umständen räumt § 65 Landesbauordnung die Möglichkeit ein, den Abbruch des Gebäudes anzuordnen. Von dieser Möglichkeit macht das Landratsamt Gebrauch, um zu verhindern, dass die Eigenart der unberührten Landschaft beeinträchtigt wird und damit sich niemand auf das Bauvorhaben berufen kann. Dass dadurch für Sie finanzielle Nachteile entstehen, ist uns durchaus bewusst. Sie hätten sie jedoch verhindern können, wenn Sie bei der Baubehörde nachgefragt hätten, ehe Sie mit den Bauarbeiten begannen."

Gegen dieses Schreiben erhob Kleiner mit Schreiben vom 24.9.2009 Widerspruch, der am 27.9.2009 beim Landratsamt Alb-Donau-Kreis einging. Er trug darin vor, dass er die Auffassung des Landratsamts, das Gebäude sei nicht genehmigungsfähig, keineswegs teile. Er brauche als Nebenerwerbslandwirt dieses Gebäude für die Bienenzucht und als Geräteraum für seinen landwirtschaftlichen Betrieb. Die massive Mauerung sei nur deshalb gemacht worden, um besser gegen Einbruch gesichert zu sein und um die Unterhaltung billiger gestalten zu können. Eine Reduzierung des Baus auf die Größe einer genehmigungsfreien Geschirrhütte nach § 50 Abs. 1 LBO i. V. m. mit dessen Anhang (Gebäude, Gebäudeteile Nr. 1) komme für ihn nicht in Betracht.

Er beabsichtige im Übrigen, auf seinem Grundstück in Zukunft noch weitere Obst- und Gemüseanlagen herzurichten, weshalb man aus dem jetzigen Zustand keine Schlüsse auf die Erforderlichkeit eines solchen Gebäudes ziehen könne. Im Übrigen habe das Landratsamt überhaupt nicht berücksichtigt, dass ihm der Kreisbaumeister mündlich zugesagt habe, dieses Bauvorhaben zu genehmigen. In einem Gespräch auf dem Landratsamt vor ca. zwei Monaten habe ihm der Kreisbaumeister erklärt, er könne eine Gerätehütte und ein Bienenhaus errichten und dafür eine Baugenehmigung erhalten, sobald er sie beim Landratsamt beantrage. Im Übrigen könne die Entscheidung schon deshalb keinen Bestand haben, weil er nicht einmal angehört worden sei, ehe man diesen negativen Bescheid erlassen habe.

Das Landratsamt Alb-Donau-Kreis leitete den Widerspruch an das Regierungspräsidium Tübingen weiter und teilte in seinem Vorlagebericht mit, dass es den Widerspruch für unbegründet halte und ihm deshalb nicht abgeholfen habe. Was das Gespräch zwischen dem Kreisbaumeister und dem Widersprechenden angeht, teilte das Landratsamt dem Regierungspräsidium mit: Der Kreisbaumeister erinnere sich zwar an eine Unterredung mit dem Widersprechenden; nach seiner Auffassung sei darin jedoch nur ganz allgemein über die Möglichkeit zur Errichtung einer Gerätehütte und eines Bienenstandes gesprochen worden. Keinesfalls habe er eine rechtsverbindliche Zusage erteilt. Das Versäumnis der Anhörung wurde eingeräumt; nach Auffassung des Landratsamts hätte sich jedoch auch bei einer Anhörung nichts geändert, wie sich ja aus dem Widerspruchsschreiben und der jetzigen Stellungnahme des Landratsamtes ergebe.

Zwei Vertreter des Regierungspräsidiums (Mitarbeiter des Baureferats) besichtigten das umstrittene Gebäude. Sie stellten dabei fest, dass es massiv gemauert ist und Außenabmessungen von 8 x 3,20 x 2,20 m aufweist. Es besitzt 5 Fenster und 2 Eingangstüren. Es ist in drei ungefähr gleich große Räume unterteilt. Es liegt inmitten einer freien, von jeglicher Bebauung freigehaltenen, rein landwirtschaftlich genutzten Hochfläche und ist von weither sichtbar.

Aufgabe: Sie sollen als Sachbearbeiter im Baureferat des Regierungspräsidiums einen Entwurf des Widerspruchsbescheids mit den erforderlichen Geschäftsgangvermerken fertigen.

B. Vorüberlegungen zu Fall 17

476 Wenn Sie den Sachverhalt durchgelesen haben, wird Ihnen nicht ohne Weiteres gegenwärtig sein, welche Angaben letztlich entscheidungsrelevant sind. Erst nach Ihren Vorüberlegungen werden Sie bestimmen können, worauf es bei der Entscheidung ankommt.

I. Was wollen die Beteiligten?

Ihre Aufgabe lautet, eine Entscheidung – nämlich einen Widerspruchsbescheid – zu fertigen. Im Hinblick auf die Art der Maßnahme decken sich also der Wille der Behörde und der Wille des Widersprechenden. Wenn es um den Inhalt der Entscheidung geht, ist der Wille des Widersprechenden ebenso eindeutig: Er will die Aufhebung der Abbruchsanordnung, eines Verwaltungsaktes nach § 35 LVwVfG; sein Widerspruch ist also ein Anfechtungswiderspruch nach § 68 Abs. 1 Satz 1 VwGO. Der Wille der Widerspruchsbehörde ist durch die Frage vorbestimmt, ob der Widerspruch zulässig und begründet ist.

II. Welche gesetzlichen Vorgaben bestehen?

1. Zuständigkeit der Behörde

Als Sachbearbeiter der Widerspruchsbehörde müssen Sie zunächst die **477**
Frage beantworten, ob Sie überhaupt für die Entscheidung über den Widerspruch zuständig sind. Zur Beantwortung muss auf § 73 Abs. 1 VwGO und die Zuständigkeitsregelung in der Landesbauordnung zurückgegriffen werden, denn die Entscheidung stützt sich auf § 65 LBO, in deren Rahmen auch eventuelle Verstöße gegen das NatSchG als öffentlich-rechtliche Vorschriften zu prüfen sind. Das Regierungspräsidium ist gem. § 46 Abs. 1 Nr. 2 LBO als höhere Baurechtsbehörde nächsthöhere Behörde i. S. d. § 73 Abs. 1 Nr. 1 VwGO. Nach § 12 Abs. 4 LVG ist für den Alb-Donau-Kreis das Regierungspräsidium Tübingen zuständig.

2. Beteiligung anderer Behörden oder Stellen

Weiter müsste der Sachbearbeiter untersuchen, ob er noch – soweit dies bei **478**
der unteren Baurechtsbehörde unterblieben sein sollte – eine andere Behörde bzw. eine andere Stelle einschalten muss. In Frage kommt hier die untere Naturschutzbehörde (§ 10 Abs. 1 i. V. m. §§ 60, § 72 Abs. 1 NatschG). Allerdings handelt es sich bei einer Abbruchsanordnung nicht um eine Gestattung i. S. d. 23 Abs. 1 NatschG, wonach das Benehmen mit den Naturschutzbehörden herzustellen wäre. § 9 Abs. 1 NatschG, in dem eine Anhörung der Naturschutzbehörden vorgesehen ist bei Maßnahmen, die wesentliche Belange des Naturschutzes, der Landschaftspflege und der Erholungsvorsorge berühren können, kommt nur in Betracht, wenn eine Aufhebung der Abbruchsanordnung erfolgt. Falls die Abbruchsverfügung durch die Widerspruchsentscheidung bestätigt würde, werden die Belange des Naturschutzes nicht beeinträchtigt, so dass eine Einbeziehung des Referats Naturschutz sowie der Bezirksstelle für Naturschutz und Landschaftspflege nicht unbedingt erforderlich erscheint.

3. Vorgaben für den Entscheidungsinhalt – Prüfung von Zulässigkeit und Begründetheit des Widerspruchs

3.1 Zulässigkeit des Widerspruchs

479 Es sind keine Anhaltspunkte erkennbar, aus denen sich die **Unzulässigkeit** des Widerspruchs ergeben könnte, insbesondere hat K den Widerspruch rechtzeitig und formgerecht (vgl. § 70 VwGO) erhoben und er ist widerspruchsbefugt nach § 42 Abs. 2 VwGO analog, da er als Adressat des Verwaltungsakts zumindest in seinem Grundrecht aus Art 2 Abs. 1 GG verletzt sein kann.[1]

3.2 Begründetheit des Widerspruchs

480 Bei der **Begründetheit** muss geprüft werden, ob die Abbruchsanordnung rechtswidrig ist und den Widersprechenden in seinen Rechten verletzt (§ 113 Abs. 1 VwGO analog) bzw. – soweit es sich um eine Ermessensentscheidung handelt – außerdem, ob der Verwaltungsakt unzweckmäßig ist und das Ermessen zumindest auch im Interesse des Widersprechenden eingeräumt wurde.[2]

3.2.1 Formelle Rechtswidrigkeit

481 Die Rechtswidrigkeit der Abbruchsanordnung, die auf § 65 LBO gestützt werden kann, kann sich aus einem **Verstoß gegen formelle Rechtsvorschriften** ergeben. Laut Sachverhalt wurde K vor Erlass der Abbruchsanordnung **nicht angehört.** Dieser Verstoß gegen § 28 Abs. 1 LVwVfG – die Ausnahmeregelung der Absätze 2 und 3 treffen nicht zu – führt zur Rechtswidrigkeit des Verwaltungsaktes. Allerdings ist § 45 Abs. 1 Nr. 3 LVwVfG zu berücksichtigen, wonach dieser Fehler geheilt werden kann. Die Heilung kann auch noch im Rahmen des Widerspruchsverfahrens erfolgen, insbesondere sieht die Rechtsprechung in der Einlegung des Widerspruchs die Heilung der fehlenden Anhörung;[3] im Zeitpunkt der Entscheidung über den Widerspruch ist die Abbruchsanordnung insoweit also nicht mehr rechtswidrig.

3.2.2 Materielle Rechtswidrigkeit

482 Bei der Überprüfung der materiellen Rechtmäßigkeit kommt es zunächst darauf an, ob die Tatbestandsvoraussetzungen der **Ermächtigungsgrundlage des § 65 LBO** gegeben sind.

Danach müsste die Anlage im Widerspruch zu öffentlich-rechtlichen Vorschriften errichtet worden sein. Dies ist dann der Fall, wenn das Bauvorhaben nicht von einer Baugenehmigung gedeckt ist und fortdauernd gegen materielles Baurecht verstößt.

---

1 Sog. Adressatentheorie, vgl. *Büchner/Schlotterbeck*, Rn. 148.
2 Vgl. § 68 VwGO; *Büchner/Schlotterbeck*, Rn. 285.
3 Vgl. *Schweickhardt/Vondung*, Rn. 504.

Kleiner besitzt laut Sachverhalt **keine Baugenehmigung** für sein Bienenhaus.

Die **planungsrechtliche Zulässigkeit** bemisst sich dabei nach § 35 BauGB, weil das strittige Vorhaben im Außenbereich liegt.

Als **privilegiertes Vorhaben** wäre es gem. **§ 35 Abs. 1 BauGB** zulässig, wenn das „Haus für Bienenzucht und Geräte“ die Voraussetzungen der Nr. 1 erfüllt. **483**

Das Gebäude von Kleiner müsste danach u. a. einem landwirtschaftlichen Betrieb dienen. Dass eine berufsmäßige Imkerei zur Landwirtschaft zählt, ergibt sich aus § 201 BauGB. Die Tatsache, dass Kleiner die Imkerei nur nebenberuflich ausüben will, steht einer Anwendung des § 35 Abs. 1 Nr. 1 BauGB grundsätzlich nicht entgegen, da auch der Betrieb eines Nebenerwerbslandwirts privilegiert sein kann. Ob Kleiner mit seiner Imkerei allerdings die weiteren Voraussetzungen einer echten Bodenertragsnutzung mit dem Ziel einer dauerhaften, wenn auch nur teilweisen Sicherung seiner Existenz erfüllt,[4] kann dahinstehen. Entscheidend ist hier nämlich die Frage, ob das Gebäude nach Größe, Ausstattung und Funktion dem Betrieb zugeordnet ist, ihm also i. S. d. § 35 Abs. 1 Nr. 1 BauGB dient. Davon ist auszugehen, wenn ein vernünftiger Landwirt ein derartiges Vorhaben unter Berücksichtigung des Gebots größtmöglicher Schonung des Außenbereichs errichten würde.[5] Ein massiv gemauertes Gebäude mit 5 Fenstern und zwei Eingangstüren, das in drei Räume unterteilt ist und auf einer rein landwirtschaftlich genutzten Hochfläche liegt, entspricht diesen Anforderungen nicht – es ist augenscheinlich ein getarntes Wochenendhaus. Bei der Bewertung kommt es auch nicht auf die vom Bauherrn angegebene Zweckbestimmung, sondern allein auf die objektive Eignung des Gebäudes an.[6]

Indem das Gebäude als Wochenendhaus eingestuft wird, entfällt auch der **Privilegierungstatbestand des § 35 Abs. 1 Nr. 4 BauGB.**[7] Diese Einordnung des Gebäudes ist maßgeblich für die Anwendbarkeit des § 35 Abs. 1 Nr. 4 BauGB. Wochenendhäuser sollen nämlich nicht ungeplant im Außenbereich, sondern in hierfür nach § 10 Abs. 1 und 3 BauNVO ausgewiesenen Wochenendhausgebieten errichtet werden. **484**

Die **Zulässigkeit** könnte sich nun allenfalls noch aus **§ 35 Abs. 2 BauGB** ergeben, wenn das Vorhaben u. a. öffentliche Belange nicht beeinträchtigt. Ein Wochenendhaus steht jedoch zur landwirtschaftlichen Bodennutzung des Gebiets, in dem es errichtet worden ist, in keiner Beziehung und beeinträchtigt deshalb die natürliche Eigenart der Landschaft i. S. d. § 35 Abs. 3 Nr. 5 BauGB.[8]

---

4 Vgl. dazu näher *Büchner/Schlotterbeck*, Baurecht, Rn. 737 ff.
5 Vgl. BVerwGE 41, 138; *Büchner/Schlotterbeck*, Baurecht, Rn. 742 f.
6 Vgl. BVerwGE 19, 75; VGH BW, ESVGH 52, 213.
7 Vgl. u. a. BVerwG, NJW 1975, 2114.
8 Vgl. BVerwG, ZfBR 1994, 193; VGH BW, ESVGH 22, 30; *Büchner/Schlotterbeck*, Baurecht, Rn. 754.

Das Bienenhaus verstößt also materiell-rechtlich gegen Bauplanungsrecht. Weil Kleiner auch keine Baugenehmigung hat, sind die Tatbestandsvoraussetzungen für einen Abbruch nach § 65 LBO erfüllt. Es ist auch nicht erkennbar, dass ein Teilabbruch des Gebäudes zur Herstellung rechtmäßiger Zustände genügen würde. Im Übrigen hat Kleiner der Behörde dies auch nicht angeboten.[9]

485 § 65 LBO räumt der Behörde **Ermessen** ein. Dieses Ermessen besteht sowohl hinsichtlich der Entscheidung, ob der Abbruch überhaupt als auch wie der Abbruch verfügt wird. Für den Abbruch spricht, dass das öffentliche Interesse an einer Freihaltung der Landschaft dem Interesse des Bauherrn, ein Wochenendhaus zu haben, vorgeht. Bei der Ausübung des Ermessens wäre die Widerspruchsbehörde allerdings gebunden, wenn es zutrifft, dass dem Bauherrn eine verbindliche Zusicherung i. S. d. § 38 LVwVfG erteilt worden ist. Ungeachtet sonstiger Bedenken ergibt sich die Unwirksamkeit der behaupteten **Zusicherung** aber schon aus der fehlenden **Schriftform** – vgl. § 38 Abs. 1 Satz 1 LVwVfG.

Sonstige Fehler bei der Ausübung des Ermessens sind im Übrigen nicht zu erkennen.

3.2.3 Zweckwidrigkeit der Entscheidung

486 Wenn ein Widerspruchsbescheid wegen eines Verwaltungsaktes ergeht, der im Ermessen der Ausgangsbehörde steht, müssen Sie allerdings stets bedenken, dass die Widerspruchsbehörde auch die Zweckmäßigkeit der Entscheidung überprüft und eigene Zweckmäßigkeitserwägungen anstellen darf.[10] Die Angaben im Sachverhalt sind jedoch zu dürftig, um substantiiert zur Zweckmäßigkeit Stellung nehmen zu können.

Da auch sonst keine Anhaltspunkte für Rechtsverstöße ersichtlich sind, wird die Widerspruchsbehörde die Abbruchsanordnung nicht aufheben.

4. Ist eine Kostenentscheidung erforderlich?

487 Nach § 73 Abs. 3 Satz 2 VwGO bestimmt der Widerspruchsbescheid auch, wer die **Kosten** trägt, d. h. die Widerspruchsbehörde muss über die Kosten entscheiden. Kosten sind die Gebühren und Auslagen der Widerspruchsbehörde sowie die Aufwendungen der Ausgangsbehörde und des Widersprechenden.

---

9 Vgl. *Büchner/Schlotterbeck*, Baurecht, Rn. 409.
10 Vgl. § 68 VwGO; *Büchner/Schlotterbeck*, Rn. 235.

4.1 Kostenlastentscheidung nach § 80 LVwVfG

Die Kostentragung bei den **Aufwendungen der Ausgangsbehörde und des Widersprechenden** ist in § 80 Abs. 1 und 2 LVwVfG geregelt. Entscheidende Bedeutung kommt in unserem Fall § 80 Abs. 1 Satz 2 LVwVfG zu. Danach sieht der Gesetzgeber auch im Falle einer Heilung eines Fehlers nach § 45 LVwVfG vor, dass der Rechtsträger der Ausgangsbehörde dem Widersprechenden seine Aufwendungen im Widerspruchsverfahren erstattet. Rechtsträger ist der Hoheitsträger, dessen Funktionen die Ausgangsbehörde wahrgenommen hat. Hier hat das Landratsamts Alb-Donau-Kreis als untere Verwaltungsbehörde gemäß § 46 Abs. 1 Nr. 3 LBO gehandelt und nicht im Selbstverwaltungsbereich, damit ist das Land Baden-Württemberg Rechts- und Kostenträger nach § 80 Abs. 1 Satz 1 LVwVfG. 488

4.2 Kosten der Widerspruchsbehörde

Wer die **Kosten der Widerspruchsbehörde** zu tragen hat und wie hoch sie sind, darüber sagt die VwGO nichts aus. Insoweit gilt das Landesgebührengesetz (LGebG). Nach § 4 Abs. 1 LGebG setzt die Behörde, die eine individuell zurechenbare öffentliche Leistung erbringt, wozu ein Widerspruchsbescheid unzweifelhaft zählt, eine Gebühr fest. Gebührenschuldner ist Herr Kleiner nach § 5 Abs. 1 Nr. 1 LGebG, der das Widerspruchsverfahren veranlasst hat. Die Höhe der Gebühr bemisst sich nach der vom Landratsamt erlassenen Verordnung gemäß § 4 Abs. 3 LGebG. In unserem Fall ist aber zu beachten, dass der Verwaltungsakt wegen eines Verfahrensverstoßes rechtswidrig war und dieser Fehler erst im Widerspruchsverfahren geheilt wurde. Hier ist die Entscheidung der Ausgangsbehörde zuzurechnen, auch wenn der Widerspruch wegen der Heilung letztlich erfolglos bleibt. Dieses Ergebnis steht in Einklang mit dem Rechtsgedanken des § 80 Abs. 1 Satz 2 LVwVfG, der für die Aufwendungen der Beteiligten eine ähnliche Regelung trifft. Demnach wäre das Land Baden-Württemberg verpflichtet, die Kosten der Widerspruchsbehörde zu bezahlen. Nach § 10 Abs. 1 LGebG ist das Land Baden-Württemberg jedoch von der Entrichtung der Gebühren befreit (persönliche Gebührenfreiheit). Deshalb ist es sinnvoll, den Ausspruch über die Kostentragung und die Gebührenfestsetzung in der Weise zu verknüpfen, dass lediglich festgestellt wird: Von der Erhebung einer Verwaltungsgebühr wird abgesehen.[11] 489

In unserem Fall ist aber zu beachten, dass der Verwaltungsakt wegen eines Verfahrensverstoßes rechtswidrig war und dieser Fehler erst im Widerspruchsverfahren geheilt wurde. Hier ist die Entscheidung der Ausgangsbehörde zuzurechnen, auch wenn der Widerspruch wegen der Heilung letztlich erfolglos bleibt. Dieses Ergebnis steht in Einklang mit dem Rechtsgedanken des § 80 Abs. 1 Satz 2 LVwVfG, der für die Aufwendun-

11 Vgl. dazu *Büchner/Schlotterbeck*, Rn. 321.

gen der Beteiligten eine ähnliche Regelung trifft. Demnach wäre das Land Baden-Württemberg verpflichtet, die Kosten der Widerspruchsbehörde zu bezahlen. Nach § 10 Abs. 1 LGebG ist das Land Baden-Württemberg jedoch von der Entrichtung der Gebühren befreit (persönliche Gebührenfreiheit). Deshalb ist es sinnvoll, den Ausspruch über die Kostentragung und die Gebührenfestsetzung in der Weise zu verknüpfen, dass lediglich festgestellt wird: Von der Erhebung einer Verwaltungsgebühr wird abgesehen.[12]

5. Rechtsbehelfsbelehrung

490 Ferner ist an die Rechtsbehelfsbelehrung zu denken, die für Widerspruchsbescheide nach § 73 Abs. 3 Satz 1 VwGO sogar verpflichtend vorgeschrieben ist. Der nach § 58 Abs. 1 VwGO notwendige Inhalt der Belehrung ist § 74 VwGO (Frist), § 45 VwGO (sachliche Zuständigkeit) und § 52 Nr. 1 VwGO (örtliche Zuständigkeit) i. V. m. § 1 Abs. 2 AGVwGO zu entnehmen. Bei der Belehrung über den Sitz des Gerichts genügt nach der Rechtsprechung des Bundesverwaltungsgerichts an sich die Ortsangabe, hier also Sigmaringen.[13] Es ist der Verwaltung aber natürlich nicht verwehrt, darüber hinaus nähere Angaben zum Sitz des Gerichts zu machen. Die Anschrift des Verwaltungsgerichts Sigmaringen lautet: 72488 Sigmaringen, Karlstr. 13.

6. Geschäftsgangvermerke

491 Bei der Festlegung der **Geschäftsgangvermerke** müssen Sie den weiteren Ablauf des Verfahrens vor Augen haben. Der Widerspruchsbescheid ist zuzustellen, vgl. § 73 Abs. 3 Satz 1 VwGO. Unter den verschiedenen, nach dem Bundesverwaltungszustellungsgesetz[14] möglichen Zustellungsarten kann die Behörde auswählen, vgl. § 2 Abs. 3 Satz 1 VwZG. Die Zustellungsart ist dann auf der Reinschrift und dem Entwurf zu vermerken.

Ferner muss veranlasst werden, dass auch das Landratsamt vom Widerspruchsbescheid Kenntnis erhält; seine Akten sind beizufügen. Zwar wäre eine förmliche Zustellung an das Landratsamt nicht erforderlich; Fristen müssen nicht in Lauf gesetzt werden, weil das Landratsamt als weisungsabhängige untere Verwaltungsbehörde selbst gegen den Widerspruchsbescheid nicht klagebefugt ist, da es sich um einen sog. Insichprozess handeln würde.[15] Wegen des Nachweises, dass die Akten beigefügt worden sind, empfiehlt es sich jedoch, eine Zustellung durch die Behörde im Wege der Übermittlung gegen Empfangsbekenntnis (§ 5 VwZG) anzuordnen. Auf

12 Vgl. dazu *Büchner/Schlotterbeck*, Rn. 321.
13 Vgl. BVerwG, NVwZ 1991, 261.
14 Vgl. § 73 Abs. 3 Satz 2 VwGO u. *Büchner/Schlotterbeck*, Rn. 340.
15 Vgl. *Büchner/Schlotterbeck*, Rn. 369 m. w. N.

eine Wiedervorlage kann verzichtet werden, weil die Akten ohnehin vorgelegt werden, falls der Widersprechende Klage erhebt und das Gericht die Akten und eine Stellungnahme anfordert. Da ansonsten in der Zwischenzeit nichts zu veranlassen ist, kann der Vorgang zu den Akten geschrieben werden.

7. Umsetzung der Überlegungen

Die **Tenorierung eines Widerspruchsbescheids** kann erhebliche Schwierigkeiten aufwerfen, wenn ein Widerspruch zulässig und begründet ist. Dann ist es nicht mit der Erklärung getan, dem Widerspruch werde stattgegeben. Die Schwierigkeiten entfallen, wenn – wie im vorliegenden Fall – der Widerspruch zwar zulässig, aber unbegründet ist; dann wird er einfach zurückgewiesen. **492**

Bei der **Kostenentscheidung** empfiehlt es sich wegen der Übersichtlichkeit und der unterschiedlichen gesetzlichen Regelungen zwischen den Kosten der Widerspruchsbehörde und den Aufwendungen der übrigen Beteiligten zu unterscheiden. Beim Tenorieren fragt sich, ob die Entscheidung, keine Gebühr zu erheben, in die Entscheidungsformel aufgenommen wird. Dagegen spricht das Gebot der Kürze; für die Aufnahme, dass dem Bürger gegenüber der kostenfreie Service der Behörde herausgestellt wird. Außerdem schreibt § 73 Abs. 3 VwGO ausdrücklich eine Kostenentscheidung vor!

Bei der Ermittlung des **Tatbestands,** der in den Widerspruchsbescheid aufgenommen werden soll, müssen Sie jedenfalls alle Fakten aufnehmen, die für Ihre Lösung entscheidungserheblich sind. Aus dem Tatbestand sollte außerdem ersichtlich sein, auf welche Argumente der Widersprechende sein Begehren stützt und wie das Verfahren bisher abgelaufen ist. Zudem ist die Ortsbesichtigung (sog. Augenschein) durch Vertreter des Regierungspräsidiums und dessen Ergebnis in den Tatbestand aufzunehmen. Bei der Darstellung kommt es auf eine knappe, zusammenfassende Sprache an.

C. Lösungsvorschlag zu Fall 17

I. Schreiben an: **493**

Herrn
Fritz Kleine
Benzstr. 16
PLZ Hausen o. U.

Zustellung durch die Post mit
Postzustellungsurkunde

Ihr Widerspruch vom 24.9.2009 gegen die Abbruchsanordnung des Landratsamtes Alb-Donau-Kreis vom 10.9.2009

Sehr geehrter Herr Kleiner,

auf Ihren Widerspruch vom 24.9.2009 ergeht folgender

494 **Widerspruchsbescheid:**

1. Ihr Widerspruch wird zurückgewiesen.
2. Von der Erhebung einer Verwaltungsgebühr wird abgesehen.
3. Ihre zur zweckentsprechenden Rechtsverfolgung notwendigen Aufwendungen im Widerspruchsverfahren sind vom Land Baden-Württemberg zu erstatten. Die Aufwendungen des Landratsamtes Alb-Donau-Kreis sind nicht erstattungsfähig.

495 **Gründe**

1. Sachverhalt:

Im Juli 2009 haben Sie damit begonnen, auf Ihrem Flurstück Nr. 7312 der Gemarkung Hausen o. U. ohne baurechtliche Genehmigung ein Gebäude zu errichten. Das Gebäude ist jetzt im Rohbau fertiggestellt. Es ist massiv gemauert, weist Abmessungen von 8 x 3, 2 x 2,2 m und einen Rauminhalt von 56,32 cbm auf; es besitzt 5 Fenster und zwei Eingangstüren. Es ist in drei ungefähr gleich große Räume unterteilt. Das Gebäude liegt inmitten einer freien, von jeglicher Bebauung freigehaltenen, rein landwirtschaftlich genutzten Hochfläche und ist von weither sichtbar.

Nachdem das Landratsamt zunächst mit Bescheid vom 20.8.2009 die Baueinstellung verfügt hatte, ordnete es mit Bescheid vom 10.9.2009 den vollständigen Abbruch des Gebäudes an.

Gegen diese Abbruchsanordnung richtet sich Ihr Widerspruch vom 24.9.2009. Als Begründung haben Sie im Wesentlichen vorgetragen, das Gebäude werde für die Bienenzucht und als Geräteraum für ihren landwirtschaftlichen Betrieb gebraucht. Die massive Mauerung sei erfolgt, um gegen Einbruch besser gesichert zu sein und um die Unterhaltung billiger gestalten zu können. Die jetzige Nutzung des Grundstücks stelle noch nicht den Endzustand dar, die Bepflanzung werde noch ausgedehnt. Außerdem berufen Sie sich auf ein Gespräch mit dem Kreisbaumeister, in dem er Ihnen zugesagt haben soll, dass Sie eine Genehmigung für dieses Gebäude erhalten würden, sobald Sie dies beantragen. Im Übrigen sei die Abbruchsanordnung schon deshalb rechtswidrig und aufzuheben, weil Sie vor ihrem Erlass nicht angehört worden sind.

Das Landratsamt Alb-Donau-Kreis hat dem Widerspruch nicht abgeholfen. Es hat das Versäumnis der Anhörung eingeräumt, sieht diesen Fehler jedoch als geheilt an. Es hat uns die Akten zur Entscheidung über den Widerspruch vorgelegt.

Vertreter des Regierungspräsidiums haben eine Ortsbesichtigung durchgeführt. Dieser hat ergeben, dass das Gebäude inmitten einer freien, von jeglicher Bebauung freigehaltenen, rein landwirtschaftlich genutzten Hochfläche im Außenbereich liegt und von weither sichtbar ist.

496 **2. Rechtliche Gründe:**

Der Widerspruch ist zulässig, jedoch unbegründet. Das Landratsamt hat zu Recht gem. § 65 Satz 1 Landesbauordnung (LBO) den Abbruch des Gebäudes angeordnet, weil es in Widerspruch zu öffentlich-rechtlichen Vorschriften errichtet wurde und rechtmäßige Zustände auf andere Weise nicht hergestellt werden können.

Ihr Gebäude verstößt gegen Bauplanungsrecht, indem es öffentliche Belange im Sinne des § 35 Abs. 2 und Abs. 3 Nr. 5 Baugesetzbuch (BauGB) beeinträchtigt und somit Vorschriften des materiellen Baurechts widerspricht.

Das Landratsamt geht zutreffend davon aus, dass es sich bei dem Gebäude nicht um ein nach § 35 Abs. 1 BauGB im Außenbereich zulässiges privilegiertes Bauvorhaben handelt. Schon wegen seiner Größe, seiner massiven Bauweise, seiner Raumaufteilung und seiner sonstigen baulichen Ausstattung erfüllt es nicht die Voraussetzungen des § 35 Abs. 1 Nr. 1 BauGB, da es in dieser Ausführung nicht den Bedürfnissen eines Bienenzüchters als Nebenerwerbslandwirt dient. Auch nach unserer Auffassung ist das Vorhaben so angelegt, dass es sich objektiv als Wochenendhaus eignet. Bei der Beurteilung, ob es sich um ein Wochenendhaus handelt, konnten wir nach ständiger Rechtsprechung nicht von der von Ihnen als Bauherr angegebenen Zweckbestimmung ausgehen, sondern mussten allein auf die objektive Eignung des Gebäudes abstellen.[16] Als Wochenendhaus ist es auch nicht nach § 35 Abs. 1 Nr. 4 zulässig; Wochenendhäuser sollen nicht ungeplant im Außenbereich, sondern nur in hierfür nach § 10 Abs. 1 und 3 Baunutzungsverordnung besonders ausgewiesenen Wochenendhausgebieten errichtet werden.

Das Gebäude kann auch nicht als sonstiges Vorhaben nach § 35 Abs. 2 BauGB zugelassen werden. Es beeinträchtigt seiner Ausführung und Benutzung nach öffentliche Belange im Sinne des § 35 Abs. 2 und 3 Nr. 5 BauGB, weil es der Landschaft wesensfremd ist, von der Landschaft her nicht gefordert wird und als Wochenendhaus mit der landwirtschaftlichen Bodennutzung in keiner Beziehung steht. Die natürliche Eigenart der Landschaft wird nach ständiger Rechtsprechung durch die vorhandene Bodennutzung und durch ihre Funktion als Erholungslandschaft für die Allgemeinheit geprägt, so dass ein Wochenendhaus, das dieser Nutzung und Funktion nicht dient, als wesensfremd anzusehen ist und einen Fremdkörper in der Landschaft bildet.[17] Zweck des § 35 BauGB ist es, die Außenbereichslandschaft von ihr wesensfremden Bauten für die Allgemeinheit freizuhalten.

Nachdem rechtmäßige Zustände auch nicht auf andere Weise als durch den Abbruch hergestellt werden können, stand es gem. § 65 LBO im Ermessen des Landratsamtes, den Abbruch anzuordnen. Es ist nicht erkennbar, dass dem Landratsamt bei der Ausübung des Ermessens ein Fehler unterlaufen ist. Insbesondere lässt sich aus der von Ihnen zitierten Unterredung mit dem Kreisbaumeister kein anderer Schluss ziehen. Es kann dahin gestellt bleiben, ob der Kreisbaumeister tatsächlich eine derartige Erklärung abgegeben hat – er selbst stellt den Inhalt des Gesprächs anders dar. Jedenfalls hätte eine derartige Erklärung keine rechtliche Bindung, da eine Zusicherung gemäß § 38 Landesverwaltungsverfahrensgesetz Baden-Württemberg (LVwVfG) nur wirksam ist, wenn sie schriftlich erteilt wurde.

Aus der Begründung des angefochtenen Bescheids lässt sich im Übrigen entnehmen, dass das Landratsamt sein Ermessen fehlerfrei ausgeübt hat.

Das Landratsamt hat allerdings insoweit fehlerhaft gehandelt, als es Sie vor Erlass der Abbruchsanordnung nicht anhörte. Dazu wäre das Landratsamt gemäß § 28 Abs. 1 LVwVfG verpflichtet gewesen. Da Sie im Widerspruchsver-

16 Vgl. BVerwGE 19, 75.
17 Vgl. BVerwG, ZfBR 1994, 193; VGH BW, ESVGH 22, 30.

fahren die Gelegenheit hatten, Ihre Argumente vorzutragen, wurde dieser Fehler gemäß § 45 Abs. 1 Nr. 3 LVwVfG geheilt, so dass wegen dieses Verfahrensmangels die ansonsten rechtmäßige Entscheidung des Landratsamtes nicht aufzuheben ist. Die Entscheidung des Landratsamts war auch zweckmäßig. Es sind daher keine Gründe ersichtlich, die eine Aufhebung der Entscheidung rechtfertigen.

Die Kostenentscheidung über die Gebührenfreiheit für den Widerspruchsbescheid beruht auf §§ 4, 5 des Landesgebührengesetzes in Verbindung mit dem Rechtsgedanken des § 80 Abs. 1 Satz 2 LVwVfG. Die Pflicht zur Erstattung Ihrer im Vorverfahren notwendigen Aufwendungen stützt sich auf § 80 Abs. 1 Satz 2 LVwVfG. Wäre die unterlassene Anhörung nicht nach § 45 LVwVfG geheilt worden, hätte Ihr Widerspruch Erfolg gehabt. Daraus und aus § 80 Abs. 1 Satz 3 LVwVfG folgt im Übrigen, dass die Aufwendungen des Landratsamtes nicht erstattungsfähig sind.

497 **Rechtsmittelbelehrung**

Gegen die Abbruchsanordnung des Landratsamtes Alb-Donau-Kreis vom 10.9.2009 in der Gestalt, die sie durch diesen Widerspruchsbescheid erhalten hat, können Sie innerhalb eines Monats nach Zustellung des Widerspruchsbescheids beim Verwaltungsgericht Sigmaringen mit Sitz in Sigmaringen, Karlstraße 13 schriftlich oder zur Niederschrift des Urkundsbeamten der Geschäftsstelle Klage erheben.

Mit freundlichen Grüßen

(gez.)

Hauer

498 **II. Geschäftsgangvermerke**

1. Zustellung durch die Post mit Postzustellungsurkunde.
2. Auf eine Abschrift ist zu setzen:
   Dem
   Landratsamt
   Alb-Donau-Kreis,
   PLZ Ulm, Postfach 596.
   Auf den Bericht vom ..., Az.: 51.2/622.11 werden die vom Landratsamt vorgelegten Akten des Landratsamtes Alb-Donau-Kreis (ein Heft) sowie ein Vordruck für das Empfangsbekenntnis angeschlossen zurückgereicht.
3. Zustellung der Nr. 2 durch die Behörde im Wege der Übermittlung gegen Empfangsbekenntnis (§ 5 LVwZG).
4. Akten des Landratsamtes anschließen.
5. Z. d. A.

Fall 18: „Abschleppfall“

(Kosten der Abschleppmaßnahme, Verhältnismäßigkeit, Vollstreckungsrecht, Abgrenzung Ersatzvornahme – unmittelbare Ausführung – unmittelbarer Zwang, sofortige Vollziehbarkeit des Leistungsbescheids, Rechtsbehelfsbelehrung, Ausnahmen von der Anhörungspflicht, Widerspruch gegen einen bereits erledigten Verwaltungsakt)

A. Sachverhalt

Der Pkw von Rechtsanwalt Dr. Peters (P), Marke BMW, war am 15.3.2010 **499** in der Schulstraße in Baden-Baden im Geltungsbereich des Verkehrszeichens 314 mit dem Zusatzzeichen Rollstuhlfahrersinnbild auf einem durch Verkehrszeichen ausgewiesenen Behindertenparkplatz abgestellt. Hinter der Windschutzscheibe des Fahrzeugs befand sich eine Visitenkarte mit dem Namen des Klägers, der ihn beschäftigenden Anwaltskanzlei in 71364 Winnenden sowie deren Telefon- und Telefaxnummer. Die Visitenkarte war handschriftlich ergänzt durch die Angabe einer Mobiltelefonnummer. Der Gemeindevollzugsdienst der Stadt Baden-Baden entdeckte das verbotswidrig abgestellte Fahrzeug um 11.07 Uhr und ordnete dessen Standortveränderung an. Das Fahrzeug wurde um 11.20 Uhr abgeschleppt. An Abschleppkosten sind gegenüber dem Abschleppunternehmen 88,96 € angefallen.

Frau Oberinspektorin Schwandt, im Ordnungsamt der Stadt Baden-Baden beschäftigt, bekommt den Auftrag P zu den Abschleppkosten heranzuziehen und sicherzustellen, dass die Kosten vom Pflichtigen auch sofort bezahlt werden. Aus einem drei Tage nach dem Abschleppen des PKW bei der Stadt eingegangenen Widerspruchsschreiben von Rechtsanwalt P ergibt sich, dass er die Abschleppmaßnahme für unverhältnismäßig hält. Dem Gemeindevollzugsbediensteten wäre es mühelos möglich gewesen, die Handynummer anzuwählen. Er sei im allenfalls 100 m entfernten Amtsgericht bei einer zivilrechtlichen Verhandlung gewesen und hätte jederzeit sein Fahrzeug wegfahren können. Der die Verhandlung führende Richter wäre auch bereit gewesen, die mündliche Verhandlung zu unterbrechen.

Aufgaben

1. Bereiten Sie ein Gutachten zu den materiell-rechtlichen Fragen einer Erhebung der Abschleppkosten sowie zur Notwendigkeit einer Anhörung vor und fertigen Sie gegebenenfalls den Leistungsbescheid einschließlich aller Nebenentscheidungen.
2. Prüfen Sie, ob der Widerspruch von P zulässig ist.

B. Vorüberlegungen zu Fall 18

I. Was will der Bürger?

500 P will eine Entscheidung über seinen Widerspruch gegen die Abschleppmaßnahme.

II. Was will/muss die Behörde tun?

501 Die Stadt möchte von P die Erstattung der an den Abschleppunternehmer geleisteten Kosten in Höhe von 88,96 Euro erreichen. Damit P sofort bezahlen muss, könnte die Anordnung einer sofortigen Vollziehung des möglichen Leistungsbescheids in Erwägung gezogen werden.

Ferner muss sich die Stadt mit dem von P eingelegten Widerspruch gegen die Abschleppmaßnahme befassen. Dabei hat sie sich an die rechtlichen Vorgaben zur Entscheidung über den Widerspruch zu halten. Sollte der Widerspruch zulässig und begründet sein, muss sie eine Abhilfeentscheidung nach § 72 VwGO treffen.

III. Normative Vorgaben für das Vorgehen der Behörde

Aufgabe 1: Gutachten zum Erlass eines Kostenbescheids

502 Um die Zahlung der Abschleppkosten durch P zu erreichen, bietet sich der Erlass eines Verwaltungsaktes an, der dann auch Grundlage für eine mögliche Vollstreckung sein kann. Es ist in der Aufgabenstellung zu beachten, dass die formellen Voraussetzungen für den Erlass eines Kostenbescheids – mit Ausnahme der Notwendigkeit einer Anhörung – nicht zu prüfen sind.

1. Ermächtigungsgrundlage für das Zahlungsverlangen der Stadt

Als Ermächtigungsgrundlagen kommen §§ 25, 31 Abs. 1 und 2 LVwVG i. V. m. §§ 6 Abs. 3, 8 Abs. 1 Nr. 8 LVwVGKO oder aber § 8 Abs. 2 PolG in Betracht, um Gebühren und Auslagen für die Abschleppmaßnahme zu erheben. Entscheidend ist danach, wie die Abschleppmaßnahme rechtlich einzuordnen ist. Entscheidend ist danach, wie die Abschleppmaßnahme rechtlich einzuordnen ist.

Handelt es sich um eine **Ersatzvornahme** nach § 25 LVwVG als Zwangsmittel der Verwaltungsvollstreckung, so muss ein zu vollstreckender Grundverwaltungsakt vorhanden sein. Eine **unmittelbare Ausführung** nach § 8 Abs. 2 PolG kommt hingegen nur in Frage, wenn kein Verwaltungsakt als Grundlage der Maßnahme vorliegt.

Zu vollstreckender Grundverwaltungsakt ist hier das Parkverbot des Verkehrszeichens 314, einer Allgemeinverfügung i. S. d. § 35 Satz 2 LVwVfG, so dass es sich beim Abschleppvorgang um eine Ersatzvornahme nach § 25 LVwVG gehandelt hat. **Unmittelbarer Zwang** nach § 26 LVwVG kommt nicht in Betracht, da dies voraussetzt, dass der Pflichtige sich weigert, die Anordnung zu befolgen. Im Übrigen wäre Ersatzvornahme gegenüber unmittelbarem Zwang auch vorrangig, § 26 Abs. 2 LVwVG.

2. Tatbestandsvoraussetzungen nach § 25 LVwVG

Die Stadt kann die Abschleppkosten nur dann verlangen, wenn die Abschleppmaßnahme als Ersatzvornahme rechtmäßig gewesen ist.[1] 503

2.1 Rechtmäßigkeit der Ersatzvornahme

2.1.1 Vollstreckbarer Verwaltungsakt

Eine Ersatzvornahme kommt als Vollstreckungsmaßnahme nur in Betracht, wenn ihr ein vollstreckbarer Verwaltungsakt zugrunde liegt, § 2 LVwVG. Ein solcher könnte das Parkverbot des Verkehrszeichens 314 darstellen.

P war nicht berechtigt, sein Fahrzeug im Geltungsbereich des Verkehrszeichens 314 der StVO mit dem Zusatzzeichen – Rollstuhlfahrersinnbild – siehe Erläuterung Nr. 1d: „schwerbehinderte Menschen mit außergewöhnlicher Gehbehinderung, beidseitiger Amelie oder Phokomelie oder mit vergleichbaren Funktionseinschränkungen sowie für blinde Menschen" zu parken (vgl. Anlage 3 zu § 42 Abs. 2 StVO). Das Verkehrszeichen 314 StVO mit dem Zusatzzeichen begründet nicht nur ein Parkverbot für Nichtberechtigte (vgl. § 42 Abs. 2 StVO), sondern in analoger Anwendung des **§ 80 Abs. 2 Satz 1 Nr. 2 VwGO** zugleich das **sofort vollziehbare Gebot**, das unerlaubt parkende Fahrzeug wegzufahren.[2]

2.1.2 Androhung der Ersatzvornahme nach § 20 LVwVG

Einer vorherigen **Androhung** nach § 20 Abs. 1 LVwVG bedarf es nur ausnahmsweise nicht, nämlich wenn nach § 21 LVwVG die Abwehr einer Gefahr für die öffentliche Sicherheit und Ordnung dies erfordert. Das verbotswidrig abgestellte Fahrzeug verursacht sicher eine Störung der öffentlichen Sicherheit. Fraglich ist, ob die Behörde hier auf eine z. B. (fern)mündliche Androhung verzichten durfte. Grundsätzlich darf die Behörde bei ungewissen Erfolgsaussichten und etwaigen Verzögerungen in der Regel von der Ermittlung des Pflichtigen absehen.[3] Trotz der Angabe der Mobiltelefonnummer im PKW konnte der gemeindliche Vollzugsdienst nicht davon ausgehen, dass die Störung in absehbarer Zeit beseitigt werden

---

1 Vgl. VGH BW, VBlBW 1998, 19 f.
2 Vgl. auch VGH BW, VBlBW 1992, 348.
3 BVerwG, DVBl. 1983, 1066, 1077.

würde (a. A. vertretbar).Vielmehr war zur Beseitigung der durch das verbotswidrig abgestellte Fahrzeug eingetretenen Störung der öffentlichen Sicherheit (vgl. §§ 1, 3 PolG) nach § 21 LVwVG ein unverzügliches Einschreiten ohne vorherige Androhung erforderlich.[4]

2.1.3 Ausführung einer vertretbaren Handlung durch einen Dritten

Das Beseitigen des PKW aus der Verbotszone stellt eine vertretbare Handlung dar und konnte von einem durch die Behörde beauftragten Dritten vorgenommen werden.

2.1.4 Richtiger Adressat

P war als Fahrer des verkehrsordnungswidrig abgestellten Fahrzeugs auch richtiger Adressat der vollstreckbaren Grundverfügung, nämlich **Handlungsstörer i. S. d. § 6 PolG**, so dass sich hieraus grundsätzlich seine Kostenpflicht nach § 25 LVwVG ergibt.

2.1.5 Ermessensfehlerfreie Anordnung der Ersatzvornahme

Fraglich ist, ob beim Abschleppen der **Grundsatz der Verhältnismäßigkeit** eingehalten worden ist. Die **Eignung** des Abschleppens für die Beseitigung der Störung steht außer Frage. Fraglich ist, ob sie auch **erforderlich** war, da möglicherweise ein den P weniger belastendes, den gleichen Erfolg herbeiführendes Mittel zur Verfügung gestanden hat.

Die gemeindlichen Vollzugsbeamten waren jedoch nicht gehalten, den Fahrer ausfindig zu machen, damit er sein Fahrzeug selbst hätte wegfahren können. Dafür hätte P Vorkehrungen treffen müssen, woraus sich für die Gemeindevollzugsbeamten vor Ort ergeben hätte, dass der Fahrer leicht, kurzfristig und zuverlässig erreichbar ist.[5] Dies war hier jedoch nicht der Fall. Zwar hatte er hinter der Windschutzscheibe seines Fahrzeugs eine Visitenkarte mit dienstlicher Adresse und Handynummer ausgelegt. Dies verpflichtete den gemeindlichen Vollzugsdienst vor Ort aber nicht zu weiteren Nachforschungen nach dem Fahrer bzw. Halter, weil diesen bereits die ungewissen Erfolgsaussichten und nicht abzusehenden weiteren Verzögerungen entgegenstanden.[6]

Dies gilt im vorliegenden Fall insbesondere deshalb, weil die dienstliche Adresse von P in Winnenden ist, sein Fahrzeug jedoch in Baden-Baden abgestellt war. Damit konnte allein auf Grund der Adresse auf der Visitenkarte nicht ohne Weiteres auf seinen derzeitigen Aufenthaltsort geschlossen werden. Dies gilt auch im Hinblick auf die Angabe der Handynummer.

4 Vgl. auch VGH BW, BWGZ 2003, 331.
5 OVG Hamburg, NJW 2001, 168 ff.
6 So BVerwG, NJW 2002, 2122.

Auch sie ließ keine Rückschlüsse darauf zu, wo sich der Verpflichtete gerade aufhielt. Es fehlt bei den Angaben auf der Visitenkarte der konkrete Situationsbezug, insbesondere im Hinblick darauf, bis wann die Störung zuverlässig durch Eintreffen des Verantwortlichen beseitigt werden kann.[7]

Die Abschleppmaßnahme war auch **verhältnismäßig im engeren Sinn**, d. h. **angemessen.** Nach ständiger Rechtsprechung des VGH Bad.-Württ. kommt es bei einer Abschleppmaßnahme nicht auf eine konkrete Gefährdung anderer Verkehrsteilnehmer an, insbesondere ist es nicht erforderlich, dass ein Berechtigter den Behindertenparkplatz tatsächlich nutzen wollte. Das Verhalten des Betroffenen muss lediglich geeignet sein, zu Behinderungen der Sicherheit und Leichtigkeit des Verkehrs zu führen,[8] um eine Abschleppmaßnahme zu rechtfertigen.

2.2 Erhebung der Kosten der Abschleppmaßnahme

Nach § 31 Abs. 1, 4 LVwVG i. V. m. § 8 Abs. 1 Nr. 8 LVwVGKO können „andere Beträge, die auf Grund von Vollstreckungsmaßnahmen an Dritte zu zahlen sind, als Auslagen erhoben werden“. Danach ist es möglich, die angefallenen Abschleppkosten vom Pflichtigen zu erheben. Gründe, von einer Auslagenerhebung abzusehen, sind nicht ersichtlich. **504**

2.3 Gebührenerhebung im Leistungsbescheid

Nach § 6 LVwVGKO wird bei einer Ersatzvornahme, die ein Dritter für die Behörde durchführt „zur Abgeltung der eigenen Aufwendungen eine Gebühr von bis zu 10 Prozent des Betrages erhoben, der an den Beauftragten zu zahlen ist, höchstens jedoch 2500 Euro“. Es liegen keine Anhaltspunkte dafür vor, dass eine geringere Gebühr als 8,89 Euro im Bescheid festzusetzen ist; dieser Betrag ist daher angemessen. **505**

3. Anordnung der sofortigen Vollziehung im Leistungsbescheid

Eine Anordnung der sofortigen Vollziehung mit dem Ziel, die angeforderten Kosten auch nach Einlegung eines Widerspruchs gegen den Leistungsbescheid sofort einziehen zu können, erübrigt sich dann, wenn ein Fall des § 80 Abs. 2 Satz 1 Nr. 1 VwGO oder aber des § 80 Abs. 2 Satz 2 VwGO vorliegt, der die aufschiebende Wirkung eines möglicherweise eingelegten Rechtsbehelfs entfallen ließe. **506**

Bei den Kosten der Ersatzvornahme handelt es sich jedoch weder um Abgaben noch um Kosten i. S. d. § 80 Abs. 2 Nr. 1 VwGO, da sie nicht unmittelbar der Deckung des öffentlichen Finanzbedarfs dienen noch nach festen

---

7 Vgl. hierzu OVG Hamburg, NJW 2001, 3647 f.; a. A. *J. Schwabe*, Abschleppen trotz Wegfahrbereitschaft, NJW 2002, 652 f.

8 Vgl.VGH BW, DÖV 2010, 451; vgl. hierzu auch BVerwG, NJW 2002, 2122.

Sätzen erhoben werden.[9] Ebenso wenig handelt es sich bei der Anforderung der Kosten der Ersatzvornahme noch um eine Maßnahme in der Verwaltungsvollstreckung i. S. d. § 80 Abs. 2 Satz 2 VwGO.[10]

Danach ist eine Anordnung der sofortigen Vollziehung durch die Behörde nach § 80 Abs. 2 Nr. 4 VwGO erwägenswert. Als Voraussetzung hierfür müsste aber ein überwiegendes **besonderes öffentliches Interesse** am Wegfall der aufschiebenden Wirkung eines möglichen Rechtsbehelfs von P vorliegen.[11] Dieses besondere Interesse müsste weiter reichen als das öffentliche Interesse am bloßen Erlass des Leistungsbescheids. Hierfür liegen aber keinerlei Anhaltspunkte vor, so dass eine sofortige Vollziehung des Leistungsbescheids nicht angeordnet werden kann.

4. Rechtsbehelfsbelehrung

507 Dem Bescheid sollte eine Rechtsbehelfsbelehrung angefügt werden, da P gegen den belastenden Leistungsbescheid Widerspruch einlegen kann. Mit einer ordnungsgemäßen Rechtsbehelfsbelehrung nach § 58 Abs. 1 VwGO wird gewährleistet, dass die Widerspruchsfrist von einem Monat nach § 70 Abs. 1 VwGO einzuhalten ist.

Aufgabe 1: Notwendigkeit einer Anhörung?

508 Da mit der Anforderung der Abschleppkosten und der Verwaltungsgebühr in Rechte des P eingegriffen wird, wäre dieser grundsätzlich nach § 28 Abs. 1 LVwVfG anzuhören. Erwägenswert ist, ob die Anhörung hier deshalb entfallen kann, weil sich P bereits zur Vorfrage der Rechtmäßigkeit der Ersatzvornahme in seinem Widerspruch geäußert hat. Zwar liegt keiner der in § 28 Abs. 2 LVwVfG aufgeführten Ausnahmefälle vor – insbesondere stellt die Anforderung der Abschleppkosten keine Maßnahme in der Verwaltungsvollstreckung nach Nr. 5 dar; da die Auflistung in Abs. 2 aber nicht abschließend ist, steht es im Ermessen der Behörde von der Anhörung abzusehen, wenn sie nach den Umständen des Einzelfalles nicht geboten ist.

Im Hinblick auf die Bedeutung des rechtlichen Gehörs für ein rechtstaatliches Verfahren ist bei der Anerkennung weiterer Ausnahmen allerdings ein strenger Maßstab anzulegen.[12] Die Anhörung bezweckt, dass der Betroffene Kenntnis von den Tatsachen erlangt, welche die Behörde ihrer Entscheidung zugrundelegen will. Da dies noch nicht der Fall ist, sollte P vor Erlass des Leistungsbescheids angehört werden.

---

9 Vgl. OVG Hamburg NVwZ-RR 2007, 364; VGH BW, VBlBW 1991, 215; strittig, a. A. *Schoch/Schmidt/Aßmann/Pietzner*, § 80 Rn. 120; VGH Bayern, NVwZ-RR 1994, 618.
10 Vgl. OVG Bautzen, NVwZ-RR 2003, 475.
11 Vgl. *Büchner/Schlotterbeck*, Rn. 562.
12 Vgl. *Kopp/Ramsauer*, § 28 Rn. 46 m. w. N.

1. Umsetzung der Überlegungen

Die Stadt Baden-Baden wird an P einen Leistungsbescheid richten, in dem Sie ihn auffordert, die Auslagen und Gebühren der Abschleppmaßnahme zu entrichten. Es ist sinnvoll, den Bescheid mit Postzustellungsurkunde (vgl. § 3 LVwZG) zuzustellen, um zügig die Bestandskraft des Verwaltungsakts zu erreichen. Dem Bescheid ist aus demselben Grund eine ordnungsgemäße Rechtsbehelfsbelehrung entsprechend § 58 Abs. 1 VwGO anzufügen. 509

Aufgabe 2: Prüfung der Zulässigkeit des Widerspruchs von Herrn Peters

1. Zuständigkeit der Stadt Baden-Baden zur Entscheidung über den Widerspruch

Als Behörde, die den Ausgangsbescheid gefertigt hat, hat die Stadt zunächst über eine mögliche Abhilfe nach § 72 VwGO zu entscheiden. Sollte dies nicht möglich sein, hat über den Widerspruch nach § 73 Abs. 1 Nr. 1 VwGO die nächsthöhere Behörde zu entscheiden, hier das Regierungspräsidium Karlsruhe nach § 25 Abs. 1 und 2 LVG. 510

Ein Fall des § 73 Abs. 1 Nr. 3 VwGO liegt nicht vor, da es sich bei der Durchführung der StVO nicht um eine Selbstverwaltungsaufgabe handelt. Der Stadtkreis Baden-Baden (vgl. § 12 Abs. 2 LVG) ist als untere Straßenverkehrsbehörde nach §§ 44 Abs. 1, 45 Abs. 1b Nr. 6 StVO i. V. m. §§ 1, 3 Abs. 1 des Gesetzes über die Zuständigkeiten nach der StVO (StVO ZuG) i. V. m. § 15 Abs. 1 und 2 LVG zuständig. Da nach § 4 Abs. 2 LVwVG keine andere Behörde als Vollstreckungsbehörde durch Rechtsverordnung bestimmt ist, ist die Stadt auch zuständige Vollstreckungsbehörde nach § 4 Abs. 1 LVwVG.

2. Zulässigkeit des Widerspruchs

2.1 Zulässigkeit des Verwaltungsrechtswegs § 40 Abs. 1 VwGO

Die Streitigkeit über die Rechtmäßigkeit des Abschleppens ist in öffentlich-rechtlichen Vorschriften geregelt; Rechtsgrundlage für die Abschleppmaßnahme ist § 25 LVwVG. Eine anderweitige Rechtswegzuweisung ist nicht erfolgt. 511

2.2 Statthaftigkeit des Widerspruchs

Gegenstand eines Widerspruchs muss gemäß § 68 VwGO ein Verwaltungsakt i. S. d. § 35 LVwVfG sein. Nach h. M. sind alle Anwendungsmaßnahmen in der Verwaltungsvollstreckung Verwaltungsakte, auch bei der Ersatzvornahme wird die Regelung in der Duldung der Anwendungsmaßnahme gesehen.[13] Der Verwaltungsakt hat sich aber nach Beendigung des 512

13 Vgl. BVerwG, NVwZ 1998, 393; str.

Abschleppens bereits erledigt. Ein Widerspruch gegen einen bereits erledigten Verwaltungsakt ist nach h. M. jedoch nicht statthaft.[14]

Ergebnis: Der Widerspruch von Herrn Peters gegen die Abschleppmaßnahme ist nicht zulässig. Die Stadt Baden-Baden darf dem Widerspruch also nicht abhelfen und muss ihn mit einem Vorlagebericht an die zuständige Widerspruchsbehörde, hier das Regierungspräsidium Karlsruhe weiterleiten.

C. Lösungsvorschlag zu Aufgabe 1

513 **I. Schreiben an Herrn Dr. Achim Peters**

Stadt Baden-Baden
Ordnungsamt

Herrn
Dr. Achim Peters
Im Höfle 3
71364 Winnenden

Zustellung durch die Post mit Zustellungsurkunde

Kosten der Abschleppmaßnahme vom 15.3.2010

Sehr geehrter Herr Dr. Peters,

durch das Abschleppen Ihres PKW am 15.3.2010 in Baden-Baden sind uns Kosten entstanden, die von Ihnen zu tragen sind.

1. Wir fordern Sie daher auf, an die Stadt Baden-Baden 88,96 Euro an Abschleppkosten zu entrichten.
2. Für diesen Bescheid erheben wir eine Gebühr von 8,89 Euro.

514 **Gründe**

1. Sachverhalt:

Ihr PKW, Marke BMW, ist von Ihnen am 15.3.2010 in der Schulstraße in Baden-Baden im Geltungsbereich des Verkehrszeichens 314 mit Zusatzzeichen Rollstuhlfahrersinnbild auf einem dadurch ausgewiesenen Behindertenparkplatz abgestellt worden. Hinter der Windschutzscheibe des Fahrzeugs befand sich eine Visitenkarte mit Ihrem Namen und der Adresse Ihrer Anwaltskanzlei in 71364 Winnenden sowie deren Telefon- und Telefaxnummer. Die Visitenkarte war handschriftlich ergänzt durch die Angabe einer Mobiltelefonnummer. Unser Gemeindevollzugsdienst entdeckte das verbotswidrig abgestellte Fahrzeug um 11.07 Uhr und ordnete dessen Standortveränderung an. Das Fahrzeug wurde um 11.20 Uhr abgeschleppt. An Abschleppkosten sind gegenüber dem Abschleppunternehmen 88,96 Euro angefallen.

In Ihrem Widerspruch vom 18.3.2010 gegen das Abschleppen Ihres PKW bringen Sie zum Ausdruck, dass Sie die Abschleppmaßnahme für unverhältnis-

14 *Büchner/Schlotterbeck*, Rn. 247; BVerwG 56, 24, 26.

mäßig halten. Dem Gemeindevollzugsbediensteten wäre es mühelos möglich gewesen, die Handynummer anzuwählen. Sie seien im allenfalls 100 m entfernten Amtsgericht bei einer zivilrechtlichen Verhandlung gewesen und hätten jederzeit ihr Fahrzeug wegfahren können. Der die Verhandlung führende Richter wäre auch bereit gewesen, die mündliche Verhandlung zu unterbrechen.

2. Rechtliche Gründe: 515

Die Erhebung der Abschleppkosten beruht auf §§ 25, 31 Abs. 1, 2 und 4 Landesverwaltungsvollstreckungsgesetz (LVwVG) i. V. m. §§ 6 Abs. 3 und 8 Abs. 1 Nr. 8 Landesvollstreckungskostenanordnung – GBl. 2004, S. 670 (LVwVGKO), wonach die Kosten (Gebühren und Auslagen) einer Ersatzvornahme vom Pflichtigen verlangt werden können, sofern die Ersatzvornahme rechtmäßig durchgeführt worden ist. Das Abschleppen Ihres PKWs stellt eine Ersatzvornahme als Maßnahme der Verwaltungsvollstreckung des von Ihnen verletzten Verkehrsgebots dar. Das Verkehrszeichen 314 der StVO mit dem Zusatzzeichen Rollstuhlfahrersinnbild begründet für Zuwiderhandelnde nämlich zugleich das wegen § 80 Abs. 2 Satz 1 Nr. 2 VwGO analog sofort vollziehbare Gebot, das Fahrzeug wegzufahren.

Die Ersatzvornahme war auch im Übrigen rechtmäßig.

Entgegen Ihrer in Ihrem Widerspruchsschreiben zum Ausdruck gekommenen Auffassung war der gemeindliche Vollzugsdienst auch nicht dazu verpflichtet, Sie über die im PKW ausgelegte Mobilfunknummer über die geplante Abschleppmaßnahme vorher zu informieren und damit die Vollstreckungsmaßnahme anzudrohen nach § 20 LVwVG. Vielmehr konnte darauf gemäß § 21 LVwVG verzichtet werden, da das verbotswidrig abgestellte Fahrzeug eine Störung der öffentlichen Sicherheit darstellte. Nachforschungen nach Ihrem Aufenthalt hätten zu einem ungewissen Ergebnis und vor allem zu nicht zu kalkulierenden weiteren Verzögerungen führen können.[15]

Die Abschleppmaßnahme war auch verhältnismäßig, da keine weniger einschneidende Maßnahme zur Verfügung gestanden hat, die gleichwohl schnell zum Erfolg geführt hätte. Wie oben dargelegt, konnte der Vollzugsdienst aufgrund Ihrer Angaben im PKW nicht davon ausgehen, dass Sie selbst das Fahrzeug schnell wegfahren würden. Das Abschleppen des Fahrzeugs ist auch angemessen, da nach ständiger Rechtsprechung des Verwaltungsgerichtshofs Baden-Württemberg hierfür nicht erforderlich ist, dass ein Berechtigter den Parkplatz für sich beanspruchen würde. Vielmehr reicht die abstrakte Möglichkeit hierfür aus.

Die Höhe der geforderten Auslagen und Gebühren ergibt sich aus § 6 Abs. 3 und § 8 Abs. 1 Nr. 8 LVwVGKO. Danach können die Auslagen, die an den Abschleppunternehmer von der Behörde verauslagt worden sind, vom Pflichtigen verlangt werden. Gründe dafür, in Ihrem Fall davon abzusehen, sind nicht ersichtlich. Ferner ist eine Gebühr von bis zu 10 Prozent des Betrages zu erheben, der an den Beauftragten zu zahlen ist. Es liegen keine Anhaltspunkte dafür vor, dass die Gebühr auf weniger als 10 Prozent der Abschleppkosten festgesetzt werden müsste; ein Betrag von 8,89 Euro ist angemessen.

Bitte überweisen Sie den Betrag von 97,85 Euro innerhalb von 2 Wochen mit dem beiliegenden Zahlschein.

15 Vgl. BVerwG, NJW 2002, 2122.

516 **Rechtsbehelfsbelehrung**

Gegen diesen Bescheid können Sie innerhalb eines Monats nach seiner Zustellung schriftlich oder zur Niederschrift bei der Stadt Baden-Baden Widerspruch erheben.

Mit freundlichen Grüßen
(gez. Schwandt)

Geschäftsgangvermerke:
1. Reinschrift zustellen mit Postzustellungsurkunde
2. Gebührenbescheid -Annahmeanordnung
3. Mitteilung an die Stadtkasse mit Formblatt nach Rechtskraft
4. Eingabe in EDV
5. Wv.

Stichwortverzeichnis

Stichwortverzeichnis